MEDARDO MEJÍA

HISTORIA DE HONDURAS TOMO III

ERANDIQUE
COLECCIÓN

HISTORIA DE HONDURAS TOMO III
MEDARDO MEJÍA

©Colección Erandique
Supervisión Editorial: Óscar Flores López
Diseño de portada: Andrea Rodríguez-Lilyana Gálvez
Administración: Tesla Rodas
Director Ejecutivo: José Azcona Bocock

Primera Edición
Tegucigalpa, Honduras—Julio de 2024

ÍNDICE

SOLDADOS... ¡SEGUID A VUESTRO GENERAL!

De los seis tomos de la Historia de Honduras que escribió, seguramente el tercero fue el más duro para Medardo Mejía. Me lo imagino con el alma temblorosa de tristeza, después de relatar el asesinato del general Francisco Morazán y el posterior resquebrajamiento de la Federación Centroamericana.

Las facetas investigativas de Medardo Mejía estuvieron impulsadas por su profundo amor al pueblo centroamericano. Al igual que Morazán, también fue antimperialista y rechazaba todo aquello que oliera a reaccionario.

Luego de consultar distintas fuentes, el maestro Medardo (como se le llamaba de cariño), nos cuenta en este Tomo III sobre la majestuosa entrada, al estilo de los grandes guerreros y generales, de Morazán en la historia, su lucha por alcanzar el sueño de construir una Patria Grande, fuerte, justa y de progreso; y su disponibilidad de hacerles frente a todos aquellos países que pretendían colonizarla.

Aquí vemos al Morazán intrépido hasta la temeridad, pero magnánimo en sus victorias.

Aquí vemos al Morazán decidido en enfrentar a las fuerzas conservadoras y oscurantistas que se oponían a su revolución.

Aquí vemos al Morazán dispuesto a todo, incluso a pasar sobre los cadáveres de su familia, en caso de que las circunstancias así lo ameritaran.

Pero cuando tal cosa sucedía —relata Medardo Mejía— los revoltosos se consideraron dueños de la capital y de todo el Estado de El Salvador. Y llenos de orgullo por este golpe, tuvieron la insensatez de nombrar una comisión para que fuera donde el Jefe de Estado a decirle que depositara el poder en el ciudadano Antonio J. Cañas, conminándolo con la cobarde amenaza que su familia, que se encontraba entre los rehenes, sería pasada a cuchillo si no aceptaba lo demandado.

Prosigue el relato: Ante aquella amarga y tremenda amenaza, el general Morazán contestó con la simplicidad de los héroes de Plutarco. "Los rehenes que mis enemigos tienen en su poder son para mí sagrados y hablan muy alto mi corazón; pero soy el Jefe de Estado y mi deber es atacar; pasaré sobre los cadáveres de mis hijos; haré escarmentar a mis enemigos y no sobreviviré un solo instante más a tan escandaloso atentado".

No hubo nada que atemorizara al general Morazán… ni siquiera las múltiples ocasiones en las que tuvo que combatir en inferioridad numérica…

"¡Soldados! En breve seremos atacados por el enemigo. Estoy seguro que no desmentiréis vuestro valor. Como tenéis mejor conocimiento de la guerra, vuestra será la victoria. Pero como no siempre el ánimo está dispuesto a combatir, el que no quiere empeñarse que lo diga con franqueza, porque no se gana triunfos con hombres forzados", le dice Morazán a su ejército en otro de los grandes episodios que narra Medardo Mejía. ¡Y todos pelearon!

LA TRAGEDIA DEL SABIO VALLE

Doblemente doloroso debió ser para Medardo Mejía este Tomo III, pues tuvo que escribir sobre el fallecimiento de la mente más brillante que ha parido Centro América en su historia: José Cecilio del Valle.

El Sabio murió después de ganarle al propio Morazán las elecciones presidenciales de la República Federal de Centro América.

¿Hubiera sido distinto el destino de la región centroamericana con José Cecilio del Valle como presidente? ¿O hubiera sido víctima de un golpe de Estado? Todo queda en suposición.

Valle se moría; la enfermedad le asestaba su último golpe. Siempre será memorable el infausto 2 de marzo de 1834. En aquel aciago día extinguióse la llama de la extraordinaria inteligencia del que fuera Gran Padre de la Patria; en aquel aciago día, para desgracia de nuestros pueblos, quedó huérfana la Patria Centroamericana —escribe Medardo Mejía.

Apenas ocho años más tarde, el 15 de septiembre de 1842, Morazán moriría fusilado en Costa Rica.

Muertos los sueños visionarios, la inteligencia y la honradez, Centro América fue el campo ideal para que hombres valientes, pero ignorantes y enemigos del progreso, hicieran de las suyas. Ahora eran los tiempos de Carrera, de Ferrera, de los Aycinena, de la iglesia… ¡Del conservadurismo!

Al concluir los seis tomos de su historia de Honduras, Medardo Mejía reconoció que faltaban muchos datos importantes. En ese sentido, invitó a otros historiadores a continuar —"Y mejorar", dijo— la obra.

Sin embargo, no podemos desconocer el esfuerzo que él realizó con tanto amor, dedicación y desinterés, con el fin de dejar una obra que les permitiera a generaciones futuras conocer más de la historia de Honduras… y enamorarse de ella.

Apenas conocida (a pesar de su calidad), la Historia de Honduras de Medardo Mejía debería ser material de lectura y de reflexión en colegios y universidades del país.

¿Cómo vamos a recuperar la memoria histórica, a fortalecer nuestra identidad nacional, a llenarnos de amor por este país, si no leemos lo que nuestros grandes escritores nos han dejado?

En *Colección Erandique* seguiremos aportando nuestro granito de arena para que el engrandecimiento de la bibliografía nacional.

Es un honor —y un orgullo— reeditar la obra completa de don Medardo Mejía. Además de Historia de Honduras, los lectores podrán leer la trilogía de Los Diezmos de Olancho (La Ahorcancina, Cinchonero y Medinón), que trata de uno de los episodios más oscuros de nuestra historia; así como de Comizahual, Froylán Turcios en los campos de la estética y del civismo, Trinidad Cabañas, soldado de la República de Honduras, entre otras grandes creaciones.

La reedición de todos estos libros es posible gracias a la generosidad de doña Victoria Mejía, hija del maestro Medardo, quien nos concedió los derechos de publicación. ¡Gracias, doña Victoria!

Mientras publicamos el resto de la obra del maestro Medardo Mejía, nos ponemos firmes ante el llamado del Prócer: "¡Soldados, seguid a vuestro General!".

Óscar Flores López
Editor Colección Erandique

LA DÉCADA MORAZÁNICA

DOMÍNGUEZ SUBLEVA LOS PUEBLOS DE OLANCHO Y DE OPOTECA

(Versión del historiador Eduardo Martínez López).

El coronel Vicente Domínguez, que como se sabe había sido derrotado por Morazán en Gualcho, fomentó una nueva insurrección en Honduras, para lo cual se entendió con los refractarios a las reformas, sublevando a los olanchanos y opotecas. Aquí debe subrayarse el concepto que Domínguez se entendió con los representantes minoritarios de la reacción en los lugares citados, y no con los pueblos, como se entendió también con algunos caudillos populares que logró engañar, y los cuales tan luego vieron la luz de la verdad, rectificaron, como lo prueba el convenio de las Vueltas del Ocote.

Sigamos.

Con este motivo, el general Morazán salió de Guatemala a sofocar los rebeldes, llegando de paso, y en demanda de auxilio, a San Salvador, donde se le dieron 400 hombres y continuó su marcha hasta Tegucigalpa, adonde llegó en los últimos días de noviembre (1829).

El 5 de marzo de 1829, la Asamblea de Honduras había elegido Jefe de Estado al general Francisco Morazán, quien tomó posesión de ese elevado puesto el 4 de diciembre de ese mismo año, ante la Asamblea que había reunido extraordinariamente con ese objeto.

Con esa misma fecha el general Morazán dirigió un manifiesto a los pueblos insurgentes, concebido en términos demasiado bondadosos, sin que surtiera ningún efecto.

El documento citado dice así:

"HONDUREÑOS: Héme aquí entre vosotros. He vuelto después de haber hecho cuanto estaba de mi parte para llenar vuestros deseos y corresponder a la confianza con que me honrasteis. He obrado únicamente por vosotros y en vuestro nombre. Vuestros enemigos, los enemigos de la Patria, fueron vencidos y humillados, han desaparecido, y no queda uno que pueda infundir temores.

La paz, la reposición de las legítimas autoridades, el restablecimiento del orden constitucional que proclamasteis han sido el fruto de los heroicos sacrificios de los pueblos. Ellos os han cubierto de gloria: vosotros sois libres, y yo me veo bastante compensado con la aprobación que mi conducta ha merecido de sus habitantes.

Cuando me disponía a venir a dar cuenta de ella a los Estados que me confiaron su suerte, el Supremo Gobierno Federal me comisionaba para pacificar los pueblos disidentes de éste y coadyuvar a la pacificación de los de Nicaragua, desgraciadamente alterados unos y otros por equivocaciones, por errores y por seducción de los eternos enemigos del nombre americano y de sus instituciones.

Con tan importantes objetos he tomado las riendas del Gobierno Supremo de este Estado: he dictado activas providencias para aumentar el ejército, para arreglar la hacienda pública y darle la mayor publicidad a su inversión; estoy dispuesto a obrar en consonancia con las órdenes del Gobierno Federal, con mis deberes sagrados, y con el voto de todos los buenos que aman la paz, y que han hecho tantos sacrificios por conseguirla. Pero he creído que antes de dar el primer paso en la grande obra que voy a emprender, debo manifestar a todos franca y sencillamente los sentimientos de que estoy penetrado, y los principios que deben servirme de guía en mis operaciones.

HONDUREÑOS: No vengo a hacer la guerra a los pueblos. Conozco muy bien los motivos que los extravían y las causas que impulsan a los unos a obrar en sentido contrario a los otros. He defendido sus derechos, he actuado por su voluntad, y no querría manchar mi conducta con acciones que desmintiesen los principios que hasta ahora le han dirigido.

Siento vivamente cuanto ha sucedido entre nosotros; no está en mi mano evitarlo; pero si está el proponeros medios honrosos antes de llegar a los extremos, y en la vuestra el adoptarlos, y hacer que sean unas escenas tan horribles, en que sea cual fuere el partido triunfante, pierden siempre los americanos, y sólo pueden ganar los españoles, causa primera de nuestras discordias.

COMPATRIOTAS: Yo os invito a la paz, yo os la ofrezco por mi parte, la garantía más firme de vuestras vidas, de vuestras

8

propiedades, de vuestra seguridad individual. Nadie será perseguido, ni por sus opiniones ni por su conducta política anterior, con tal que de buena fe se sometan a la ley, y que en lo sucesivo no dé lugar a que por su causa no vuelva a encenderse la guerra civil. Jamás he faltado a las promesas; las de ella al pueblo de Zapote, un vecino del citado pueblo, Clímaco Martínez, y otro comerciante con varios efectos de ropa, aguardiente, etc.

Los catacamas han estado, en la hacienda de la "Herradura" antes de ayer, y ahora, cuando el mayordomo de dicha hacienda venía para acá, dejaba incendiados por los citados (Catacamas) las baracas y atrincheramientos que en dicha hacienda formó la división del Coronel Herrera.

Por otros varios antecedentes, que los forman una porción de pequeñeces, soy en creer que la fuerza enemiga se ha querido aparentar que está en el valle de arriba, se ha fingido el disgusto y deserción de los catacamas, y todo es con la mira de cogerme descuidado para atacarme, o interponer las fuerzas para cortarme toda comunicación y auxilios con el supremo Gobierno".

La presencia de Domínguez ha animado necesariamente la facción y será organizada en poco tiempo: todo se puede creer en la actividad y política de éste. Un incidente va a dificultar la pacificación del departamento de Olancho, porque los rebeldes cuentan con la protección de un hombre que a su juicio puede dirigirlos con buen éxito; porque éste sabrá seducir a los pueblos sencillos que no podrían formar un plan, y que habían dirigido todos sus esfuerzos a eludir el castigo de los que se sustrajeron a la obediencia del Gobierno, y marcharán hoy por el que les trae Domínguez; y éste seguramente será el de formar una reacción general en la República para que la aristocracia vuelva a poner en práctica sus miras de opresión.

De todo se deduce que la suerte de la República se empeora cada día más: que la reacción se aumenta en este Estado, y que de un momento a otro se experimentará en los otros el contagio de este funesto mal. Nicaragua tiene pueblos desafectos, y sus directores han sido unidos a la aristocracia en todo el período de la revolución, sean cual fuere la conducta que observan en el día. En el Estado de El Salvador hay departamentos que, siempre unidos a los enemigos, han hecho la guerra a su capital. El de Guatemala está plagado de este vicio, y seguramente será el primero que se pronuncie en favor de los disidentes. Pero aún se puede evitar el trastorno general que amenaza, si me auxilia el supremo Gobierno, o interpone su influjo para que lo haga el Estado de Guatemala, que está tan interesado en conservar el orden.

Sírvase, C. Ministro, ponerlo todo en conocimiento del Senador Presidente, y aceptar las consideraciones de mi aprecio.

Cuartel General, en marcha. Morocelí, diciembre 28, a las 4de la mañana, de 1829.

F. MORAZAN".

La "carta de Morocelí", que así podría llamarse refleja la capacidad del general Morazán para comprender global y parcialmente, en su gran conjunto y en sus detalles la situación de aquel tiempo. Esperaba él un levantamiento general de la reacción para ver si le era posible reconquistar el poder, y así se lo hacía saber en pocas líneas al Gobierno Federal para que éste dictara cuantas medidas condujeran a impedir los funestos acontecimientos. Una cosa resalta en la carta que transcribimos, y es que Morazán confiaba plenamente en su genio militar y en la estrella que lo amparaba, como lo vamos a ver pronto.

***

Morazán, a la cabeza de su ejército, de Morocelí se dirigió al departamento de Olancho, y sobre lo que allí sucedió dice el Coronel José Antonio Vijil en sus *Memorias*.

"El rico y hermoso departamento de Olancho se destruía con la guerra más horrorosa, porque el incendio, la muerte y la destrucción se prodigaba o ejercía por ambas partes. É, Morazán, se dirigió al campamento enemigo, y con un valor extraordinario, él solo, entre la multitud de un pueblo enemigo, enfurecido y ensangrentado, llamó a los caudillos, les hizo sentar en el suelo, les preguntó la causa de la guerra, les hizo comprender el deseo e interés que tenía en la paz, les ofreció que por siete años no pagarían ninguna contribución, porque

10

un impuesto había sido el origen de la insurrección, y que entregaran las armas: que la garantía mejor de que ni en sus personas e intereses serían mortificados, será que los dos primeros caudillos quedarían ejerciendo la autoridad: uno de Comandante y otro de Jefe Político. En el acto fue vitoreado el general Morazán, las fuerzas del Gobierno se retiraron, y terminó una lucha que habría concluido con el Estado".

***

El historiador hondureño D. Salvador Turcios R., en su ensayo titulado "Breve Cronología del Origen y Desarrollo de las Facciones de Olancho", escribe:

"Muchos años después del arribo de Morazán a Olancho, decía un vecino de Catacamas, llamado Lorenzo Sánchez, que formó parte de la Facción y se encontró en aquella época en Las Vueltas del Ocote:

"Varios días habían transcurrido sin que apareciera el enemigo, hasta el 21 de enero uno de los vigías que se encontraba a media legua de distancia de nuestro campamento, abandonó su puesto para venir a decirnos que un Ejército se aproximaba y que probablemente era de Morazán. Otro vigilante nos trajo la misma noticia; y ya solo se pensó en la defensa. Cada Jefe ocupó su trinchera con la gente de su mando. El Coronel Concepción Cardona con machete en mano, recorría a pie la línea de las trincheras. Los lanceros al mando del Capitán Francisco Moza, de Zapota, en un guindo con la caballería, esperando la hora de moverse para partir vadeando las faldas de los cerros, para atacar por la espalda la fuerza de Morazán.

A poco rato de esperar oímos un clarín que tocaba alto y luego un ruido sordo. Eran los tambores del Ejército de Morazán que se detenían para disponer el ataque. Esperamos llenos de entusiasmo ver las guerrillas del enemigo por las faldas de los cerros que habíamos desmontado y repeler su ataque con los buenos rifles que nos habían traído los derrotados por el propio Morazán. Media hora después, miramos aparecer un hombre solo que venía con dirección a nuestro campamento. Todos nos sorprendimos y pensamos que era algún oficial que venía de parte del enemigo a proponernos nos rindiéramos. El hombre no se detenía en su marcha. Venía tapado con un sombrero de junco, un pantalón blanco, casaca negra, un pañuelo blanco en el cuello, botas altas y traía un chilillo en la mano por arma. Según, se aproximaba, lo reconocieron las facciones, pero no le distinguimos el color por la barba que la tenía un poco crecida, y próximo a nuestro campamento, al tratar de subir la loma, fue reconocido por algunos de los Jefes, quienes aseguraron que era el general Morazán. Inmediatamente se reúnen todos y disponen ir a su encuentro. Vamos a recibirlo, dice el Coronel Cardona. Atención, reclama, atención, y parten hasta encontrarlo. Se saludan estrechándose las manos. Conversan un poco a la sombra de un encino para resguardarse del sol que estaba muy fuerte.

"Después de conversar un poco, el Coronel Cardona se apartó del grupo y desenvainando su machete, se dirige al Ejército que permanecía en pie, y nos grita: ¡NO PELEAREMOS! ¡VIVA EL GENERAL MORAZÁN! Inmediatamente nuestros Jefes le abrazaron, y él hace lo mismo. Nosotros respondimos el viva con toda la fuerza del pecho y seguimos silenciosos. Pocos momentos después, Cardona vino a las trincheras y nos ordenó que lleváramos una olla de comida de la que habíamos preparado para nuestro almuerzo. Nos dijo estas palabras: "EL GENERAL MORAZÁN ALMORZARÁ CON NOSOTROS. YA NO HABRÁ MÁS GUERRA. AQUÍ VAMOS A CAPITULAR Y NO SEREMOS MOLESTADOS EN NINGUNA FORMA". "Después, mientras nos arreglamos con él, nos iremos a nuestras casas con toda garantía...". Esta noticia fue de mucha alegría para todos; arreglada la olla repleta de carne salada y plátanos, preparados los huacales en que se servían, quebramos unas rapaduras de dulce y las llevamos al almuerzo que tomaron en el suelo.

"Morazán se mostraba muy alegre con todos. Ya no había distinción: ÉRAMOS AMIGOS".

MANIFIESTO DEL GENERAL MORAZÁN A LOS HABITANTES DEL DEPARTAMENTO DE OLANCHO

Lograda la paz en Olancho y en Opoteca, el general Morazán regresó a Tegucigalpa, desde donde dirigió el siguiente Manifiesto a los olanchanos.

***

CIUDADANOS: al asegurar la paz de esos pueblos he cumplido con mi deber y he llenado vuestros deseos. No he querido valerme de vuestra desventajosa situación para sellarla con el peso de situaciones gravosas, que al paso que se admiten por resentimiento, que ocultan bajo las apariencias de un corazón tranquilo y convencido, y más bien habrá traspasado los justos límites de la generosidad con mis ofertas que los altos poderes del Estado se han dignado ratificar con gusto. He hecho más: os he permitido aun aquello que no os atrevíais a pedir por la dificultad de que se os concediera todo con el objeto de haceros sentir los bienes que puede proporcionar un Gobierno benemérito y paternal, y dar a este nuevos títulos de justicia para que descargue todo el peso de su poder sobre aquellos que abusen en lo sucesivo de su generosidad.

CONCIUDADANOS: de los hechos se forma la ciencia donde aprenden los pueblos a conocer lo que les aprovecha; y los del departamento de Olancho han recibido en la revolución una de las más fuertes lecciones que da la experiencia a los que ciegos desprecian la opinión general. Si en las guerras civiles se tiene por enemigos a los neutrales, en las que se hacen contra las autoridades que, abusando del poder que les da la Nación, se sobreponen a las leyes y se quieren erigir en los tiranos del pueblo, deben tenerse por delincuentes.

COMPATRIOTAS: vuestra ruina hubiera sido completa si aun continuarais obstinados en no obedecer al Gobierno. Ved los inmensos perjuicios que os ha causado esta conducta, y no olvidéis quienes son sus autores.

Si aún no se han extinguido entre vosotros los enemigos del orden y los seductores de la inocencia, no deis oídos a sus perversas proposiciones; contestad a los que os la hagan: "Acabamos de ocupar nuestras casas que hemos levantado a costa de grandes sacrificios y trabajos y aún existe el fuego en los fragmentos de los que se dieron a las llamas, que nos habían costado menos sacrificios; ¿y queréis nuevamente el incendio sobre nuestras recientes habitaciones y obligarnos a ir a habitar con las fieras? Aun no se han enjugado nuestras lágrimas, ni se ha enfriado la sangre de nuestros hijos sacrificados por vuestra causa; ¿y ya queréis que se sacrifiquen nuevamente los últimos que nos han quedado, al monstruo horrendo de la guerra, obligándolos a levantar sus armas contra el autor de la felicidad que disfrutamos? Aun se quejan nuestras familias de las enfermedades que contrajeron en la intemperie de las estaciones; ¿y ya queréis que adquieran otras nuevas en los desiertos? Aun no alcanzan los pocos bienes que poseemos para alimentarlas, ¿y ya queréis los abandone y ambos nos sujetemos a la mendicidad? Aun suena todavía en nuestros oídos el solemne juramento de obediencia que dimos a un Gobierno, que olvidándose de los extravíos a que nos condujeron vuestros consejos nos concedió más de lo que deseábamos, ¿y queréis ya que con nuestro, perjurio hagamos levantar sobre nuestras cabezas la espada vengadora de la justicia de que está armado el brazo del que vamos a insultar con nuestros crímenes? ¡No! Monstruos, enemigos del hombre en sociedad; no seduciréis otra vez nuestra inocencia; no alterareis más nuestra quietud; no atraeréis ya sobre nosotros los males de la guerra; nosotros denunciaremos vuestros delitos y el Gobierno sabrá castigarlos".

PUEBLOS: He aquí la conducta que podéis observar si deseáis una paz sólida y duradera; tal es el lenguaje que debéis usar con los enemigos de vuestra quietud; este es el verdadero modo de castigar a los trastornadores del orden público y el que asegurará vuestra felicidad, afirmará la paz que os ha costado tantos sacrificios y os hará acreedores a la consideración del Gobierno.

Tegucigalpa, 6 de febrero de 1830.

FRANCISCO MORAZÁN.

14

Los textos de las Capitulaciones de las Vueltas del Ocote y este Manifiesto a los habitantes de Olancho contienen lo que se llama hoy demandas inmediatas del pueblo olanchano que fueron prontamente satisfechas por el general Francisco Morazán, a la sazón jefe del Estado de Honduras y la figura más impresionante de Centro América en aquel momento.

Habiendo Morazán promovido una revolución democrática y conociendo en su condición de hombre moderno la soberanía popular, no podía concebir de otra manera un arreglo militar y político con los rebeldes de Olancho, que sintiendo en el pecho las reivindicaciones puntualizadas en el documento y llevados por la desesperación, encontraban razonables las seducciones que les hacían los viejos colonialistas españoles, que pretendían reconquistar su imperio.

Después de firmar las Capitulaciones comprendieron que habían emprendido una guerra por equivocación, pero que les había dado el resultado democrático que perseguían, y en lo sucesivo el Gobierno de la República Federal que presidía el general Francisco Morazán, era "su Gobierno".

CAPITULACIÓN DE LAS VUELTAS DEL OCOTE, DE 21 DE ENERO DE 1830, ENTRE LOS REBELDES OLANCHANOS Y EL GENERAL FRANCISCO MORAZÁN

DECRETOS LEGISLATIVOS DE APROBACIÓN E INDULTO, DE 30 DE ENERO DEL MISMO AÑO

Los pueblos de Silca, Jano, Laguata, Manto, Sapota, Gualaco, Yocón, Catacamas, El Real, Juticalpa y reducciones de Guayape y Palo Atravesado, obedecen al Gobierno Supremo del Estado bajo las bases siguientes:

1°.-Los habitantes del departamento de Olancho y los de fuera de él que se hayan mezclado en las guerras del mismo departamento, volverán a ocupar sus casas y a hacer uso de sus propiedades.

2°.-Se garantizan las personas de los estantes y habitantes del departamento de Olancho y de fuera de él, que hayan tomado parte en la guerra que se ha hecho en el mismo departamento, sea cual fuese la conducta que han observado en ella, y estas garantías serán ratificadas por la Asamblea del Estado entre ocho días contados desde la primera fecha.

3°.-Para reponer las pérdidas que han sufrido los expresados pueblos, se les señala por cuatro años las rentas de alcabalas, aguardiente, tabacos y diezmos.

4°.-Por el término de tres años quedan inhibidos absolutamente de todo servicio público, pecuniario y personal, y solo prestarán este último en caso que sea atacada la independencia nacional o por una potencia extranjera.

5°.-Para que sea gobernado este Departamento, nombra el General por Jefe Político de él, al ciudadano Gregorio Canelas, y por Comandante de Armas del mismo, al ciudadano Concepción Cardona.

6°.-Estas autoridades deberán existir en el pueblo de Manto.

7°.-La autoridad militar del Departamento nombrará los comandantes locales de cada pueblo, los que le estarán subordinados.

8°.-Los pueblos de Silca, Jano, Laguata, El Real, Juticalpa, Manto, Sapota, Gualaco, Catacamas, Yocón y reducciones de Guayape y Palo Atravesado pondrán todas las armas que tengan a disposición del Comandante General del Departamento, y este las depositará en una pieza del pueblo a que pertenezcan, quedando inmediatamente a las órdenes del Comandante local del mismo pueblo.

9°.-Las armas que existen en los dos Ríos, el Rusio, Lepaguare y Guayape, quedarán en Palo Atravesado, siendo facultad del Comandante General del Departamento el nombramiento del Comandante local que se haga cargo de ellas para que las deposite.

10.-Los pueblos de Silca, Jano, Laguata, Manto, Sapota, Gualaco, Catacamas, Yocón, El Real, Juticalpa y reducciones de Guayape y Palo Atravesado prestarán su obediencia al Gobierno Supremo del Estado de Honduras, tan luego como sea ratificada por la Asamblea esta capitulación, y en dicho tiempo repetirán este acto de obediencia las Municipalidades de éstos, por medio de actas.

11°.-El individuo que, reconvenido por su respectivo Comandante, no quiera entregar las armas de fuego que porte, quedará excluido de esta capitulación.

12°.-No tendrá lugar en el Departamento de Olancho, ni en aquellos de fuera de él, que se hayan mezclado en la guerra que se ha hecho en el mismo departamento el Decreto de la Asamblea del Estado de 10 de junio último, y el General Morazán pedirá de la misma Asamblea su revocación en esta parte.

13°.-El General dejará libre el Departamento de tropas, tan luego como encuentre bagajes.

14°.-El individuo que insulte de palabra a otro por resentimiento que haya hecho nacer la guerra, será castigado con un año de presidio en el Castillo de San Felipe.

15°.-El que lo agraviare de obra, hiriéndole o maltratándole, quedará sujeto a las penas señaladas por las leyes.

16°. -Este convenio será ratificado por la Asamblea en el término de ocho días, contados desde esta fecha y en el de seis por los respectivos pueblos del Departamento.

17°.-La infracción de cualquiera de los artículos de este convenio por las partes contratantes, lo hará nulo y de ningún valor.

VUELTAS DEL OCOTE, 21 de enero de 1830.

Firmado: Francisco Morazán. Concepción Cardona, comisionado por Gualaco. Vicente Martínez, Juan Cardona, comisionados, por Manto. Desiderio Escobar, comisionado por Catacamas. Francisco Meza, comisionado por Zapota. Pablo Urmeneta, comisionado por Silca. Santiago Zelaya, comisionado por Guayape y Palo Atravesado. Por el comisionado Gregorio Matute, de Jano, Vicente Martínez. Conforme. Fecha ut retro. MORAZÁN.

***

Decreto de ratificación:

La Asamblea ordinaria del Estado de Honduras, deseando economizar la sangre americana y afianzar una paz perpetua y duradera entre los habitantes del mismo Estado, ha tenido a bien decretar y

DECRETA:

Se ratifica en todas sus partes la capitulación celebrada por el General, Jefe Supremo Francisco Morazán, en las Vueltas del Ocote, con los comisionados de los pueblos del departamento de Olancho.

Pase al Consejo Directivo para su sanción.

Dado en Tegucigalpa, a 30 de enero de 1830.

Dionisio de Herrera, D.P. -Santos Bardales, D.S.-Trinidad Estrada, D.S.

***

Sala del Consejo Representativo del Estado de Honduras.

Tegucigalpa, 31 de enero de 1830.

Al Poder Ejecutivo.

Ignacio Xirón. Felipe Reyes. José Santos del Valle. Agapito Lazo, Secretario.

***

Además, la Asamblea dictó los decretos siguientes:

La Asamblea Ordinaria del Estado de Honduras, con presencia del Artículo 12 de la Capitulación celebrada por el General Morazán en las Vueltas del Ocote, con los comisionados de los pueblos del departamento de Olancho, el día 21 del corriente, y en uso de sus soberanas facultades, ha tenido a bien decretar y

DECRETA:

No tendrá lugar el decreto de la Asamblea del Estado, del 18 de junio del año último, en la parte que toque a los que se han mezclado en la guerra de Olancho y estaban comprendidos en dicho decreto.

Pase al Consejo Directivo para su sanción.

Dado en Tegucigalpa, a 30 de enero de 1830.

Dionisio. de Herrera, D.P. -Santos Bardales, D.S.- Trinidad Estrada, D.S.

***

Sala del Consejo Representativo del Estado de Honduras.
Tegucigalpa, 31 de enero de 1830.
Al Poder Ejecutivo.
Ignacio Xirón,C.P.-Felipe Reyes. José Santos del Valle. Agapito Lazo Secretario.

***

La Asamblea Ordinaria del Estado de Honduras por justas consideraciones, ha tenido a bien decretar y

DECRETA:

Quedan indultados todos los estantes y habitantes de Olancho que se hayan mezclado de cualquier modo en la guerra que se ha hecho en aquel Departamento y en las demás que ha habido en el Estado.
Pase el Consejo Directivo para su Sanción.|
Dado en Tegucigalpa, a 30 de enero de 1830.
Dionisio de Herrera, D.P.-Santos Bardales, D.S.-Trinidad Estrada, D.S.

***

Sala del Consejo Representativo del Estado de Honduras.
Tegucigalpa, 31 de enero de 1830.
Al Poder Ejecutivo.
Ignacio Xirón, C.P.-Felipe Reyes-José Santos del Valle-Agapito Lazo, Srio.

***

A estos decretos puso el "Ejecútese" el Consejero Presidente del Estado, C. Juan Ángel Arias.

DERROTA DE LOS REBELDES DE OPOTECA

No olvide el lector nuestro punto de vista que dista mucho de repetir lo escrito por los biógrafos del general Morazán y los historiadores clásicos de Centro América. Aquí, por ejemplo, estamos considerando los hechos sobradamente publicados, pero que tienen dos significaciones, (siendo esto lo que deseamos hacer notar): una, que habiendo sido una realidad la revolución triunfante del Ejército Protector de la Ley, que restableció el orden constitucional, la reacción feudal tenía que responder con hechos de poca trascendencia y dispersos en distintos lugares de la Nación, los que felizmente fueron conjurados por el general Morazán; y otra, que los hechos dispersos provocados en la Nación por el coronel español Vicente Domínguez, estaban perfectamente conectados con el plan de reconquista que acariciaba España y que había llevado a la práctica en México con resultados completamente negativos.

El general Morazán, jefe de la revolución democrática triunfante, a la vez que ofreció su cooperación al gobierno mexicano para rechazar la invasión española, fortaleció la defensa de los puertos centroamericanos en el Atlántico. Pero la idea fundamental de Morazán, y el general Guerrero, de México, como de los lugartenientes de Bolívar en la parte sur del continente, era acudir a la descolonización de Cuba y de Puerto Rico, como medio eficaz y definitivo de acabar de una vez para siempre con los planes de reconquista que concebía España con relación a América, ya independiente, a costa de mucha sangre.

Y ahora entremos en los hechos.

Firmado el documento de las Capitulaciones de las Vueltas del Ocote, fueron licenciadas las tropas que componían la facción, y Morazán con su ejército más los jefes poco antes facciosos y ahora convertidos en autoridades departamentales se trasladaron al pueblo de Manto, constituido en cabecera departamental de Olancho, según lo mandado en las Capitulaciones. Como se sabe, Manto tuvo una importancia enorme en la Colonia por ser el centro de las principales familias españolas de la región dedicadas a la minería y a la crianza de ganado en grandes haciendas. Ofrecía además varias ventajas:

buen camino hacia Trujillo, el mejor puerto de la costa atlántica por donde se exportaban las novilladas y se importaban las mercaderías; y, hallarse alejado de la zona que solían transitar los mosquitos armados por los ingleses para que mantuvieran en constante zozobra a las poblaciones del oriente y del centro del país. Después de instalar a las autoridades regionales, Morazán fue obsequiado con un almuerzo espléndido, y en la noche con una rumbosa fiesta, e la que algunas jóvenes mantuanas tuvieron la satisfacción de dar unos cuantos pasos de baile con el apuesto guerrero que después de tantas victorias en los otros Estados, había devuelto la deseada paz a la región de Olancho, y se contaban de él otras hazañas increíbles.

Después, de dispensar estas pequeñas atenciones, Morazán se dirigió a paso de vencedores al centro del país y, en menos que canta un gallo, destruyó la facción de los opotecas, el 19 de febrero de 1830.

Comprobada la noticia de la pacificación de Honduras, el Gobierno del Estado creyó conveniente informar este acontecimiento al Gobierno Federal, haciéndolo del siguiente modo:

"Ministerio General del Gobierno de Honduras. Al C. Ministro de Estado y del Despacho de la Guerra del Gobierno Supremo de la Federación. El general jefe supremo, Francisco Morazán, ha logrado terminar la guerra de Olancho, por medio de una capitulación que celebró con los comisionados de los pueblos disidentes de aquel departamento, según lo comunica él por separado a este Ministerio.

Mi Gobierno, penetrado de reconocimiento por los auxilios que el supremo de la Nación se ha dignado franquear con aquel objeto, me ha ordenado hacer a Ud. esta comunicación para que se sirva elevarla al conocimiento del C. Senador Presidente, con el fin de manifestarle los sentimientos de su gratitud y darle las más expresivas gracias.

Quiera Ud. C. Ministro, aceptar los votos de mi consideración, aprecio y respeto. D.U.L. Tegucigalpa: 9 de febrero de 1830.-Liberato Moncada".

MORAZÁN DA CUENTA AL GOBIERNO DE HONDURAS DE LA CAMPAÑA EMPRENDIDA PARA ANIQUILAR A LOS OPOTECAS

Comandancia General del Ejército Pacificador. Ciudadano Ministro General del Gobierno de Honduras.

Los opotecas fueron los primeros que en el año de 26 dieron el grito de rebelión, y negaron la obediencia a las autoridades legítimas del Estado, uniéndose al Comandante Milla, agente de la aristocracia de Guatemala, para cometer bajo los auspicios de la fuerza de su mando el incendio y saqueo de esta ciudad (Comayagua: nota nuestra).

La mala conducta de Milla le quitó el prestigio que había adquirido entre sus partidarios, y los esfuerzos de los amigos del pueblo que supieron inflamar el espíritu de los descontentos, y excitar el patriotismo de los oprimidos les proporcionó una fuerza con que pudieron otra vez levantar el estandarte de la libertad. Y los opotecas que se hallaban con las armas en las manos, corrieron la suerte de su caudillo, y habrían sufrido el castigo que merecieran, si no hubieran encontrado la impunidad de sus crímenes en la benignidad de los nuevos gobernantes que les garantizaron sus personas e intereses, y les dispensaron las consideraciones que no merecían.

Pero esta conducta que en otro hubiera excitado la gratitud y el reconocimiento, y les habría recordado continuamente su deber y su juramento, produjo en ellos lo que en los delincuentes la impunidad: la repetición de sus antiguos crímenes, y la perpetración de otros nuevos, o lo que la indulgencia influye en las almas mezquinas, que no conocen la gratitud, y ven siempre el buen trato que se les dispensa, como el resultado del miedo o de la debilidad.

Los opotecas, olvidándose de sus compromisos, levantaron segunda vez las armas contra el Gobierno, cuando éste hacía obrar las suyas en puntos más interesantes. El buen éxito le desembarazó de enemigos más temibles, y pudo dirigirse a castigarlos. Pero después de vencidos hicieron a las autoridades con especiosas protestas de sumisión, el deber que les imponían las leyes por atender a los impulsos de su generoso corazón. Los opotecas fueron indultados, y su fingido arrepentimiento duró el tiempo que se hallaron en la impotencia de obrar. Sus insultos y amenazas descorrieron otra vez el velo que ocultaba su perfidia; y el Gobierno por su exceso de generosidad dejó' sus delitos impunes con la repetición del indulto.

Semejante conducta persuadía que muy pronto darían otra prueba de su ingratitud, y los hechos confirmaron esta verdad. Los opotecas por la cuarta vez desconocieron a la primera autoridad del Estado, sin esperanza de que sus excesos fuesen olvidados con el triunfo a que pertenecían, porque ya había desaparecido. No se contentaron con esto, ni con repetir sus maldades: cometieron otras nuevas, que dieron a conocer el verdadero motivo de su reincidencia; y a la nota de rebeldía que justamente merecían, añadieron la de ladrones, a que se hicieron acreedores por su comportamiento.

Ellos robaron varios cargamentos de comerciantes de este Estado y del de El Salvador a pretexto de interceptar la pólvora que conducían: ellos saquearon a los indefensos vecinos de esta ciudad más de cuarenta mil pesos, y no se escaparon a su codicia ni los miserables pueblos del Valle, que habían manifestado su adhesión al Gobierno en otro tiempo: ellos asesinaron a varios de sus hijos; y amenazaron con el incendio y la muerte a los de otros pueblos, que no quisieron cooperar a sus siniestras miras; ellos, en fin, cometieron otros excesos, que daban a conocer que una mano amaestrada en el delito, y familiarizada con el crimen, dirigía sus pasos, e influía en sus acciones. Esta era la del padre Rivas, cómplice en el asesinato intentado con el exjefe Ciudadano Dionisio de Herrera y su inocente familia, según varios datos, que no dejan nada que dudar, e inventor de otros vicios nada comunes, que se han ejecutado bajo sus órdenes.

¿Quién habría vacilado un momento en obrar hostilmente contra los opotecas después de haber observado una conducta semejante? Sólo el Gobierno de Honduras. Este quiso por última vez agotar todos los medios que le sugirió la prudencia, y hacer uso de su generosidad convidándolos con la paz, y ofreciéndoles garantías de seguridad. Sin embargo, los opotecas a todo se negaron, y quisieron remitirse a la decisión de las armas, por ver si el triunfo les ponía a cubierto sus maldades, y les proporcionaba la ocasión de cometer otras nuevas.

Pero la suerte, cansada de protegerlos, fue esta vez enteramente contraria a sus deseos, y sufrieron una derrota completa, y el exterminio de todos los graneros que tenían para alimentarse, pues trataban de defenderse confiados en lo inaccesible de su posición, y en la indulgencia del Gobierno.

Este, que había aprendido por una corta experiencia a conocerlos, quiso que no quedasen impunes sus delitos, para satisfacer a los justamente agraviados y para dar una idea de la suerte que correrían los pueblos que en lo sucesivo quisieran trastornar el orden público, y particularmente los que se atrevan a reincidir.

Cuarenta y un hijos de opotecas y de otros pueblos de la circunferencia, de los más delincuentes, han sido sentenciados a prestar sus servicios militares por cinco años en el Castillo de San Felipe, y el padre Rivas ha sido destinado al mismo punto por igual tiempo en calidad de reo. Todos han marchado ya a su destino y en breves días se hallarán sufriendo su castigo, en que tiene menos parte la justicia que la humanidad.

Yo deseo que los pueblos del Estado, no olvidándose de la suerte que ha tocado a los opotecas por sus delitos, se apreciaban de merecerla, poniéndose en derredor de un Gobierno que ha sabido distinguirse por su prudencia, moderación y justicia, y que en lo sucesivo hará sentir todo el peso del Poder que le dan las leyes, a los que abusan de su generosidad.

Al dar a U. este parte del modo como he cumplido con mi deber, y con los deseos del Supremo Gobierno y del uso que he hecho de las actuales facultades extraordinarias que se me han concedido para pacificar el Estado, que se servirá elevar al conocimiento del ciudadano Consejero encargado del Ejecutivo, le suplico admitir las consideraciones de mi afecto y deferencia. D.U.L.

Comayagua, marzo 20 de 1830.

"FRANCISCO MORAZAN".

PACIFICACIÓN DEL ESTADO DE NICARAGUA

La revolución triunfante había contado con todo el apoyo de los federalistas de Nicaragua. Recuérdese que los leoneses le habían sumado su fuerza al glorioso Ejército Aliado Protector de la Ley. Y recuérdese que restablecido el orden legal, el Gobierno nicaragüense fue uno de los más empeñados en consolidar los cimientos de la República Federal de Centro América.

Pero la reacción aristocrática de Guatemala tenía sus contactos, sus agentes y hasta sus grupos bien enraizados en Nicaragua. Y a esto agréguese que también en el país de los lagos había americanos que les placía la reconquista colonial de España, porque no le habían perdido el amor a la esclavitud y a las cadenas. Así es que esperaban satisfechos que la invasión que amenazaba a México también se hiciera efectiva en Centro América.

Ya había pasado el peligro invasionista, pero había quedado en Nicaragua cierto malestar social que favorecía una posible alteración del orden público, agregando a esto la querella crónica de los ayuntamientos más importantes del Estado, el de León y el de Granada, cuyas rencillas venían cultivándose desde tiempos anteriores a la Independencia.

Siendo Nicaragua uno de los Estados de más fe en el federalismo, el general Morazán, después de haber pacificado a Olancho y aniquilado la rebeldía de los opotecas, pensó en ir personalmente a pacificar a los enemistados nicaragüenses, pero no llevó a cabo sus proyectos porque tareas relacionadas con el Gobierno federal reclamaban su presencia en Guatemala.

Fue así que pensó, previa consulta a las supremas autoridades federales, en mandar a Nicaragua en calidad de pacificador, con las facultades del caso, al ciudadano Dionisio de Herrera, ex-Jefe del Estado de Honduras, víctima de las arbitrariedades del Presidente Arce y del Vicejefe del Estado de Honduras, coronel Justo Milla, en 1827.

El Ciudadano Herrera, abogado y hombre que se distinguía por su ilustración y por su vida virtuosa, había regresado a Honduras y desempeñaba en aquel momento la función notable de Presidente de la Asamblea del Estado. De modo que este ilustre ciudadano recibió el encargo de ir a aplacar los ánimos alterados de los ciudadanos nicaragüenses, y se encaminó hacia allá, se hizo cargo de la Jefatura del Estado, y desempeñó su cometido con tal maestría, que Nicaragua disfrutó de paz, armonía, trabajo productivo y prosperidad por muchos años.

ACONTECIMIENTOS DEL ESTADO DE HONDURAS

Paralelos a los grandes acontecimientos de la Federación, relacionados con la rebelión aristocrática apoyada por las pretensiones de reconquista de México y otros países de América por parte de España, conviene referir, aunque sea a la carrera, los sucesos exclusivos de Honduras, desde que don Dionisio de Herrera se hizo cargo de la jefatura de Estado hasta que Morazán renunció la misma jefatura el 28de julio de 1830 para ir a Guatemala a tomar posesión de la Presidencia Federal el 16 de septiembre del mismo año.

En efecto, según el doctor Rómulo E. Durón, el Congreso Constituyente de Honduras adoptó el nombre de Asamblea y empezó a dictar leyes y disposiciones para la organización del Estado, sobre hacienda y policía; y llamó a Comayagua al jefe Herrera, quien se había quedado en Tegucigalpa, a pesar del cambio de residencia de aquel Cuerpo. Herrera obedeció, y el 28 de julio prestó ante la Asamblea el juramento constitucional.

La Asamblea dividió en siete departamentos el país: Comayagua, Tegucigalpa, Choluteca, Santa Bárbara, Yoro y Olancho. A falta de elección popular, nombró magistrados propietarios y suplentes y fiscal de la Corte Superior de Justicia. Mandó proceder a la elección de diputados para la primera Asamblea ordinaria. Estableció un Consejo Representativo que se compondría de cuatro individuos, debiendo haber dos suplentes. Decretó el escudo de Honduras. Dictó el presupuesto de gastos, que importaba $79,294.00; y el 11 de diciembre emitió la Constitución.

El 5 de abril se instaló en Comayagua la primera Asamblea Ordinaria del Estado. Ante ella leyó Herrera un importante Mensaje sobre los actos realizados en el Gobierno y sobre las necesidades de Honduras. Herrera se había empeñado en atender al desarrollo e incremento de los intereses de la administración y para hacer arraigar las instituciones republicanas, mandó por un decreto abrir tertulias patrióticas, en las que se dedicaría un rato a la lectura de las Constituciones de la República Federal y del Estado.

La Asamblea se le volvió hostil y mandó practicar elecciones declarando que tan solo era Jefe provisional. Herrera renunció, pero no hubo número en la Asamblea para conocer de su renuncia, y así le tocó seguir en el poder para encontrarse primero con movimientos sediciosos que hubo de sofocar y luego con un atentado que puso en peligro su vida. Los descontentos, para desprestigiarlo (al menos eso creían ellos), lanzaron la especie de ir del brazo de los francmasones para destruir la religión. Herrera demostró la falsedad de tales imputaciones; pero luego entró en choque con el Gobierno Federal, por no haber aceptado, como tampoco lo aceptó la Asamblea, el decreto de 10 de octubre de 1826 en que se convocaba un Congreso que se reuniría en Cojutepeque, y Honduras fue invadida por tropas federales.

Comayagua fue sitiada por el Coronel José Justo Milla, que poco antes había renunciado la Vice-Jefatura del Estado; el sitio comenzó el 7 de abril de 1827 y concluyó el 9 de mayo. Una traición (de un español) facilitó a los sitiadores la entrada a la plaza. El señor Herrera fue preso y enviado a Guatemala.

Lo dicho por el doctor Durón está explicado por el doctor Rosa en su Biografía inconclusa del General Francisco Morazán.

Pero no se olvide un hecho concreto, don Dionisio de Herrera, enciclopedista como Pedro Molina, José Francisco Barrundia, Cirilo Flores y tantos otros en Centro América, era el llamado para darle guerra al clero ultramontano, al padre José Nicolás Irías y al padre Rivas, más tarde jefe de los opotecas. No había un ciudadano en territorio hondureño que tuviera la altura intelectual y la clarividencia de Herrera, siendo cierto que era masón, porque masones eran casi todos los libertadores americanos, cuando la masonería significaba lucha contra la escolástica, el clericalismo y las tinieblas de la Edad Media. Si Herrera negaba que fuera masón se debía a que las logias masónicas funcionaban como sociedades secretas en aquellos siglos.

***

Milla ejerció de hecho el mando de Honduras y luego de convocar a elecciones, encargó el Poder Ejecutivo a don Cleto Bendaña. La Asamblea, por decreto de 13 de septiembre de 1827, declaró electos Jefe y Vicejefe del Estado a los señores José Jerónimo Zelaya y Miguel Eusebio Bustamante. Autorizado Zelaya para prestar la promesa constitucional ante la municipalidad del primer pueblo a que llegara, la prestó a fines de octubre ante la de Santa Bárbara. Sólo en este departamento fue reconocido. Mientras tanto, el Vicejefe Bustamante actuaba en Comayagua. Terminó la autoridad de ambos como consecuencia de la derrota que Francisco Morazán infligió a Milla en el cerro de La Trinidad el 11 de noviembre de aquel año, con las fuerzas que organizó en Choluteca compuestas de hondureños, nicaragüenses y salvadoreños.

Morazán pasó a Comayagua y se hizo cargo del Poder Ejecutivo.

El doctor Rosa ha explicado la gloriosa carrera de Morazán desde La Trinidad hasta Las Charcas y Guatemala. De modo que aquí recortaremos las palabras del doctor Durón diciendo que Morazán pasó a Comayagua y se hizo cargo del Poder Ejecutivo como Consejero, por falta de Jefe y Vicejefe; y el 18 de junio de 1828 dictó en Goascorán un decreto por el que depositaba la Jefatura en don Diego Vijil para seguir su marcha hacia El Salvador, donde daría terribles golpes al enemigo aristocrático.

Entre tanto, Morazán obtuvo del Arzobispo Cassaus que nombrara Provisor y Gobernador de la Diócesis al Presbítero Francisco Antonio Márquez, en lugar del Canónigo José Nicolás Irías, que estaba fuera de la ley por su participación en los movimientos sediciosos contra el Jefe de Estado Herrera.

A todo esto, don Diego Vijil había logrado reorganizar el Estado; y la Asamblea, con quien marchaba de acuerdo, había dictado leyes radicales: entre ellas, la que suprimió el fuero eclesiástico, la que declaró extinguidas las comunidades religiosas en Honduras, la que declaró que no podían tener ejecución las bulas, breves, decretos o cualquier resolución que dimanara de la Santa Sede sin el pase del Presidente de la República y del Jefe de Estado, y la que estableció el matrimonio civil.

El 5 de marzo de 1829 habían sido elegidos por la Asamblea Ordinaria el general Morazán, Jefe del Estado, y don Diego Vijil, Vicejefe. El señor Vijil continuó en el poder por ausencia de Morazán.

Concluida la campaña de Guatemala y habiéndose alzado en armas el departamento de Olancho, Morazán emprendió su regreso a Honduras, y el 2 de diciembre tomó posesión de la Jefatura de Estado.

**

Después de las operaciones de Olancho y de Opoteca, encomendada esta última al coronel José María Gutiérrez, el general Morazán volvió a Tegucigalpa, se hizo cargo de nuevo del mando el 22de abril. Se dedicó a organizar los diferentes servicios públicos, consagró especial atención a las escuelas de primeras letras y estableció en Tegucigalpa la primera imprenta, que hizo venir de Guatemala y en la que el 25 de mayo de 1829 empezó a publicarse el periódico oficial con el nombre de Gaceta del Gobierno.

Caídas las autoridades federales y del Estado de Guatemala, que habían hecho la guerra a Honduras y El Salvador, se practicaron elecciones de autoridades federales. El Congreso de la Nación, por decreto de 22 de junio de 1830, declaró Presidente de la República, popularmente electo, al ciudadano Francisco Morazán. Separóse éste el 28 de julio de la Jefatura de Estado, para ir a tomar posesión de la Presidencia de Centro América, y le sustituyó el Consejero José Santos del Valle mientras se practicaban elecciones.

Practicadas, y no habiendo mayoría de votos, la Asamblea eligió por unanimidad a don Joaquín Rivera. Habiendo renunciado Rivera, se declaró nombrado, por decreto de 10 de marzo de 1831, al coronel José Antonio Márquez.

Por ser hermano del que resultara nombrado Jefe de Estado, el Padre Márquez renunció la Gobernación de la Diócesis y quedó en su lugar el Presbítero Bruno Arriaga, de Danlí, quien ejerció el cargo hasta fines del año, habiéndole sucedido el Presbítero Mariano Castejón.

El 1º. de abril se convocó una Constituyente para reformar la Constitución de 1825. Instalóse el 10 de octubre, y luego se empezó a discutir el proyecto presentado por la Comisión formada por los diputados Joaquín Rivera, Juan Lindo, José Calixto Valenzuela y José Trinidad Reyes. Las discusiones duraron hasta el 7 de enero de 1832; pero no se pudo concluir la obra a causa de haber invadido el Estado el coronel Vicente Domínguez.

Este se apoderó de Omoa y Trujillo y avanzó hacia Yoro. El jefe del Estado, coronel Márquez envió contra él al Teniente Coronel Francisco Ferrera, quien lo hizo retroceder y obtuvo las victorias de Tercales, Trujillo y la Ofrecedora. Domínguez se dirigió a Omoa y de allí a Santa Bárbara, donde en unión del coronel Pedro González avanzó con dirección a Comayagua. Una fuerza al mando del coronel José María Gutiérrez le salió al encuentro en Jaitique el 26 de marzo y lo derrotó después de cuatro horas de combate: en él murió gloriosamente el coronel Gutiérrez.

MORAZÁN ES ELECTO PRESIDENTE DE LA REPÚBLICA FEDERAL DE CENTRO AMÉRICA

El doctor Lorenzo Montúfar escribe hermosas páginas sobre la elección del general Francisco Morazán para Presidente de la República Federal de Centro América, en las que dice:

"En junio se hizo el escrutinio. Los votos populares estaban divididos entre Morazán y Valle. Morazán tenía mayor número; pero para averiguar si había o no elección popular, era preciso que se declarara si sería la base el número de sufragios que la República tenía derecho a emitir o el de los sufragios emitidos y tomados en cuenta al tiempo del escrutinio. En el primer caso no había elección popular, y el Congreso debía decidir entre Morazán y Valle. En el segundo caso estaba electo popularmente el general Morazán, La misma cuestión se presentó en el año 25, entre Arce y Valle. Si se tomaban por base los sufragios que se debían emitir, no había elección popular. Si la base eran los sufragios emitidos, Valle estaba electo popularmente. Entonces el Congreso, para excluir a Valle, declaró que la base eran los sufragios que debían emitirse, y procediendo a decidir entre los candidatos fue electo Arce.

Valle escribió luminosos folletos, demostrando que la base debían ser los sufragios emitidos y que se le había usurpado la Presidencia de la República. El año de 30, conforme al texto literal de los folletos de Valle, se tomó por base el número de sufragios emitidos, y se declaró electo popularmente al general Morazán. Valle no reclamó. Para hacerlo había tenido necesidad de combatir sus doctrinas y sus protestas del año de 25. El Congreso Federal se componía casi en su totalidad de partidarios de Morazán. Si se declara que la base debían ser los sufragios que debieron emitirse, el Congreso habría procedido a decidir entre Morazán y Valle, y en aquellos momentos la elección no podía ser dudosa. Bastaba para la ambición de Valle haber podido competir desde su bufete de Abogado con Morazán, en días en que Centro América, políticamente hablando, casi no hacía más que tributar elogios al vencedor de Gualcho".

Dice el doctor Eduardo Martínez López que se había designado el 15 de septiembre para que tomara posesión de la Presidencia el General Morazán; más, como aquel día se iba a emplear en la celebración de la Independencia, se resolvió transferirle para el día siguiente.

Morazán encontrábase a la sazón en Honduras, haciendo algunas reformas en los diferentes ramos de la administración pública, cuando fue llamado de Guatemala para que tomara posesión de la Presidencia Federal. El llamado lo hizo el Presidente Provisional de la Federación. José Francisco Barrundia, con la siguiente carta:

"Guatemala, junio 22 de 1830. C. Presidente Francisco Morazán. Muy estimado señor mío. Tengo la complacencia de felicitar a Ud. por la elección a la Presidencia que ha obtenido del pueblo, y se ha declarado por el Congreso. Al fin se completó la renovación constitucional tan deseada, y tan esencial para la marcha regular de la República. Ud. la salvó de los tiranos, Ud. tiene a su cargo el afianzar sus leyes y libertades. Yo le envidio a Ud. su gloria al mismo tiempo que ansío por mi retiro, pues no nací para el mando. Ya está en un patriota firme que lleva una espada triunfante en favor de las instituciones y de los hombres libres. Pueda su brillo acabar de ofuscar a los miserables refractarios que tanto nos han denigrado. Ud. entra ya en buen tiempo, cuando el orden se ha restablecido y se empiezan a cicatrizar las llagas de la República; pero es tanto o más glorioso el conservar la conquista que el hacerla, y esto último va a coronar el brillante principio de su carrera política. Véngase Ud. al instante; yo se lo exijo como amigo, como un Magistrado que está palpando la necesidad de que tome posesión el propietario para dar consistencia a las medidas más esenciales. La debilidad de un Gobierno provisional es tan patente que no necesita manifestarse a su penetración, y ningún plan formal y arreglado cual corresponde al Estado de defensa que requiere la República y a sus relaciones exteriores, puede ahora efectuarse con el pie en el estribo para desmontarse como yo me hallo. Véngase Ud., amigo mío, y llene los deseos del público liberal, de la mayoría de la Nación que lo ha escogido, y d todos los hombres de bien que quieren dar estabilidad y vigor a nuestro Gobierno; de mi en particular que le deseo vivamente a Ud. tan bello honor; y a la República este alivio de sus males. He llamado al benemérito Prado con urgencia; pero me dicen que no podrá verificar su marcha antes que Ud., y además siempre hay el inconveniente del interinato, y de la oscilación en las providencias, aunque no tanto acaso como la hay ahora. Espero, pues, que tendré el gusto de dar a Ud. pronto un abrazo, y de colocarlo a Ud. por mi mano en el punto a donde Ud. me hizo subir por su victoria. Por acá todo va bien; aunque pobremente hay lo suficiente para la guarnición actual El Estado está en completa armonía y tiene su regular milicia para mantener el orden.

Le recomiendo a Ud. mucho que no demos ningún paso de gran movimiento en el orden actual, que conviene continuar sin novedad, pues al fin veo que este sistema ha echado ya raíces nacionales, y que con prudencia y energía puede irse consolidando más y más; fuera de que no hemos quedado muy vigorosos para exponernos a nuevos sacudimientos. Creerá Ud., amigo mío, que en medio de nuestros males, estoy en la inteligencia que no hay en el día una República hispanoamericana que esté mejor que la nuestra. Conviene, pues, que no alteremos en la sustancia nuestras instituciones y que formemos un plan inalterable de quietud, de sosiego, de transacción en nuestras desavenencias y de simplicidad republicana. Me persuado que Ud. pensará como yo.

El gran negocio del canal de Nicaragua presenta a Ud. la más bella ocasión de una empresa grandiosa, digna de su ambición y de su nombre. Este negocio va muy bien. Si las propuestas se aprueban y verifican, Ud. tendrá el indecible placer de hacer en su tiempo la gran revolución comercial que va a trastornar el mundo en favor nuestro y de ponernos en una actitud respetable contra las pretensiones de todos nuestros vecinos. Después de dar el triunfo a la Constitución, después de expeler el monstruo del fanatismo y de las reacciones y de purgarnos de frailes y refractarios, no es un objeto de menos valer hacernos el emporio de las relaciones del mundo. Esta lisonjera perspectiva es capaz de suavizar a Ud. los males y penalidades de un Gobierno, y aun de hacérsele apetecible. Yo me alegro de solo contemplar tan bellos objetos. Estoy de buen humor, y veo que a un tiempo he logrado presentar la República tranquila y libre, y entregarla a un patriota firme que ha nacido para grandes cosas. Venga Ud., pues, pronto, a realizar este deseo, el más ardiente de su afectísimo amigo. Q.S.M.B.

J. BARRUNDIA".

El 14 de septiembre entró el general Morazán a la ciudad de Guatemala en medio del entusiasmo delirante del pueblo y de los sectores republicanos y democráticos de las otras clases sociales, que años después hizo escribir al doctor Montúfar con motivo de este suceso: "La aureola de Morazán en la pequeñez de nuestro suelo era la que rodeaba en grande escala a Bonaparte al volver de Egipto".

***

Dice el doctor Martínez López en su notable biografía del vencedor de La Trinidad, Gualcho y Las Charcas:

La historia centroamericana tendrá pocas fechas tan notables como la del 16 de septiembre de 1830, dí en que fue elevado por el voto popular, el General Morazán, a ejercer la Presidencia de la

República Federal. Todas las autoridades civiles y militares, y multitud de invitados, estaban allí reunidos para presenciar el acto solemne en que el más abnegado de los patriotas del Centro entregaría el mando a su sucesor.

El Presidente del Congreso, C. Lorenzana, dirigió al General Morazán, al rendir la promesa de ley, el siguiente discurso:

"El décimo año de nuestra independencia ha venido a ser la segunda época constitucional de la República. Si se cuentan los años transcurridos, la hallamos atrasada por algún tiempo, pero no es este el modo de mirar en los fastos de una Nación. Los grandes hechos fijan las épocas que se eternizan por la historia, y son los que dan a los pueblos su esplendor. Dos principalmente caracterizan nuestra edad. La noble espada, espada de dos filos del guerrero patriota que batió a la derecha e izquierda del fanatismo y la tiranía; y conservando las instituciones que se diera el pueblo soberano al sacudir el yugo de la dependencia, selló con sangre el dogma de la soberanía nacional, y cegó los planteles odiosos de las ideas que lo combatían.

Las conquistas y las reconquistas riegan el suelo con sangre, y siembran al paso calamidades y miserias. Se afirman las primeras por el terror y la destrucción; y las segundas no se logran sin destruir grandes obstáculos. Son los derechos del hombre el objeto de la ambición desenfrenada de pocos; pero los más fuertes: ellos las han conquistado por sí solos, por largos siglos, y en muchas y diversas naciones.

Los pueblos tienden ahora en todas partes a reconquistarlos. ¿Dónde está el ejemplo singular de que en esta lucha no se hayan experimentado desastres? Llórelos el hombre sensible enhorabuena: yo también me contristo a su aspecto; pero cuando a través de infortunados pasajes se descubren bienes permanentes, ¡oh, cuánto no debe ser nuestro regocijo!

Por poco, después de haber logrado nuestra Independencia, una facción queriendo obligar al pueblo con la espada a mudar de instituciones, le usurpa. Por poco, alzándose el pendón monacal entre sus banderas, abisma en una guerra cruel de religión a Centro América. Ya, empero, después del triunfo de los libres, nadie osaría atacar las libertades públicas, ni invocar bajo el manto de la religión el nombre de Dios en favor del sistema opresor.

Ciudadano Presidente: el pueblo ilustrado de Centro América bendice vuestra espada. Si algunos detestan vuestros laureles, porque no os lo debemos ocultar, éstos también recogerán ya, aun sin saberlo, los bienes opimo de una victoria que extinguió los gérmenes de la discordia, y de inminentes y perpetuas contrarrevoluciones. Eran institutos varios e incapaces de amoldarse al régimen que establece por bases la libertad, la igualdad, la seguridad y propiedad de los asociados. Vuestra es ahora la empresa de conservar los felices resultados de la victoria.

El pueblo centroamericano os la ha confiado con las riendas del Gobierno; y sus representantes, gozosos de hallar el discernimiento, la justicia y la gratitud en su elección, nada más desean que hallar en la cabeza de la República un juicio recio que sepa objetar sus determinaciones cuando os parecieren peligrosas o inasequibles, y adoptarlas de buena voluntad cuando no fueren desviadas de la senda que conduce a la felicidad pública. La representación nacional cuenta con vuestro fuerte brazo para defender la Patria y sus leyes sacrosantas: y con vuestro patriotismo, no solo para conservar, sino para aumentar en lo posible los bienes comunales.

Difíciles son aún las circunstancias de la República: no es el placer tranquilo, no es el descanso para los funcionarios de un pueblo naciente; pero qué obstáculos hay que no pueda vencer la armonía entre sus poderes, la confianza en sus gobernantes y los conatos del civismo ilustrado por afianzar la paz, conservar el orden público y dar impulso a todas las cosas que hacen prosperar las naciones? La nuestra será feliz, C. Presidente.

Para la generación actual, para nosotros, los funcionarios públicos, más inmediatamente son los trabajos: quizá la ingratitud será nuestra recompensa; mas, ¿la posteridad no recordará el nombre de los fundadores de la República? ¿No conservará en las páginas de la historia el de los defensores de sus instituciones, el de sus conservadores, el de aquellos que haciendo desaparecer el espíritu odioso de partido, derramaron la confianza y el placer en los corazones de sus compatriotas?

Duerma enhorabuena el mío en el pacífico olvido, con tal que mi último sentimiento sea el de la consoladora esperanza de un feliz porvenir para la Patria".

El General Morazán le contestó en la siguiente forma:

"Los centroamericanos han practicado uno de los actos más dignos de su soberanía, nombrando el que debe colocarse en el Poder Ejecutivo Federal, y yo tengo el honor de haber sido el depositario de su confianza. Confianza tanto más respetable y sagrada para mí, cuanto es de grande y temible a los celosos ojos de la Nación, después de los inmensos peligros a que se vio expuesta en las manos del primer elegido del pueblo.

No era posible prometerme en las varias posiciones en que me colocaron los diversos acontecimientos de la revolución que terminó en 1829, que mis pequeños servicios llegasen a merecer la confianza con que me han honrado los Estados prefiriéndome a sus hijos más beneméritos.

Cuando abracé la causa común, no existía un solo principio de esperanza, si no es para aquellos que desean morir en defensa de la ley. La República se hallaba envuelta en una guerra insensata y fratricida, desacreditando el nombre centroamericano, sin mancilla hasta entonces, pronunciado después con desprecio por los enemigos de su engrandecimiento, y próximo a sepultarse en las ruinas de la Patria ese puñado de valientes defensores de la libertad, que, arrastrando toda clase de peligros para salvarla, supo arrancar con la palma de la victoria a los enemigos, y reivindicar el honor nacional.

Estos hijos predilectos existen entre nosotros, en unión de otros muchos, cuyo mérito conocido e ilustración acreditada en diversos tiempos, ha justificado que son más dignos que yo de merecer la confianza que se me dispensa, y capaces de gobernar, principalmente en tiempos peligrosos.

Esta satisfacción, la mayor a que pueda aspirar el ciudadano que se interesa en la felicidad de la Patria, será siempre muy lejos del que se halle colocado en mis circunstancias. Aun aquellos que poseen los profundos conocimientos que constituyen la difícil ciencia de gobierno, han desacreditado muchas veces esos descubrimientos que pasan ya como verdades, cuando no han consultado con la experiencia para su aplicación. El pueblo soberano, sin embargo, me manda colocarme en el más peligroso de sus destinos, y debo obedecer sus respetables preceptos, y cumplir el solemne juramento que acabo de prestar en vuestras manos. En su observancia ofrezco sostener a todo trance la Constitución Federal que he defendido como soldado y como ciudadano.

Ella establece como una de las bases la Santa Religión de Jesucristo. Esta ha triunfado del fanatismo que la desacreditaba; y muchos de sus ministros que excitaban en su nombre a la matanza y a la destrucción, han justificado con su conducta, la providencia que los separó de la República, y han descubierto, desde el lugar de su destierro, las miras criminales del tirano español a quien servían. La religión se presenta entre nosotros con toda su pureza, y sus verdaderos enemigos que la tomaban en sus labios para desacreditarla no la harán aparecer ya como instrumento de venganzas. Yo procuraré que se conserve intacta, y que proporcione a los centroamericanos los inmensos bienes que brinda a los que la profesan. Las comunicaciones que van a establecerse con la Silla Apostólica, aquietarán las conciencias de los verdaderos creyentes, y harán cesar la orfandad en que se halla nuestra iglesia.

Las relaciones exteriores se conservarán o aumentarán en razón de su utilidad, procurando siempre que el orden interior, y los progresos del sistema hacia su perfecta consolidación, faciliten las que deben tener por resultado el reconocimiento de la Independencia, el aumento del comercio, de la riqueza y de la población. Con este interesante fin, nuestras leyes llaman al hombre ilustrado e industrioso, sin examinar su origen, ni su religión; el centroamericano lo recibe con sus brazos abiertos, y el gobierno lo protege.

La alianza de los pueblos americanos, aunque se ha frustrado hasta ahora, no está lejos el momento de ser puesta en práctica esta combinación admirable. Ella hará aparecer el nuevo mundo con todo el poder de que es susceptible por su ventajosa posición geográfica e inmensas riquezas, por la justicia de los gobiernos y por la identidad de sus sistemas: por su crecido número de habitantes y, sobre todo, por el común interés que los une.

El ejército debe conservar el orden interior y defender la integridad de la República; procuraré que sea capaz de llenar estos dos objetos grandes. Se perfeccionarán las fortalezas de los puertos y se pondrán éstas en el mejor estado de defensa.

La Hacienda Pública ha podido cubrir hasta ahora la pequeña suma a que ha sido reducida la lista civil y militar, en el tiempo que ha gobernado mi digno antecesor, el Senador C. José Barrundia. Todo es debido al sacrificio voluntario que a su generoso ejemplo han hecho de una parte de sus sueldos los funcionarios y al pequeño número a que se ha reducido el ejército. Pero no será posible que satisfaga en lo sucesivo los gastos más precisos, si al mismo tiempo que se cree la fuerza que debe sostener la Independencia, se amortiza la deuda extranjera, origen en mucha parte de nuestras desgracias, y se paga lo que ha sido necesario contraer para dar la paz a la República. El arreglo de este ramo interesante exige la ocupación exclusiva de los legisladores.

La instrucción pública que proporciona las luces, destruye los errores y prepara el triunfo de la razón y de la libertad, nada omitiré para que se propague bajo los principios que la ley establezca. Por desgracia, hasta ahora mucha parte de la juventud se ve entregada en manos de la ignorancia y de la superstición. Los funestos vicios del sistema colonial se transmiten entre nosotros, de padres a hijos, y el trastorno y las revoluciones que se han repetido en los Estados desde su Independencia, son la escuela en donde aprende a conocer sus derechos esa desgraciada y preciosa porción de la República que es la destinada a consolidar el sistema que nos rige.

Los diversos obstáculos que se han opuesto hasta ahora a las miras benéficas de los que han intentado dar a la industria la protección que merece, es tiempo ya de removerlos; nada omitiré, que se halle en mis facultades, para mejorar este ramo interesante y para darle impulso al mismo tiempo a todo lo que sea de utilidad general.

Tal es la apertura del canal en el istmo de Nicaragua. Esta obra grandiosa por su objeto y por sus resultados, tendrá el lugar que merece en mi consideración; y si yo logro destruir siquiera los obstáculos que se opongan a su práctica, satisfaré en parte los deseos de servir a mi Patria.

Cuando una nación llega a sufrir grandes revoluciones y trastornos en su orden interior, sus más celosos hijos se dedican a examinar la causa que los produjo; y los centroamericanos, animados de tan sublimes sentimientos, se ocupan hoy en investigar el origen de los males que han afligido a la República.

A los legisladores toca removerlos y destruir los obstáculos que se oponen a la consolidación del sistema. Desde Costa Rica hasta Guatemala, una sola es la opinión, unos los sentimientos y deseos que animan a los centroamericanos. Todos tienen fijas sus esperanzas en el primer poder de la Nación. Todos, sin excepción, esperan que los ilustrados patriotas que lo componen harán la felicidad general.

Los Representantes de la Asamblea Nacional Constituyente, al determinar el carácter y fisonomía política del Gobierno que nos rige, trazaron una senda segura a sus sucesores y proporcionaron al Congreso de 1830 la gloria inmarcesible y pura de dar la última mano a la grande obra de nuestra legislación. Los sucesos lamentables e inopinados que han privado de este honor a sus antecesores, al paso que obligan a hacer recordaciones sensibles y dolorosas, presentan al mismo tiempo lecciones importantes, escritas en el libro de una costosa experiencia. Si de ellas saben aprovecharse los legisladores, evitarán en lo sucesivo su triste repetición, y fijando para siempre los destinos de la Patria, levantarán también un monumento hermoso del honor y gloria a que son acreedores.

La Independencia que se halla amenazada por el enemigo común, recibirá nuevas garantías y seguridades. Los pueblos que han sabido sostener la libertad, cuando el pacto social se veía disuelto a esfuerzos de las intrigas y maquinaciones de los enemigos del orden, sin regla fija que pudiese dirigir sus pasos, y abandonados a sus propias opiniones y recursos, sabrán sostener la integridad de la República, bajo los auspicios de tan beneméritos representantes, protegidos por este código sagrado objeto de sus fatigas.

Si los centroamericanos logran satisfacer sus vehementes deseos, gozarán sin duda del precioso fruto que les ha proporcionado sus desvelos. Y si yo soy el elegido por la Divina Providencia para ejecutar los decretos que aseguren la libertad y sus derechos de un modo estable, serán cumplidos mis ardientes votos. Una ciega obediencia a las leyes que he jurado, rectas intenciones para buscar el bien general, y el sacrificio de mi vida para conservarlo, es lo único que puedo ofrecer en obsequio de tan deseado fin. Cuento para ello con los consejos de mis amigos, con el voto de los buenos, y con la cooperación de esos pueblos, cuyas virtudes cívicas y valor acreditado en las circunstancias más difíciles, han formado ya una Patria para los verdaderos centroamericanos, y han dado lecciones tristes a sus enemigos, de que no se atenta contra ella impunemente.

Subo, pues, a la silla del Ejecutivo, animado de tan lisonjeras esperanzas.

En nombre de la Asamblea, don Alejandro Marure, historiador de las revoluciones de Centro América, dirigió al General Morazán la alocución que sigue:

"Ciudadano Presidente: La Asamblea Legislativa de este Estado (de Guatemala: n.n.) felicita a Ud. por su elevación a la silla del Poder Supremo Nacional. Siente el más vivo placer al contemplar al hijo de la victoria sosteniendo con la autoridad legítima y constitucional, los derechos y la libertad de un pueblo que reconquistó Ud. con triunfos singulares. Este Estado en reconocimiento a tanto beneficio, su Representación hoy nos honra confiándonos la comisión de hacerlo así presente a Ud. y también de manifestarle la espontánea voluntad que tiene de hacer en adelante los mismos servicios que actualmente ha prestado al Supremo Gobierno, de manifestarse firme y continuamente unida a él y de probar en todo tiempo su amor decidido por la ley. Nosotros a la vez le ofrecemos a Ud. nuestro respetuoso afecto hacia la persona de Ud". Morazán contestó a Marure:

"El sistema federativo solo puede sostenerse por la íntima y estrecha unión de los Estados entre sí y con el Gobierno nacional: por lo mismo me es muy grata la actual demostración de la Legislatura de este Estado, con la cual deseo vivamente mantener la mayor armonía, sin perdonar para ello medio ni sacrificio alguno".

Por último el C. José Francisco Barrundia tomó la palabra y dijo: "Ciudadanos Representantes: La orden del Congreso está cumplida: ninguna más grata a mi corazón. Ella termina mis cuidados públicos del modo más satisfactorio y racional. Ya tenéis en su silla al primer Magistrado del pueblo. Su espada restableció la ley, su brazo debe ejecutarla. Su mérito lo ha elevado al puesto eminente en donde se producen grandes males o grandes bienes: en donde un deber inmenso gravita sobre sus hombros, donde se aniquilan todas las miradas individuales, y se reprimen todos los deseos y placeres, y solo se inflama la gloria, y arden las virtudes públicas, o bien donde la ambición desarrolla la perversidad del carácter y vuelve contra sí mismo el poder nacional y esclaviza al pueblo.

Tal es el mando que sobre los terribles riesgos que amenazan a la virtud del que lo ejerce, le rodea de todas las inquietudes y le penetra de todos los males de la Patria. Su corazón es el centro de todos los ciudadanos: su conducta el blanco de todas las censuras, y su destino el objeto de la malignidad y la envidia. Brilla de cuando en cuando, como relámpago, la gloria de un suceso plausible o el sentimiento inefable de hacer el bien general. Desaparece entonces el nublado de los ciudadanos públicos, y el alma se dilata notablemente; mas este bien pasajero cede luego al paso enorme de mil atenciones penosas de las pasiones enemigas del poder, y de la continua lucha entre el yo particular y el yo del Magistrado público.

¡Cuán poderoso es vuestro brillante cargo, C. Presidente! ¡Cuán difícil vuestra marcha!

Mas Vos habéis librado la Patria, Vos tenéis el aliento de un vencedor glorioso, y ahora os ha hecho el pueblo soberano el depositario de sus leyes, de estas leyes que tanta sangre costara a los hijos de la libertad conducidos por Vos a la victoria.

La Nación al elegiros, está firmemente persuadida que Vos seréis su más fiel guardián, y que sacrificareis vuestra existencia por esta Constitución que aseguró vuestros triunfos, porque fue el objeto de ellos. Habéis tenido el placer de contemplar el orden general y la paz venturosa que ha reinado en la República desde que recibisteis sus poderes supremos: habéis visto el feliz efecto de vuestros trabajos y combates. Mandad ahora, pues, bajo estas caras leyes, y bajo la sombra celestial de la libertad establecida. Nunca la adulación insinuante, nunca la separación orgullosa de los CC. contamine vuestra virtud y os extravíe de la senda recta y luminosa. Accesible a las quejas del público y de los particulares, severo al astuto y lisonjero cortesano: vuestros méritos tendrán todo realce, y vuestro gobierno acierto y opinión.

La experiencia me da un derecho a recomendaros con particularidad la unión íntima con los demás poderes supremos de la Nación y con los de este Estado (Guatemala: n.n.), cuyo glorioso sacudimiento al acercaros, os dio el último triunfo y ha sostenido con esmero a la federación vacilante. Su capital es la cabeza de la República, y debe ser el centro armonioso de los poderes supremos. Cualquiera divergencia entre ellos produce la desorganización de la República. Si el corazón de las autoridades se paraliza o altera en sus funciones, la Nación toda se destruye: los enemigos triunfan; los expulsados y los españoles restablecen su dominación infausta.

Vos que habéis sido fuerte para salvar las leyes y la Patria, sed enérgico para conservarlos, y sobreponeros a las miserables inquietudes de pequeñas discordias domésticas, que por lo regular degeneran en espantosos males y levantan la guerra civil. Que el grande objeto de la salud pública y de la libertad de la Nación, hagan desaparecer a vuestros ojos todos los intereses de inferior orden, todas las miras locales y todos los sentimientos vulgares.

De la simple condición de un ciudadano os habéis elevado a la esfera de los hombres que presiden el destino de las naciones. Corresponded, pues, a vuestra suerte, y a la confianza gloriosa que os hace hoy el pueblo centroamericano. Salvadle de las escisiones anárquicas y de los proyectos funestos que meditan en la tiniebla de su deshonra lanzados de un seno y abrigados por el extranjero. Desmentid sus viles calumnias y conservando en todo su esplendor el gran código que está ahora en vuestras manos. La libertad, los derechos del pueblo están confiados a la sabiduría de vuestras medidas y a la rectitud de vuestras intenciones. Habéis sido el soldado de la Patria; sed ahora el Magistrado de sus voluntades y el brazo del pueblo soberano.

Y vosotros ciudadanos, que presenciáis este acto augusto, que hace terminar completamente vuestra resolución, y os presenta al elegido de la Nación con todos los caracteres de la legitimidad y del voto público, respetad al Jefe de la República, y en él al depositario de las leyes. Vosotros podéis, debéis censurar su conducta, si fuere necesario, debéis prestarle vuestros auxilios y vuestras luces, debéis esclarecer sus pasos y hacer resonar en su oído la voz de la justicia con toda su majestad y con toda la energía de hombres libres. Mas no quiera el cielo manchéis vuestros escritos ni vuestras reclamaciones o debates públicos con el baldón o el sarcasmo.

Cualquier defecto que pueda notarse en el Magistrado del pueblo, y más en el Ejecutivo nacional, debe advertirse con decoro y aun con el sentimiento delicado y culto del que desea disculparle. Tened presente que el poder o se desdeña o se exaspera; pero jamás se corrige con una censura irrespetuosa y violenta; y sobre todo, que el honor o el vituperio de la primera autoridad reflejan siempre sobre vosotros y sobre la Nación misma. Nada hay que decir del malvado que emplea la calumnia y el infame el libelo. Jamás ha sido este el arma de un hombre libre. El ciudadano acusa siempre con dignidad y con decoro; el esclavo y el cobarde cuando no adulan, ultrajan y difaman. Juntaos, pues, en derredor del Jefe de la República, sostenedle y advertidle, y oponed siempre a la discordia y a los rumores, impostores funestos que siempre se emplean en derrocar a la autoridad, una muralla de buen sentido y patriotismo.

Obedecedle y uníos espontáneamente a su esfuerzo para ejecutar las leyes, y a sus proyectos para defender y engrandecer la Patria.

Yo me retiro de este alto puesto.

Tengo dos satisfacciones: una, que mi conciencia es pura, y que mi corazón justifica mis intenciones en el mando; que la República está tranquila, y que no temo vuestras miradas. La otra, que mi Patria ha confiado sus caros derechos, su destino y su crédito al hombre que la salvó de la tiranía, y que tiene a su disposición todo el carácter y los elementos necesarios para actuar bien; que su interés particular está unido al interés público; que su gloria es la de la Nación, y que nadie debe estar más afectado que el mismo, de la conservación de su propia obra.

Ciudadano Presidente: El concepto de vuestro gobierno, la felicidad pública, vuestra existencia misma, dependen de la respetuosa exactitud con que observareis y sostuviereis esa Constitución enrojecida por la sangre de los libres. Su infracción produce su caída, la de todos vuestros derechos. Ella es, pues, la única norma, la seguridad y el ornamento del Gobierno".

***

En las capitales de los demás Estados centroamericanos, también fue celebrado el 16 de septiembre de 1830 con hermosas fiestas cívicas y bailes de gran gala, por el significado de la fecha. En ella, en verdad, asumía el poder, por primera vez, la auténtica autoridad legítima, encarnada en el General Francisco Morazán; en forma que, si fuera dable en la historia omitir lo anterior, los centroamericanos bien podrían pasarse sin la mención del Gobierno de Manuel José Arce, por el sello fraudulento que exhibe y por los daños que causara a la República. Una guerra civil de tres, un daño irreparable por la suspensión de las actividades productoras y por la pérdida de incontables vidas.

El discurso del General Morazán es un modelo de discursos. Nos atrevemos a pensar que no se dijo otro igual en el ámbito de la América Latina en parecidas condiciones, cuando un elegido de los pueblos llegaba a la Presidencia de una República. No hay en ese discurso palabras que sobren o falten. Y las que hay en él todas están en su punto asimismo, no hay en el programa que encierra ese discurso nada que se omita ni vaya demás, dentro de las realidades y posibilidades de Centro América en aquellos años. La idea fundamental radica en que se estaba creando una gran nación en el Continente, y Morazán quería que fuera como una piedra preciosa en el aro de oro fino de la América Latina. Aquel 16 de septiembre, por los motivos apuntados, fue un momento estelar en la fugacidad del tiempo de la desdichada Centro América. Acaso fuera la anunciación de otro 16 de septiembre que tendrá que aparecer en el porvenir con capacidad de comunicarle su radiación y su felicidad a los días que le sucederán. Entonces será la época de la liberación definitiva y dichosa.

El discurso del Presidente Provisional saliente, el Senador José Francisco Barrundia, a primera vista, después de haber leído el de Morazán, tan claro y bien articulado internamente, da la impresión de que pudo haber sido mejor no haberse dicho, pero luego, al avanzarse en él, va descubriendo su significado, hasta terminar concluyendo que fue y sigue siendo la mejor lección de moral pública que se ha dicho en Centro América.

EL HISTORIADOR MEXICANO LUIS CHÁVEZ OROZCO ENJUICIA EL GOBIERNO DEL GENERAL MORAZÁN

Dijo el distinguido historiador mexicano Luis Chávez Orozco en una conferencia recordatoria del primer centenario de la muerte del General Francisco Morazán, en Tegucigalpa, Honduras, lo siguiente:

"México debe a Morazán el impulso que lo llevó a plantear su reforma social de 1833-1834. Porque Morazán inició la revolución pequeñoburguesa en estos países ístmicos, dando al liberalismo el sentido que siempre ha tenido en todos los pueblos y en todas las épocas. Por eso México, que siguió sus huellas, es deudor de Morazán.

No es una aberración ni tampoco es una casualidad que el movimiento reformista pequeñoburgués se haya planeado y desatado en Centro América antes que en México. Si las cosas sucedieron así es porque así tenían que suceder. Se me dirá que argumentar en estos términos tiene poca validez científica. Pues bien, presentaré mi tesis en otra forma, para quitarle todo matiz de dogmatismo. Si Centro América dio, antes que México, el primer paso para destruir el régimen feudal heredado de la Colonia, es porque en Centro América, por circunstancias políticas, el régimen feudal sólido y fuerte como se presentaba, era sin embargo, menos sólido y menos fuerte que en México. Y eso permitió el juego de fuerzas bajo cuyo impulso actuaban, en su propio beneficio, intereses pequeñoburgueses.

Si nosotros tratáramos de definir lo que fue el régimen colonial Novo-hispano por las manifestaciones que nos exige la historia de Centro América en las postrimerías del siglo XVIII, desnaturalizaríamos lamentablemente la realidad.

En el México Dieciochesco no es posible concebir una Sociedad Económica de Amigos del País como la que floreció en Guatemala y en cuyo seno Liendo y Goicochea exponía, sin temor a ser aprehendido por la Inquisición, las teorías científicas más avanzadas. Se dirá que la Sociedad fue suprimida en 1794, pero este dato sirve para demostrar hasta dónde llegó el atrevimiento intelectual de los socios. Se responderá que la Nueva España tuvo su Liendo y Goicochea en días de Gamarra... Es posible que el paralelo sea justo, pero no es tanto si tenemos en cuenta que Díaz de Gamarra exponía su cátedra en latín y publicaba sus libros en el mismo idioma, lo que les daba facilidad para obtener el imprimátur. Un libro en latín no entrañaba riesgos...Se agregará que la Nueva España nos dio el presente de un José Antonio de Alzate, naturalista cuyo nombre figuró entre las nóminas de las Sociedades Científicas de Europa... También esto es cierto, pero ni Alzate se asomó al estudio de las ciencias sociales, como Liendo Goicochea, ni tampoco se atrevió demasiado por los campos de la filosofía moderna.

Si no tuviéramos más datos en relación con Centro América que el testimonio que implica la existencia de José Cecilio del Valle y sus obras, podríamos afirmar que Centro América, en vísperas de consumar su independencia política había alcanzado ya un sensible desarrollo social que se manifestaba en la actitud de su pequeña burguesía. En otros términos, José Cecilio del Valle, no se hubiera estructurado mentalmente como economista discípulo de Adam Smith, de una reciedumbre que no tiene paralelo en su época, en Hispano-América, si al mismo tiempo no hubiera habido un estrato social que le sirviera de base. Nosotros no creemos que los hombres puedan desarrollarse como las flores en invernadero. Los hombres son lo que son, porque reflejan en sí mismos un estado cultural de la sociedad en que viven, y son el testimonio patente de los anhelos y aspiraciones del estrato social a que pertenecen.

Centro América en los albores del siglo XIX, poseía ya un estrato social que aspiraba, no solo con vehemencia, sino con una gran conciencia, por superar una etapa cultural hasta entonces encadenada a las limitaciones mentales de la Escolástica; pugnaba por establecer nuevos postulados económicos con vista a satisfacer los intereses de todas las clases sociales y destruir un estado de cosas donde la riqueza era patrimonio casi exclusivo de un sector privilegiado; y anhelaba, en fin, una serie de conquistas materiales para acelerar el desarrollo económico del país: ya empezaba a la sazón, por la colonización de las costas, por la posesión de una marina mercante. La pequeña burguesía centroamericana formulaba estos anhelos, en términos objetivos, con la objetividad con que Humboldt a la sazón planteaba los problemas de México. A lo largo de las páginas del periódico que dirigía José Cecilio del Valle, EL AMIGO DE LA PATRIA, cuya publicación se inició antes de que la patria naciera, vemos hasta qué grado de desarrollo había llegado ya la pequeña burguesía centroamericana.

La existencia y madurez de la pequeña burguesía centroamericana explican en primer lugar el advenimiento de Morazán a la vida pública y sus triunfos militares y políticos. Morazán, pienso yo, escaló el poder empujado por el estrato social del cual José Cecilio del Valle fue el portavoz, y su obra como estadista fue posible gracias a la madurez mental propia que le permitió rodearse de un puñado de hombres sinceramente representativos de los anhelos de las masas progresistas.

No voy a exponer en qué forma Morazán y Molina y Leonardo Pérez y el doctor Gálvez, se entregaron a la empresa de destruir la estructura feudal en que vivía el país para encaminarlo por los derroteros de la vida moderna. Una empresa de esta índole corresponde realizarla a los patriotas hondureños y en general centroamericanos que quieran interpretar una de las etapas más luminosas de la Historia de América y me concretaré a tratar exclusivamente el objeto de mi plática que no va más allá que a determinar hasta qué grado es deudor México a Morazán, en su condición de líder de un movimiento de liberación y de progreso.

Cuando en México, el sudamericano Vicente Rocafuerte vivía oculto por haberse atrevido a publicar un folleto que tímidamente sostenía la tesis de la tolerancia religiosa, en Centro América se decretaba en mayo de 1832.

Cuando uno de los capítulos más importantes de la "Memoria" del Secretario de Justicia y de Negocios Eclesiásticos de México lo constituía el tema de la recaudación de los diezmos, en Centro América se decretaba la abolición de este tributo.

Cuando en Centro América se decretaba la desamortización de los bienes de las comunidades religiosas en 28 de julio de 1829, en México estaba a punto de escalar el poder la administración que mayores concesiones hizo al clero.

Cuando en México se confesaba el Gobierno incapaz de reformar la educación superior y se entregaba en manos de particulares la elemental, en Centro América se dictaban los decretos de 9 de junio de 1830 y de 1o. de marzo de 1832.

Ahora bien, ambas disposiciones, pero sobre todo la segunda, significan, dentro del movimiento cultural de la América Latina, la primera fórmula legislativa para estructurar la educación popular en un sentido francamente democrático. El espíritu de esta ley, comparable con la que reformó la educación nacional francesa inspirada por Condorcet y aprobada en abril de 1792 por la Asamblea Legislativa, fue para México el apoyo ideológico gracias al cual los Gómez Farías y los Mora, y los Gorostiza y los Rodríguez Puebla, se entregaron a la empresa de redactar la ley de octubre de 1834, creadora de la fecunda Dirección General de Instrucción Pública.

No acierta uno a saber quién subió más alto. Mientras Morazán y los hombres que se movían a su alrededor desquiciaban la estructura feudal centroamericana, haciendo de la educación un instrumento para forjar una sociedad democrática más justa y más humana, Bolívar, en el sur, se preparaba a morir garantizando para el futuro de la América nuestra el advenimiento de un régimen de libertad. Ni más arriba ni más abajo. Morazán está al par de Bolívar y nosotros los hermanamos en un sentimiento de veneración.

Para concluir se me permitirá que me refiera a mí mismo: "América, la juvenil América ha de salvarse del desastre, será positivamente un campo de asilo de la cultura, en la medida en que tengan la suficiente imaginación para dar una nueva vida a los grandes héroes continentales, a los que nos lanzaron a la vida independiente y a los que nos orientaron por los campos de nuestra liberación", como el ínclito reformador Francisco Morazán, gloria de Centro América, gloria de América, gloria de la Humanidad.

LA PEQUEÑA BURGUESÍA TOMA EL PODER EN CENTROAMÉRICA

El historiador mexicano Luis Chávez Orozco menciona a la pequeña burguesía en el enjuiciamiento del gobierno morazánico, y en el caso de la palabra es como una llave que abre la puerta de la casa que guarda muy preciados tesoros ansiosamente buscados.

Morazán es el líder de la pequeña burguesía centroamericana que la conduce victoriosamente a tomar el poder del Estado, desde donde empieza ésta a desarrollar su programa social y nacional.

¿Qué es, entonces, la pequeña burguesía considerada en términos generales?

Es el conjunto de las capas medias en la sociedad capitalista, como decir pequeños comerciantes, artesanos, profesionales, maestros de escuela, campesinos medios, etc. El gran temor de la pequeña burguesía es caer en la llanura del proletariado que para vivir tiene que vender la fuerza de su trabajo; y, su gran ambición es subir a la cumbre de la riqueza para convertirse allí, definitivamente, en clase dominante, en burguesía, clase rectora de la sociedad capitalista.

Actualmente, la pequeña burguesía con su sentido arraigado de la propiedad privada y de la explotación humana, en medio de la crisis permanente del sistema capitalista y bajo el acoso de los monopolios, nada contra la corriente y no tiene ningún porvenir. Siendo esto así, ciertos sectores pequeñoburgueses caen con facilidad en la desesperación y el aventurerismo o en la desmoralización y el capitulacionismo; es decir, entran en servicio de los monopolios que les arrebataron hasta la camisa y no les ruboriza el desempeño de las peores indignidades. Pero también conviene anotar que a medida que la clase obrera consolida su papel orientador y dirigente, amplios sectores de las capas medias (de las que provienen, por ejemplo, una parte considerable de los estudiantes secundarios y universitarios) superan prejuicios reaccionarios y se ubican en las filas antimperialistas y antilatifundistas.

Para nuestro objeto, hablamos de la pequeña burguesía inicial, cuando empezaba a desarrollarse el capitalismo y a tomar cuerpo en las naciones de Europa. La burguesía empezó por ser pequeña, no se presentó grande desde sus comienzos. Vivía en pequeños poblados llamados burgos dependientes de poblaciones grandes. Era así porque la pequeña burguesía se dedicaba a oficios y manufacturas que la sanidad prohibía en las ciudades, como decir molinos de batanes y curtiembres de cueros.

Cuando la producción manufacturera llegó a ser la actividad dominante de la sociedad feudal, los manufactureros empezaron a reclamar sus derechos de ser tomados en cuenta en el conglomerado social y de tomar parte en las funciones civiles y políticas de la provincia o del reino. Como los dirigentes feudales sentían el orgullo de la nobleza de su sangre y de la riqueza de sus bienes, siempre se negaron a compartir el mando con los hombres del estado llano, con los productores de los burgos.

A medida que corría el tiempo, sin embargo, el poder feudal se iba debilitando, a la vez que el poder mercantil se iba fortaleciendo, hasta llegar al día en que se agudizó la lucha de clases, pasando de los pequeños conflictos diarios a los grandes conflictos de dimensiones nacionales, y finalmente a las acciones revolucionarias, a la insurrección y a la toma del poder político, momento en que la clase nueva se erigió en clase dominante. Así fue el triunfo de la pequeña burguesía, que llegó a ser una burguesía desarrollada, hasta que tuvo en sus manos totalmente el poder político y el poder económico. Las revoluciones burguesas de los Países Bajos, Inglaterra y Francia son modelos de las acciones revolucionarias de la burguesía que destronó a los reyes feudales y tomó el poder soberano en sus propias manos.

La revolución burguesa de los Estados Unidos de América libera a los estadounidenses de la dominación de los reyes de Inglaterra al proclamar la independencia del país, declarar los derechos sociales y políticos de los norteamericanos y fundar una república gobernada por representantes del pueblo. Naturalmente, los pequeños industriales, los granjeros y en general los pequeños productores estadounidenses se agruparon con tal fuerza y patriotismo que lograron sus objetivos en una guerra larga que terminó en la batalla de Yorktown en 1781.

Como lo hace ver el historiador mexicano Luis Chávez Orozco, negar la presencia y la acción de la pequeña burguesía en la lucha por la independencia, por los derechos del hombre y el ciudadano y por la República en la vasta extensión de la América Latina, sería un desatino imperdonable. En los tiempos modernos hasta el siglo XIX es la burguesía la que mueve la historia y dicta la ley.

En Centro América fue la pequeña burguesía la que exigió la separación de España. Fue la pequeña burguesía la que más trabajó por la separación de México. Y como después de esos hechos, quedó un Gobierno que servía a los viejos opresores y no a las clases populares ansiosas de libertad, fue la pequeña burguesía la que movió por tercera vez, formó los cuadros militares y revolucionarios del Ejército Aliado Protector de la Ley y puso a la cabeza de él como jefe supremo al General Francisco Morazán, acompañado de un estado mayor compuesto por brillantes hombres curtidos en las guerras libertadoras.

***

El doctor Antonio Grimaldi, político y periodista liberal centroamericano del siglo pasado, dejó en páginas imperecederas el siguiente

RETRATO FÍSICO, MORAL Y MILITAR DEL GENERAL MORAZÁN

Morazán era blanco y parecía revelar en sus perfiles, su origen corso[1], aproximándose algún tanto al tipo griego. Alto, delgado, recto,

---

[1] En el Juzgado Primero de Letras de lo Civil de Tegucigalpa vi una vez un viejo expediente que contenía la Declaración de bienes del señor Juan Bautista Morazzani -copio textualmente-, "natural del Imperio Romano, bautizado en la iglesia de San Roque en Roma, en el año...", he olvidado el año, pero no viene al caso. Lo importante es que el propio abuelo del General Morazán expone en un documento público su verdadera procedencia que desvirtúa el origen corso de los Morazzani, o Morazán cuando fue españolizado el apellido.

marcial y continente digno, sereno, agradable y simpático. Sus maneras suaves, su acción desenvuelta con cultura y su palabra fácil, acompañada de una modulación irresistiblemente atractiva, como lo confesaban sus mismos adversarios. Ninguna frivolidad se notaba en sus costumbres, tan puras, sencillas y arregladas. Huía de las diversiones, lo mismo que de exhibirse y lucirse. Evitaba las demostraciones de simpatía, los banquetes y liviandades, pero le complacía en extremos el trato de los hombres ilustrados, aunque fueran sus enemigos.

Respetuoso a las leyes, a las costumbres y a la sociedad, jamás se le escapó una palabra inconveniente o que revelara tan siquiera, la superioridad de su posición, pues era incapaz de humillar o deprimir a nadie. En su fondo recto, severo, pundonoroso, humanitario, rendía culto a la justicia, y se hubiera condenado a sí mismo, tocándole el papel de Juez.

Despreciaba el lujo: su casa respiraba modesta decencia, su vestido en nada se distinguía del de los demás: levita de paño, sombrero de junco, pantalón blanco, y un observador minucioso que mucho se fijó en sus costumbres durante cinco años, le vio una sola vez con el uniforme militar el año de 38. Era enemigo de establecer diferencias de superioridad y distinguirse del pueblo.

Al despacho del Gobierno, iba como todos los empleados de la Federación, de frac y sombrero bolero, nunca con galones. Jamás se le vio en la calle rodeado de edecanes, ni usó guardias en su casa. Paseaba solo y vivía con su familia, sin ocupar en la servidumbre ningún oficial ni soldado.

Nada de boato ni disposiciones, ni cosa alguna que pudiera empañar sus virtudes republicanas, profundamente arraigadas en aquel corazón magnánimo; y si tanto le amaban y respetaban, nadie le temió, porque jamás se le vio un acto de ferocidad ni ensañamiento. Sus mayores enemigos deponían sus iras en su presencia, porque viéndole, era imposible odiarle.

Se excusaba de pasar por los Cuerpos de guardia y cuando no podía evitarlo, hacía suprimir los honores militares que consideraba muy propios para envanecer a unos y envilecer a otros.

En los partes militares no se ocupaba de él, sino del ejército, a quien atribuye todo el éxito. No alardea de sus triunfos, ni abulta los hechos, al contrario, los rebaja. Hablando de la batalla de Las Charcas, no se refiere al arrojo, bravura y denuedo de los suyos; simplemente dice que los guatemaltecos huyeron sin motivo, dándole así el triunfo.

Con rara habilidad evitó las ovaciones populares cuando volvió de las campañas, ocultando su marcha y derrotero; pero una vez la Municipalidad de San Vicente colocó sigilosamente espías en las alturas que no tardaron en avisar su aproximación. El pueblo en tropel salió a derramar guirnaldas y flores. Morazán abatido y abochornado, bajó la vista y pasó como ocultándose entre los Jefes. El más distraído observador habría notado en el semblante de Morazán, su abatimiento y bochorno.

El gustaba de entrar de noche o al amanecer, logrando así evitar el incienso de un pueblo que lo adoraba. La vanidad nunca tuvo asilo en aquel hombre virtuoso.

***

El retrato físico, moral y militar del General Morazán que hace el doctor Antonio Grimaldi y que hemos trasladado a estas páginas, es el retrato de un alto personaje de la pequeña burguesía revolucionaria de América o de Europa del siglo XIX ó XVIII, no importa que lleve el nombre de Morazán, Barrundia, Bolívar, Morelos, Washington, Franklin, Danton, Desmoulins, Robespierre o Saint-Just. Ese alto personaje, movido por la idea de dar libertad al esclavo o siervo y de aplastar la cabeza de los tiranos, se levanta de la masa del pueblo, corrientemente de un burgo con modales simples, sin más preocupación que servir a las masas desheredadas con toda fidelidad. Por eso se aconseja a la juventud que estudie con atención la conducta de tales valores para que los imite en sus aspectos de mayor humanidad; eso sí, entendiendo que los ejemplos que pueden ofrecer la burguesía, se les debe buscar en sus comienzos, cuando fue revolucionaria en la empresa de aniquilar el feudalismo en Europa y en las transportaciones que arraigaron en América.

La pequeña burguesía centroamericana pensó que para completar su desarrollo, para llegar a ser una burguesía en el verdadero sentido de la palabra, tenía que terminar felizmente la obra empezada el 15 de septiembre de 1821; ratificada el 1º. de julio de 1823; constitucionalizada el 22 de noviembre de 1829; y, consolidada en la guerra civil de 1826-1829. Es decir, había creaado una nación en el continente colombino que lleva el nombre de Federación de Centro América. A su entender, era tan preciosa la obra surgida de sus manos, que no cometería la candidez de permitir que las clases coloniales, la esclavista y minera en los comienzos de la colonia, y la feudal y agrícola-ganadera en los finales del coloniaje, se aprovecharan de ella para beneficio propio y para vanagloria de un poder extranjero, ya fuera rey absoluto como Fernando VII de España, ya monarquía constitucional como la de Inglaterra, que estaba ampliando su área colonial desde Belice, comprendiendo las islas de la costa, hasta la Mosquitia hondureña y nicaragüense.

La pequeña burguesía centroamericana que había hallado un jefe a su medida en Morazán, fue creadora de la República de Centro América. Las otras clases, una de dos: o habían desviado la independencia de España hacia México en un simple traspaso territorial; o, cuando se derrumbó la monarquía mexicana, un aparato artificial, y operarse la separación de este país, al no poder cimentar una república aristocrática, propusieron en los semanarios que publicaban en la capital que Guatemala (como decían ellos) pasara a ser Protectorado inglés.

La pequeña burguesía revolucionaria de Centro América y de América Latina en aquel tiempo, por el hecho de haber creado Repúblicas democráticas, soberanas, independientes, cuidaba la salud de éstas con las ideas del proteccionismo. En efecto, necesitaba proteger la minería, la agricultura, la industria (entonces insignificante), el comercio, de la competencia de ciertos productos extranjeros, gravando su importación.

Para defenderse de la ofensiva comercial de Mánchester, verdaderamente aplastante, de política de tarifas portuarias altas. Tenían un fin patriótico las alcabalas que tendían a impedir el torrente de las mercancías inglesas.

PROGRAMA GUBERNAMENTAL DE LA PEQUENA BURGUESÍA MORAZÁNICA

1.-Nacionalismo del Acta de Independencia de 15 de Septiembre de 1821.

"2°.-Que se circulen oficios a las provincias, por correos extraordinarios, para que sin demora alguna, se sirvan proceder a elegir diputados o representantes suyos, y estos concurran a esta capital a formar el Congreso que debe decidir el punto de independencia general absoluta, y fijar, en caso de acordarla, la forma de Gobierno y ley fundamental que deba regir.

"3°. Que para facilitar el nombramiento de Diputados, se sirvan hacerlo las mismas juntas electorales de provincia que hicieron o debieron hacer las elecciones de los últimos Diputados a Cortes.

"Que el número de estos Diputados sea en proporción de uno por cada quince mil individuos; sin excluir de la ciudadanía a los originarios de África".

"Que las mismas juntas electorales de provincia, teniendo presentes los últimos censos, se sirvan determinar, según esta base, el número de Diputados o Representantes que deban elegir".

"Que en atención a la gravedad y urgencia del asunto, se sirvan hacer las elecciones de modo que el día 1°. de marzo del año próximo de 1822 estén reunidos en esta capital todos los diputados".

2.-Nacionalismo del Acta de Independencia Absoluta de Centro-América de 1°. de julio de 1823.

"Nosotros por tanto, los representantes de dichas provincias, en su nombre, con autoridad y conformes en todo con sus votos, declaramos solemnemente:

1°. Que las expresadas provincias, representadas en esta Asamblea, son libres e independientes de la antigua España, de México y de cualquiera otra potencia, así del antiguo como del nuevo mundo; y que no son ni deben ser el patrimonio de persona ni familia alguna.

2º. En consecuencia, son y forman nación soberana, con derechos y en aptitud de ejercer y celebrar cuantos actos, contratos y funciones ejercen y celebran los otros pueblos libres de la tierra.

3º. Que las provincias sobre dichas, representadas en esta Asamblea (y las demás que espontáneamente se agreguen de las que componían el antiguo reino de Guatemala) se llamarán, por ahora sin perjuicio de lo que se resuelva en la Constitución que ha de formarse, PROVINCIAS UNIDAS DE CENTRO AMERICA".

3.-Nacionalismo en la Constitución de la República Federal de Centro América de 22 de noviembre de 1824.

"Art. 1º. El pueblo de la República Federal de Centro América es soberano e independiente.

Art. 2º. Es esencial al soberano y su primer objeto la conservación de la libertad, seguridad y propiedad.

Art. 3º. Forman el pueblo de la República todos sus habitantes.

Art. 4º. Están obligados a obedecer y respetar la ley, a servir y defender la patria con las armas, y a contribuir proporcionalmente para los gastos públicos sin exención ni privilegio alguno".

Art. 5º.-El territorio de la República es el mismo que antes comprendía el antiguo reino de Guatemala, a excepción, por ahora, de la provincia de Chiapas.

Art. 6º. La federación se compone actualmente de cinco Estados, que son: Costa Rica, Nicaragua, Honduras, El Salvador y Guatemala. La provincia de Chiapas se tendrá por Estado en la federación cuando libremente se una.

Art.7º.-La demarcación del territorio de los Estados se hará por ley constitucional, en presencia de los datos necesarios.

Art.8º.-El Gobierno de la República es popular, representativo, federal.

Art. 9º. La República se denomina: "Federación de Centro América".

Art. 10. Cada uno de los Estados que la componen es libre e independiente en su gobierno y administración interior; y les corresponde todo el poder que por la Constitución no estuviere conferido a las autoridades federales.

Art. 11. Su religión es la católica, apostólica, romana, con exclusión del ejercicio público de cualquiera otra. (Reformado en la Constitución Federal de 1835, así: "Los habitantes de la República pueden adorar a Dios según su conciencia. El Gobierno general les protege en la libertad del culto religioso. Mas los Estados cuidarán de la actual religión de sus pueblos; y mantendrán todo culto en armonía con las leyes".)

Art.12. La República es un asilo sagrado para todo extranjero, y la patria de todo el que quiera residir en su territorio.

4.-Con la creación de nuevas naciones apareció el nacionalismo **latinoamericano.**

Dice un notable escritor político lo siguiente:

"La historia de la América Latina está estrechamente ligada con la ofensiva económica de los empresarios extranjeros. La historia de la penetración del capital extranjero en América Latina es muy elocuente.

Después de conquistar la independencia política, muchos países de América Latina para defender su joven y aun débil economía, comenzaron a introducir el proteccionismo. Tras las barreras aduaneras empezaron a surgir empresas industriales nacionales. En México, por ejemplo, hacia los años veinte del siglo XIX surgieron fábricas textiles que por su equipamiento podían competir con las inglesas, lo que confirma que la aparición de la industria en la América Latina no se debe al capital extranjero, como intentan demostrar hoy los ideólogos de los monopolios.

Los elementos nacionalistas en los países de América Latina eran tan importantes que obligaron a sus gobiernos a aplicar medidas proteccionistas que les ayudaron a crear y fortalecer la industria y la marina mercante. Comenzó la elaboración de minerales, y no solo del oro y la plata, como antes. Con el fin de desarrollar el mercado interior y ampliar la exportación, los representantes de la burguesía nacional se pronunciaban por diferentes reformas socioeconómicas, principalmente por la agraria, y por estimular la inmigración que pudiera cubrir las crecientes necesidades de mano de obra.

Pero en el camino del progreso económico de los países de América Latina que acababan de liberarse del yugo colonial español, se interpusieron otras potencias extranjeras, es decir Inglaterra y Estados Unidos".

(Latinoamérica: laboratorio yanqui, por Z. Romanova. Ediciones Suramérica Ltda. Bogotá. Colombia. 1973).

5.-Quienes fueron los opositores al nacionalismo centroamericano.

Quizás hayamos repetido esto hasta cansar a los lectores. Pero insistiremos en decir que se opusieron al nacionalismo centroamericano, es decir a la independencia de Centro América, los españoles nacidos en España y los españoles criollos ligados a los intereses económicos y políticos de España. Estos mismos individuos, fingiendo que aceptaban la independencia, activaron en el mismo momento en favor de la anexión a México. Y una vez que por la fuerza popular cayó el imperio mexicano y recuperó Centro América su segunda independencia, los mismos personajes responsables de aquellos hechos antinacionalistas, crearon un gobierno de terratenientes favorables a la Gran Bretaña y a los Estados Unidos.

6.-Nacionalismo morazánico.

El nacionalismo es ideología y política burguesa en lo que se refiere al problema nacional. Desempeña un papel diferente en las diversas etapas del desarrollo de la sociedad. En el período del paso del feudalismo al capitalismo impulsaba el surgimiento de las naciones y la formación de Estados nacionales, por lo cual tenía un significado históricamente progresista.

En la época del imperialismo, desde 1860, el nacionalismo de la burguesía reaccionaria pasó a servir de justificación a la opresión de una nación por otra, por una gran potencia, cuyas clases dominantes encienden el odio nacional y racial, colocan a las naciones y nacionalidades más débiles en una situación de dependencia, las privan de derechos y las explotan despiadadamente.

El nacionalismo burgués reaccionario, el chovinismo y el racismo en todas sus formas y manifestaciones son profundamente hostiles al internacionalismo proletario, a los intereses de la clase obrera y de todos los trabajadores. En muchos países coloniales y dependientes el poderoso ascenso del movimiento antiimperialista de liberación nacional se produce bajo las bandeas del nacionalismo.

Hay que distinguir entre el nacionalismo de las naciones oprimidas y el nacionalismo de las naciones opresoras.

En el nacionalismo de la nación oprimida existe un contenido democrático general, orientado contra la opresión, históricamente justificado en determinada etapa. Expresa la aspiración de los pueblos oprimidos de liberación del yugo imperialista, conquistar la independencia nacional y el resurgimiento nacional. Al mismo tiempo, en el nacionalismo de la nación oprimida existe también otro aspecto, que refleja la ideología y los intereses de la minoría explotadora. Se manifiesta así el carácter dual de la burguesía nacional, la cual, a medida que crecen las contradicciones entre los trabajadores y las clases pudientes y se agudiza la lucha de clases dentro del país, se inclina cada vez más al acuerdo con el imperialismo y la reacción interna.

(Breve Diccionario Político, Ediciones Estudio, Talleres Gráficos Río de La Plata, S.R.I., Buenos Aires, Argentina).

El nacionalismo morazánico responde a la primera etapa, cuando la ley del capitalismo impulsaba el surgimiento de naciones y la formación de Estados nacionales, teniendo por ello un significado históricamente progresista.

En el arsenal del nacionalismo de las naciones oprimidas en la última etapa, las armas morazánicas se guardan bien limpias para emplearlas en la guerra decisiva que libran el Tercer Mundo con el imperialismo.

Aquí se menciona, naturalmente, al nacionalismo morazanista de la época de la Independencia.

7.-El Canal interoceánico por Nicaragua.

Recordemos lo que dijo Morazán en su discurso del 16 de septiembre de 1830 respecto al Canal de Nicaragua:

"Los diversos obstáculos que se han opuesto hasta ahora a las miras benéficas de los que han intentado dar a la industria la protección que merece, es tiempo ya de removerlos; nada omitiré, que se halle en mis facultades, para mejorar este ramo interesante y para darle impulso al mismo tiempo que a todo lo que sea de utilidad general. Tal es la apertura del Canal de Nicaragua. Esta obra grandiosa por su objeto y por sus resultados, tendrá el lugar que merece en mi consideración; y si yo logro destruir siquiera los obstáculos que se opongan a su práctica, satisfaré en parte los deseos de servir a mi patria".

En su mensaje presidencial de 1836, Morazán agregó:

"Allanados los obstáculos que habían entorpecido por algún tiempo la relación de la Agencia decretada cerca del Gobierno de La Haya, se presentó otro más poderoso todavía; la falta de salud del individuo nombrado con aquel fin; motivo que ha impedido su marcha hasta ahora. La apertura del canal de Nicaragua ha sido el primer objeto de esta misión interesante. Noticias privadas, pero fidedignas, de las causas que embarazan al presente a los holandeses ocuparse de esta grandiosa empresa, han alejado la esperanza del Gobierno y producido un verdadero sentimiento en el ánimo de los centroamericanos amigos de la gloria y engrandecimiento de la patria".

A este respecto, el historiador nicaragüense José Dolores Gámez, escribió:

"El General Morazán resolvió hacer el canal con recursos centroamericanos". "El Presidente federal expidió entonces un decreto, nombrando una comisión compuesta de los ingenieros Baily y Batres, para hacer un estudio formal y minucioso de la ruta. Los estudios principiaron a verificarse en 1837, y concluyeron en el año de 1843, cuando ya Morazán no existía. Los concluyó solamente Baily, por cuenta del Estado de Nicaragua, y han sido de mucha utilidad, como que contienen los primeros datos exactos sobre el canal interoceánico por Nicaragua".

El Congreso Federal en decreto de 20 de julio de 1838, insiste en la urgencia de construir el canal de Nicaragua para acelerar el progreso de la Nación, diciendo:

"Considerando: que la apertura del Canal de Nicaragua asegura la independencia y garantiza la libertad, grandeza, prosperidad, paz interior, orden y tranquilidad interior de la República; que ésta reportará con la empresa ventajas positivas en el aumento de su población, en el fomento de su agricultura, comercio, industria y civilización. Que por el hecho mismo de comenzarse la obra tendrá ocupación una multitud de brazos que carecen de ella; se aprovechará cuantía de madera y otros útiles de que ahora no se hace uso; se multiplicará el valor de las casas, terrenos, ganados, frutos, etc. Deseando, en fin, acelerar cuanto es posible la ejecución de esta obra grandiosa, faculta al Ejecutivo para pedir un empréstito: para nombrar una Junta Directiva de apertura del canal; para disponer de los fondos de la República para los primeros pasos y en último caso para efectuarla por contratas".

El empréstito a que se refiere el decreto del 20 de julio es la operación corriente del préstamo público contratado por el Estado, que desgraciadamente ya se había conocido en el país cuando las autoridades coloniales exigían préstamos públicos a la población para sostener en España la causa monárquica de Fernando VII.

8.-Información del "Times" de Nueva York sobre Centro América.

En el "Times" de Nueva York, de 1°. de junio de 1835, se indica de Centro América lo siguiente:

"Nuestro corresponsal representa a Centro América en el estado más ventajoso y lisonjero; concibe que su Gobierno está permanentemente establecido, y que las reformas sin las cuales tal Gobierno no puede ya existir han comenzado y se efectuarán con actividad y sabiduría... Los principales productos de Centro América para la exportación, son: el oro y la plata, el añil, la cochinilla, la zarzaparrilla, las pieles, el bálsamo, el brasil, la caoba y otras muchas maderas. Ninguna sección de este Hemisferio tiene una tal abundancia comparativa de exportaciones de valor, que por la industria creciente de sus habitantes (sin hablar de los metales preciosos) casi iguala a las importaciones.

"La población de la República es de cerca de dos millones y está casi sin negros. Los centroamericanos se distinguen afortunadamente por su despreocupación de fanatismo religioso, que por desgracia prevalece tanto en la masa de la población de las repúblicas vecinas. La tolerancia de religión está ya expresamente ordenada en su Constitución y es inherente a los sentimientos generales. No hay obispos en Centro América. Las órdenes monacales se han extinguido completamente, las pocas monjas que quedan están en libertad de salirse cuando quieran.

"La independencia de Centro América se alcanzó fácilmente el 1°. de julio de 1823, y se adoptó una Constitución muy semejante a la de los Estados Unidos. Un partido antiliberal luchó mucho tiempo por dominar, y la bandera española que deshonrará siempre a este Continente y que había mandado con tantos crímenes, fue abatida en Omoa el 12 de septiembre de 1832. El Presidente, General Francisco Morazán, ha sido ahora elevado para un segundo período de 4 años; su fortuna, su moderación y el respeto sagrado que profesa a las instituciones del país prometen un período de prosperidad.

"En suma, se puede predecir con confianza que las turbaciones interiores de Centro América han terminado para siempre; ellas han sido muy ruinosas para los progresos de Nicaragua y El Salvador; pero los otros Estados avanzan rápidamente en la carrera del buen Gobierno, de la industria y de la riqueza.

En Guatemala, por la tranquilidad que ha gozado en tantos años y por la mayor inteligencia de los hombres que lo dirigen, es el más adelantado en el movimiento de sus progresos; en este Estado las leyes españolas se han abolido enteramente y las han sustituido los códigos de Livingston. La educación es promovida por todos los medios; y la mayor seguridad y buena fe se observa en todas las transacciones del Gobierno, en prueba de la excelencia de lo cual la inmensa emigración está para salir de Europa a sus costas y en menos abundancia para las de Honduras. La salud y fertilidad del país y la dulzura del clima que se disfruta a corta distancia de estas costas ofrece nuevos alicientes para la empresa. La Nación casi no tiene deuda extranjera y los derechos de Aduanas son muy moderados".

(Tomado de "La obra progresista del General Francisco Morazán", por el historiador hondureño Ernesto Alvarado García, Cuadernos culturales, Ministerio de Educación Pública, Honduras, C.A.1960).

9.-Desarrollo del capitalismo centroamericano.

Quede muy en claro que "Morazán aparece en escena", como dice el notable orador Álvaro Contreras en su famoso discurso de 15 de marzo de 1882, cuando la humanidad está pasando del feudalismo al capitalismo en el mundo; cuando la independencia de América es uno de tantos hechos de la descomposición del feudalismo; y, cuando el capitalismo se desarrollaba todavía en línea ascendente y estaban muy lejos las contradicciones internas del mismo que fermentaran la revolución proletaria.

Por tanto, Morazán, descendiente de propietarios mineros y comerciantes, (su abuelo Juan Bautista Morazzani tenía una mina en Yuscarán y dos tiendas en San Miguel (de El Salvador) y en Tegucigalpa (Honduras) y él mismo había medido y vendido driles y zarazas en una tienducha de su padre don Eusebio en el pueblo de Morocelí) si no conocía por estudio en pesados libros económicos, intuía la ley fundamental de la historia de aquel tiempo, la ley capitalista que presidía la producción, el comercio, la riqueza, la política, el Derecho, la educación, la moral, el arte, la filosofía, en una palabra la ideología del capitalismo.

En Tegucigalpa, en la tertulia cívica a que pertenecía, rectorada por el abogado Dionisio Herrera, se leía en español y en francés las obras de Voltaire, Montesquieu, Rousseau, Diderot, D'Alembert, D'Holbach, y no faltaba la lectura de los fisiócratas franceses y los economistas ingleses, como el estudio de las campañas militares de Napoleón.

Por todo lo dicho, Morazán asume la dirección militar en la Guerra Civil (1826-1829) para fundar una República capitalista; y sus soldados, en quienes también influye la ley fundamental de la hora, a la manera de los descamisados franceses, los Sans-culottes que con armas viejas derrotaron al poderoso ejército del rey de Prusia en la batalla de Valmy, lo llevan a él, de victoria en victoria, hasta la capital de la Nación, donde toma el poder para realizar su obra, que debe empezar con el canal de Nicaragua.

Sin los contratiempos que presentaron los hacendados feudales, la Iglesia latifundista y las potencias de habla inglesa, el Gobierno de Morazán se habría adelantado con el canal interoceánico al ferrocarril de los financieros neoyorkinos concluido en 1849 y al canal de Suez terminado en 1869, poniendo a Centro América y a la América Latina a la cabeza de los acontecimientos mundiales. Sería esta "la zona más iluminada del planeta", como soñaban el Sabio Valle y el Libertador Bolívar.

10.-La Constitución Federal de 1835.

Al día siguiente de entrar en vigencia la Constitución de 22 de noviembre de 1824, se notaron sus limitaciones. El unitarismo a que se refieren el Licenciado Ramón Rosa en la Biografía de José Cecilio del Valle y el Doctor Javier Angulo Guridi en su obra de varios volúmenes titulada Temas Políticos, es utópico, porque desde la Colonia Centro América estuvo dividida en provincias sujetas a una Capitanía General. De modo que la República Federal no hizo más que tomar aquella organización y adaptarla a su sistema. Por ello una República unitaria se habría despedazado. Tampoco el federalismo fue copia de los Estados Unidos, como dan a entender otros; simplemente se le parece, en lo que los federalistas centroamericanos no tienen la culpa. La Capitanía General de Guatemala convertida en República Federal-de Centro América se rompió por culpa de Inglaterra, de la Iglesia y de los hacendados feudales.

La Constitución-Federal no era una Carta del estado llano. Curas y terratenientes aristocratizantes la habían redactado; de donde resultaba un código del Estado político y de la Iglesia católica. Así, para que marchara bien en sus efectos, los funcionarios federales y estatales debían vivir en santa armonía con el señor Arzobispo, el colegio eclesiástico y las órdenes religiosas. También se nota en la Constitución del 24 la mano de algunos representantes de la burguesía naciente en la equivocación de algunos. derechos liberales para los que no había llegado la hora, como el libre comercio, que iba a llenar el mercado de mercancías inglesas, y para llegar al colmo "a efecto de adquirir más mercancías convenía obtener préstamos en la City para luego comprarlas". Así se empezaba a ensayar una balanza comercial desfavorable y un Estado deudor sin ton ni son.

Además, lo más grave: Como la Constitución olvidó establecer un Distrito Federal, las autoridades federales posaban en casa ajena en la ciudad de Guatemala, Más tarde -escribe Augusto C. Coello en su Digesto Constitucional de Honduras, ante la situación creada por el choque de jurisdicciones, se decretó Distrito Federal al Estado de Honduras y, mientras tanto, se dispuso la traslación de las Supremas Autoridades al Estado de El Salvador.

* * *

El Congreso Federal reunido en San Salvador legisló las reformas que convenian a la Constitución, habiéndolas terminado el 13 de febrero de 1835.

La burguesía naciente estampó en la Carta fundamental correcciones pertinentes para alcanzar sus objetivos, sin el radicalismo de 1830, en razón de que había perdido fuerza en la guerra constante y diaria con Inglaterra y la reacción nacional. Ya empezaba a sentir agotamiento. Pero quedó claro que si el Presidente de la Federación alcanzaba la victoria final sobre los enemigos de la República, el Estado burgués establecido sería el instrumento decisivo en la ejecución del plan encaminado a desarrollar el capitalismo en Centro América.

Es verdad que en aquel tiempo el Estado era una cosa y la empresa privada era otra. Pero el Estado, sin intervenciones de ninguna clase, tenía el papel de facilitar el desarrollo de la empresa privada. Así se había agigantado el capitalismo en Inglaterra, y con la misma política había alcanzado proporciones enormes en los Estados Unidos.

Había que trabajar, pues, por la victoria final del general Morazán.

11.-Los Códigos de Livingston.

Dice el escritor David Vela en su libro "Barrundia ante el espejo de su tiempo", que fue el gran orador centroamericano quien encontró la novedad de los Códigos de Livingston, y le propuso a Mariano Gálvez, Jefe de Estado de Guatemala, que fueran traducidos del inglés, estudiados por una comisión competente y luego adoptados en la República. Gálvez se entusiasmó con la idea y la sostuvo hasta lograr que los códigos fueran leyes de la República.

El mismo Vela dice en una nota de pie de página que Antonio Batres Jáuregui anotaba: "La antigua legislación española que regía en Guatemala después de la independencia, estaba calculada para una monarquía absoluta y bajo el criterio teocrático de la edad media. En materia penal, y en cuanto a procedimientos judiciales, casi todo era consuetudinario, dando ancha cabida a la arbitrariedad. El sistema de enjuiciamiento, por los delitos, tenía mucho de siniestro y secreto, durante el sumario, y aun en algunos casos en el plenario, en ciertos crímenes que se llamaban de prueba privilegiada".

Parecida situación e idénticos propósitos tuvo en cuenta Livingston en la Luisiana, donde el sistema íntegro de leyes e instituciones políticas españolas promulgadas por O'Reilly en 1769 continuaba en vigor, sin más disposición en contrario que la abolición de castigos crueles e infamantes y la derogatoria indefinida de las disposiciones contrarias al juicio por jurados; y aquel sistema ni siquiera era único, pues la jurisprudencia penal atendía a preceptos del Common Law de Inglaterra y a especiales provisiones, del acta territorial, de 1803, año en que fue adquirido ese territorio por los Estados Unidos.

Dice Vela en su libro sobre Barrundia:

"Livingston reflejaba algunas ideas de Beccaria, Diderot, Montesquieu, Voltaire, Bentham y otros reformadores sociales europeos, en su proyecto original de un solo código, A system of penal law, que después ordenó en cuatro códigos: De los delitos y las penas; De procedimientos: De las pruebas; y, De reforma y disciplina de las prisiones; más un libro de Definiciones. El primero recomendaba la legislación preventiva de los delitos y no perseguía el castigo sino la reforma de los delincuentes; no solo se pronunciaba contra el rigor excesivo y las penas infamantes, inclusive censurando la pésima condición de las prisiones, sino combatía la pena de muerte. No pensaba así por romanticismo, sino con sentido práctico, aunque acaso ponía demasiada confianza en la existencia y divulgación de la ley penal para controlar y normar armónicamente las actividades sociales: no solo aspiraba a que cada individuo se familiarizara con los actos que constituyen una violación de la ley, sino que sostenía la posibilidad de que cada ciudadano alcanzase el conocimiento de los medios para prevenirse contra injurias y defenderse cuando fuera injustamente atacado. Esa tendencia se objetiva en su código de procedimientos y en el de pruebas, que incluye una lista de preceptos para prevenir que sus propias reglas sean violadas.

Tales ideas debían ganarse por simpatía la admiración de Barrundia y se puso gran cuidado en garantizar la difusión de los nuevos códigos con miras a la educación del pueblo, a base de disposiciones expresas, las cuales comprendían su divulgación por la prensa y en lecturas al público. Al decretar el nuevo sistema de legislación penal, la Asamblea (del Estado) consideraba en 1834: "que la legislación criminal debe tener por principal objeto el impedir los delitos; que conviene que sean estos definidos clara y explícitamente y en términos generalmente entendidos: "que el procedimiento para la averiguación de los delitos sea simple, aleje de los acusados y de la sociedad, toda sospecha de odio, de favor y de arbitrariedad de los jueces, y se determinen los deberes peculiares de cada uno de los funcionarios que intervienen en la conservación de la paz pública y en la administración de justicia, así como también la naturaleza de los castigos y el modo de aplicarlos; que establecidas las reglas de prueba legal, las discusiones judiciales serán más felices y seguras; y, por último, ser conveniente queden definidas con claridad las palabras susceptibles de inteligencia diversa de aquellas a que están usadas por el legislador". También abolía el código la pena de muerte, exceptuando sólo el asesinato y los atentados contra el orden público.

Dice Vela que ardua fue la labor de la adaptación de los códigos y copia al efecto expresiones de Barrundia: "Yo que he trabajado años en la versión y aclaración del Código, en la aplicación de él a nuestras circunstancias y legislación, por más que usted (carta al Dr. Gálvez, 27 de junio de 1837), con una verdadera ingratitud y ruindad quiera ahora hacer nada de estos trabajos desinteresados y fatigantes. ¿Podría yo ver con indiferencia esta violación, esta pérdida de mis esperanzas y fatigas? Tales han sido los resultados de tanto ardor para establecer instituciones libres. ¡Verlas ahora por tierra, y sus defensores escarnecidos!". Quiere decir que hubo polémica a causa de los códigos del legislador de Luisiana, traducidos del inglés al español por Barrundia, y que Gálvez irritado por verse forzado a ceder terreno en varias de sus reformas especialmente en la vigencia de los códigos, tanto como por los ataques sistemáticos de Barrundia, regatea a éste parte del mérito de su trabajo y reclama sus propios laureles, por cierto merecidos: "Pero usted sabe: la obra del establecimiento del juicio por jurados me ha ocupado por más de 7 años; y ella me ha concitado el odio de muchos hombres interesados y serviles, avezados en los abusos, que hoy rodean y aplauden a usted, sin que usted advierta cuanto significa esto. La plantación de este sistema, con solo que no hubiese yo metido una energía y trabajo extraordinario, habría sido imposible; los archivos, la imprenta, las comunicaciones, el concepto general, lo testifican; el hombre que más se atareó en la obra, el ciudadano Azmitia, que regularizó los primeros trabajos indigentes y contradictorios, me halló siempre animándole cuando desalentaba con la magnitud de la empresa, y dedicando el tiempo que me quedaba en auxiliarlo" (Carta del Dr. Gálvez al prócer Barrundia, 25 de junio de 1837).

Previamente, a 26 de abril de 1834, decretó la Asamblea el Código de Reforma y Disciplina de las prisiones, considerando: "que las cárceles públicas, de la manera que se han tenido hasta el presente, lejos de producir los buenos efectos que deben ser objeto de estos establecimientos, han sido lugares de ociosidad y corrupción, poco seguros las más veces y en donde sufre con igualdad el inocente y el culpado y son penados de la misma manera todos los criminales, a pesar de la diversidad de sus respectivos delitos: que por lo tanto se ha hecho indispensablemente necesaria su reforma, para evitar en lo sucesivo los grandes males que la experiencia ha demostrado ser consecuentes a la irregularidad de los edificios y régimen interior: observando: que el código sobre esta materia formado por el señor Eduardo Livingston para el Estado de la Luisiana, siendo en su mayor parte adaptable para el de Guatemala, llena todos los objetos que se desean haciendo las cárceles por su construcción, gobierno y economía, unos lugares de segura prisión, laboriosidad e instrucción, y en donde corrigiéndose el delincuente ofrece a la sociedad entera un constante ejemplo y escarmiento, con el castigo visible de sus faltas".

Al proyecto de Livingston se le introdujeron las reformas necesarias para la mejor adaptación del nuevo sistema.

En notas de pie de página en el libro "Barrundia..." de Vela, se lee:

El Código Penal fue aprobado por Decreto legislativo de 30 de abril de 1834; sancionado por el Consejo Representativo del Estado y con el ejecútese del jefe Gálvez, a 24 de junio de ese año.

Consta el Código de 682 artículos, comprendidos en dos libros, divididos en capítulos, y estos subdivididos en secciones.

El primer libro contiene disposiciones generales a los procedimientos y a los juicios, a las personas sujetas a las leyes penales del Estado y las circunstancias o justifican actos que de otra manera serían punibles.

En 1835, votó la legislatura (de Guatemala, se entiende) la ley Orgánica de la Administración de Justicia por Jurados, con el objeto de hacer practicables los códigos penal y de procedimientos adoptados (Decreto legislativo de 27 de agosto de 1835; sancionado el 12 de marzo de 1836 por el Consejo Representativo del Estado; y mandado ejecutar a 15 del mismo mes. Ese código consta de 79 artículos).

Se refiere el autor Vela a la geografía judicial, como fue dividido el Estado de Guatemala para impartir justicia de acuerdo con las nuevas leyes.

Y nos parece que la siguiente nota da fin a la información histórica relacionada con el código de Livingston. Dice:

"El Congreso federal de Centro América, decretó reformas a la Constitución, en San Salvador, a 13 de febrero de 1835. Juan Barrundia presidió dicha Asamblea, y el Dr. Gálvez propuso el artículo 159 por el cual "Las legislaturas (de los demás Estados centroamericanos, se entiende) tan pronto como sea posible establecerán el sistema de Jurados".

Eduardo Livingston no logró que su nueva concepción de la ley sobre los delitos y las penas fuera adoptada en su estado de Luisiana; pero si consiguió que los hombres más notables de su tiempo tuvieran frases de admiración y reconocimiento para su trabajo.

Ningún Estado europeo se atrevió a introducir en su organismo jurídico el código de Livingston; asimismo, ningún estado americano lo incorporó en su cuerpo de leyes, con excepción de Centro América, donde José Francisco Barrundia lo tradujo del inglés y le hizo propaganda, y el doctor Mariano Gálvez lo impuso como ley de Guatemala, y posteriormente como diputado del Congreso Federal pidió que se consignara en las reformas a la Constitución que el Código de Livingston sería ley de la Federación.

En esa forma, Centro América se adelantaba un siglo en las luchas de liberación social en materia jurídica.

12.-La educación popular y la enseñanza con el método Bell y Lancaster.

La Constitución Federal reformada, en su Art. 83, inciso 18, dice: "Dirigir la educación, estableciendo los principios generales más conformes al sistema popular y al progreso de las artes útiles y de las ciencias; y asegurar a los inventores por el tiempo que se considere justo el derecho exclusivo en sus descubrimientos".

Este mandato corresponde al Poder Legislativo, el que por medio del Poder Ejecutivo y especialmente por el Presidente de la República, asistido de un Secretario de educación, se encarga de dirigir la educación conforme a los principios del sistema popular.

Después de la independencia, pensaban los centroamericanos que la ignorancia colonial les había hecho perder tanto tiempo que convenía recuperarlo con procedimientos de velocidad en todo. En cabildo abierto se daban a conocer los documentos más importantes de la República, en cuenta la Constitución Federal y la de cada Estado. Hábiles personas, de palabra fácil se encargaban de dar explicaciones. Siempre que había una ley nueva, que fuera un poco complicada, las tertulias cívicas la volvían asimilable a la inteligencia colectiva. Pero como cada ciudadano debía leer y estudiar por sí mismo cuanto provenía del Estado o de la opinión pública, la educación popular debía realizarse con los métodos masivos que estaban al alcance en aquel tiempo. La revolución morazánica introdujo la pedagogía de los ingleses Bell y Lancàster. Agregamos algunas explicaciones al respecto para que se conozca el origen y la divulgación de aquella enseñanza

El 15 de junio de 1890, el Licenciado Robustiano Rodríguez, dijo una conferencia en la Academia de Ciencias y Literatura de Honduras, establecida en Tegucigalpa, con el título de: La Pedagogía en sus relaciones con el progreso humano. Para aquel tiempo fue una buena conferencia, y de paso explica el método de Bell y Lancaster que fue traído a Centro América, de este modo:

"El pueblo indio (se refiere a la India) como tiene otra religión (distinta a la de China), recibe una educación diferente:

La división de los hombres en castas y la transmigración de las almas son los caracteres distintivos de la religión de Brahma. Como los Vedas (libros sagrados) disponen que es un crimen que los de una casta se mezclen con los individuos de otras, la vocación de cada persona se determina por su nacimiento. El respeto a los maestros es también muy grande en la India. El discípulo que comete alguna falta no es castigo en la vida presente, pero en la futura pasará su alma al cuerpo de un asno.-"El que honre a su madre gana el mundo terrestre; el que honre a su padre gana el mundo etéreo; y el que honre a su maestro gana el mundo celeste de Brahma".-

Esto es lo importante para nosotros:

"Las escuelas están al aire libre o bajo un cobertizo si hace mal tiempo. Los niños aprenden a escribir en la arena o en las hojas de los árboles. Si el número de niños es muy considerable, los más adelantados instruyen a los demás. Este sistema fue importado a

Europa por los ingleses Bell y Lancaster y estuvo mucho tiempo en boga".

El método pedagógico de Lancaster fue traído a Centro América y se hizo buen uso de él.

Mientras tanto, la Asamblea de Guatemala (cuyos decretos eran estudiados en las demás Asambleas centroamericanas para ver si eran adaptables) dictó un decreto el 15 de abril de 1831 en que facultaba al Gobierno de Gálvez para reformar el sistema de enseñanza, y el Jefe de Estado dictó un acuerdo el 1º. de marzo de 1832, con los siguientes puntos:

Primero, principios fundamentales que deben regir en la enseñanza.

Segundo, de los términos en que por ahora se hace aplicación de ellos.

Tercero, de la instrucción pública en general y caracteres que la distinguen de la privada.

Cuarto, de la división de la instrucción primaria.

Quinto, de los establecimientos en que ha de distribuirse.

Sexto, de la distribución de estos establecimiento.

Séptimo, de los fondos y rentas con que han de ser dotados.

Octavo, de los edificios que se han de destinar y oficinas que han de haber en ellos.

Noveno, de los libros, máquinas e instrumentos de que se les ha de proveer.

Diez, de los métodos.

Once, de los maestros, profesores y demás ministros de instrucción.

Doce, de los cursantes que la reciban.

Trece, de los ejercicios de instrucción, así diarios como periódicos.

Catorce, de los adelantamientos literarios y sus estímulos, servicios o méritos literarios y sus premios: grados literarios y su importancia.

Por último, un apéndice de disposiciones generales.

***

El 16 de septiembre de 1832 fue inaugurada la Academia de Estudios (antes llamada Universidad de San Carlos, fundada en la raíz de la Colonia). Se quería que la Academia de Estudios, libre de temores medievales y coloniales y libre de presiones civiles y clericales, en la más completa libertad de pensamiento y con el más decidido acento republicano, diera los cuadros que necesitaban el Estado, la empresa industrial y la comunidad en general. La Academia de Estudios seguía siendo el centro cultural de la República de Centro América, adonde irían los jóvenes de los Estados a conocer las ciencias, las artes y la cultura de los tiempos modernos. Y así fue, a Guatemala llegaron los jóvenes de las distintas localidades regionales a instruirse y a unificarse en el espíritu de la República federada.

***

La ley de bases dividía la instrucción pública en tres secciones.

La primera comprendía: lectura, escritura, reglas elementales de aritmética, elementos de religión y moral y el catecismo político, reducido a una breve explicación de los derechos y obligaciones civiles.

La instrucción primaria debía ampliarse más tarde con los principios del idioma nacional, complementos de aritmética, elementos de geometría, nociones de geografía e historia y dibujo.

La segunda enseñanza comprendía: gramática castellana, lengua latina, geografía y cronología, historia, retórica y bellas artes, aritmética, álgebra y geometría, matemáticas puras superiores, lógica, física, metafísica, moral y derecho natural, derecho público y constitucional, economía política y estadística.

La tercera instrucción, ya que no puede ser la de todas las profesiones útiles, será por ahora de las más indispensables, contándose por tales la del sacerdote, la del médico y la del jurisconsulto.

Habrá, en consecuencia, para teología tres cátedras, una de instituciones dogmáticas morales, una de Escrituras y una de fundamentos de religión, a la que se reunirá provisionalmente el estudio de concilios, común a teólogos y canonistas.

Para medicina otras tres: anatomía, medicina y cirugía.

Igual número para jurisprudencia: Instituciones canónicas, civiles y práctica forense.

El 1º. de agosto de 1835, Gálvez promulgó el Estatuto de Instrucción Primaria, que contenía, entre otras cosas, lo referente a las disposiciones relativas a los pueblos indígenas, su civilización y su instrucción, y también a las escuelas dominicales de adultos.

***

El maestro Manuel Muñoz, de gran fama como educador, fundó en la ciudad de Guatemala, el Liceo Lancasteriano Minerva, y a él mandó don Joaquín Rivera, Jefe de Estado de Honduras, notable morazanista, a los jóvenes: Justo Rubí, Pedro Arriola, Mariano Orellana, Sabino Miranda, Gregorio Boquín, Simeón Ugarte, Manuel Zelaya, Pablo Bulnes, Rafael Izaguirre, Francisco Barahona y José María Villafranca. Todos, menos Mariano Orellana que murió en Guatemala, regresaron a prestar sus servicios de maestros de instrucción primaria al Estado de Honduras.

***

En los demás Estados, El Salvador, Nicaragua y Costa Rica, ardía el mismo entusiasmo cultural. Las bases populares querían y fundaban escuelas por medio de sus funcionarios; aprendían a leer, escribir y las cuatro reglas para salir de la noche de la ignorancia en que les habían mantenido primero la esclavitud y después la servidumbre feudal. Y una vez que ya sabían eso, querían más, si no en ellos por ser mayores, en sus hijos que estaban pequeños o eran jóvenes. Por su parte, la pequeña burguesía habría producido un florecimiento cultural, si hubiera tenido la fuerza -caso imposible- de haber impedido la acción de las potencias anglosajonas.

ESTADO MORAZÁNICO

1.-Breves palabras sobre el Estado.

No será mucho lo que digamos acerca de este punto, por habernos referido varias veces a él a lo largo de este empeño histórico. Diremos nada más que el Estado surgió como resultado de la aparición de la propiedad privada sobre los medios de producción y de las clases explotadoras. En la historia existieron tres tipos de Estado de las clases explotadoras (esclavista, feudal y burgués) con diversas formas de gobierno pero con una misma esencia: coerción de la minoría explotadora sobre los oprimidos. Así el Estado resulta ser el núcleo de la organización política de la sociedad, que constituye, en los marcos de un sistema económico basado en la explotación del trabajo ajeno, un aparato de dominación de una o varias clases sobre las clases oprimidas. La revolución socialista destruye al Estado burgués e implanta la dictadura del proletariado, un Estado de nuevo contenido.

De las luchas de independencia surgió un Estado semi-feudal-eclesiástico, organizado conforme a la Constitución Federal de 22 de noviembre de 1824, que no dio los resultados que se deseaban, porque como el "soldado Lacedemonio llevaba el zorro capitalista dentro de la camisa" que no lo dejaba en paz y así fue que estalló la guerra civil de 1826-29. Morazán, líder máximo de la guerra civil, tomando por bandera la recuperación de la legalidad, fue consecuente con el resultado dialéctico de los acontecimientos, y decidió de acuerdo con la pequeña burguesía que llenaba la situación, intentar la formación de un Estado moderno que sirviera los intereses de la burguesía naciente en Centro América.

Se advierte el genio de Morazán en que percibió la estructura económica atrasada de Centro América que no guardaba relación con lo que podría rendir su potencialidad y lo que necesitaba para elevarse a la condición de país desarrollado, teniendo en cuenta sus riquezas naturales y el nivel de sus fuerzas productivas por un lado, y, por otro, el progreso científico y técnico de la época (se vivía entonces en plena revolución industrial) : y el avance de los países con menos riquezas naturales pero con un régimen económico superior. Se dio cuenta entonces que los responsables del atraso son las clases que por beneficiarse de la citada organización económica aprovechaban su predominio en el poder político para defenderla contra la inmensa mayoría del pueblo, perjudicando a la Nación entera. Así las cosas, convenía montar el Estado moderno, y en este caso el Estado morazánico.

Desgraciadamente, a Morazán le pasó algo parecido con lo que le sucediera a los jefes jacobinos. No logró erigir el Estado de su deseo porque la clase que lo apoyaba era muy débil y los campesinos, podían militar en el ejército morazánico, que ya era bastante, pero no habían acumulado la suficiente fuerza explosiva para aniquilar los fortines de los hacendados feudales.

2.-Hacienda pública.

Diremos muy poco, porque nuestras informaciones son escasas.

Dijo el general Morazán al hacerse cargo de la Presidencia el 16 de septiembre de 1830:

"La Hacienda Pública ha podido cubrir hasta ahora la pequeña suma a que ha sido reducida la lista civil y militar, en el tiempo que ha gobernado mi digno antecesor, el Senador C. José Barrundia. Todo es debido al sacrificio voluntario que a su generoso ejemplo han hecho de una parte de sus sueldos los funcionarios, y al pequeño número a que ha sido reducido el ejército. Pero no será posible que satisfaga en lo sucesivo los gastos más precisos, si al mismo tiempo que se cree la fuerza que debe sostener la Independencia, se amortiza la deuda extranjera, origen en mucha parte de nuestras desgracias, y se paga lo que ha sido necesario contraer para dar la paz a la República. El arreglo de este ramo interesante exige la ocupación exclusiva de los legisladores".

En su Mensaje presidencial de 1836, el general Morazán dijo:

"Pero este feliz desenlace (dimisión de Espinoza, después de la guerra) al paso que han llegado simultáneamente los deseos del Gobierno y la expectación del público, acabó de agotar los recursos con que contaba para cubrir en parte los gastos de la administración. Reducido únicamente a la alcabala marítima y a las pequeñas rentas del distrito, cuyos productos no bastan a satisfacer las más precisas erogaciones; agravados, como se hallan estos fondos, con una crecida deuda que cada día sube en proporción al aumento de nuevos e indispensables empeños, agotados los recursos extraordinarios que en los años anteriores han proporcionado al Ejecutivo considerables sumas, y sin columbrar la más leve esperanza de que los Estados cubran el valor de los cupos que les asigna la ley, los funcionarios del Gobierno, con ocho o diez meses de sueldo devengados, sin satisfacerse, y la pequeña guarnición de esta ciudad careciendo de prest treinta y seis días ha, desatendido los objetos de beneficencia en el distrito, y sin poderse concluir aun ni las obras más precisas de pública y común utilidad, por falta de fondos, es imposible que el Ejecutivo, paralizado así en todos sus movimientos, pueda dar un solo paso que sello de la debilidad y poca duración".

La situación cotidiana de la hacienda pública era sumamente grave; la hostilidad contra la Federación se volvía cada vez más grave; la hostilidad contra la Federación se volvía cada vez más estrecha y consistente, y el canal interoceánico, que hasta entonces se estaban haciendo los estudios en el terreno, parecía ser un remedio para tiempos muy lejanos.

3.-Ley Orgánica de Hacienda.

El 27 de febrero de 1837, el Presidente de la República, General Morazán, emitió la Ley Orgánica de Hacienda, al tenor del Decreto de 20 de junio de 1836, para reformar el arancel decretado el 23 de diciembre de 1830. Este nuevo arancel tenía objetivos prácticos: declaraba libres de derechos los instrumentos y máquinas para agricultura y minería; semillas de plantas no cultivadas en la República, azogue, libros, instrumentos para las artes y las ciencias, en fin, todo cuanto respondiera al desarrollo económico y cultural.

Ese mismo día fue emitida la tarifa de aforos.

La ley indicada -según los estudiosos- sometía a un plan rigurosamente concebido lo que se debía importar para impulsar la agricultura y la minería, y nada más. Y para enriquecer los medios que estimulan la cultura popular, y punto.

En la parte administrativa, la dirección de la Hacienda Pública correspondía al Poder Ejecutivo. Había una Intendencia General con detalle de sus facultades; un Asesor, un Fiscal, un Consejo de Hacienda, una Contaduría Mayor. Se señalan los puertos habilitados. Manda establecer Receptorías en los puntos fronterizos con México, que cobran derechos de importación y exportación. Establece una aduana en la ciudad de Guatemala, en Ulúa, en Telemán, en San Juan del Sur, en Realejo, en El Triunfo, en La Libertad, en Acajutla, en Iztapa y en Ocós. Los empleados de Hacienda están exentos del servicio de armas y de los cargos concejiles. Establece la forma de los juicios y penas severas para los empleados de Hacienda que cometan faltas en el ejercicio de sus funciones.

4.-La renta del tabaco.

Un decreto especial manda que continúe perteneciendo a la Federación la renta del tabaco y reglamenta la administración de este ramo. Otro decreto declara libres de elaboración y comercio la pólvora y el salitre. Un último decreto estableció que se pagarían dos pesos en la Tesorería Federal por cada pasaporte extendido para salir de la República.

5.-Deuda pública.

Cuando Centro América formó parte del imperio mexicano, desde el 5 de enero de 1822 a junio de 1823, la deuda pública aumentó en $445.124, 7$^{1/2}$ reales (moneda de aquel tiempo). Después de ese año en que Centro América se declaró República Federal independiente hasta fines de 1831, contrajo una deuda por el préstamo que le hiciera la Casa Barclay, Hearing and Company, de Londres, en 1825, estimada en 1,165,389 pesos 3 reales; y la deuda interior y exterior ascendió a $4,748,965.5 $^{3/4}$ reales, según la memoria de la Secretaría de Hacienda presentada al Congreso federal en marzo de 1831.

La deuda pública nacional y extranjera fue creciendo hasta llegar a la insolvencia de la República Federal determinada por la disolución de ésta. La reacción del país y los intereses británicos sustituyeron el orden propicio al trabajo y la riqueza por el desorden que empobrece y aniquila.

6.-Moneda provisional.

El 27 de junio de 1835 el Congreso Federal de la República de Centro América, considerando que en la acuñación de moneda provisional practicada por los Estados de Honduras y El Salvador se había infringido el Art. 69 de la Constitución por no tener la ley, peso y tipo prevenido en el Art. 2º. del Decreto de 19 de marzo de 1824, decretó que ningún Estado podría acuñar moneda provisional, e inutilizaran los troqueles e instrumentos de que se habían servido para ello y que los Estados de Honduras y El Salvador amortizaran la moneda provisional dentro de un año.

A pesar de todos los males que la moneda provisional había causado en el Estado de Honduras y que su acuñación era inconstitucional, con fecha 4 de agosto de 1835, la Asamblea Legislativa del Estado dispuso autorizar al Gobierno la acuñación de 15,000 pesos en medios y reales, considerando que con esta medida se remediarían las necesidades que afligían al pueblo pobre, por tener escasez de moneda fraccionaria.

Como la Constitución Federal daba exclusivamente al Congreso la facultad de señalar la ley, tipo y peso de la moneda nacional y siendo su deber conservar la uniformidad y legalidad más escrupulosas como el mejor apoyo del crédito comercial y de la facilidad de los cambios, el 7 de mayo de 1836, en uso de la atribución que la Constitución le confería en el artículo 63, inciso 29, decretó:

"Artículo 1º.-Es nulo y de ningún valor el decreto de la Asamblea de Honduras de 4 de agosto de 835 que manda acuñar quince mil pesos de moneda provisional, y ninguna autoridad ni habitante de aquel Estado está obligado a cumplirlo ni obedecerlo.

Art. 2º.-Entre tanto que se verifica la amortización de la moneda provisional en dicho Estado, ninguno de sus habitantes podrá ser compelido a su admisión, ni está obligado a ella.

Art. El Gobierno cuidará de la publicación, circulación y ejecución del presente decreto.

Pase al Senado. Dado en San Salvador a 7 de mayo de 1836. Juan Barrundia, D. Presidente. Juan Estrada, D. Srio. J. Miguel Montoya, D. Srio. Sala del Senado. San Salvador mayo 21 de 1836. Al Poder Ejecutivo. José Gregorio Salazar, Presidente. Mariano Antonio de Lara, Vocal Srio. Casa de Gobierno. San Salvador mayo 28 de 1836. Por tanto: ejecútese. Francisco Morazán, El jefe de Sección de Hacienda encargado del despacho de su Secretaría. J. Bernardo Escobar.

***

El General Morazán, Presidente de la República de Centro América, en su Mensaje leído ante el Congreso federal en San Salvador el 21 de marzo de 1836, dijo: "La amortización de la moneda provisional que corría en este territorio, dificultaba el cambio de los demás valores en perjuicio del comercio, se ha efectuado de un modo compatible con la escasez del erario e intereses de los tenedores, sin haber producido la menor sensación en el pueblo. Esta medida, por desgracia, no ha alcanzado a cimentar del todo la confianza; pues habiendo una considerable cantidad de moneda clandestina, fabricada dentro y fuera de la República, diseminada en ella, debe desaparecer cuanto antes sea posible de la circulación, para que el crédito de la nación se restablezca. Y es tanto más difícil de lograrse este objeto, cuanto la habilidad de sus autores se esmera en ocultar su crimen en la misma perfección de la moneda que falsifican. Llegando ésta por su identidad, a confundirse con la legítima, no es fácil descubrir el cuerpo del delito; y pueden continuar burlándose impunemente, como hasta aquí, de la buena fe de los pueblos y de la vigilancia del Gobierno. Este funesto abuso, que afectando los intereses de la sociedad entera, es origen de males que solo pueden calcularse por sus efectos perniciosos, necesita de un pronto y eficaz remedio. Entre las resoluciones patrias, ninguna ley existe que imponga penas contra los falsos monederos y las españolas que reprimían este crimen con castigos los más severos, no rigen en la República".

***

En consonancia con lo anterior, en el Estado de Honduras, las autoridades legislativas y ejecutivas, de común acuerdo, dictaron un decreto que lleva e ejecútese del jefe de Estado, don Joaquín Rivera, encaminado a sanear el país de falsificadores y de hacer que desapareciera la moneda falsificada.

Pero como el decreto se quedaba en simple disposición de policía, el 20 de marzo de 1837, el señor Juan W. Wight, firmó un contrato por dos años con los señores Guillermo H. Rastrick, ingeniero civil, Eduardo Beanes y Ruben Partridge, ingenieros operarios para que vinieran a Honduras a trabajar en la instalación de un cuño o máquina de acuñar desde su iniciación hasta dejarlo en servicio. Para el 20 de junio del mismo año, ya se encontraban dichos señores en la ciudad de Comayagua.

Como es de suponer, en aquel tiempo de transporte a lomo de mulas por caminos llenos de peligros, el acarreo de la maquinaria del puerto de Omoa a Comayagua, fue difícil. Don José Bustillo, comisionado del Gobierno para hacer el traslado, pidió que se le permitiera hacerlo en la estación seca, en vista de las dificultades que presentaba la estación de lluvias y las crecidas del río Ulúa. El Gobierno aceptó la sugerencia del Comisionado y ordenó a las autoridades de Omoa que conservaran las piezas del cuño con todo cuidado, a efecto de que no se deterioraran por la humedad.

La Asamblea Ordinaria deseando que el lugar donde se estableciera el cuño fuera señalado por los habitantes del Estado, para evitar la competencia que se había suscitado entre Comayagua y Tegucigalpa, decretó el 30 de junio de 1838 que se procediera por las Municipalidades a recoger el voto de todos los ciudadanos sobre el lugar donde se debía instalar las máquinas del cuño, reuniéndose para este efecto en Juntas populares. Por este decreto se facultaba al Gobierno para negociar con los comerciantes del Estado, un empréstito de 30,000pesos de moneda provisional para los gastos de instalación del cuño y que en caso no se efectuara la transacción, acuñara esta cantidad en moneda provisional.

En la elección del lugar donde se instalaría el cuño, conforme al Art. 1°. del Decreto de 30 de junio de 1838, Tegucigalpa salió favorecida con 188 votos y Comayagua con 2.

El 30 de abril de 1838, don Justo José Herrera, Jefe del Estado de Honduras, en la inauguración de la Asamblea ordinaria, entre otras cosas, dijo de la moneda:

"Por su depreciación reduce los sueldos de los empleados a la cuarta parte de su valor de la moneda corriente, por lo que es urgentísima la necesidad que tiene el Estado de extinguir la moneda provisional".

Además, da cuenta de la llegada del cuño contratado por el Estado (contrato celebrado entre el Jefe de Estado don Joaquín Rivera y el Gobernante federal don Francisco Morazán, el 14 de abril de 1835) encontrándose varias piezas en Comayagua y el resto en Omoa.

(Tomado todo lo que se refiere a la Moneda Provisional de la "Historia de la Moneda de Honduras", publicada por el Licenciado Arturo Castillo Flores, Edición del Banco de Honduras conmemorativa del 153 aniversario de la Independencia, 15 de Septiembre de 1974).

7.-Estadística.

Sabido es que la estadística es la ciencia que agrupa metódicamente todos los hechos que se prestan a una valuación numérica, como decir población, riqueza, producción, cosechas, impuestos, etcétera. Siendo la estadística una ciencia auxiliar de la economía política, y ésta una ciencia que entra en el sistema del Estado, desde que se pensó en una organización seria de la sociedad política de Centro América, de inmediato se consideró la conveniencia de fundar una Dirección General de Estadística, de la Federación y de los Estados. Ya José Cecilio del Valle, teórico de la materia, había divulgado la importancia de la ciencia estadística, que llegaría a poner orden en el desorden administrado y anticuado que había dejado el régimen colonial.

Hubo mandatos federales al respecto. Porque no se podía vivir sujetos a los empadronamientos que se realizaron por las autoridades españolas en los comienzos del siglo. Pero tenemos a la mano los informes que nos proporciona el historiador hondureño Ernesto Alvarado García en su folleto "Obra progresista del General Francisco Morazán", en lo que dice que el 15 de mayo de 1833, la Asamblea del Estado de Honduras acordó lo siguiente:

"C. Ministro General del S. G. Hemos puesto en conocimiento de la Asamblea la apreciable de U. fecha 11 del que rige que acompaña once cuadernos que contienen la Estadística del departamento de Gracias, que su Jefe intendente C. José Ma. Cacho ha formado y dirige a la consideración de este cuerpo. La Asamblea que ha visto con singular aprecio esta obra, deseosa de remunerar en lo posible una tan plausible aplicación en provecho del bien general, en sesión del día 14 del actual se ha servido acordar: que el Gobierno, haciendo una graduación equitativa, propone al autor su trabajo, le dé las debidas gracias en nombre de este Cuerpo Legislativo, y en su honor haga que en primera oportunidad se imprima el undécimo cuaderno que contiene el mapa corográfico, en la capital de la República".

El Jefe de Estado de Honduras, Justo José Herrera, por Decreto de 1o. de septiembre de 1837, crea una Junta de Estadística en cada cabecera departamental. Entre las atribuciones figuran: "60.-Tomar los conocimientos necesarios para trabajar los estados que aproximadamente manifiesten el que tiene la agricultura, manufactura, el comercio con la correspondiente clasificación de sus artículos; proponiendo los medios de remover los obstáculos, y los que puedan convenir a su fomento. 7º. Procurar indagar los efectos y cantidades de cada uno que de fuera de los departamentos se consumen en ellos a cuales sean los valores de los que se introducen también de uno a otros, y de los de fuera del Estado. También establecía una Junta General de Estadística en la capital... El considerando empezaba: "que la primera base de la Administración Pública es la estadística que presta exactos conocimientos de sus recursos y fuerzas: que esta ciencia tan necesaria, que debe abrazar tanto y tan distintos objetos, está enteramente atrasada en este Estado..."

(Alvarado García, "La obra progresista del General Francisco Morazán, Cuadernos Culturales, Ministerio de Educación Pública, 1960).

8.-El Ejército Morazánico.

Ya dijimos en otras páginas muchas cosas sobre el tema de las armas. Aquí será poco lo que agregaremos, aclarando que las milicias coloniales que dejaron los españoles, Batallones de Fijo situados aquí y allá, Compañías de carabineros apostadas en lugares de posibles sorpresas piráticas, y Guarniciones de los puertos, fueron desintegrándose por varias razones: primera, la inactividad; segunda, el excesivo rigor de la disciplina que invitaba al motín; tercera, el mal ejemplo de los jefes, hombres sin ética militar; cuarta, el objetivo consistente en mantener la Colonia o la dependencia de una monarquía absoluta; quinta, contrariamente, el huracán revolucionario que iba y venían en América.

El viejo ejército colonial no hizo nada por impedir la independencia, fuera de ciertas medidas de terror policíaco tomadas por el Capitán General José Bustamante y Guerra en 1811. Asimismo, no se le vio ninguna acción defensiva cuando el general mexicano Vicente Filísola avanzó con una División sobre Guatemala. Aquel ejército sí que de verdad "era la carabina de Ambrosio" que disparaba al revés.

Pues el viejo ejército colonial fue el Ejército de la República Federal de Centro América del 22 de noviembre de 1824 al 13 de abril de 1829, que le sirvió al Presidente Arce para dar el golpe de Estado de 1826 y para quemar la ciudad de Comayagua en 1827. Tenía que servir para destruir el nuevo Estado, no para edificarlo.

***

El Ejército popular que comanda Francisco Morazán empieza a formarse con las iluminaciones de las llamas que consumen a la ciudad de Comayagua, capital del Estado de Honduras. Allí están los primeros soldados y los jefes del que después ha de llamarse Ejército Aliado Protector de la Ley.

Citemos sus acciones importantes -siguiendo al doctor Eduardo Martínez López, biógrafo del General Francisco Morazán-:

Comayagua	abril	1827
La Maradiaga	abril	1827
La Trinidad	11 de noviembre	1827
Gualcho	6 de julio	1828
San Antonio	9 de octubre	1828
Mixco	18 de febrero	1829
San Miguelito	6 de marzo	1829
Las Charcas	15 de marzo	1829
Guatemala	12 de abril	1829
Vueltas del Ocote	21 de enero	1830
Opoteca	19 de febrero	1820

El Ejército Aliado Protector de la Ley ha tomado el Poder. En lo sucesivo se verá obligado a mantener el orden interior y a impedir las agresiones extranjeras. La reacción interna no le da descanso, y es asíque la aplasta en acciones militares de brillo imperecedero, que se citan a continuación:

Jocoro	14 de marzo	1832
San Salvador	28 de marzo	1832
San Salvador	23 de junio	1834
Mataquescuintla	octubre	1838
Chiquimulilla	diciembre	1838
Las Lomas	28 de marzo	1839
El Espíritu Santo	6 de abril	1839
San Salvador	20 de septiembre	1839
San Pedro de Perulapán	25 de septiembre	1839

Como el Ejército morazánico ha limpiado su retaguardia, ya puede dirigirse de la capital de la República Federal, que es San

Salvador, a la vieja capital de la Capitanía General, a Guatemala, que toma el 18 de marzo de 1840 para retirarse de ella al día siguiente, rompiendo un poderoso cerco armado.

En la acción del 19 de marzo en Guatemala, el comandante indio Rafael Carrera, juega un papel decorativo para completar los planes, porque en opinión del historiador norteamericano Mario Rodríguez, autor de obras especializadas en temas de Centro América, quien preparó la fácil entrada de Morazán a Guatemala el día 18 de marzo y le cerró todas las salidas de la ciudad el día 19, fue el cónsul inglés Federico Chatfield, quien se había dedicado durante meses, ayudado de expertos militares de su país, a preparar aquel plan de liquidación definitiva del valeroso Ejército morazánico y de su invicto jefe.

Masas indígenas en aplastante número, aullando como demonios, inundaron la ciudad de Guatemala en aquella mañana en que caía la bandera de la República Federal.

El instante relatado en estas líneas llena de regocijo al periodista Clemente Marroquín Rojas, creyendo que el rústico Carrera fue el autor de la retirada de Morazán de Guatemala.

Justamente el día 19 de marzo de 1840 se consolidó el dominio imperial inglés sobre Centro América.

La obra estaba hecha; y con manos de traidores desvergonzados.

CONSTITUCIÓN FEDERAL DE CENTRO AMÉRICA DE 13 DE FEBRERO DE 1835

La Constitución Federal del 35 fue un esfuerzo tardío y tímido, que no llegó a tener vigencia.

El Presidente Morazán pidió una ley radical, que animara al ciudadano ejecutivo a operar transformaciones definitivas. Pero el espíritu de disolución roía ya, secretamente, a muchos legisladores.

La reforma de la Constitución Federal o la abrogación total de la misma para traer otra a tono con el impulso revolucionario de la pequeña burguesía centroamericana, debió haberse realizado en el mismo año de 1829 o en 1830, y no más allá.

Después, los ánimos se fueron enfriando, y la verdad sea dicha, en los últimos años de la década pequeñoburguesa, sólo quedó un cruzado en la empresa sacrosanta: Morazán.

EL CONGRESO FEDERAL DE LA REPÚBLICA DE CONCEDE LA CONSTITUCIÓN, HA ACORDADO REFORMARLA DE LA MANERA SIGUIENTE:

CONSTITUCIÓN DE LA REPÚBLICA FEDERAL DE CENTRO AMÉRICA

TÍTULO I
DE LA NACIÓN Y DE SU TERRITORIO

SECCIÓN PRIMERA
DE LA NACIÓN

ARTÍCULO 1º.-El pueblo de la República Federal de Centro-América es independiente y soberano.

ARTÍCULO 2º.-Es esencial al Soberano y su primer objeto la conservación de la libertad, igualdad, seguridad y propiedad.

ARTÍCULO 3º.-Forman el pueblo de la República todos sus habitantes.

ARTÍCULO 4º.-Están obligados a obedecer y respetar la ley a servir y defender la patria con las armas y a contribuir proporcionalmente para los gastos públicos sin exención ni privilegio alguno.

SECCIÓN SEGUNDA
DEL TERRITORIO

ARTÍCULO 5º.-El territorio de la República es el mismo que antes comprendía el antiguo reino de Guatemala, a excepción por ahora de la provincia de Chiapas.

ARTÍCULO 6º.- La Federación se compone actualmente de Honduras, El Salvador y se tendrá cinco estados que son: Costa Rica, Nicaragua, tendrá por estado de la Federación cuando libremente se una.

ARTÍCULO 7º.- La demarcación del territorio de los Estados se hará por una Ley constitucional con presencia de los datos necesarios.

TÍTULO II

DEL GOBIERNO, DE LA RELIGIÓN, DE LOS CIUDADANOS

SECCIÓN PRIMERA

DEL GOBIERNO Y DE LA RELIGIÓN

ARTÍCULO 8º .-El Gobierno de la República es: popular, representativo, federal.

ARTÍCULO 9º.-La República se denomina: Federación de Centro América.

ARTÍCULO 10º.-Cada uno de los estados que la componen es corresponde todo el poder que por la constitución no estuviere conferido a las autoridades federales.

ARTÍCULO 11 º.-Los habitantes de la República pueden adorar a Dios según su conciencia. El Gobierno general les protege en la libertad del culto religioso. Mas los Estados cuidarán de la actual religión de sus pueblos; y mantendrán todo culto en armonía con las leyes.

ARTÍCULO 12 º.-La República es un asilo sagrado para todo extranjero, y la patria de todo el que quiera residir en su territorio.

SECCIÓN SEGUNDA
DE LOS CIUDADANOS

ARTÍCULO 13.-Todo hombre es libre en la república. No puede esclavo el que acoja a sus leyes, ni ciudadano el que trafique en esclavos.

ARTÍCULO 14.- Son ciudadanos todos los habitantes de la república naturales del país, o naturalizados en él, que fueren casados, o mayores de diez y ocho años, siempre que ejerzan alguna profesión útil o tengan medios conocidos de subsistencia.

ARTÍCULO 15º.- Se concederán cartas de naturaleza a los extranjeros, que manifiesten a la autoridad local designio de radicarse en la república.

1) Por servicios relevantes hechos a la nación, y designados por la Ley.

2)Por cualquier invención útil, y por el ejercicio de alguna ciencia, arte u oficio no establecidos aun en el país, o mejora notable de una industria conocida.

3) Por vecindad de cinco años.

4)Por la de tres, a los que vinieron a radicarse con sus familias, a los que contrajeren matrimonio en la república, y a los que adquirieren bienes raíces del valor y clase que determine la ley.

ARTÍCULO 16.-También son naturales los nacidos en país extranjero de ciudadanos de Centro-América, siempre que sus padres estén al servicio de la república, o cuando su ausencia no pasare de cinco años, y fuere con noticia del gobierno.

ARTÍCULO 17.- Son naturalizados los españoles y cualesquiera extranjeros, que hallándose radicados en algún punto del territorio de la república al proclamarse su independencia, la hubieren jurado.

ARTÍCULO 18.-Todo el que fuere nacido en las repúblicas de América y viniere a radicarse a la Federación, se tendrá por naturalizado en ella desde el momento en que manifieste su designio ante la autoridad local.

ARTÍCULO 19.-Los ciudadanos de un Estado tienen expedito el ejercicio de la ciudadanía en cualquiera otro de la federación.

ARTÍCULO 20.-Pierden la calidad de ciudadanos:

1. Los que admitieren empleo, o aceptaren pensiones, distintivos o títulos hereditarios de otro gobierno; o personales sin licencia del Congreso.

2. Los sentenciados por delitos que según la ley merezcan pena más que correccional, sino obtuvieren rehabilitación.

ARTÍCULO 21.- Se suspenden los derechos de ciudadanos:

1. Por proceso criminal en que se haya prevenido auto de prisión por delito que según la ley merezca pena más que correccional.

2. Por ser deudor fraudulento declarado, o deudor a las rentas públicas y judicialmente requeridos de pago.

3. Por conducta notoriamente viciada.

5. Por el estado de sirviente doméstico cerca de la persona.

ARTÍCULO 22.- Sólo los ciudadanos en ejercicio pueden obtener oficios en la república.

TÍTULO III

DE LA ELECCIÓN DE LAS SUPREMAS AUTORIDADES FEDERALES

SECCIÓN PRIMERA

DE LAS ELECCIONES EN GENERAL

ARTÍCULO 23.- Las Legislaturas de los estados dividirán su población con la posible exactitud y comodidad en juntas populares, y base de población necesaria para elegir un solo representante.

ARTÍCULO 24.- Las juntas populares se componen de ciudadanos en el ejercicio de sus derechos; y las de distrito, de electores nombrados por las juntas populares.

ARTÍCULO 25.-Toda junta será organizada por un directorio compuesto de un presidente, dos secretarios y dos escrutadores, elegidos por ella misma.

ARTÍCULO 26.-Las acusaciones sobre fuerza, cohecho o soborno en los sufragantes hechas en el acto de la elección, serán determinadas por el directorio con cuatro hombres buenos nombrados entre los ciudadanos presentes, por el acusador y el acusado, para el solo efecto de desechar por aquella vez los votos tachados o el del calumniador en su caso. En lo; demás estos juicios serán seguidos y terminados en los tribunales comunes.

ARTÍCULO 27.-Los recursos sobre nulidad de elecciones de las juntas populares serán definitivamente resueltos en las de distrito. Las Cámaras que verifican las elecciones deciden de las calidades de los últimos electos cuando sean tachados, y de los reclamos sobre nulidad en los actos de las juntas de distrito.

ARTÍCULO 28.-Los electores no son responsables por su libre y puntualmente desempeñen su cargo.

ARTÍCULO 29.- En las épocas de elección constitucional se celebrarán las juntas populares el último domingo de octubre y las juntas de distrito el segundo domingo de noviembre.

ARTÍCULO 30.-Ningún ciudadano podrá excusarse del cargo de elector por motivo ni pretexto alguno.

ARTÍCULO 31.-Nadie puede presentarse con armas a los actos de elección, ni votarse así mismo.

ARTÍCULO 32.-Las juntas no podrán deliberar sino sobre objetos designados por la ley. Es nulo todo acto que esté fuera de su legal intervención.

ARTÍCULO 33.-Los actos de elección periódica constitucional no necesitan para ser válidos, de anteriores convocatoria; y aun cuando esta falte deberán celebrarse en su época.

SECCIÓN SEGUNDA
DE LAS JUNTAS POPULARES

ARTÍCULO 34.-La base menor de la junta popular será de doscientos cincuenta habitantes; la mayor de dos mil y quinientos.

ARTÍCULO 35.- Se formarán registros de los ciudadanos que resulten de la base de cada junta, y los inscriptos en ellos únicamente, tendrán voto activo y pasivo.

ARTÍCULO 36.-Las juntas populares nombrarán un elector por cada doscientos cincuenta habitantes. La que tuviere un residuo que exceda a la mitad de este número nombrará un elector más.

SECCIÓN TERCERA

ARTÍCULO 37.-Los electores se reunirán en las cabeceras electorales de distrito que las Legislaturas de los estados designen.

ARTÍCULO 38.-Un distrito electoral constará de ciento veinte electores. Reunida por lo menos la mayoría de este número, se forma la junta electoral y organizada con su directorio elige a pluralidad absoluta de votos el representante y el suplente que le corresponda.

ARTÍCULO 39.-Nombrado el representante y el suplente, se despachará a cada uno por credencial copia autorizada del acta que debe extenderse, en que consta su nombramiento.

ARTÍCULO 40.-En la renovación de Presidente de la república los electores sufragarán por dos individuos, debiendo ser precisamente uno de ellos vecino de otro estado de aquel en que se elige; y cada voto será registrado con separación. En la propia forma: pero en acto diverso se votará para Vicepresidente de la república.

ARTÍCULO 41.-Los directores de las juntas de distrito formarán de cada acto de elección, lista de los electores con expresión de sus votos.

ARTÍCULO 42.-Las listas relativas a la elección de Presidente de la república deberán leerse y firmarse a presencia de los electores, y remitirse cerradas y selladas a la cámara de representantes. En la propia forma se dirigirán al Senado las que correspondan a la elección de Vicepresidente, y copias de unas y otras a la Legislatura respectiva.

SECCIÓN CUARTA

ARTÍCULO 43.-Cada uno de los estados de la Unión es representado en la cámara de senadores por cuatro individuos que su legislatura nombra entre ciudadanos de las calidades designadas en el artículo 30. También elegirá dos suplentes para sustituir a los propietarios en sus faltas.

SECCIÓN QUINTA

ARTÍCULO 44.-Reunidos los pliegos de elección de Presidente, la cámara de representantes en unión del senado los abrirá y regulará la votación para elección popular por el número de los electores que efectivamente hayan votado, y no por su voto doble, ni por el número de las juntas.

ARTÍCULO 45.-Siempre que resulte mayoría absoluta de votos la elección está hecha. Si esta mayoría la obtuvieren dos o tres individuos se declarará popularmente electo el que reúna más número, y en caso de empate decidirá la cámara de representantes sin intervención del Senado que se retirará al efecto.

ARTÍCULO 46.-Si no hubiese elección popular, la cámara de representantes elegirá entre los que obtengan cuatrocientos o más votos.

Si esto no se verificare nombrará entre los que tuvieren de ciento cincuenta votos arriba, y no resultando los suficientes para ninguno de estos dos casos, elegirá entre los que obtengan diez o más votos.

ARTÍCULO 47.-El Senado sin intervención de la cámara de representantes abrirá los pliegos y escrutará los votos emitidos para Vicepresidente de la república; declarando la elección popular si resultase hecha según los artículos 44 y 45 o verificándola en los casos del Artículo 46, del mismo modo y por las mismas reglas prevenidas para la elección de Presidente.

ARTÍCULO 48.-En caso de que algún ciudadano obtenga dos o más elecciones para un mismo destino, preferirá la que se haya efectuado por mayor número de votos, y siendo estos iguales se determinará por la voluntad del electo.

ARTÍCULO 49.-En un mismo sujeto la elección de propietario con cualquier número de votos prefiere a la de suplente.

ARTÍCULO 50.-Si en un mismo ciudadano concurrieren diversas elecciones se determinará la preferencia por la siguiente escala.

1. La de Presidente de la República.
2. La de Vicepresidente.
3. La de Senador.
4. La de representante.

ARTÍCULO 51.-Los ciudadanos que hayan servido por el término constitucional cualquier destino electivo en la federación, no serán obligados a continuar en el mismo, ni admitir otro diverso, sin que haya transcurrido el intervalo de un año.

ARTÍCULO 52.-Las elecciones de Presidente y Vicepresidente se publicarán por un decreto de la cámara que les haya verificado. Las Legislaturas publicarán del mismo modo la elección que hiciera de senadores.

ARTÍCULO 53.-Todos los actos de elección para individuos de los supremos poderes federales, deben ser publicados para ser válidos.

ARTÍCULO 54.-La ley reglamentará estas elecciones sobre las bases establecidas.

TITULO IV
DEL PODER LEGISLATIVO Y DE SUS ATRIBUCIONES

SECCIÓN PRIMERA

ARTÍCULO 55.-El Poder Legislativo de la Federación reside en un Congreso compuesto de dos cámaras, la de representantes y la del Senado. La primera de diputados electos por las juntas de distrito y la segunda de senadores nombrados por las legislaturas de los estados.

ARTÍCULO 56.-Las dos cámaras son independientes entre sí.

ARTICULO 57.-Se reunirán sin necesidad de convocatoria el día primero de febrero de cada año; sus sesiones duran tres meses y soló podrán prorrogarse uno más.

ARTÍCULO 58.-Abrirán y cerrarán sus sesiones a un mismo tiempo: ninguna de ellas podrá suspenderlas ni prorrogarlas más de tres días sin la sanción de la otra, ni trasladarse a otro lugar sin el convenio de ambas.

ARTÍCULO 59.-Para toda resolución se necesita la concurrencia de la mayoría absoluta de los miembros de cada cámara, y el acuerdo de la mitad y uno más de los que se hallaren presentes; pero un número menor podrá obligar a concurrir a los ausentes del modo y bajo las penas que se designen en su reglamento interior.

ARTÍCULO 60.-Los representantes y senadores no podrán ser empleados por el Gobierno durante sus funciones, ni obtendrán ascenso que no sea de rigorosa escala.

ARTÍCULO 61.-En ningún tiempo ni con motivo alguno los representantes y senadores pueden ser responsables por proposición, discurso o debate en las cámaras o fuera de ellas sobre asuntos relativos a su destino. Y durante los meses de sesiones y uno después no podrán ser demandados civilmente ni ejecutados por deudas.

ARTÍCULO 62.-Los representantes y senadores tendrán igual competencia y la misma designación de viático.

ARTICULO 63.-En el Distrito Federal tendrán una jurisdicción exclusiva las autoridades federales.

ARTÍCULO 64.-Si el congreso se traslada a otro lugar fuera del distrito las autoridades federales no ejercerán otras facultades sobre la población donde residan que las concernientes a mantener el orden y tranquilidad pública para asegurarse en el libre y decoroso ejercicio de sus funciones.

SECCIÓN SEGUNDA

DE LA ORGANIZACIÓN DE LA CÁMARA DE REPRESENTANTES

ARTÍCULO 65.-La cámara de representantes se compone de diputados nombrados por las juntas electorales de distrito en razón de uno por cada 30 mil habitantes.

ARTÍCULO 66.-Por cada dos representantes se elegirá un suplente, alternando los distritos en su elección.

ARTÍCULO 67.-Los suplentes concurrirán por falta de los propietarios en caso de muerte o imposibilidad.

ARTICULO 68.-La cámara de representantes se renovará por mitad cada año, y sus individuos podrán ser siempre reelegidos.

ARTÍCULO 69.-Los representantes que continúan en unión de los nuevamente electos, reunidos en Junta preparatoria calificarán las elecciones y credenciales de los últimos.

ARTÍCULO 70.-Para ser representante se necesita tener la edad de veinte y tres años, haber sido cinco ciudadano, bien sea del estado seglar o eclesiástico y hallarse en actual ejercicio de sus derechos. En los naturalizados se requiere además un año de residencia no interrumpida e inmediata a la elección, sino es que hayan estado ausentes en servicio de la república.

ARTÍCULO 71.-Los empleados del gobierno de la federación no podrán ser representantes.

ARTÍCULOS 72.-La Cámara de representantes elegirá entre sus individuos un Presidente, un Vicepresidente y los secretarios que en su reglamento designe.

SECCIÓN TERCERA

DE LA ORGANIZACIÓN DEL SENADO

ARTÍCULO 73.-El senado se compone de los senadores electos por la legislatura de los estados, con arreglo al artículo 43.

ARTÍCULO 74.-Los suplentes concurrirán en caso de muerte o imposibilidad de los propietarios.

ARTÍCULO 75.-El senado se renovará anualmente por cuartas partes, eligiendo las Legislaturas un senador cada año.

ARTÍCULO 76.-El Senado actual se renovará en su totalidad, haciendo antes la calificación de los nuevamente electos. La suerte designará los que deban renovarse en cada estado el primero, segundo y tercer año.

ARTÍCULO 77.-Uno solo de los senadores de cada estado podrá ser eclesiástico, y no podrá ser electo ningún empleado del gobierno federal.

ARTÍCULO 78.-Los senadores podrán ser siempre reelegidos.

ARTÍCULO 79.-En caso necesario cualquier número de senadores de los posesionados o nuevamente nombrados tendrán la misma facultad que se da a los representantes en el artículo 69.

ARTÍCULO 80.-Para ser senador se requiere naturaleza en la república -tener treinta años cumplidos - haber sido siete ciudadano - estar en actual ejercicio de sus derechos - y poseer un capital libre de tres mil pesos o tener alguna renta u oficio que produzca trescientos pesos anuales.

ARTÍCULO 81.-Presidirá el Senado el Vicepresidente de la república, más no tendrá voto sino en caso de empate. En falta del Vicepresidente, nombrará el senado entre sus miembros al que le haya de sustituir. También nombrará de su seno al secretario, o secretarios que su reglamento establezca.

SECCIÓN CUARTA

DE LAS FACULTADES COMUNES A LAS DOS CÁMARAS

ARTÍCULO 82.-Corresponde a cada una de las cámaras sin intervención de la otra:

1. Calificar la elección de sus miembros respectivos.

2. Llamar a los suplentes en los casos que designan los artículos 67 y 74.

3. Admitir con dos terceras partes de votos las renuncias que con causas graves hagan de sus destinos sus miembros respectivos.

4. Arreglar el orden de sus sesiones y debates.

5. Exigir la responsabilidad a sus miembros respectivos, y determinar por su reglamento interior el modo en que deben ser juzgados en toda clase de delitos.

SECCIÓN QUINTA

DE LAS ATRIBUCIONES DEL PODER LEGISLATIVO

ARTÍCULO 83.-Corresponde al Poder Legislativo:

1. Dictar las leyes conducentes a conserva en los estados las formas republicanas de un gobierno popular representativo con división de poderes, y anular toda disposición que las altere o contraríe.

2. Levantar y sostener el ejército y armada nacional.

3. Formar la ordenanza general de una y otra fuerza.

4. Autorizar al Poder Ejecutivo para emplear la milicia de los estados, cuando lo exija la ejecución de la ley, o sea necesario contener insurrecciones o repeler invasiones.

5. Conceder al Poder Ejecutivo facultades extraordinarias expresamente detalladas y por un tiempo limitado, en caso de guerra contra la independencia nacional.

6. Fijar los gastos de la Administración General.

7. Decretar y designar rentas generales para cubrirlos; y no siendo bastantes, señalar el cupo correspondiente a cada estado según su población y riqueza.

8. Arreglar la Administración de las rentas generales: velar sobre su inversión, y tomar cuentas de ella al Poder Ejecutivo.

9. Decretar en caso extraordinario pedidos, préstamos e impuestos extraordinarios.

10. Calificar y reconocer la deuda nacional.

11. Destinar los fondos necesarios para su amortización y réditos.

12. Contraer deudas sobre el crédito nacional.

13. Subministrar empréstitos a otras naciones.

14. Dirigir la educación, estableciendo los principios generales más conformes al sistema popular y al progreso de las artes útiles y de las ciencias; y asegurar a los inventores por el tiempo que se considere justo el derecho exclusivo en sus descubrimientos.

15. Arreglar y proteger el derecho de petición.

16. Declarar la guerra: y hacer la paz con presencia de los informes y preliminares que le comunique el Poder Ejecutivo.

17. Ratificar los tratados y negociaciones que haya ajustado el poder ejecutivo.

18. Conceder o negar el pase a las bulas, y rescriptos pontificios que se versen sobre asuntos generales.

19. Conceder o negar la introducción de tropas extranjeras en la república.

20. Arreglar el comercio con las Naciones Extranjeras y entre los estados de la Federación; y hacer leyes uniformes sobre los bancarrotas.

21. Habilitar puertos y establecer aduanas marítimas.

22. Determinar el valor, ley, tipo y peso de la moneda nacional, y disponer su acuñación; fijar el precio de la extranjera; uniformar los pesos y medidas; y decretar penas contra los falsificadores.

23. Abrir los grandes caminos y canales de comunicación, y establecer y dirigir postas y correos generales de la República.

24. Formar la ordenanza del corso: dar leyes sobre el modo de juzgar las piraterías: y decretar las penas contra este y otros atentados cometidos en alta mar con infracción del derecho de gentes.

25. Conceder amnistía o indultos generales en el caso que designa el artículo 116.

26. Crear tribunales inferiores que conozcan en asuntos propios de la federación.

27. Admitir por dos terceras partes de votos las renuncias que con causas graves hagan de sus oficios el Presidente y Vicepresidente de la República.

28. Señalar los sueldos de los miembros de ambas cámaras -del Presidente y Vicepresidente de la república -de los individuos de la Suprema Corte de Justicia- y de todos los demás agentes y empleados de la federación.

29. Velar especialmente sobre la observancia de los artículos comprendidos en los títulos 10 y 11 de esta constitución, y anular toda disposición legislativa que los contraríe y los efectos que haya producido.

30. Conceder permiso para obtener de otra nación pensiones, distintivos o títulos personales, siendo compatibles con el sistema de gobierno de la república.

31. Intervenir en las contratas de colonizaciones que se hagan en el territorio de la república.

32. Arreglar el comercio y procurar la civilización de las tribus de indígenas que aún no están comprendidos en la sociedad de la república.

33. Conceder premios honoríficos compatibles con el sistema de gobierno de la nación.

34. Resolver sobre la formación y admisión de nuevos estados.

35. Dar reglas para la concesión de cartas de naturaleza.

36. Proteger la libertad establecida en el artículo 11 y cuidar de que el culto público se mantenga en armonía con las leyes.

37. Emitir todas las leyes y órdenes que conduzcan a la ejecución de las atribuciones anteriores, y el uso de las demás facultades que esta constitución confiere a los poderes nacionales en todos sus ramos.

ARTÍCULO 84.- Cuando las cámaras fueren convocadas extraordinariamente, sólo tratarán de aquellos asuntos que hubieren dado motivo a la convocatoria.

SECCIÓN SEXTA

DE LAS FACULTADES EXCLUSIVAS DE LA CÁMARA DE REPRESENTANTES

ARTÍCULO 85.-Sólo a la cámara de representantes corresponde:

1. Elegir al presidente de la república según las bases dadas en los artículos 44, 45 y 46 cuando no haya resultado electo popularmente.

2. Nombrar el Senador que ha de ejercer el Ejecutivo en falta del Presidente y Vicepresidente de la república.

3. Nombrar a los Magistrados y Fiscal de la Corte Suprema de Justicia y admitir sus renuncias fundadas en causas graves bastantemente comprobadas.

4. Declarar cuando a lugar a la formación de causa contra el Presidente de la República Vicepresidente o Senador si han hecho sus veces y Magistrados de la Suprema Corte en los casos que expresan los artículos 148 y 149.

5. Iniciar las leyes de contribuciones o impuestos -y de admisión- o creación de nuevos estados.

SECCIÓN SEPTIMA

DE LAS FACULTADES EXCLUSIVAS DE LA CÁMARA DEL SENADO

ARTÍCULO 86.-Unicamente a la cámara del senado corresponde:

1. Elegir el Vicepresidente de la república cuando no haya sido electo popularmente, sobre las bases y reglas establecidas en el artículo 47.

2. Confirmar los nombramientos que haga el Poder Ejecutivo para Ministros Diplomáticos y Cónsules - Comandante de Armas de la Federación - Ministros de la Tesorería General - y Jefes de las Rentas Generales.

3. Declarar cuando a lugar a la formación de causa contra los Ministros Diplomáticos y Cónsules en todo género de delitos; y contra los Secretarios del Despacho - el Comandante de Armas de la Federación - los Ministros de la Tesorería General - y los jefes de las rentas generales por delitos cometidos en el ejercicio de sus funciones, quedando sujetos en todos los demás a los tribunales comunes.

4. Juzgar constituyéndose en Tribunal de Justicia los individuos a quienes la cámara de representantes en uso de su atribución 4, artículo 85 haya declarado haber lugar a la formación de causa.

5. Rever las sentencias de que habla el artículo 142.

TÍTULO V

DE LA FORMACIÓN Y PROMULGACIÓN DE LA LEY

SECCIÓN PRIMERA

DE LA FORMACIÓN DE LA LEY

ARTÍCULO 87.-Todo proyecto de ley u orden puede tener origen en cualquiera de las cámaras; mas sólo la de representantes podrá iniciar las de contribuciones o impuestos; admisión o creación de nuevos estados.

ARTÍCULO 88.-Los representantes y senadores en su respectiva cámara, y los secretarios del despacho a nombre del Gobierno en cualquiera de ellas, tienen facultad de proponer los proyectos de ley u orden que juzguen convenientes; pero los senadores y los secretarios del despacho no podrán presentar proyectos o hacer proposición sobre contribuciones o impuestos de ninguna clase.

ARTÍCULO 89.-Presentado el proyecto por escrito debe leerse dos veces en días diferentes antes de resolver si se admite o no a discusión.

ARTÍCULO 90.-Admitido, deberá pasarse a una comisión que lo examinará detenidamente, y no podrá presentarlo sino después de tres días. El informe que diere tendrá también dos lecturas en días diversos, y señalado el de su discusión con el intervalo a lo menos de otras tres no podrá diferirse más tiempo sin acuerdo de la cámara en que se trate.

ARTÍCULO 91.-Discutido y aprobado un proyecto en una cámara se pasará a la otra para que examinándola en la propia forma lo apruebe o deseche. Si se aprueba se pasará al poder ejecutivo para que, si no tuviese objeciones que hacerle, lo publique como ley.

ARTÍCULO 92.-Si el Ejecutivo le encontrase inconvenientes u objeciones, podrá devolverlo dentro de diez días a la cámara de su origen, puntualizando las razones en que funde su opinión.

ARTÍCULO 93.-Reconsiderado el proyecto en esta última cámara se podrá ratificar por dos tercios de votos; en este caso se pasará a la otra cámara que, tomándolo de nuevo en consideración, lo podrá también ratificar con los mismos dos tercios pasándolo al Ejecutivo para que lo publique como ley.

ARTÍCULO 94.-Si un proyecto no fuese admitido a discusión o si en cualquiera de los trámites anteriores fuese reprobado o negada su ratificación por alguna de las cámaras, no tendrá efecto alguno ni podrá volver a tratarse en ellas sino hasta el año siguiente.

ARTÍCULO 95.-Cuando consideren las cámaras un proyecto devuelto por el Ejecutivo, sus votaciones para ratificarlo serán nominales.

ARTÍCULO 96.-La ley sobre formación o admisión de nuevos estados se hará según lo prevenido en el título 13.

ARTÍCULO 97.-Todo proyecto de ley u orden aprobado en la cámara de su origen se extenderá por triplicado: se publicará en ella; y firmados los tres ejemplares por su presidente y secretarios se pasarán a la otra cámara. Si también ésta lo aprobase le pondrá la fórmula siguiente. Al Poder Ejecutivo -si no lo aprobare usará de esta otra-Vuelva a la Cámara de (aquí el nombre de la que fuere).

ARTÍCULO 98.-Devuelto un proyecto de ley u orden por el Ejecutivo y ratificado por la cámara de su origen usará esta de la fórmula siguiente. Pase a la cámara de (aquí el nombre). Si también esta lo ratificase pondrá la que sigue. Ratificado por el Congreso pase al Ejecutivo. Si no lo ratificare, esta otra. Vuelva a la Cámara de (aquí el nombre) por no haber obtenido la ratificación constitucional.

SECCIÓN SEGUNDA

DE LA PROMULGACIÓN DE LA LEY

ARTÍCULO 99.-Recibida por el Ejecutivo una resolución emitida o ratificada por las cámaras en los casos que expresan los artículos 91 y 93, deberá bajo la más estrecha responsabilidad ordenar su cumplimiento: disponer lo necesario a su ejecución: publicarla y circularla entre quince días: pidiendo prórroga a las cámaras si en algún caso fuese necesario.

ARTÍCULO 100.-La promulgación se hará en esta forma: Por cuanto el Congreso de la República ha decretado lo siguiente (aquí el texto literal y firmas). Por tanto ejecútese.

TÍTULO VI

SECCIÓN PRIMERA

DEL PODER EJECUTIVO

ARTÍCULO 101.-El Poder Ejecutivo se ejercerá por un Presidente nombrado por el pueblo de todos los estados de la federación.

ARTÍCULO 102.-En su falta hará sus veces un Vicepresidente nombrado igualmente por el pueblo.

ARTÍCULO 103.-Para las faltas de uno y otro la cámara de representantes en sus primeras sesiones anuales nombrará un senador de las calidades que se requieren para Presidente de la República. Si el pedimento no fuere temporal y faltare más de un año para la renovación periódica, las cámaras dispondrán se proceda a nueva elección, la que deberá hacerse desde las juntas populares hasta su complemento.

ARTÍCULO 104.-Cuando la falta de que habla el artículo anterior ocurra no hallándose reunidas las cámaras, se convocarán extraordinariamente por el senador que ejerza el ejecutivo.

ARTÍCULO 105.-Para ser Presidente y Vicepresidente se requiere - naturaleza en la república - tener treinta años cumplidos - haber sido siete ciudadano - ser del estado seglar - hallarse en actual ejercicio de sus derechos - y poseer un capital libre de cuatro mil pesos, o tener alguna renta u oficio que produzca cuatrocientos pesos anuales.

ARTÍCULO 106.-La duración del Presidente y Vicepresidente será por cuatro años, y podrán ser reelegidos una vez sin intervalo alguno.

ARTÍCULO 107.-El Presidente y Vicepresidente de la República no podrán funcionar un día más de los cuatro años que fija el artículo anterior. El que se elija por sus faltas sólo durará el tiempo necesario para completar este período que comienza y concluye el primero de abril del año de la renovación.

ARTÍCULO 108.-El Presidente no podrá: recibir de ningún estado, autoridad o persona particular emolumentos o dádivas de ninguna especie; ni sus sueldos serán alterados durante su encargo.

SECCIÓN SEGUNDA

DE LAS ATRIBUCIONES DEL PODER EJECUTIVO

ARTÍCULO 109.-El Poder Ejecutivo publicará la ley: cuidará de su observancia, y del orden público.

ARTÍCULO 110.-Propondrá a las cámaras las aclaraciones y reformas que a su juicio necesiten las leyes para su inteligencia y ejecución.

ARTÍCULO 111.-Entablará, consultando al senado, las negociaciones y tratados con las potencias extranjeras: le consultará asimismo sobre los negocios que provengan de estas relaciones; pero en ninguno de los dos casos está obligado a conformarse con su dictamen.

ARTÍCULO 112.-Podrá consultar al senado en los negocios graves del gobierno interior de la república, y en los casos de guerra o insurrección.

ARTÍCULO 113.-Nombrará los Ministros Diplomáticos y Cónsules - el Comandante de las Armas de la Federación - los Ministros de la Tesorería General - y los jefes de las rentas generales, poniendo estos nombramientos en noticia del senado para su confirmación. Llenará las vacantes que ocurran en estos destinos durante el receso del senado, y reunido solicitará su aprobación.

ARTÍCULO 114.-Sin intervención del senado nombrará los secretarios del despacho y oficiales del ejército, los subalternos de unos y otros, y los correspondientes a los empleados expresados en el artículo anterior.

ARTÍCULO 115.-Nombrará a propuesta en terna de la Suprema Corte de Justicia los Jueces que deben componer los tribunales inferiores de que habla el artículo 83, número 26.

ARTÍCULO 116.-Cuando por algún grave acontecimiento peligre la salud de la patria y convenga usar de amnistía o indulto, lo propondrá a las cámaras.

ARTÍCULO 117.-Dirigirá toda la fuerza armada de la federación: podrá reunir la cívica y la milicia de los estados, y mandar en persona el ejército con aprobación de las cámaras estando reunidas: y cuando no lo estén dándoles cuenta en su primera reunión, en cuyo caso recaerá el gobierno en el Vie-presidente. Si por falta del Presidente tomase el mando del ejército el Vicepresidente, ejercerá entre tanto el Poder Ejecutivo el senador nombrado por la cámara de representantes.

ARTÍCULO 118.-Podrá usar de la fuerza para repeler invasiones o contener insurrecciones, dando cuenta a las cámaras en su primera reunión.

ARTÍCULO 119.-Convocará extraordinariamente a las cámaras cuando la república se halle amenazada de invasión, o cuando el orden público se encuentre trastornado en parte considerable de ella, y pueda seguírsele grande detrimento, o en cualquiera otro caso extraordinario en que para precaver un gran daño juzgue necesaria su reunión. Llamará en tal caso a los suplentes de los representantes y senadores que hubieren fallecido durante el receso.

ARTÍCULO 120.-Podrá separar libremente y sin necesidad de instrucción de causa a los secretarios del despacho -trasladar con arreglo a las leyes- a todos los funcionarios del poder ejecutivo federal-suspenderlos por seis meses - y removerlos con pruebas justificativas de ineptitud, desobediencia o malversación.

ARTÍCULO 121.-Presentará por medio de los secretarios del despacho a cada una de las cámaras al abrir sus sesiones un detalle circunstanciado del estado de todos los ramos de la administración pública, y del ejército y marina, con los proyectos que juzgue más oportunos para su conservación o mejora; y una cuenta exacta de los gastos hechos con el presupuesto de los venideros y medios para cubrirlos.

ARTÍCULO 122.-Dará a las cámaras los informes que le pidieren; y cuando sean sobre asuntos de reserva, lo expondrá así para que le dispensen de su manifestación, o se le exijan si el caso lo requiere. Mas no está obligado a manifestar los planes de guerra ni las negociaciones de alta política pendientes con las potencias extranjeras.

ARTÍCULO 123.-En caso de que los informes sean necesarios para exigir la responsabilidad al Presidente, no podrán rehusarse por ningún motivo, ni reservarse los documentos después que se le haya declarado haber lugar a formación de causa por la cámara de representantes.

ARTÍCULO 124.-Expedirá los reglamentos y órdenes que estime convenientes para facilitar y asegurar la ejecución de las leyes.

ARTÍCULO 125.-Podrá devolver a las cámaras dentro de diez días los proyectos de ley u orden que le; pasen aprobados, si a su juicio tuviere inconvenientes su ejecución, o fuesen perjudiciales, puntualizando las razones en que funde su opinión.

ARTÍCULO 126.-En casos de guerra podrá conceder patentes de corzo y letras de represalia.

ARTÍCULO 127.-Cuidará de la administración de las rentas federales y de su legal inversión.

ARTÍCULO 128.-Concederá o negará el pase a las bulas y breves pontificios cuando traten de asuntos particulares, y si se versaren sobre autos generales, dará cuenta con ellos a las cámaras.

ARTÍCULO 129.-Le corresponde igualmente recibir a los ministros extranjeros, y admitir cónsules.

ARTÍCULO 130.-Podrá conceder cartas de naturaleza a los que tengan los requisitos de la ley.

ARTÍCULO 131.-No podrá el Presidente sin licencia de las cámaras separarse del lugar en que estas residan; ni salir del territorio de la república hasta seis meses después de concluido su encargo.

ARTÍCULO 132.-Cuando el Presidente sea informado de alguna conspiración o traición a la república, y de que la amenaza un próximo riesgo, podrá dar órdenes de arresto e interrogar a los que se presuman reos; pero en el término de tres días los pondrá precisamente a disposición del juez respectivo.

ARTÍCULO 133.-Comunicará los ejecutivos de los estados las leyes y disposiciones generales, y les prevendrá lo conveniente en todo cuanto concierna al servicio de la federación y no estuviere encargado a sus agentes particulares.

SECCIÓN TERCERA

DE LOS SECRETARIOS DEL DESPACHO

ARTÍCULO 134.-Las cámaras a propuesta del Poder Ejecutivo designarán el número de los Secretarios del Despacho; organizarán las Secretarías, y fijarán los negocios que a cada una corresponden.

ARTÍCULO 135.-Para ser Secretario del Despacho se necesita ser americano de origen - ciudadano en el ejercicio de sus derechos - y mayor de veinte y cinco años.

ARTÍCULO 136.-Las órdenes del Poder Ejecutivo se expedirán por medio del secretario del ramo a que correspondan; y las que de otra suerte se expidieren no deben ser obedecidas.

TÍTULO VII

DE LA SUPREMA CORTE D JUSTICIA Y DE
SUS ATRIBUCIONES
SECCIÓN PRIMERA
DE LA SUPREMA CORTE DE JUSTICIA

ARTÍCULO 137.-Habrá una Suprema Corte de Justicia que según disponga la ley se compondrá de cinco a siete individuos: serán nombrados por la cámara de representantes: se renovarán por tercios cada dos años; y podrán siempre ser reelegidos. El período de los magistrados y fiscales comienza y concluye el primero de abril del año de su renovación, y podrán prorrogarse hasta tres meses más, si no se presentaren los nuevamente electos.

ARTÍCULO 138.-Para ser individuo de la Suprema Corte se requiere ser - americano de origen con siete años de residencia no interrumpida e inmediata a la elección - ciudadano en el ejercicio de sus derechos - del estado seglar - y mayor de treinta años.

ARTÍCULO 139.-En falta de algún individuo de la Suprema Corte hará sus veces uno de tres suplentes que tendrán las mismas calidades, y serán también nombrados por la cámara de representantes.

ARTÍCULO 140.-La Suprema Corte designará en su caso el suplente que deba concurrir.

SECCIÓN SEGUNDA

DE LAS ATRIBUCIONES DE LA SUPREMA CORTE DE JUSTICIA

ARTÍCULO 141.-Conocerá en última instancia con las limitaciones que hiciere el congreso en los casos emanados - de la Constitución - de las leyes generales - de los tratados hechos por la república - de jurisdicción marítima - y de competencia sobre jurisdicción en controversias de ciudadanos o habitantes de diferentes estados.

ARTÍCULO 142.-En los casos de contienda en que sea parte toda la República, dos o más estados, con alguno o algunos otros, o con extranjeros o habitantes de la república: La Corte Suprema de Justicia hará nombren árbitros para la primera instancia: conocerá en la segunda; y la sentencia que diere será llevada en revista al senado, caso de no conformarse las partes con el primero y segundo juicio, y de haber lugar a ella según la ley.

ARTÍCULO 143.-Conocerá originalmente con arreglo a las leyes en las causas civiles de los ministros diplomáticos y cónsules; y en las criminales de todos los funcionarios en que declara el senado según el artículo 86, facultad 3, haber lugar a formación de causa.

ARTÍCULO 144.-Propondrá ternas al Poder Ejecutivo para que nombre los jueces que deben componer los tribunales de que habla el artículo 83, número 26.

ARTICULO 145.-Velará sobre la conducta de los jueces inferiores de la federación, y cuidará de que administren pronta y cumplidamente la justicia.

TÍTULO VIII

DE LA RESPONSABILIDAD Y MODO DE PROCEDER EN LAS CAUSAS DE LAS SUPREMAS AUTORIDADES FEDERALES

SECCIÓN ÚNICA

ARTÍCULO 146.-Los funcionarios de la federación, antes de posesionarse de sus destinos, prestarán juramento de ser fieles a la república, y de sostener con toda su autoridad la constitución y las leyes.

ARTÍCULO 147.-Todo funcionario público es responsable con arreglo a la ley del ejercicio de sus funciones.

ARTÍCULO 148.-Deberá declararse que ha lugar a la formación de causa contra los representantes y senadores por traición-venalidad -falta grave en el desempeño de sus funciones- y delitos comunes que merezcan pena más que correccional.

ARTÍCULO 149.-En todos estos casos, y en los de infracción de ley, y usurpación de poder habrá igualmente lugar a formación de causa contra el Presidente y Vicepresidente de la República -individuos de la Suprema Corte de Justicia, y Secretarios del Despacho.

ARTÍCULO 150.-Todo acusado queda suspenso en el acto de declararse que ha lugar a la formación de causa: depuesto siempre que resulte reo; e inhabilitado para todo cargo público, si la causa diere mérito según la ley. En lo demás a que hubiere lugar se sujetarán al orden y tribunales comunes.

ARTÍCULO 151.-Los delitos mencionados producen acción popular, y las acusaciones de cualquier ciudadano o habitante de la república deben ser atendidas. La acusación se tratará en sesión secreta; pero declarado que ha lugar a la formación de causa serán públicos los demás actos del juicio. La ley reglamentará el derecho de acusación, y designará la pena del calumniador.

TÍTULO IX

DISPOSICIONES GENERALES

SECCIÓN ÚNICA

ARTÍCULO 152.-Sólo por los medios constitucionales se asciende al poder supremo de la república y de los estados. Si alguno usurpare el Poder Legislativo o Ejecutivo por medio de la fuerza o de alguna sedición popular, por el mismo hecho pierde los derechos de ciudadano sin poder ser rehabilitado. Todo lo que obrare, será nulo, y las cosas volverán al estado en que se hallaban antes de la usurpación luego que se restablezca el orden.

ARTÍCULO 153.-En el caso del artículo anterior, las autoridades de un estado violentamente constituidas serán desconocidas por las autoridades federales, y por los demás estados de la unión, todos los cuales procederán desde luego a restablecer en dicho estado el orden constitucional.

ARTÍCULO 154.-Es nula de derecho toda resolución, acuerdo, o decreto de los poderes nacionales y de los estados en que interviene coacción ocasionada por la fuerza pública, o por el pueblo en tumulto.

ARTÍCULO 155.-La soberanía reside únicamente en la nación: el derecho de insurrección sólo compete al pueblo todo de la república, y no a alguna o algunas de sus partes.

ARTÍCULO 156.-Ninguno debe de usurpar el nombre de pueblo soberano usando del derecho de petición ni arrogarse este título empleando la fuerza, ya sea para resistir el cumplimiento de las leyes, o para innovar lo que ellas establecen.

TÍTULO X

GARANTÍAS DE LA LIBERTAD INDIVIDUAL

SECCIÓN ÚNICA

ARTÍCULO 157.-No podrá imponerse pena de muerte, si no en los delitos que atenten directamente contra el orden público, y en el de asesinato, homicidio premeditado o seguro.

ARTÍCULO 158.-Todos los ciudadanos y habitantes de la república sin distinción alguna estarán sometidos al mismo orden de procedimientos y de juicios que determinen las leyes.

ARTÍCULO 159.-Las Legislaturas, tan luego como sea posible establecerán el sistema de jurados.

ARTÍCULO 160.-Nadie puede ser preso si no en virtud de orden escrita de autoridad competente para darla.

ARTÍCULO 161.-No podrá librarse esta orden sin que preceda justificación de que se ha cometido un delito que merezca pena más que correccional, y sin que resulte al menos por el dicho de un testigo quien es el delincuente.

ARTÍCULO 162.-Pueden ser detenidos: 1°. El delincuente cuya fuga se tema con fundamento: 2°. El que sea encontrado en el acto de delinquir; y en este caso todos pueden aprehenderle para llevarle al juez.

ARTÍCULO 163.-La detención de que habla el artículo anterior no podrá durar más de cuarenta y ocho horas, y durante este término deberá la autoridad que la haya ordenado practicar lo prevenido en el artículo 161, y librar por escrito la orden de prisión, o poner en libertad al detenido.

ARTÍCULO 164.-El Alcaide no puede recibir ni detener en la cárcel a ninguna persona, sin transcribir en su registro de presos o detenidos la orden de prisión o detención.

ARTÍCULO 165.-Todo preso debe ser interrogado dentro de cuarenta y ocho horas; y el juez está obligado a decretar la libertad o permanencia en la prisión dentro de las veinte y cuatro siguientes, según el mérito de lo actuado.

ARTÍCULO 166.-Puede sin embargo imponerse arresto por pena correccional, previas las formalidades que establezca el Código del Estado.

ARTÍCULO 167.-El arresto por pena correccional no puede pasar de un mes.

ARTÍCULO 168.-Las personas aprehendidas por la autoridad no podrán ser llevadas a otros lugares de prisión, detención, o arresto, que a los que estén legal y públicamente destinados al efecto.

ARTÍCULO 169.-Cuando algún reo no estuviese incomunicado por orden del juez transcripta en el registro del Alcaide, no podrá éste impedir su comunicación con persona alguna.

ARTÍCULO 170.-Todo el que no estando autorizado por la ley expidiere, firmare, ejecutare o hiciere ejecutar la prisión, detención o arresto de alguna persona: todo el que en caso de prisión, detención, o arresto autorizado por la ley condujere, recibiere, o retuviere al reo en lugar que no sea de los señalados pública y legalmente; y todo Alcaide que contraviniere a las disposiciones precedentes, es reo de detención arbitraria.

ARTÍCULO 171.-No podrá ser llevado ni detenido en la cárcel el que diere fianza en los casos en que la ley expresamente no lo prohíba.

ARTÍCULO 172.-Las legislaturas dispondrán que haya visitas de cárceles para toda clase de presos, detenidos o arrestados.

ARTÍCULO 173.-Ninguna casa puede ser registrada sino por mandato escrito de autoridad competente, dado en virtud de dos deposiciones formales que presten motivo al allanamiento, el cual deberá efectuarse de día. También podrá registrarse a toda hora por un agente de la autoridad pública: 1. En persecución actual de un delincuente: 2. Por un desorden escandaloso que exija pronto remedio: 3. Por reclamación hecha del interior de la casa. Mas hecho el registro, se comprobará con dos deposiciones que se hizo por alguno de los motivos indicados.

ARTÍCULO 174.-Sólo en los delitos de traición se pueden ocupar los papeles de los habitantes de la república; y únicamente podrá practicarse su examen cuando sea indispensable para la averiguación de la verdad, y a presencia del interesado, devolviéndosele en el acto cuantos no tengan relación con lo que se indaga.

ARTÍCULO 175.-Es inviolable el secreto de las cartas y las que se substraigan de las oficinas de correos o de sus conductores no produce efecto legal ni pueden presentarse en testimonio contra ninguno.

ARTÍCULO 176.-La policía de seguridad no podrá ser confiada si no a las autoridades civiles, en la forma que la ley determine.

ARTÍCULO 177.-Ningún juicio civil o sobre injurias podrá entablarse sin hacer constar que se ha intentado antes el medio de conciliación.

ARTÍCULO 178.-La facultad de nombrar árbitros en cualquier estado del pleito es inherente a toda persona: la sentencia que los árbitros dieren es inapelable, si las partes comprometidas no se reservaren este derecho.

ARTÍCULO 179.-Unos mismos jueces no pueden serlo en dos diversas instancias.

ARTÍCULO 180.-Ninguna ley del Congreso ni de las Legislaturas de los estados pueden contrariar las garantías contenidas en este título; pero sí ampliarlas y dar otras nuevas.

TÍTULO XI

LIMITACIONES DEL PODER PÚBLICO

SECCIÓN ÚNICA

ARTÍCULO 181.-No podrán el Congreso, las Legislaturas de los estados, ni las demás autoridades:

1. Coartar en ningún caso ni por pretexto alguno la libertad del pensamiento, la de la palabra, la de la escritura y la de la imprenta.

2. Suspender el derecho de peticiones de palabra o por escrito.

3. Prohibir a los ciudadanos o habitantes de la república libres de responsabilidad, la emigración a país extranjero.

4. Tomar la propiedad de ninguna persona, ni turbarle en el libre uso de sus bienes, si no es en favor del público cuando lo exija una grave urgencia legalmente comprobada, y garantizándose previamente la justa indemnización.

5.Establecer vinculaciones: dar títulos de nobleza; ni pensiones, condecoraciones, o distintivos, que sean hereditarios; ni consentir sean admitidos por ciudadanos de Centro América los que otras naciones pudieran concederles.

6. Permitir el uso del tormento y los premios imponer confiscación de bienes, azotes y penas crueles.

7. Conceder por tiempo ilimitado privilegios exclusivos a compañías de comercio, o corporaciones industriales.

8. Dar leyes de prescripción, retroactiva, ni que hagan trascendental la infamia.

ARTÍCULO 182.-No podrán, si no en el caso de tumulto, rebelión, o ataque con fuerza armada a las autoridades constituidas:

1.Desarmar a ninguna población, ni despojar a persona alguna de cualquiera clase de armas que tenga en su casa, o de las que lleve lícitamente.

2. Impedir las reuniones populares que tengan por objeto un placer honesto o discutir sobre política y examinar la conducta pública de los funcionarios.

3. Dispensar las formalidades sagradas de la ley para allanar la casa de algún ciudadano o habitante, registrar su correspondencia privada, reducirlo a prisión o detenerlo.

4. Formar comisiones o tribunales especiales para conocer en determinados delitos, o para alguna clase de ciudadanos o habitantes.

CAPÍTULO XII

DISPOSICIONES GENERALES SOBRE LOS ESTADOS

SECCIÓN PRIMERA

FACULTAD DE LOS ESTADOS

ARTÍCULO 183.-Los estados podrán constituirse como tengan por conveniente; pero de manera que sus instituciones guarden armonía con las de la nación.

SECCIÓN SEGUNDA

DEBERES DE LOS ESTADOS

ARTÍCULO 184.-Los estados deben entregarse mutuamente los reos que se reclamaren.

ARTÍCULO 185.-Los actos legales y jurídicos de un estado serán reconocidos en todos los demás.

ARTÍCULO 186.-En caso de que alguna autoridad constituida de un estado reclame que la Legislatura de otro estado ha traspasado en daño suyo los límites constitucionales las cámaras, reunidas en Asamblea General tomarán los informes convenientes, y decidirán lo que les parezca arreglado.

ARTÍCULO 187.-Los estados no podrán sin consentimiento del Congreso.

1. Imponer contribuciones de entrada y salida en el comercio con los extranjeros, ni en el de los estados entre sí.

2. Crear fuerza de línea o permanente.

ARTÍCULO 188.-Pueden ser elegidos para individuos de los poderes nacionales o de cada uno de los estados los ciudadanos hábiles de los otros; pero no son, obligados a admitir estos oficios.

ARTÍCULO 189.-Esta Constitución y las leyes federales que se hagan en virtud de ella; y todos los tratados hechos que se hicieren bajo la autoridad federal, serán la suprema ley de la República, y los jueces en cada uno de los estados están obligados a determinar por ellas, no obstante cualesquiera leyes decretos u órdenes que haya en contrario en cualquiera de los estados.

TÍTULO XIII

DE LA FORMACIÓN Y ADMISIÓN DE NUEVOS ESTADOS

SECCIÓN ÚNICA

ARTÍCULO 190.-Podrán formarse en lo sucesivo nuevos estados, y admitirse otros en la federación.

ARTÍCULO 191.-No podrá formarse nuevo estado en el interior de otro estado. Tampoco podrá formarse por la unión de dos o más estados o partes de ellos, sino estuvieren en contacto, y sin el consentimiento de las legislaturas respectivas.

ARTÍCULO 192.-Todo proyecto de ley sobre formación de nuevo estado debe ser propuesto a la cámara de representantes por la mayoría de los diputados de los pueblos que han de formarlo y apoyado en los precisos datos de tener una población de cien mil o más habitantes y de que el estado de que se separa queda con igual población y en capacidad de subsistir.

TITULO XIV

DE LAS REFORMAS DE ESTA CONSTITUCIÓN

SECCIÓN ÚNICA

ARTÍCULO 193.-Para poder, discutir un proyecto en que se reforme o adicione esta Constitución, debe presentarse firmado al menos por seis diputados en la cámara de representantes que exclusivamente puede acordarlos o ser propuesto por alguna Legislatura de los estados.

ARTÍCULO 194.-Los proyectos que se presenten en esta forma, sino fuere admitidos a discusión, no podrán volver a proponerse sino hasta el año siguiente.

ARTÍCULO 195.-Los que fueren admitidos a discusión, puestos en estado de votarse necesitan para ser acordados las dos terceras partes de votos.

ARTÍCULO 196.-Acordada la reforma o adición debe para ser valida y tenida por constitucional, aceptarse por la mayoría absoluta de los estados con las dos terceras partes de la votación de sus Legislaturas.

ARTÍCULO 197.-Cuando la reforma o adición se versare sobre algún punto que altere en lo esencial la forma de gobierno adoptada, la cámara de representantes, después de la aceptación de los estados, convocará una Asamblea Nacional constituyente para que definitivamente resuelva.

ARTÍCULO 198.-Aceptada por la mayoría de los estados la presente reforma, será esta la única ley constitutiva de la república: el Congreso la mandará publicar solemnemente; quedando derogada la que decretó la Asamblea Nacional Constituyente en 22 de noviembre de 1824.

Pase a las Asambleas para que en cumplimiento del artículo 202 de la Constitución actual la tomen en consideración y la devuelvan con sus votos al Congreso.

Dada en San Salvador a 13 de febrero de 1835.

JUAN BARRUNDIA, DIPUTADO PRESIDENTE. JOSE ANTONIO XIMÉNEZ D. V. PRESIDENTE. MANUEL RODRÍGUEZ. NICOLÁS ESPINOZA. MARIANO GÁLVEZ. PATRICIO RIVAS. NAZARIO TOLEDO. JOSÉ MARÍA ÁLVARO. RAMÓN GARCÍA. MANUEL MARÍA FIGUEROA. BERNARDO RUEDA. SILVERIO RODRÍGUEZ. JOSÉ ANTONIO ALVARADO. FELIPE HERRERA. VENANCIO CASTELLANOS. PABLO RODRÍGUEZ. JOSÉ MARÍA GUARDADO. TORIBIO LARA. MANUEL BARBERENA. JOSÉ LEÓN TABLADA. MARIANO RAMÍREZ. JOSÉ VALIDO, D. SRIO LUIS LEIVA. D. SRIO. FLORENTÍN ZÚÑIGA, D. SRIO. FRANCISCO ALBÚREZ, DIPUTADO SECRETARIO.

Dr. B. OROSCO.

LOS ESTADOS FEDERADOS

En la obra progresista a emprender, contó el general Morazán en los Estados con la colaboración de hombres preparados y capaces como el ciudadano Mariano Gálvez, en Guatemala; Joaquín Rivera, en Honduras; Dionisio de Herrera, encargado de la pacificación que alcanzó felizmente en Nicaragua; Manuel Aguilar en Costa Rica, y otros importantes centroamericanos. Pero sólo gracias a la presencia del general Morazán en la primera magistratura de Centro América pudieron realizarse los progresos que demandaba el país.

Como dijo el distinguido escritor salvadoreño Francisco Castañeda: "Morazán fue un audaz reformador, que se anticipó a su época, como suele decirse de quienes rompen con las tradiciones del pasado. Al amparo de su administración, establecióse en Centro América el juicio de jurados, adoptóse el célebre Código de Livingston, en que están garantizadas las conquistas del derecho moderno; implantáronse los sistemas más avanzados de aquel entonces; secularizáronse y entraron en el movimiento de la riqueza nacional cuantiosísimos bienes, por largo tiempo improductivos en poder de las congregaciones religiosas; abatióse un tanto el poder y el influjo del fanatismo irracional; iniciáronse, en fin, política y socialmente, estos países en la vida y en los progresos del siglo".

Antes, había dicho el orador hondureño, de proyección centroamericana, Álvaro Contreras: "Morazán, con la libertad de imprenta, de palabra, de asociación, de creencias y de cultos, con el juicio por jurados y la supresión del cadalso político, lucha en todas partes como el paladín invicto de la Patria".

Finalmente, el propio Morazán expresó en su discurso del 16 de septiembre de 1830: "Una ciega obediencia a las leyes que he jurado, rectas intenciones para buscar el bien general, y el sacrificio para conservarlo, es lo único que puedo ofrecer en obsequio de tan deseado fin".

(Ernesto Alvarado García, historiador hondureño, "La obra progresista del General Morazán").

***

Es claro que Centro América cuando fue colonia, llamándose Capitanía General de Guatemala, pudo haber alcanzado un desarrollo económico sumamente grande, de no haber sucedido la descapitalización cada vez más acentuada que realizó España en los siglos XVI, XVII y XVIII y de no haberse presentado la crisis económica, política y militar que significó la invasión napoleónica a la península ibérica con la consiguiente conmoción en todo el imperio hispánico, que trajo la independencia de América como a rastras.

Las providencias de Carlos III en favor de los habitantes y las instituciones del Nuevo Mundo tuvieron resultados muy positivos. Y quizás en ninguna otra parte de América fueron tan bien aprovechadas, al grado que la Sociedad de Amigos del País dio los cuadros humanos teóricos y prácticos que pudieron mover la nación, más tarde independiente, en dirección del capitalismo. Además, lo sorprendente, en la Universidad de San Carlos, de raíz teológica, había entrado la enseñanza del método cartesiano, de la física y, para no extendernos mucho, del sistema astronómico de Copérnico. Completaba el panorama la demanda del llamado "bajo pueblo" que pedía escuelas de primeras letras y conocimientos de artes y oficios mecánicos. Esto era bastante para crear una consciencia social despierta y sensible a las renovaciones en todas las formas conocidas.

De otra parte, sin embargo, el conjunto de sectores sociales partidarios del progreso, tenían en su contra al poderoso grupo de hacendados feudales laicos y eclesiásticos y a los grandes comerciantes que mantenían relaciones con Inglaterra. Si es verdad que la burguesía naciente, si cabe llamarla así, había llevado la iniciativa radical de la separación de España, por su lado, los grupos poderosos del feudalismo y la traición manejaron la política de la independencia de España, de la anexión a México, de la separación de México, de la fundación de la República seglar-eclesiástica, de la Constitución Federal, del primer gobierno instituido mediante maniobras en el Congreso y, por último, de la guerra civil que tenía por objeto acabar con los gobernantes progresistas de los Estados federados y disolver de una sola vez, como sal en el agua, la República Federal.

En este largo relato consta cómo la burguesía naciente, con todas las debilidades de clase que aparece en el escenario de la historia, fue capaz de responder valientemente al reto que se le hacía y ganar el combate con clarines y laureles. Llegó la hora de Morazán y de todo cuanto significaba su nombre. Pero Morazán y el morazanismo destinados a preparar la antesala de una burguesía desarrollada, ignoraron su gran papel histórico al no querer seguir el ejemplo de Robespierre y los jacobinos, como era su deber irrecusable. En los meses dictatoriales, si no hubo doble sentido en sus palabras, Morazán dijo ser "obediente de las leyes que había jurado", y ya se sabe que Morazán estaba allí para abolir las leyes feudales y favorecer el aparecimiento de las leyes capitalistas de la nueva clase burguesa. Con mucha tardanza aparecieron las reformas constitucionales de 1835 para que se les diera largas en su ejecución y al cabo quedaran inéditas en el papel.

El Marat de la revolución pequeñoburguesa de Centro América se llamó Pedro Molina, quien no fue digno del puñal de Carlota Corday porque ni en sueños se le ocurrió pedir en su periódico la cuarta parte de 100,000 cabezas eclesiásticas, seglares y proto anglófilas. Y el Saint-Just de la misma revolución fue un hablador admirable con entonaciones demostinas, llamado José Francisco Barrundia.

La reacción centroamericana era tan envalentonada y soberbia, que necesitaba curación de guillotina. Pero Morazán y el morazanismo le dieron más valor del que tienen al diálogo y los acuerdos, olvidando el gran crimen de la guerra civil, sucediendo que así detuvieron el impulso del partido burgués revolucionario que se estaba gestando; y como ya lo dijo el pensador Herzen, que "el partido de la predilección de la historia, es el partido en movimiento".

Es claro que una forma de hacer avanzar la causa capitalista, era derrotando a los amotinados adversarios de la República Federal en los campos de batalla, como lo hacía Morazán; pero eso era cortar las ramas, dejando el tronco del árbol que se hallaba en la ciudad de Guatemala. De allí salían y al mismo lugar regresaban los innumerables correos privados que portaban la correspondencia de la conspiración permanente contra el Gobierno establecido, y que no cesó un segundo hasta que dio en tierra con la Federación.

En resumen, si se recuerda en estas páginas a Robespierre y a los jacobinos que establecieron un régimen de terror para aniquilar a la clase dominante de la monarquía absoluta y el feudalismo, no es para suponer que aquello se pudo trasladar mecánicamente a Centro América; pero sí pudo haber un régimen de más rigor con los responsables de los crímenes de la guerra civil. Para el caso, pudo haberse prolongado la dictadura pequeñoburguesa por el tiempo necesario para limpiar el campo, y no debió atenderse el reclamo de los legalistas para que se restablecieran a toda prisa las autoridades de la Constitución. Antes de todo, era indispensable abrir un debate cívico en extensión nacional sobre el tema del significado de la ley feudal y el de la ley capitalista o burguesa, y luego explicar el significado de los decretos nuevos.

El único medio de propaganda masiva que se conocía entonces era el cabildo abierto. Los campesinos estaban acostumbrados a ir los domingos al pueblo para estar al tanto de las disposiciones del gobierno. En los días de la independencia surgió la tertulia patriótica, convocada por el entusiasmo de los artesanos. Pero estos medios divulgativos languidecieron, y en cambio siguieron predicando los púlpitos y agitando los ritos religiosos, por ejemplo, en las procesiones de Semana Santa, desde la Capital hasta los últimos villorrios. En esto llevaba ventaja la reacción que a diario adormecía al pueblo, y la burguesía naciente, instalada en el poder y responsable de los acontecimientos oficiales, se fue quedando sin influencia colectiva. Eso tenía que ser así, viniendo a verse que si la hueste de Robespierre fracasó por exceso, la milicia de Morazán, en un país semicolonial, perdió por omisión.

El cólera, enfermedad epidémica, que invadió el país en los años morazánicos, demostró que el Gobierno se quedó sin la sustentación de las masas. El jefe del Estado de Guatemala, doctor Gálvez, trabajó sin éxito por medio de brigadas médicas explicando la procedencia, efectos y maneras de prevenir la propagación de la epidemia, para lo cual vacunaban a los vecinos. En cambio, el clero fanatizante predicaba que el Gobierno había envenenado las aguas, y que no era posible salir de aquel perjuicio infernal, mientras el Gobierno de los "masones" se mantuviera en pie.

El juicio por jurados produjo parecida gritería, al grado que el examen de un delito por ese procedimiento, regularmente degeneraba en algaradas populares, y algunas veces, con derramamiento de sangre. Y así, si el Gobierno, evitando el medievo y las torturas del Santo Oficio civilizaba la justicia, la Iglesia se aferraba a los métodos de terror y horror, no para salvar al inocente sino para matarlo mil veces.

Parecida contienda produjo el matrimonio civil, perdiendo el Gobierno y ganando la Iglesia.

***

Veamos otras causas separatistas.

Para reunir el Congreso con representantes de la Nación, sin haber estadísticas precisas, todo se hizo "a ojo de buen cubero". Una comisión establecida al efecto sentó que la población del país ascendía a 1,270,000 habitantes y que cada diputado representara 30,000, de donde resultó la constitución del Congreso del modo siguiente: a Guatemala le correspondieron 18 diputados; a El Salvador, 9; a Honduras, 6; a Nicaragua, 6; y a Costa Rica, 2. Claramente -dice el historiador norteamericano Mario Rodríguez (así como suena)- se ve, que el principio de representación proporcional funcionaba en favor de Guatemala. Además, los representantes de Guatemala introdujeron con astucia una proposición que fue aprobada, permitiendo la elección de delegados en general. Argumentaron que al limitar la elección de delegados a los nacidos en un distrito dado, podría no producir los candidatos mejor calificados; todavía más, el gasto oneroso de viajar a la capital nacional desde los Estados de las orillas, fue otro factor que favoreció esta práctica.

Pregunta Rodríguez: ¿Eran tan ingenuos los provincianos? No, no lo eran. Después de todo, superaban numéricamente a Guatemala en el senado y podían contrarrestar su ventaja en la legislatura, siempre y cuando pudieran cooperar entre ellos. No tenían intenciones de permitir que la ciudad de Guatemala fuera la capital nacional. La Constitución expresa que la capital estaría en cualquier parte; la técnica de delegados generales también podría funcionar en su favor.

Por último, en ausencia de estadísticas correctas, tuvieron razón en creer que podían minimizar la influencia de la ciudad de Guatemala, creando un nuevo Estado del área de las altiplanicies en torno de Quezaltenango, la cual, debe recordarse, compartía el desagrado de los provincianos hacia la ciudad de Guatemala. Y si Chiapas regresaba al regazo, como muchos esperaban que sucedería, entonces la ciudad de Guatemala sería reducida al igual con todos los otros Estados de la Unión. Por eso fue que los provincianos sancionaron las características nacionalistas de la Constitución de 1824. La carta nacional, de hecho, era popular en la mayor parte de los sectores de América Central, por sus conceptos liberales y su visión del futuro.

(Mario Rodríguez, "América Central", traductor René Cárdenas Barrios, Editorial Diana, S.A. impreso en México).

***

Siempre, insistiendo en el tema de la disgregación, añade Jacobo Haefkens, viajero de los Países Bajos, lo siguiente:

"Aún falta tratar un tema que no es de ninguna manera de los más fáciles o diáfanos; es decir, los ingresos de la Federación. El caos que se ha introducido por doquier hace que sea imposible referirnos a ello con exactitud, pero si bien no podemos llegar a una verdad absoluta, trataremos no obstante de aproximarnos a ella en la medida de lo posible.

Antes de la época de la independencia los ingresos ascendían a 1,000,000 pesos anuales. Esta cifra incluía la de 300,000 a 400,000 pesos que representaba el valor de los tributos pagados por los indígenas de 16 a 60 años. Antes este tributo ascendía en casi todas partes a unos dos pesos, pero posteriormente se le agregaron cuatro reales más en concepto de impuesto para la colectividad. Aunque las mejoras locales financiadas con estos últimos fondos se concretaban principalmente a la construcción y conservación de las iglesias, sin embargo solamente una reducida parte era utilizada para el propósito original de la recaudación. Por pugnar esta contribución con los conceptos de igualdad, las cortes españolas lo abolieron. Habría sido indudablemente más sensato y provechoso para la actual República si la hubieran convertido en un impuesto directo a todos los ciudadanos. Un tributo, media vez suprimido, no puede volver a implantarse fácilmente ni ser sustituido por otro y menos en un país como éste, donde el gobierno tiene tan poca autoridad.

En la provincia de Guatemala los diezmos ascendían a unos 80,000 pesos anuales y en El Salvador a 70,000, pero ahora son tan deficientemente pagados que su producto queda muy por debajo de estas cifras. Por otra parte, el gobierno se ha apoderado en el Estado de El Salvador de esta fuente de ingresos eclesiásticos. En el año de 1827, el arriendo de los mismos produjo en este Estado aun 3,837.3 3/4 pesos. En la provincia de Nicaragua solían ascender a 40,000 pesos. (En Honduras esta contribución no podía ser menos, si los constantes levantamientos de la población contra los diezmos en Olancho hacen evidente lo pesados que eran en las espaldas de los pobres. Nota nuestra).

Los ingresos del Gobierno federal son:

1. Los derechos sobre el comercio exterior. Los principales que gravan las mercancías entrantes son los siguientes: sobre telas de algodón el 16%, excepto las mantas crudas y cotines, que se hacen en la República y que por lo tanto pagan el 32%. Linos, quincallería, etc.,12%. Ropa confeccionada y muebles 32%. Aguardiente 22%. Otras bebidas alcohólicas 32%.

Los principales derechos sobre la exportación son los siguientes:

Añil, zurrón de 150 libras, 2 pesos. Oro y plata martillada y labrada 4%.

La exportación de metales preciosos en lingotes está prohibida.

La grana, maderas, etcétera, está libre de derechos.

Sobre el tránsito grava el 4% y sobre el trasbordo 2%.

Además de los derechos reseñados, las administraciones estatales cobran aun el 4% sobre el comercio interior.

En la recaudación de estos derechos, en especial fuera de la capital, reina sin embargo mucho abuso y caos. A pesar de la prohibición de exportar plata y oro sin acuñar, hemos visto que se practica intensivamente.

2. El producto del tabaco.

3. El producto de la pólvora. Incluso en tiempos de paz se gasta en este país mucha pólvora, porque frente a la iglesia del pueblo más pequeño, así como en la capital, se celebra el santo oficio y las procesiones con quema de cohetes.

El gobierno federal disfruta además del ingreso de la Administración de Correos, pero hoy día el envío de la correspondencia cuesta más de lo que rinde.

El presupuesto que la asamblea legislativa nacional había decretado para el año de 1825, era de 652,608 pesos, a saber:

El Departamento de Estado(?)	54.950 pesos
Idem de Justicia y Asuntos Eclesiásticos	14.450
Idem de Hacienda	113.684
Idem de Guerra y Marina	469.524
	652.608 pesos
Para cubrir esta suma se calculaba	
los derechos comerciales en	200.000
la pólvora en	8.000
el tabaco en	263.359.4
	471.359.4 pesos
Faltando de consiguiente	181.248.4 pesos

Esta cifra se prorrateó entre los Estados de la manera siguiente:

Costa Rica, en pesos	9.261.4 1/2
Nicaragua	32.143.4 1/2
Honduras	21.413.7 1/2
El Salvador	67.336.1
Guatemala	51.092.6 1/2
Total en pesos	181.248

Hay una nota de pie de página en la que dice el holandés Haefkens, que dice: "Esta suma supone solamente los ingresos que se perciben únicamente en Guatemala, ya que los puertos de Omoa y Trujillo apenas son suficientes para cubrir los pagos de la guarnición y de los oficiales, mientras que los de los demás puertos caen dentro de las administraciones estatales. Sin embargo, en 1826 el producto excedió la cifra calculada, pero en los años sucesivos el entorpecimiento del comercio debido a la guerra civil, tuvo por resultado que el ingreso quedó muy por debajo de la misma".

En una segunda nota aclaratoria, dice Haekens: "De conformidad con un cuadro quinquenal que comprende los años de 1816 a 1820, resulta que el ingreso medio había incrementado a 577,867 1/2 y la ganancia neta a 321.795 1/2 pesos, pero entonces contribuía también la provincia de Chiapa. Como los gobiernos de los Estados excepto el de Guatemala se han apoderado por completo de este recurso, su rendimiento para el gobierno federal es relativamente reducido. La creciente diferencia en la venta en el Estado de Guatemala durante los años de 1826, 1827 y 1828, demuestra hasta qué punto también allí prosperaba el contrabando:

1826	112.032 pesos	
1827	104.551 pesos	producto bruto
1828	83.015.5 pesos"	

***

Sigamos los pasos de Haekens porque nadie otro nos dará los informes que nos está dando él por haber sido testigo de vista. Dice:

"A pesar de lo bajo de este presupuesto, lo recaudado estuvo muy por debajo de las cantidades mencionadas. Ninguna fuente rindió tanto como se había estimado y excepción hecha de Guatemala, así como parcialmente de Costa Rica, los Estados no solamente dejaron de proporcionar sus cuotas, sino que hasta se apoderaron de los ingresos del Gobierno federal.

***

Los ingresos regulares del Estado de Guatemala fueron en el año de 1827:

	pesos
Derechos sobre artículos de consumo	32.238.4
Arriendo de los expendios de aguardiente	25.733.0 3/4

131

Arriendo de los expendios de chicha (bebida de los indígenas)	14.127.6 1/4
Papel sellado	3.046.2
Producto de las tierras vendidas	696.5 2/3
Multas	734.
Impuesto sobre pelea de gallos	355.6 2/4
Ingreso del Estado por los diezmos	4.982.5 3/4
Ingreso de los diezmos de los canónigos fallecidos, que corresponde asimismo al Estado	1.167.3 3/4
Total	83.082.2 3/4

Sin embargo, aquí cabe hacer dos advertencias:

1. El contrabando y el caos que en 1827 se inició como consecuencia de la guerra civil, indudablemente hubo de menguar los ingresos.

2. Las sumas indicadas no incluyen, hablando en términos generales, los ingresos en los lugares de poca significación y donde sirven solamente para pagar los sueldos de los funcionarios.

En el supuesto que el contrabando hubiera sido evitado cuando menos tanto como antes, y que todas las sumas percibidas fueran depositadas en el erario público, cabría conjeturar que los mencionados ingresos del Estado de Guatemala importarían por lo menos 100,000 pesos. Pero para el régimen gubernativo adoptado, esto no es suficiente. El presupuesto que propuso el Jefe de Estado en 1828 a la Asamblea Legislativa fue de 131,639, sin incluir el ejército. Para el mismo propuso un plan según el cual tres batallones de infantería, cada uno de cuatro compañías de 112 soldados; un escuadrón de caballería compuesto de cuatro compañías de 50 dragones y una compañía de artillería de 60: artilleros, costarían anualmente 332.056 pesos.

***

El cuadro de ingresos y egresos durante 1827 propuesto por el Secretario de El Salvador ante el organismo legislativo, comprende las siguientes entradas ordinarias.

Derechos comerciales	11.622. pesos

Papel sellado	2.167.0 1/2
Aguardiente	17.551.0 1/2
Peleas de gallos	210.2
15% sobre las capellanías	4.447.
20% sobre las cofradías	4.376.0 1/2
En favor del Banco Hipotecario (impuesto sobre el añil)	2.867.1
Diezmos amortizados sobre sumas prestadas por éste	8.819.4 3/4
Tabaco	41.285.6
Arriendo de los diezmos del añil	38.737.3 3/4
Total	132.084.1 pesos

Si se considera que el 4% sobre el comercio interior ha de producir en El Salvador mucho más que en el Estado de Guatemala, que los derechos marítimos que el gobierno federal no ha percibido en ninguno de los Estados excepto en Guatemala fueron percibidos por el gobierno salvadoreño en los puertos de Sonsonate, Libertad y Conchagua, o que debieron ser recibidos, está visto que este renglón ha producido o tenido que producir más de la suma indicada, y esto a pesar de que el comercio del Pacífico no es tan fuerte como el que se practica en los puertos atlánticos y de que la mayoría de los productos exportados por el Pacífico son de poco valor, o están completamente exentos de derechos. Según las noticias que he recibido -no se olvide que habla el holandés Haekens-, varias de las demás cifras no deben ser tampoco exactas, y probablemente no lo será ninguna de ellas.

Pero cúmpleme hacer aun otra advertencia: la última consiste en que los últimos tres rubros en rigor no debían ser tomados en cuenta. La de los diezmos es de por sí transitoria. Una vez pagado todo lo adecuado y asequible al Banco Hipotecario, esta partida dejará de existir por completo, y si el gobierno por un lado se ha apoderado de los diezmos por el otro también tiene que hacerse cargo de los gastos eclesiásticos que de lo contrario no asumiría. Como este rendimiento además ya no es, como antes lo era asunto de conciencia, irrevocablemente tendrá que seguir disminuyendo. El rubro del tabaco, por último pertenece al gobierno federal y sólo por abuso es que el gobierno del Estado lo ha disfrutado hasta ahora.

Se ve, de consiguiente, que no es factible calcular con cierta exactitud cuánto importarían los ingresos regulares en tiempos normales. Pero suponiendo que todos fueran recaudados escrupulosamente y que en cuenta fiel fuera dada de ellos al gobierno, no dudo de que (con excepción de los derechos del comercio marítimo que el gobierno federal debería recaudar), sumarían cuando menos tanto como los del Estado de Guatemala.

**

Sobre los demás Estados no tengo ningún dato fehaciente. Solamente de Nicaragua tengo un cuadro que representa el importe medio del quinquenio de 1815 a 1819. Del mismo se deduce que entonces los ingresos, sin incluir el tabaco, habían ascendido a

y restando los tributos	68.723 pesos
	14.867
quedan	52.856 pesos

Si este producto no ha aumentado ya de manera efectiva, tendrá que hacerlo irremisiblemente en cuanto se restablezca el orden público, a causa de la mayor prosperidad que habrá de ser uno de los frutos de la independencia.

La aduana de Granada ha producido:

En 1826	12.121.2	pesos
En 1827	12.532.3	
En 1828	7,227.1	
En 1829	16.153.2 1/2	

En el supuesto que se conserve el actual régimen financiero y que se cobren con razonable esmero los derechos e impuestos vigentes, el siguiente cálculo aproximado parece no alejarse mucho de la realidad:

**

INGRESOS FEDERALES

Derechos sobre el comercio marítimo:

De la Capital	200.000 pesos
De Omoa y Trujillo	100.000
Del Estado de El Salvador	50.000
De Nicaragua	40.000
De Costa Rica	20.000
Total	410.000 pesos

Monopolio del tabaco, según cálculo de la Asamblea Constituyente	263.359.4
Pólvora, según cálculo de la Asamblea Constituyente	8.000
Total	681,359,4 pesos

INGRESOS DE LOS ESTADOS

Guatemala	100.000 pesos
El Salvador	100.000
Nicaragua	60.000
Honduras y Costa Rica	70.000

Total de los ingresos federales y de los ingresos de los Estados:

1,011.359.4 pesos

***

Además del empréstito negociado en Inglaterra, la República tiene aun una deuda muerta, proveniente de la época española, de unos.

2,500,000 pesos

EL EJÉRCITO

Es inútil hablar ahora de la fuerza del Ejército. Las dos partes que se enfrentaron durante la guerra civil han sufrido cambios diarios, debido a incesantes deserciones y constantes reclutamientos. Hablando en términos generales, podríamos suponer que en toda la República, estaban sobre las armas unos 8,000 hombres. Estos van descalzos, visten chaquetas y pantalones blancos de algodón o lino, (rara vez uniforme) y están provistos de mal conservados fusiles, siempre dotados de sus bayonetas. En virtud de sus pocas necesidades estas tropas son, sin embargo, adecuadas para prolongadas campañas en estos países y mucho más idóneas que las europeas, que se diezmarían debido a carencia de recursos adecuados y fatiga por el clima.

(Jacobo Haekens, holandés, autor de "Viaje a Guatemala y Centro América", Editorial Universitaria, Vol. Núm. 63, Universidad de San Carlos de Guatemala, 1969).

***

Hay otro punto que entra en la desintegración política de Centro América, y es la agresión británica resumida así por un autor inglés:

"La suma de nuestras adquisiciones en Centro América, excluyendo las pequeñas islas de Roatán y del Tigre, es de 66,600 millas cuadradas, o 38,784,000 áreas en que nosotros tenemos una autoridad sin oposición, siendo casi la tercera parte de Centro América, igual a dos terceras partes del área de la Gran Bretaña(1). Los pormenores de las diversas desavenencias de los Estados (centroamericanos: aclaración nuestra), no son de ningún interés. No hubo más que puras personalidades y celos entre sí, y los sucesos más importantes fueron la liga que tuvo Honduras con El Salvador contra Nicaragua, y la invasión que hizo Malespín a este país en 1844. Concluida esta guerra, Nicaragua permaneció en paz, no habiendo tenido más inquietud que una local insurrección promovida por un hombre que le decían el "indio Chelón", que pronto se sofocó, hasta la toma de San Juan por los ingleses en 1848.

Cuando Mr. Hise fue a Guatemala en 1848, como Encargado de negocios de los Estados Unidos, llevó instrucciones para manifestar a los de Centro América "que la política del gobierno americano era de no intervenir en los negocios de ellos; pero que deseaba vivamente que la federación de Centro América se restableciera, a cuyo fin los excitaba". Las mismas instrucciones se dieron a su sucesor que llegó a Nicaragua en 1848, el cual hizo presente los deseos de los Estados Unidos, y el resultado fue que otra vez se reuniera una nueva convención de representantes de Honduras, Nicaragua y San Salvador, bajo el título de "representación nacional". El pacto que se celebró fue bastante simple, y en él se invitaba a Costa Rica y Guatemala a que concurriesen a la unión. Solamente los primeros Estados lo aceptaron, y el 9 de enero de 1851 se reunió la representación nacional, siendo nombrado presidente de ella don José Barrundia. Con este motivo La Gaceta de Nicaragua exclamó: "Después de diez años de devastación, renace en Centro América la esperanza de la paz y de la prosperidad. Que Dios y la experiencia de lo pasado nos guíen en nuestra futura carrera con sabiduría, siguiendo el ejemplo que nos ofrece la gran república de Norte América".

(Crow's in Central América, pág. 220. Todo así fue; pero respecto a la isla del Tigre Crow se equivoca, porque dos meses después de tomada, tuvieron que evacuarla los ingleses al sospechar que se les venía encima el peso de la Doctrina Monroe).

LEYES AGRARIAS

Las leyes agrarias que se insertan son de Guatemala. Pero eran iguales las de Honduras dadas en tiempo de don Joaquín Rivera, que no imitaban a aquellas sino que respondían al mismo propósito; multiplicar los propietarios de tierras, llenar el vacío inmenso de las tierras nacionales y hacer que floreciera el campo con granjeros capitalistas modernos, que dejaran atrás a los hacendados feudales aferrados a la esclavitud indígena y a las comunidades de los nativos que gracias producían maíz y frijoles en cantidad limitadas para alimentar a medias a los pobladores de las rancherías.

NÚMERO 379, LEY 2a.

Decreto de la Asamblea Legislativa, de 26 de agosto de 1829, previniendo reducir a propiedad particular las tierras baldías, que expresa, con otras disposiciones análogas. (125).

ARTÍCULO 1°.-Todas las tierras baldías cuyo dominio no haya sido antes transferido a persona alguna, o que habiéndolo sido han ·vuelto al del Estado, se reducirán a propiedad particular.

ARTÍCULO 2°.-Se exceptúan de esta regla las tierras de ejidos y pastos comunes de las ciudades, villas y pueblos, sobre que continuarán observándose las que actualmente rigen en el particular.

ARTÍCULO 3°.-De cualquier modo que se rematen las tierras baldías será en plena propiedad; pero si pasado el término de dos años, desde el remate, aún las tuvieren incultas, o sin uso, se rematarán en otras personas, devolviéndose al primer dueño la cantidad en que se le remataron.

ARTÍCULO 4°.-Los que actualmente se hallen en posesión de tierras baldías con casa o labranzas en ellas, serán preferidos en las ventas en concurrencia de otro postor, siempre que paguen el mismo precio ofrecido por éste.

ARTÍCULO 5°.-Los que por justa prescripción poseyeren tierras baldías desde tiempo inmemorial, deberán ocurrir dentro del perentorio término de seis meses después de la publicación de esta ley, a sacar sus títulos de propiedad; debiendo, si no lo hicieren volver al dominio del Estado las expresadas tierras, aunque estén pobladas o cultivadas.

ARTÍCULO 6°.-Los que denuncien tierras baldías, para comprarlas ocurrirán al Jefe del departamento en que se hallen situadas, manifestando su localidad, y que no pertenecen en dominio y propiedad a ninguna otra persona.

ARTÍCULO 7°.-El Jefe departamental luego que le sea denunciado un terreno, dispondrá que con término perentorio de ocho días, se pongan cedulones de aviso, en todos los pueblos inmediatos, para que concurran los que se crean con derecho a él.

ARTÍCULO 8°.-Si pasado el término, no resultare oposición de ningún vecino, el Jefe departamental comisionará al agrimensor del distrito si lo hubiere, y en su defecto a cualquiera otro que esté titulado; éste practicará la mensura citando previamente a los colindantes, y concluida dará cuenta con las diligencias al Jefe, acompañando el informe y mapa correspondiente.

ARTÍCULO 9°.-Concluido el expediente de medidas el Jefe mandará fijar nuevos cedulones por el perentorio término de nueve días y pregonar las tierras, en la cabecera del distrito por si resultaren postores, y concluidos se rematará en el mejor postor dando cuenta a la Intendencia de hacienda para el entero, aprobación y libramiento del título, y ningún remate podrá pasar de cinco caballerías; pero podrán adjudicarse en diversos hasta veinte a un mismo postor.

ARTÍCULO 10.-El precio de cada caballería de tierra será el de doce reales, y se admitirán pujas, prefiriendo a los que no tengan tierras, siempre que se allanen a pagar el tanto ofrecido por el concurrente.

ARTÍCULO 11.-Igualmente serán preferidos en las baldías y las tendrán sin costo alguno las comunidades de los pueblos que no tengan ejidos, o que teniéndolos, no basten para los usos comunes de los mismos pueblos.

ARTÍCULO 12.-Los Jefes departamentales y de distrito dispondrán que en los pueblos de sus respectivos territorios, se forme por las Municipalidades un expediente instructivo de cada uno de los terrenos baldíos, de sus términos, y de los propios y ejidos.

ARTÍCULO 13.-Este expediente comprenderá los puntos siguientes:

1°. Constancia del derecho que el pueblo pueda tener a cada terreno por compra, adjudicación, posesión u otro título, o el que pueda tener algún particular; de suerte que el mismo expediente produzca la prueba de que es o no del terreno baldío.

2°. Su ubicación, extensión, límites o amojonamiento.

3º. Su uso, calidad, utilidades, valor en venta, cargas y servidumbres.

4º. Su producto si fuese de ejidos o de propios expresando el canon que pagan los de esta clase, que estén dados a censo enfitéutico, o en arrendamiento por determinado tiempo.

ARTÍCULO 14.-Cuando estos expedientes estén concluidos con respecto a los terrenos baldíos y a los propios y ejidos de cada pueblo, se remitirán al Jefe departamental por las Municipalidades, para que éste los pase al Gobierno, pero por su falta no dejarán de admitirse las denuncias de tierras, sino que correrán estas solicitudes los mismos términos que esta ley prescribe.

ARTÍCULO 15.-El Gobierno dispondrá, bajo la más estrecha responsabilidad la formación de estos expedientes, y se le faculta para comisionar sujetos de su confianza que los formen en aquellos pueblos, cuyas Municipalidades que por no tener los conocimientos necesarios necesiten del auxilio de los inteligentes.

ARTÍCULO 16.-Se reserva el Estado la tercera parte de aquellos terrenos baldíos más inmediatos a las costas de uno y otro océano y en lo interior para las colonizaciones y población, para cumplimiento del decreto de la Asamblea Nacional Constituyente, de 22 de enero de 1824.

ARTÍCULO 17.-Con arreglo al mismo decreto, se darán igualmente terrenos a los extranjeros que vengan a domiciliarse en el estado; y en este caso la asignación será sin costo alguno para los colonos.

ARTÍCULO 18.-Quedan en su fuerza y vigor las leyes y disposiciones que arreglan la distribución de terrenos de ejidos a censo enfitéutico con el reconocimiento de cierto canon que no podrá pasar del dos por ciento del valor del capital que se les graduare, cuando se adjudiquen a vecinos no propietarios o particulares pudientes, debiendo disfrutar de los ejidos sin pagar canon alguno todos los vecinos de los pueblos.

ARTÍCULO 19.-El producto de este canon, continuará siendo un ramo de los fondos públicos, o de propios de cada pueblo, cuidando el Jefe departamental respectivo de que las Municipalidades lleven una cuenta exacta de este ingreso para rendirla anualmente, vigilando bajo su responsabilidad que los alcaldes no se aprovechen de los arrendamientos de ejidos en perjuicio de los fondos municipales.

ARTÍCULO 20.-Cuando las Municipalidades den alguna parte de sus ejidos a censo enfitéutico, cuidarán de que no falten tierras para los usos comunes de los mismos pueblos, así para sus sementeras y labranzas, como para el pasto de toda clase de ganados.

ARTÍCULO 21.-En aquellos pueblos que no teniendo los ejidos necesarios para los usos comunes, y en cuyas inmediaciones tampoco haya tierras baldías que se les puedan proporcionar por ser todas de propiedad particular o de ejidos de otros pueblos colindantes, instruirán expedientes las Municipalidades en que se justifique la escasez de sus ejidos, la falta de baldíos en sus cercanías y el exceso si lo hubiese de los ejidos de sus pueblos colindantes, y remitirán estos expedientes al Jefe departamental para que oyendo el informe de la Municipalidad, o Municipalidades del pueblo o pueblos vecinos, y resultando de estos informes, y de las justificaciones que se tenga por conveniente recibir que con proporción a la población y usos de las tierras, tienen algunos pueblos terrenos sobrantes que no les son necesarios; se den los precisos al pueblo que le falten para extender los suyos, también en proporción a sus necesidades, previos reconocimientos y mensuras y evitando todo litigio y que se promuevan desavenencias entre uno y otro pueblo.

ARTÍCULO 22.-Si los terrenos que linden o estén cercanos al pueblo que no tiene ejidos o que teniéndolos no basten para sus usos comunes, pertenecieren a cofradías o capellanías perdidas cuyos capitales ya no existan, ni estén reconocidos por algún particular, o corporación, ni subsistan los objetos con que se fundaron, ni el capellán o familia en cuyo favor se vincularon, ni se hayan pagado en muchos años réditos como vacantes habiendo prescrito por algunas de las causas que expresan las leyes, se tendrán dichos terrenos por baldíos, no estando poseídos por propietarios que reconozcan el capital, o el fondo; y de ellos se darán con toda preferencia ejidos al pueblo que los necesite; pero se fijarán cedulones de aviso en los pueblos vecinos para la adjudicación, citándose a los colindantes; para el deslinde y amojonamiento. Y si apareciere alguno probando derecho al terreno de cofradía, o capellanía perdida y que no lo tenga cultivado ni lo posea, las Municipalidades contratarán con el reglamento la redención del capital, o su reconocimiento por los propios y arbitrios del pueblo, o se compondrán con él, sujetando contrato a la aprobación del Jefe departamental que dará cuenta de ellos al Gobierno.

ARTÍCULO 23.-No teniendo ejidos sobrantes los pueblos colindan con aquel a quien le faltan, ni habiendo en sus inmediaciones terrenos baldíos, ni de cofradías, o capellanías perdidas por pertenecer todos los cercanos a propiedad de persona o Corporación, las Municipalidades respectivas lo representarán a los Jefes departamentales; y estos contratarán con los propietarios, darles terrenos baldíos en otros puntos, ya sea en proporción de la parte que ceden, ya en extensión mayor de la que dan en cambio, o en igual proporción pero con alguna ventaja, o compensación pecuniaria que gravará siempre sobre los fondos particulares del pueblo, y con la contrata dará cuenta al Gobierno para su aprobación.

ARTÍCULO 24.-Si los propietarios o Corporaciones se negaren a cambiar sus tierras, o la parte que de ellas se necesiten, no obstante cualquiera ventaja que se les proponga con mejor terreno, o cambio; el Gobierno con vista del expediente instruido no podrá tomar su propiedad, ni turbarle en la posesión, uso y aprovechamiento de ella, sin que conste suficientemente la necesidad y conocida utilidad común, y que no puede ser remediada de otra manera; oyendo para declararlo así, el dictamen del consejo, indemnizando inmediatamente al propietario con el buen cambio, a juicio de hombres buenos, el terreno que se les haya tomado.

ARTÍCULO 25.-Todos los vecinos de los pueblos respectivos disfrutarán sin distinción alguna de los ejidos y terrenos de propios, sin que se les exija arrendamiento, cualesquiera que sean las leyes y disposiciones anteriores en favor de alguna clase de ciudadanos.

ARTÍCULO 26.-No podrán los propietarios de tierras exigir en adelante de los arrendatarios los ocho reales de licencia que acostumbraban pedirles, gallinas, frutos ni los seis días de trabajo gratuito que deben prestar en el año y solamente podrán exigir el canon que se les imponga en razón de arrendamiento.

ARTÍCULO 27.-A los que denuncien tierras baldías rematadas en labradores pobres, se les admitirá el pago por cuartas partes en los cuatro años sucesivos, previa justificación de que son notoriamente pobres, excluyéndose de esta gracia los que no lo sean.

ARTÍCULO 28.-Se prohíbe a los agrimensores que en lo sucesivo puedan pedir avíos, alimentos, ni gratificación alguna de los que soliciten medidas, debiendo pagarlo todo de la dieta que conforme a arancel les está detallada por los días de rigorosa ocupación, ni hospedarse en las casas de los interesados en las medidas.

ARTÍCULO 29.-Los que tengan haciendas de ganado en contacto con los ejidos de los pueblos cuyas sementeras puedan ser perjudicadas por los ganados, cercarán sus tierras para excusar las reclamaciones de los labradores.

ARTÍCULO 30.-Si, no obstante lo prevenido en el artículo anterior, los ganados perjudicaren las sementeras; será multado el hacendado por primera vez en diez pesos y por la segunda en veinte, pagando además el daño reclamado, previa la justificación de haber causado tal perjuicio.

ARTÍCULO 31.-Si el hacendado probare que maliciosamente introdujo el labrador el ganado en su siembra, a más de satisfacer el daño, será multado en los mismo términos, y si fuere pobre se le condenará a dos meses de servicio en obras públicas.

ARTÍCULO 32.-Queda revocada la ley del 19 de enero de 1829, en la parte que contraríe a la presente.

NÚMERO 380 LEY 3a.

Decreto del Gobierno, del 30 de noviembre de 1831, sobre remates de tierras baldías.

1o.-Los jefes departamentales tan luego como les sea comunicado el presente decreto, pondrán en activo curso los expedientes sobre denuncias de terrenos baldíos, ya se hayan o no medido, a fin de que sean puestos en subasta pública y se verifiquen los remates por el todo del área del terreno y no de cinco en cinco caballerías como estaba dispuesto en el artículo noveno de la ley de 27 de julio del año de 1829.

2o.-Todo aquél a quien se remate cualquier terreno en virtud de la disposición del artículo anterior, o aquellos a quienes antes de ahora se les haya rematado y no hayan ocurrido a sacar su título, lo verificarán dentro de treinta días contados desde la publicación de este decreto en la cabecera del respectivo distrito, presentándose a la Intendencia de hacienda. En caso contrario perderán los gastos de las mensuras y cualquier otro derecho que hayan adquirido sobre los expresados terrenos, debiendo en consecuencia volver éstos al dominio del Estado.

NÚMERO 381 LEY 4a.

Decreto del Gobierno del 20 de septiembre de 1833, reglamentando la ejecución del decreto que expresa sobre tierras.

CAPÍTULO I
DE LA MATRÍCULA
Reglamento para la ejecución del decreto de 15 de julio de 1832. (126).

ARTÍCULO 1°.-Los Jefes departamentales abrirán un registro con este título: Libro de matrículas de tierras del departamento de que tendrán tantas separaciones cuantos distritos haya en el departamento; y en él asentarán con la mayor claridad el número de caballerías de tierra que haya en sus respectivos territorios reducidas a propiedad de particulares, o de los pueblos, villas y ciudades de su jurisdicción.

ARTÍCULO 2°.-A este efecto tomarán providencias para que en los meses que faltan del corriente año, se presenten los dueños de tierras o en su falta los poseedores, a manifestar el número de caballerías que poseen, con el título o documento que acredite su derecho, para deducir de él los linderos expresando con distinción los nombres de los terrenos colindantes y el del dueño si lo tuvieren, o si son baldíos; los ramos de agricultura o industria que estén planteados en ellas, y los ríos, montes y productos naturales que se encuentren en su comprensión; dirá además su nombre y el del pueblo de su domicilio, y de todo esto se entenderá una razón en el libro de registro que firmarán el Jefe, su secretario y el matriculante, conforme el modelo adjunto número 1.

ARTÍCULO 3º.-Las providencias indicadas en el artículo anterior, podrán reducirse a que los Jefes, luego que reciban este reglamento, prevengan a todos las municipalidades del territorio de su mando, den aviso a los poseedores de tierras que hayan avecindados en sus pueblos, de que deben ocurrir en este año, por si o por su apoderado a matricularse ante el jefe departamental respectivo; quien además oficiará a los padres curas, suplicándoles que en los días festivos de concurso de sus feligreses o la iglesia les hagan entender que la contribución territorial va a satisfacer los gastos piadosos a que estaba destinada la de diezmos y que para realizarla es preciso ocurran a matricular sus tierras, explicándoles cual es esta operación y las penas en que incurrirán, según el artículo 7, de la ley de 15 de julio citada, si no lo verificasen en los meses que faltan del presente año.

ARTÍCULO 4º.-Las Municipalidades nombrarán entre sus individuos o en el vecindario persona que reúna los datos precisos, para que a nombre del pueblo matricule las tierras que pertenezcan a este por razón de ejidos; y si a más de estas tuvieren otras compradas, las matricularán también con la misma distinción pues son obligadas, tengan o no fondos, como los particulares, a pagar contribución de cuatro reales por cada caballería de estas tierras compradas, ya sea por el común o por alguna parcialidad o cofradía.

ARTÍCULO 5º.-Los apoderados de las Municipalidades en el acto de la matrícula, expresarán si éstas tienen o no fondos, y en caso de no tenerlos, lo harán constar, comprobando su aserto con información seguida al efecto con citación de los administradores de rentas o sus comisarios. Los Jefes departamentales en vista de estas pruebas, decidirán si los pueblos a que estos apoderados pertenecen, son o no comprendidos en la contribución territorial por sus ejidos; expresando su fallo al fin de la partida; y si fuere éste afirmativo, sacarán al margen esta nota: Contribuyentes, según el modelo número 2.

ARTÍCULO 6º.-Los Jefes departamentales dentro de cuarenta horas a más tardar de habérseles presentado a matricular sus tierras los dueños o poseedores de ellas o los apoderados de los pueblos, deberán darles un documento en que conste el número de la razón tomada en el libro, el de la foja en que se registre y el de las caballerías matriculadas, con la fecha en que se haya hecho y firmado por el mismo jefe para resguardo del matriculante.

ARTÍCULO 7º.-El registro deberá llevarse tanto en los gobiernos departamentales como en la Contaduría mayor, en un libro formal, dejándole competente margen para escribir en él las notas que se ofrecieren, conforme las tierras de que habla vayan mudando de manos por herencia, venta o donación que se haga del todo o de parte de ellas.

ARTÍCULO 8º.-Los que según los artículos segundo, cuarto y quinto deban ocurrir a asentar el número de caballerías que posean en el registro del departamento donde estuvieren sus tierras situadas y no le hicieren en este año, incurrirán en la multa del artículo 7º. de la citada ley. Mas si en esta emisión incurrieren las Municipalidades, que por no tener fondos fueren exoneradas de la contribución, sólo sufrirán sus individuos la multa de dos pesos cada uno, obligándoseles además a matricular sus ejidos y a probar su falta de fondos. El Jefe departamental hará sobre esto indagaciones y aun podrá nombrar peritos que salgan a reconocer los terrenos, a medirlos y a obligar a sus dueños a matricularlos. Estas providencias sólo podrá tomarlas del mes de enero próximo en adelante; y desde entonces cuantos particulares matriculen sus tierras, sea voluntariamente o compelidos, ya pagarán la contribución y una multa igual al duplo de la misma contribución que les corresponda. Los Municipios satisfarán dos pesos cada uno, de su propio peculio y no de los fondos.

ARTÍCULO 9º.-La remedida podrá también ser mandada por el Jefe departamental, siempre que le conste por dos declaraciones juradas, o por algún otro documento fidedigno, que el matriculante ha ocultado fraudulentamente en el registro, algún número de caballerías de tierra de las que posee. Averiguada la ocultación pagará el que la hubiere hecho, a más de la contribución, una multa igual al duplo de la contribución que le corresponda, por cada caballería de las que hubiere ocultado y además los gastos de la remedida; quedándole, sin embargo su derecho a salvo, para probar sus excepciones y aun para repetir contra el remedador por ignorancia o malicia.

ARTÍCULO 10.-No se entiende que oculta fraudulentamente, ni puede ser molestado con remedida, el que presenta los títulos con que posee; aunque por motivo de la mala medida resulte haber más tierra en su posesión que la expresada en aquellos documentos. Tampoco está obligado a pagar por todo el número de caballerías pues rezan sus títulos, sino sólo de aquellas de que esté en posesión, ya las tenga eriales, cultivadas por sí mismo o dadas en arrendamiento.

ARTÍCULO 11.-Si antes de que se concluya este año ocurrieren los dueños o poseedores de tierras ante el Jefe departamental respectivo, alegando algún motivo razonable para no poder matricular en el término designado toda o alguna parte de su terreno, el Jefe departamental en vista de lo alegado, de que tomará razón por escrito para asegurar sus providencias ulteriores, les designará otro plazo, que hará constar en la razón escrita de que acaba de hablarse, la que firmaráel interesado. Si aún esto no bastare y se dejare correr este nuevo término sin matricular las tierras, después de dos meses de concluido, las declarará baldías el Jefe departamental.

ARTÍCULO 12.-De los títulos que se libren de hoy en adelante, reduciendo a propiedad particular tierras baldías pasará el escribano que la autorice a la Contaduría mayor y al Jefe del Departamento donde estén situadas una razón circunstanciada del número de caballerías que comprenda y de sus linderos, con expresión del nombre del propietario, del pueblo donde tenga su domicilio y de la fecha del título; dejando en él constancia de haber dado estas noticias. La omisión de este deber hace responsable al escribano por cantidad igual a la que se deje de pagar; mas no desobliga al dueño del terreno de satisfacer cuando se averigüe toda la cantidad que haya dejado de pagar desde que tomó posesión de las tierras baldías.

ARTÍCULO 13.-Todo el que en lo sucesivo suceda a otros en tierras por cualquier título que sea, ocurrirá inmediatamente al Jefe del Departamento donde estén aquellas matrículas a poner en su noticia que han pasado a su dominio, con el fin de que se anote la partida correspondiente y se le dé una certificación de esto para su resguardo.

ARTÍCULO 14.-Igual obligación tendrá el que venda o done el todo o parte de sus tierras matriculadas; y hasta después de estar anotada la partida con citación del sucesor, quedará libre el primer dueño del pago de la contribución que corresponde a las tierras enajenadas.

ARTÍCULO 15.-Los jefes departamentales conforme vayan matriculando las tierras, sacarán por duplicado certificaciones de las partidas del libro, y transcribiéndolas íntegras en forma de testimonio, las remitirán una al Intendente y otra a la junta del culto y beneficencia. Lo mismo hará con las notas de que hablan los artículos anteriores para que la Intendencia disponga se transcriban al lugar que les corresponda en el respectivo libro de matrículas y que originales obren en la Dirección general de rentas las que reciban de los escribanos las archivarán después de haberlas escrito íntegramente en la respectiva separación del libro de matrículas.

ARTÍCULO 16.-Residiendo la Intendencia en el Gobierno, éste hará pasar las certificaciones a la Contaduría mayor, con prevención de que se lleve un libro titulado de "matrículas del Estado de Guatemala", con tantas separaciones cuantos departamentos hay en el Estado, en donde deben escribirse textualmente estas certificaciones, según la separación departamental a que corresponden.

ARTÍCULO 17.-La Contaduría mayor en el mismo día que reciba las certificaciones remitidas por el Gobierno y las que deben pasarle los escribanos, las trasladará al libro citado en el artículo anterior y, con la nota de tomada razón, que firmará el contador, las pasará a la Dirección general de rentas, donde se archivarán encuadernadas y con la misma distinción de departamentos.

CAPÍTULO II

DE LA RECAUDACIÓN

ARTÍCULO 18.-El administrador director con vista de estas certificaciones mandará sacar de ellas una razón que tenga por objeto dar idea clara de la cantidad que cada administración subalterna deba producir por razón de la contribución territorial, de las personas de quienes deba cobrarse y de los lugares donde éstas residan. A cada administrador, deberá el general remitirles el tanto de esta razón que les corresponda y la orden para que verifiquen el cobro.

ARTÍCULO 19.-Este podrá hacerse del mes de enero en adelante por la mitad de la contribución; y si en mayo no hubieren satisfecho los deudores su cuota, podrá exigírseles ejecutivamente. La otra mitad se deberá hasta diciembre y en enero inmediato se podrá compeler al pago a los deudores. Si estos fueren Municipalidades, no atendiendo la reconvención del Administrador o de su comisario, éste dará parte al Jefe departamental y a la dirección de rentas, para que aquel compela a los Municipales, y ésta recabe en su caso del Gobierno las providencias que correspondan.

ARTÍCULO 20.-Los administradores por sí solos o por medio de los comisarios harán los cobros; y de lo que líquidamente ingrese en Tesorería, tendrán el seis por ciento; de que darán a los comisarios el tanto en que convengan.

ARTÍCULO 21.-Los deudores de esta contribución ya sean particulares o Municipales que no esperen ser reconvenidos y lleven su contingente a la Tesorería respectiva, harán suyo el cuatro por ciento de lo que pagaren, pudiéndolo deducir desde luego de la cantidad que enteren: en tal caso el administrador para cubrir su responsabilidad en el cargo y evitar a la hacienda un doble desembolso, sentará en la data este abono, que firmará el contribuyente que lo haya obtenido.

ARTÍCULO 22.-Los que residiendo en esta capital tengan que pagar en otro departamento por poseer tierras sitas en él, podrán enterar su contribución en la Tesorería General y ocurrir con la certificación de la partida de entero a la Administración respectiva para evitar el cobro.

ARTÍCULO 23.-Los administradores departamentales, para la cuenta y razón de esta nueva renta, llevarán un libro titulado de contribución territorial, con tantas separaciones cuantos pueblos comprenda la administración.

CAPÍTULO III

DE LA DISTRIBUCIÓN

ARTÍCULO 24.-El Administrador director formará un estado a fin de año, de los productos de esta contribución y otro de lo que corresponda haber a la iglesia Catedral y al Hospital de San Juan de Dios, deduciendo de lo que les cupo de la masa decimal a estos dos establecimientos en el año pasado de 1832. Si este contingente fuere menor de lo que resulta producido por la contribución territorial, procederá a la distribución reservando el sobrante en Tesorería; más si fuere mayor y hubiere por esto necesidad de echar mano del producto de los ramos de la hacienda, aguardará para hacerlo la orden del Gobierno. Con la cantidad que en el año de 1832 se ha dotado a los empleados en la Tesorería de diezmos se costeará en lo sucesivo la Capilla de música.

ARTÍCULO 25.-Si dentro del año solicitare a buena cuenta la iglesia Catedral o el Hospital de San Juan de Dios algunas cantidades, podrá la Dirección mandarlas dar; y a efecto de tener fondos para estas subministraciones parciales, prevendrá a los administradores subalternos remitan mensualmente lo que vayan cobrando. Si no los hubiere y pidieren nombramientos, deberá darlos la Dirección contra los administradores subalternos.

ARTÍCULO 26.-La Dirección para cumplir con el artículo 11 de la ley de 15 de julio, respecto a la preferencia con que de esta contribución debe ocurrirse al sostenimiento del culto, divino y a las atenciones del hospital, dispondrá que tanto los productos de ella como los que den las multas impuestas en la ejecución de la ley que la establece, se custodian en la Tesorería en arca separada de la que corresponde a los ingresos de los demás ramos de la hacienda pública, reservándolos para aquellos gastos solamente, y hasta que estén satisfechos podrá disponerse del sobrante que tengan.

ARTÍCULO 27.-Por medio del mayordomo de fábrica, o quien sus veces haga, se recibirá toda cantidad destinada al sostenimiento del culto, del Cabildo eclesiástico, y de cualquier otro objeto de gastos de la iglesia catedral; y su distribución se hará sin ninguna intervención de los empleados del Estado, en la clavería que hoy existe y que se arreglará como disponga el mismo cabildo.

CAPÍTULO IV

DISPOSICIONES GENERALES

ARTÍCULO 28.-La Dirección cuidará de que las fianzas de los Administradores, se ratifiquen o extiendan de nuevo con conocimiento ya de la cantidad mayor que van a administrar por razón de esta nueva renta.

ARTÍCULO 29.-Cuidará también de arreglar la cuenta y razón, los cobros, enteros y pagos de este ramo al decreto de 1°. de agosto del año próximo pasado; de manera que no se diferencie de los otros que formen la hacienda pública, sino en lo que expresamente se ha prevenido en este reglamento.

ARTÍCULO 30.-Si de los informes de la Dirección resultare ser necesario en concepto del Gobierno el aumento de manos en ella, por causa de los nuevos trabajos que motiva la contribución territorial, el que se nombre deberá ser sujeto de aptitudes conocidas y llevará exclusivamente los libros designados por la ley.

NÚMERO 382 LEY 5a.

Orden de la Asamblea Legislativa, de 9 de mayo de 1835, aprobando el proyecto del Gobierno (que expresa) para cortar las diferencias, que por tierras, existen entre varios pueblos.

La Asamblea Legislativa, informada por el Gobierno, del estado de inquietud en que se hallan algunos pueblos de los Altos por causa de los despojos de tierras que han sufrido unos de otros; y de no ser suficientes los medios judiciales que las leyes prevén para estos casos, por ser casi una décima parte de la población del Estado la comprometida, y porque aquellos pueblos los han tocado ya sin suceso por espacio de veinticinco años que ha comenzaron estas diferencias; secundando los deseos del Gobierno de darles un término, y siendo a su juicio, justos y oportunos los medios propuestos; ha tenido a bien resolver.

ARTÍCULO ÚNICO.-Es de la aprobación de la Asamblea el proyecto del Gobierno, de cortar por una medida económica las diferencias que existen entre varios pueblos de los departamentos de Totonicapán y Sololá, con motivo de propiedad o posesión de tierras, bajo las condiciones y medios propuestos por el mismo Gobierno y son los siguientes:

1°.-Se dará a cada pueblo por ejido una legua cuadrada, o treinta y ocho caballerías y dos tercias de otra.

2°.-Se le amparará del exceso que le resulte dejándosele al que acredite más antigua posesión, salvo que otro tenga más necesidad de él por razón del mayor número de habitantes, o por falta de tierras cultivables.

3°.-Los títulos de compra hecha por particulares o pueblos, serán respetados.

4°.-El Gobierno destinará un agrimensor que vaya a practicar las medidas necesarias y a amojonar de cal y canto las divisiones que se hagan.

5°.-Estas operaciones serán practicadas con la revisión del Magistrado ciudadano Juan José Flores, que irá también a hacer la repartición bajo las bases indicadas, y será quien definitivamente y sin recurso alguno resuelva todas las dudas que ocurran.

6°.-Con vista de los informes del agrimensor y del expresado juez, librará el Gobierno los títulos de tierras que quedan a cada pueblo.

7°.-El Juez o agrimensor irán auxiliados de fuerza armada a ejecutar su comisión, y todos estos gastos serán dé cuenta de los pueblos que son el objeto de esta providencia.

8°.-El que con pretexto de injusticia cometida en ella proviene en lo sucesivo las diferencias cuyo término se procura, será castigado con todo el rigor de las leyes, como perturbador de la paz pública.

9°.-El Juez hará entender a los pueblos que los mojones deben ser respetados, y que el que atentare a ellos, a más de costear su reparación, sufrirá la pena de trabajos forzados desde uno hasta dos años.

10.-Igualmente les advertirá que quedan obligados a pagar la contribución de cuatro reales por caballería de las tierras que les queden a más de sus ejidos, y también de éstas si la Municipalidad tuviese fondos.

NÚMERO 383.LEY 6a.

Orden de la Asamblea Legislativa, de 12 de abril de 1834, declarando los casos de propiedad particular de tierras que se tenían por baldías.

En consideración a la falta de publicidad que han tenido las leyes en los pueblos de indígenas antes que se publicasen en el boletín, se amparará a estos y a todos los que se hallen en el mismo caso, en la posesión de sus terrenos, si con cualesquier documentos probaren ser de su propiedad desde tiempo inmemorial; mas en lo sucesivo se tendrán por del Estado todos los que dentro de dos meses contados desde la publicación de esta declaratoria no estuvieren matriculados.

NÚMERO 384. LEY 7a.

Decreto de la Asamblea Legislativa, de 14 de agosto de 1835, declarando los casos en que los pueblos deben pagar la contribución territorial.

1°.-Los ejidos de los pueblos, en cuanto a los efectos de la ley de 15 de julio de 1832, no podrán exceder de una legua cuadrada, o lo que es lo mismo, de treinta y ocho caballerías y dos tercios de otra (127).

2°.-Los pueblos que posean compradas o bajo cualquiera otro título, mayor número de caballerías del expresado en el artículo anterior, quedan sujetos a pagar contribución territorial por el exceso, aunque acrediten no tener fondos sus respectivas Municipalidades.

3°.-La Contaduría mayor al cumplir con lo que se le previene en el artículo 17 del reglamento de matrículas, observará si las certificaciones están con arreglo a la ley, y si advirtiere que se ha exceptuado terreno por el cual se debe contribuir al Gobierno para que se enmiende, absteniéndose entre tanto de tomar razón.

4°.-Queda el Gobierno autorizado para nombrar periódicamente entre los empleados y funcionarios, uno de su confianza que visite las oficinas y revea todos los actos relativos a la contribución territorial, para que siendo informado por su medio de lo que haya corregible, provea lo conveniente al establecimiento y productos de este nuevo ramo de hacienda.

NÚMERO 385. LEY 8a.

Decreto de la Asamblea Legislativa, de 4 de septiembre de 1835, autorizando a la Municipalidad de Cuyotenango para cobrar un canon por arrendamiento de sus ejidos.

1°.-Por la presente es autorizada la Municipalidad de la villa de Cuyotenango para exigir un canon por arrendamiento de sus ejidos y será el de ocho reales anuales por cada cien cuerdas de terreno cultivado de cacao o caña de azúcar.

2°.-Las cuerdas de que habla el artículo anterior se entenderá ser de veinticuatro varas por lado, de manera que constituyan un área de 57,600 varas cuadradas, o lo que es lo mismo, un cuadro de 240 varas por lado.

3°.-Con el producto de este impuesto satisfará dicha Municipalidad lo que deba por contribución territorial, destinando el sobrante para los objetos a que están consignados los fondos Municipales.

NÚMERO 386. LEY 9a.

Decreto de la Asamblea Legislativa, de 5 de diciembre de 1835, declarando los casos en que los poseedores de terrenos no titulados pagarán la mitad de su valor, y otras disposiciones análogas.

1°.-Los que tengan antigua posesión de terrenos no titulados y no hayan ocurrido en los plazos designados en los decretos de 19 de febrero de 1825 y 27 de julio de 1829 a sacar gratis sus correspondientes títulos, podrán hacerlo aún dentro de treinta días de publicada esta ley, pagando la mitad del valor de dichos terrenos.

2º.-El valor de estos terrenos será regulado por el que hayan tenido en su venta durante los últimos años anteriores, los que se hallen en sus inmediaciones hasta la distancia de dos leguas, o por valúo de peritos nombrados por la Dirección de rentas los que no pueden ser apreciados por aquel medio.

3º.-Los que en el término expresado en el artículo 1º. no ocurran a sacar sus títulos no podrán en lo sucesivo pretender la moderada composición, sino que los baldíos serán en tal caso sacados precisamente al asta pública, ya estén dentro o fuera de los mojones.

4º.-Como el mínimo del valor de las caballerías de tierra es el de doce reales, siempre que aproximadamente pueda saberse el número de aquellas para que se pide la moderada composición, puede el Gobierno mandar enterar desde luego en la Tesorería la cantidad a que monte el adeudo sin perjuicio de la regulación o valúo; pues si por estas operaciones resultare ser mayor se entenderá a buena cuenta la cantidad enterada.

5º.-Todo el que denunciare un terreno como baldío por haber vuelto al dominio del Estado a causa de que su poseedor no ha solicitado el título, ni la moderada composición, tendrá el diez por ciento sobre el valor en venta y el derecho del tanto en el remate.

NÚMERO 387. LEY 10a.

Decreto de la Asamblea Legislativa, de 28 de abril de 1836, sobre venta de ejidos de Municipalidades, terrenos y otras fincas de cofradías (128).

1º.-Puede el Gobierno autorizar a las Municipalidades para vender sus ejidos, y los terrenos y fincas que pertenezcan a cofradías, siempre que le conste necesitar aquellas de este auxilio para edificar o reparar sus templos, casas municipales, o para construir alguna otra obra de conocida utilidad común.

2º.-Con el mismo objeto el Gobierno permitirá a los poseedores censualistas o arrendatarios por cualquier tiempo, de terrenos

Municipales, adquirir su propiedad, oblando la cantidad de su valor, que será regulado por la cuota que paguen anualmente en razón de un cinco por ciento. Mas no gozarán de este derecho los poseedores que en concepto de arrendantes o censualistas, adeuden a los fondos comunes cantidad alguna; a no ser que la paguen previamente al contrato de compra.

3°.-En aquellos lugares donde aparezca que el canon por ser ínfimo no corresponde al valor del terreno, graduado como en el artículo anterior, y que resultaría en su venta una lesión enorme a la Municipalidad, dispondrá ésta se valúe el terreno por peritos nombrados, uno por el poseedor y otro por la Municipalidad.

4°.-Los peritos para hacer sus tanteos no considerarán las mejoras hechas por el poseedor; sino únicamente calidad de las tierras, su más o menos aproximación a los mercados donde se expenden los frutos que ellas produzcan, y las demás ventajas que ofrezcan al destino que comúnmente se les diera, pudiendo, además considerar para fijar su valor el que hubieren tenido en venta, durante los últimos cinco años, las que estén en sus inmediaciones.

5°.-Los que según esta ley pretendan adquirir la propiedad de un terreno Municipal cuyo valor exceda de doscientos cincuenta pesos, pagarán el precio por cuartas partes anualmente si solicitaren esta gracia.

6°.-Los que posean terrenos de ejidos por compra hecha a los indígenas de los pueblos a que aquellos pertenecían, si les conviniere, podrán ocurrir al Gobierno por el título de propiedad, pagando al fondo que establece esta ley el diez por ciento del valor que según informe de la Municipalidad, que deben acompañar, tengan el terreno cuya propiedad soliciten.

7°.-La Municipalidad tendrá presente para fijar el valor de los terrenos Municipales que se encuentren en el caso del artículo anterior, lo dispuesto en los artículos 3°. y 4°. de esta ley.

8°.-Los poseedores de terrenos de ejidos deberán satisfacer previamente el canon que les hayan designado o designen las Municipalidades: exigirán recibo de las cantidades que paguen por censo o arrendamiento, y este será el único documento que les asegure en su posesión.

9°.-El Gobierno al dar la autorización o el permiso de que hablan los artículos anteriores, nombrará en el pueblo para donde se solicite, un ecónomo de su confianza entre los propietarios del lugar, para que reciba las sumas a que monten las ventas de ejidos, redención de censos y demás cantidades que por esta ley deben ingresar para subvenir al costo de las obras de utilidad común, y cuide de que la inversión sea precisamente en el objeto u objetos para que se haya solicitado por la Municipalidad la autorización, o haya asignado el Gobierno.

10.-Estos ecónomos remitirán anualmente sus cuentas documentadas a la contaduría mayor, conforme a la Municipalidad y Jefe departamental respectivos.

11.-En estas cuentas, serán de buena data las partidas a que se agregue la orden de autorización del Gobierno y el comprobante de efectiva inversión en el objeto para que se haya solicitado con el visto bueno de las Municipalidades; que quedan autorizadas para invertir exclusivamente en las obras de utilidad común que necesiten, previo permiso del Gobierno, los fondos que formen la venta de sus ejidos, redención de censos sobre ellos, y la moderada composición de que habla el artículo 6.

12.-Los títulos de los que comprenden terrenos de ejidos serán dados por el Gobierno, quien mandará insertar en ellos un extracto del expediente que comprenderá la solicitud Municipal si la hubo, la autorización o permiso del Gobierno, el nombramiento y valúo de los peritos, si fuese caso de haberlos, el remate y el recibo del ecónomo, del precio o parte del precio del terreno vendido, que según esta ley deba entregarse, o redención del censo, según la moderada composición el caso del artículo 6°., devolviendo el expediente a la Municipalidad de su origen.

13.-El Gobierno reglamentará la ejecución de este decreto, de manera que se asegure el fondo creado por esta ley, y su inversión en los objetos de utilidad común para que se hayan solicitado las autorizaciones o permisos.

NÚMERO 388. LEY 11a.

Decreto de la Asamblea Legislativa, de 13 de agosto de 1836, mandando reducir a propiedad particular las tierras baldías y ejidos que expresa(129).

1°.-Se reducirán a propiedad particular todas las tierras baldías que no han sido concedidas a persona alguna o que habiéndolo sido han vuelto al dominio del Estado.

2°.-Han sido fatales los términos designados en las leyes de 19 de enero de 1825, y 27 de noviembre de 1835, que señalaron plazos a los poseedores de terrenos para comprar y sacar el título de ellos.

3°.-En consecuencia se declara que el Gobierno ha podido venderlos a cualquier comprador sin consideración alguna a que los poseedores los tuviesen con casas y labranzas ni a que se encontrasen en los tremojones de tierras tituladas.

4°.-Se reducirán igualmente a propiedad particular los terrenos de ejidos en los términos y con las condiciones que proviene el decreto de 19 de marzo del presente año (130).

5°.-Los que adquieran tierras baldías será en plena propiedad.

6°.-Para esto es preciso que las denuncien con el objeto de comprarlas, lo que verificarán ante los Jefes Políticos del territorio en que se hallen situadas.

7°.-El Jefe Político luego que le sea denunciado un terreno como baldío dispondrá que por el término de ocho días se fijen cedulones de aviso en los lugares públicos de todos los pueblos inmediatos para que ocurran los que se crean con derecho a él.

8°.-Transcurrido el término expresado, se hará medir el Terreno por un Agrimensor, levantándose de él un plano topográfico. Practicada la mensura se valuará la tierra teniendo presente su fertilidad, aproximación a las costas, lagos, ríos navegables o poblados.

9°.-Doce reales será el mínimum de valor de cada caballería y cuatro pesos el máximum.

10.-Practicado lo prevenido en los artículos anteriores, y no resultando oposición ni derecho probado al terreno, declarará el Jefe Político la propiedad en favor del denunciador, y remitirá el expediente a la Intendencia para la expedición del título de que se tomarán las razones convenientes para el cobro del valor de la tierra.

11.-Este será pagado por cuartas partes en cuatro años sucesivos, y sobre el que se le diere al terreno en el valúo no se admitirán pujas.

12.-Las diligencias de estas concesiones se harán sin otro costo para el denunciante, que el del papel sellado, dietas del agrimensor, derechos del título y honorario del revisor; no pudiendo cobrarlos de ninguna clase autoridad alguna o funcionario.

13.-Entre un denunciante de terreno que no tenga tierra alguna para sus labranzas y crías, y otro que posea terrenos, será preferido el primero que no los tiene. Pero entre dos propietarios de tierras que denuncien una misma área, será preferido el que la tengan más contigua a su tierra, si las denuncias fuesen hechas al mismo tiempo; pero si no, se preferirá al que haya denunciado primero.

14.-No podrá el Gobierno en lo sucesivo conceder terrenos para ejidos, ni a los pueblos ya fundados ni a los que en adelante se fundaren; sin embargo las solicitudes pendientes actualmente sobre este particular no quedan comprendidas en esta disposición y el Gobierno las resolverá con arreglo a las leyes existentes.

15.-Mientras se enajenan los terrenos de ejidos como está prevenido, quedan en vigor las disposiciones que arreglan su distribución a censo enfitéutico, con el reconocimiento de cierto canon que no podrá exceder del dos por ciento del valor del capital que se les graduare si se adjudican a vecinos no propietarios ni del tres si se conceden a los que lo sean o a particulares de facultades.

16.-El producto de este canon corresponde a los fondos comunes de cada pueblo.

17.-Las Municipalidades al conceder terrenos de ejidos o censo enfitéutico tendrán presente las circunstancias de los que lo soliciten y preferirán al que no tenga alguno.

18-Si dos o más propietarios territoriales, o dos o más personas que no lo sean solicitaren un mismo terreno, se concederá en iguales porciones a los solicitantes; pero si el terreno por su corta extensión o por otra circunstancia; no admitiere alguna división cómoda, se ocurrirá a la suerte y lo que ella decida será terminante.

19.-Es común a todos los vecinos de los pueblos el goce de los ejidos o terrenos de propios; y a este efecto las Municipalidades acordarán anualmente y publicarán por bando la manera de hacer uso de los ejidos dividiéndolos para las siembras y para la crianza y repasto y fijando el día en que deben estar abiertos los rastrojos para que entren a pastar los ganados.

20.-En consecuencia podrán en ellos hacer sementeras y pastar o criar ganados.

21.-Las sementeras hechas en los mismos terrenos deberán cercarse de una manera fuerte.

22.-Si a pesar de esto los ganados de cualquier clase se introdujeren en la sementera, el propietario queda autorizado para tomarlos y presentarlos a la autoridad, la que sumariamente y por juicio de peritos mandará pagar los daños y perjuicios.

23.-Las mismas reglas se observarán respecto a las sementeras que se hallen en terrenos de particulares, aunque no estén cercadas, siempre que las plantaciones se encuentren a un cuarto de legua por lo menos distantes de los caminos públicos, o que estando más inmediatas las mantenga bien cercadas el propietario.

24.-A ningún dueño de ganado mayor es permitido poner más número de cabezas que el de veinticinco por cada caballería que posea, a no ser que su propiedad territorial esté bien cercada o haya celebrado convenio alguno con sus vecinos.

25.-Si ni uno ni otro hubiere, los mismos vecinos tienen derecho para exigir el arrendamiento del que conserva más ganado que el que la ley permite poner en cada caballería en el caso de que se paste en los terrenos del que reclama.

26.-Comprobado sumariamente ante los alcaldes que alguno tiene más número de caballerías que el de veinticinco por cada caballería de las que posee, se le prevendrá que las distribuciones hasta la cantidad permitida, y si no lo verificare dentro de quince días, se le impondrá y exigirá económicamente una multa que no baje de diez pesos ni exceda de ciento.

27.-Por la reincidencia se duplicará la pena, de manera que no bajará de veinte pesos ni subirá de doscientos, y así progresivamente.

28.-En los terrenos de ejidos tampoco se podrá poner más número de cabezas que el que la ley permite en cada caballería.

29.-Para calcular el terreno destinado a la crianza o pasto de ganados, ya sea el mismo terreno del común o propiedad particular, se deducirá la parte de el que esté ocupada con sementeras y en la misma proporción disminuirá el número de cabezas que pueden tenerse.

30.-Los agrimensores no gozarán de otra gratificación o dieta, que de tres pesos por día de los de rigorosa ocupación; en consecuencia no les es permitido pedir avíos, alimentos ni honorarios por pretexto alguno; debiendo procurarse todo lo que necesiten con la cantidad que esta ley les asigna.

31.-Las que hubieren llevado por la medida, las fijarán previamente en el expediente, expresando si las tienen ya recibidas.

32.-El Gobierno recogerá su título al agrimensor a quien se compruebe que ha obrado en contravención de los artículos anteriores.

33.-Quedan derogadas las leyes de 19 de enero de 1825, de 27 de julio de 1829, de 9 de junio de 1830, y 17 de noviembre de 1835.

NÚMERO 389. LEY 12a.

Decreto de la Asamblea Legislativa de 14 de agosto de 1837, sobre concesión de terrenos.

La Asamblea habiendo tomado en consideración la consulta del Gobierno, sobre las concesiones de terrenos hechas a varios pueblos de los departamentos de Sololá y Totonicapán, en consecuencia de la orden número 52 de 27 de abril de 1835, deberían entenderse gratis o satisfacer a la hacienda pública el valor de dichos terrenos oído lo que en el particular informó una comisión de su seno, y teniendo presente las exigencias del erario público; se sirvió resolver.

"Que las concesiones de terreno hechas en virtud de la orden citada de 27 de abril de 1835, no deben entenderse gratis".

NÚMERO 390. LEY 13a.

Decreto del Gobierno, de 2 de noviembre de 1837, declarando baldíos los terrenos que expresa y otras disposiciones análogas. (131).

El Jefe del Estado de Guatemala considerando: que las leyes que existen sobre propiedad, posesión y amparo de tierras son causa de descontento de los pueblos y particulares, por la inseguridad en que se halla. Habida consideración a que la falta de títulos y documentos procede de la pérdida y extravío de muchos archivos. Autorizado por la Asamblea Legislativa en su reunión extraordinaria de junio próximo pasado y repetida la misma autorización en las sesiones ordinarias de agosto último; ha tenido a bien emitir el siguiente decreto:

1°.-Son terrenos baldíos los que antes se llamaban realengos, y no están enajenados a personas particulares, pueblos y corporaciones; y su dominio y propiedad pertenece al Estado.

2°.-Los pueblos se reputa que tienen siempre un ejido que comprenda una legua cuadrada que antes se llamaba de resguardo, y les fue concedida por la ley 8ª. título 3°. libro 6°. de la república de Indias. Este ejido ha de estimarse que tiene en el centro el pueblo a quien pertenece; pero si por la posición en que se hallare, a la orilla de una barranca, serranía infructuosa, o por estar inmediato a otro pueblo, o a la hacienda titulada de un particular, no pudiere extenderse a todos rumbos, se reputará que el ejido se extiende hacia los otros rumbos de tierra útil. Y si no la hubiese en su inmediación, podrá elegir otros terrenos de los baldíos que no pertenezcan a dominio particular, contando siempre que todo su ejido sólo ha de comprender una legua cuadrada. Además del ejido pueden los pueblos tener los terrenos que acrediten haber comprobado a la hacienda pública, según las reglas comunes con que compran los particulares; y el modo de acreditarlo será, o con los títulos que tengan, o con la posesión de treinta años atrás, contados desde esta fecha, sin pleito ni contradicción; o por autos de amparo proveídos por juez competente y no reclamados por parte legítima; o por sentencias de tribunal de justicia en juicio contradictorio. Y probándolo así se les reputará por verdaderos dueños, como dispone la ley 9ª. título 3°. libro 6°. de la misma Recopilación. Las Municipalidades dispondrán de sus terrenos como tengan por conveniente, ya dividiéndolos para la cría de repasto, ya arrendándolos o concediéndolos a censo o de cualquier otra manera.

3°.-Los vecinos particulares se reputan dueños propietarios de los terrenos que acrediten haber comprado ellos o sus causantes a la hacienda pública; y el modo de acreditarlo será, o con los títulos mismos librados por autoridad competente, y las escrituras de venta de unos poseedores a otras o testimonios de las particiones si los hubiesen adquirido por herencia, o también por la posesión plena y pacífica de treinta años atrás contados desde esta fecha, sin pleito ni contradicción; o por autos de amparo proveídos por juez competente, y no reclamados por parte legítima o por sentencias de tribunal de justicia en juicio contradictorio. En concurrencia del título y de los recados de posesión prefiere aquél; a no ser que ésta sea de treinta años, con los requisitos que la ley exige para la prescripción.

4°.-Para comprar un baldío a la hacienda pública se presentará el que lo solicite a la autoridad local denunciándolo como baldío y declarando si está poseído de hecho por alguna persona, o reputado pertenecerle y demarcándolo por sus líderes más notorios con expresión de la cabida que prudencialmente pueda tener y calidad de la tierras, si es para labranza o crianza, ofreciendo información, a cuyo tenor la autoridad local recibirá declaración de cinco o tres testigos que digan si el terreno es baldío y en que lo fundan; si alguno lo posee o pretende poseerlo, y el valor en que estiman cada caballería se pondrá un cartel en las puertas de la Municipalidad ú otro lugar público, anunciando la persona que denuncia dicho terreno, para que llegue a noticia de la que se crea con derecho a él. En el caso que alguna diga tenerlo, lo manifestará por escrito a la autoridad local, o verbalmente si así lo estimase; en cuyo caso se pondrá razón en el expediente con especificación del título o motivo en que lo funde. Si el que denuncie el terreno lo hubiese estado poseyendo de hecho por tiempo de menos de treinta años y más de diez, podrá pedir se le admita a moderada composición, que es por la mitad del valor que se hubiese regulado por los testigos, y perito que se nombrará después; y de la misma manera, si el que poseyere de hecho el terreno lo hubiese poseído por menos de treinta y más de diez contados desde esta fecha, se admitirá a la misma moderada composición. Y estando así instruido el expediente lo remitirá la autoridad local al Gobierno con citación de las partes, para que si no hubiere contradicción, mande proceder al remate, o prevenga lo conveniente; y habiéndola, mande que las partes acudan a la autoridad judicial contenciosa.

5°.-Siempre que haya probabilidad de que el terreno es baldío y pertenece a la hacienda pública, se seguirá la instancia ante la autoridad judicial con audiencia del Fiscal que es parte por ella; pero cuando hubiere pleito de vecinos particulares, entre sí, aunque sea sobre tierras, nada tendrá que hacer el Fiscal por la misma hacienda, como está declarado en la cédula 1777.

6°.-Siempre que haya contradicción sobre propiedad de terrenos litigiosos de manera que sea necesario acreditarse por cualesquiera de las partes con documentos u otros recados, se acompañará a ellos precisamente certificación de haberse satisfecho la contribución territorial y haberse matriculado los terrenos según el decreto de la materia, sin cuyo requisito los jueces ni demás autoridades no admitirán aquellos documentos ni darán curso a la solicitud, bajo la responsabilidad de pagar ellos mismos lo que con tal respecto adeuden los intereses. Las matrículas que se practiquen desde esta fecha, hasta 1°. de enero próximo, se verificarán sin derechos ni contribución alguna por ellas; las que se hagan en todo el año entrante se recibirán pagando por derecho de matrícula a razón de cuatro reales por caballería; y las que se hagan en los años sucesivos a razón de un peso, cubriendo siempre lo devengado de contribución territorial.

7°.-Si con vista del expediente que la autoridad local remita al Gobierno sobre denuncia de terrenos baldíos, se mandase hacer medida y valúo, y seguidamente pregonarse y rematarse en los términos comunes que se rematan los demás bienes de la hacienda pública; el denunciante que promueve la compra, satisfará los costos y medidas, como también las costas del expediente como instruido a su solicitud; pero si sacado el asta pública, el remate se hiciese en otro postor que mejore la postura, este satisfará todos los gastos y costas; y en tal caso el primer denunciante que promovió la venta del baldío tendrá de beneficio el diez por ciento sobre el valor total.

8°.-Quedará a cargo de los Magistrados ejecutores, (estos funcionarios equivalen a los que hoy se llaman corregidores departamentales), o de los jueces de circuito, según el encargo que en su caso les haga el Gobierno, el expediente instructivo para las medidas, pregones y remate hasta concluirlo y ponerlo en estado de que el Gobierno libre el título con inserción de él.

9°.-Para que los pueblos aseguren la propiedad de sus ejidos y demás terrenos que legítimamente les pertenecen, y puedan defenderlos con certeza de las usurpaciones que algunos intentan hacerles con buena o mala fé, es necesario que conozcan sus mojones y linderos, sin cuyo conocimiento nunca evitarán los pleitos; y al efecto procurarán que se les midan y apeen por agrimensor inteligente, colocando mojones de calicanto, o en su defecto enterrando carbón, donde no haya demarcación natural, y para subvenir a los gastos adoptarán algún arbitrio suave y poco gravoso, bien sea destinando alguna parte de los arrendamientos entre los que siembren en ellas, o las aprovechen repastando ganados. Esto deberá entenderse, salvo siempre la voluntad de los pueblos a quienes se amparará y mantendrá en la legítima posesión y dominio de las tierras que les pertenezcan con arreglo a este decreto, a cuyo fin se derogan y revocan los anteriores expedidos.

10.-Los expedientes que haya pendientes hasta esta fecha y sean puramente gubernativos sobre venta y composición de tierras se substanciarán y determinarán, y no se inculcarán los fenecidos de la manera prevenida en este decreto. Aquellos en que haya contradicción y se hayan vuelto contenciosos, se pasarán a la corte del distrito que corresponda para que se determinen con arreglo a derecho.

Luego que las circunstancias lo permitan se nombrarán comisiones científicas para que levanten planos del terreno que comprende cada circuito, en los cuales se representen todas las propiedades de particulares y de los pueblos, así como los baldíos que haya; describiendo la calidad de los mismos terrenos y cuanto presente su superficie, todo a fin de que los linderos de las propiedades sean ciertos y conocidos, y para que sobre el plano mismo se hagan las ventas de los baldíos, y por último para que las cartas del Estado se rectifiquen figurando en ellas las montañas, volcanes, cordilleras, ríos, etc. (132).

EL JUEGO DE BELICE EN LA VIDA PÚBLICA DE CENTRO AMÉRICA

En la década de los años treinta del siglo pasado, la recuperación de Belice fue un caso que cayó en la jurisdicción de la República Federal. Por ello, Morazán, obligado a hacer declaraciones de política exterior, dijo que oportunamente la cuestión beliceña sería resuelta amistosamente entre el Gobierno de la Federación y la Corte de Londres. Aclárese que en aquellos años Centro América no había sido reconocida como Nación independiente por Inglaterra. Anteriormente, en 1826, el Gobierno federal había designado al ciudadano Marcial Zebadúa Ministro plenipotenciario ante la Gran Bretaña, y el que permaneciendo varios años en Londres, no fue recibido ni se reconoció la independencia porque se negó a ceder previamente Belice. Zebadúa regresó a su país en 1830.

Lo anterior explica que los Estados centroamericanos federados podían proponer una acción reivindicatoria conjunta, por cierto de gran fuerza, y que ni Honduras dueña de Honduras Británica por títulos coloniales ni Guatemala por limitar con el territorio usurpado, recibiendo constantes daños a causa de estos límites, podían alegar, separadamente, derechos nacionales sobre aquel territorio. La disputa ridícula sobre una zona dominada por un coloso, surgió hasta después en las condiciones de Estados libres de las responsabilidades de la federación.

Como se puede afirmar que Belice tuvo gran parte de culpa en la disolución de la República Federal de Centro América, digamos algo de ella vista con los ojos y explicada con la voz del holandés Jacobo Haekens, quien viajó por estos territorios, en cuenta Belice, en la década de los años treinta del siglo pasado.

***

Si la nación inglesa no es la primera cuyo comercio cimenta las bases de un gran poder político, hay que admitir, sin embargo, que ello ha permitido subir este régimen a alturas nunca alcanzadas por pueblo alguno. No compete a mi tema indagar las causas de tal fenómeno, ni de averiguar si nuestros antepasados, quienes con medios infinitamente más exiguos realizaron proezas que cuando menos se aproximan a las grandes empresas de los ingleses y tal vez les hayan inspirado la idea, no merecen quizá mayor admiración. Si hemos podido ufanarnos de ver ondear nuestra bandera en todos los mares y que el mundo apenas poseía costa que no la conociera u honrara, los ingleses de nuestros días han sabido abarcar la tierra entera y plantar el símbolo de su poder en todas partes donde pudiera servir a su comercio.

En cualquier lugar en que se despliegue el pabellón de aquellos pujantes isleños, se les ve fraguar los rayos destinados a sembrar el pánico y la muerte en las playas cercanas, o cargar las mercancías que han de inundar los países cuyos gobiernos, muchas veces en vano, tratan de rechazar. En el norte aprovechan para tal fin la isla de Helgoland y a Gibraltar, Malta y Corfú en el Mediterráneo.

Desde que los ingleses están en posesión del Cabo de la Buena Esperanza y la isla de Francia, ejercen el dominio ilimitado sobre los mares indios, donde han fundado un imperio asombrosamente vasto. En la costa poniente de África practican la trata de seres humanos más que ninguna otra nación o bien se abstienen de ello, prohibiéndola a todos los demás pueblos, conforme las aparentes modificaciones de su política. Trinidad los hace dueños de la desembocadura del Orinoco y Jamaica es el gran almacén para toda la extensión de la tierra firme.

También las regiones mexicanas merecieron bajo todo punto de vista su atención. Probaron suerte, pues, en diferentes puntos en sus playas, pero finalmente se establecieron en la desembocadura del río Belice. En un principio solamente era el propósito de la exportación de madera tintórea para lo cual obtuvieron licencia, medio coaccionada, del gobierno español. Pero el contrabando aumentaba poco a poco la importancia del aparentemente tan insignificante establecimiento, sobre el cual pronto se verían naufragar todas las

167

tentativas del rey católico. Aquel monarca ha perdido sus inconmensurables posesiones en el continente de América, pero los ingleses siempre conservan las suyas en el corazón de los nuevos países, y su valor ha continuado creciendo constantemente.

(Como los escritores de historia de Centro América han pasado sobre estas cosas como sobre ascuas, rogamos a los lectores fortalecer sus conocimientos históricos con los relatos de este holandés. Nota nuestra).

Cosa que también hay que admirar en la política inglesa, es la afortunada ubicación de los puntos aludidos, por lo cual una fuerza mediana y a menudo reducida, basta para defenderlos contra poderosos enemigos. En su mayoría consisten en rocas aisladas y alejadas, erizadas de artillería que protegen puertos, algunos de los cuales son los más hermosos de la tierra. En otras partes, como en Belice, son costas de acceso difícil, cuya defensa es asimismo fácil.

Habiendo tratado sobre Centroamérica, me ha parecido que no carecería de importancia añadir unas pocas palabras acerca de dicha colonia todavía tan poco conocida la que considerada geográficamente parece pertenecer a la República, y que mantiene tan estrechas relaciones comerciales en ella.

(El señor Haekens hace el relato histórico, deslizándosele algunos errores, de Belice, que de nuestra cuenta ya expusimos en capítulo especial, haciendo ver los derechos solidarios de la Federación sobre el territorio, y al no haber Federación los primarios de Honduras sobre el mismo por cédulas reales de tiempos de la colonia española. Aunque ya es una verdad irrebatible que la Organización de las Naciones Unidas, ONU, favoreció al pueblo beliceño con el reconocimiento a su derecho de autodeterminación nacional).

Aquella población —continúa Haekens—, construida solamente pocos años acá, está ubicada en tierra firme a 17 grados, 28 minutos, treinta segundos latitud norte y 88 grados, 34 minutos, 26 segundos al oeste de Greenwich, en ambas riberas de la desembocadura del río, sobre el cual se ha tendido un puesto de madera. A lo largo del mar se yergue una hilera de graciosas casas de madera, cuyas partes bajas son almacenes y que abarcan una hermosa vista sobre el siempre animado puerto. Detrás de esta hilera de casas hay aun tres o cuatro calles y algunos cocoteros esparcidos aquí y allá contribuyen mucho al aspecto pintoresco visto desde el mar.

El agua del puerto es por lo general muy tranquila, debido a la poca profundidad y los cayos abiertos con árboles que se extienden primero hacia el oriente y luego a lo largo de la costa. Existen tantos cayos, que si bien por un lado proporcionan una navegación muy placentera, por el otro sí requieren timoneles de buena experiencia, que sepan rodear los bajíos que los rodean. El bello faro construido en 1820, se alza en uno de esos cayos a 43 millas inglesas al este de Belice, es decir a 17 grados 12 minutos latitud norte y 87 grados 28 minutos al oeste de Greenwich. El clima de Belice es de los mejores que hay en las Indias Occidentales. Al parecer los vientos alisios que casi siempre soplan, evitan el contrario tan nocivo efecto de los pantanos próximos. La fiebre amarilla es totalmente desconocida. Es una lástima que el número de familias europeas sean pocas y los encontrados intereses muchos, para dar oportunidad a una agradable vida social.

En Belice está representada la autoridad pública por medio de un superintendente y un secretario, nombrados por el rey de Inglaterra. La ley es ejercida de modo muy sencillo por siete magistrados, electos anualmente entre los principales vecinos. Existe un cuerpo legislativo, del cual suelen ser miembros todas las personas residentes y que gocen de cierta fortuna. Los decretos que emite requieren la ratificación del superintendente, para tener vigencia de ley.

Todos los residentes libres son miembros de la milicia y hay un destacamento bastante numeroso del regimiento de las Indias Occidentales. Los cuarteles y las casas de los oficiales están bastante mal situadas en una llanura abierta entre el mar y los pantanos, a media milla inglesa al norte de la ciudad.

En Belice hay cuatro iglesias; además un colegio donde la docencia se imparte gratis; un ayuntamiento, una penitenciaría (que sin embargo no siempre tiene moradores); un hospital, etcétera. La residencia del superintendente, en el extremo sur de la ciudad a orillas del mar, no es grande, pero de muy buen gusto y rodeada de un hermoso jardín.

Como las riberas del río Belice desde hace tiempo y hasta muy tierra adentro ya están sin árboles de caoba, las talas se llevan a cabo principalmente en las riberas de los demás ríos, tanto al norte como al sur de Belice. Al penetrar constantemente más tierra adentro, se aproximan ya al río Dulce. A tan grandes distancias, sin embargo, el gobierno no concede posesión de tierras como lo hace dentro de los límites que ahora se reclaman como propios, y que se trazan del río Hondo al norte, hasta el río Sarstún al sur, o sea una extensión junto a la costa de 250 millas inglesas.

Por ende, los que salen a cortar madera fuera de estos límites lo hacen sin ninguna regularidad, a menos que tengan un entendimiento mutuo.

Este tipo de tala, por consiguiente, no se efectúa por los grandes empresarios. Las orillas de casi todos estos ríos son muy bellas y su fuerza vegetativa es inusitadamente grande. En algunas existen grutas y galerías naturales de una hermosura extraordinaria. El suelo es por lo general muy fértil y propicio para la producción de todas las frutas tropicales y aun europeas. Pero como el gobierno inglés no considera Belice como colonia propiamente dicha sino como establecimiento, razón por la cual la persona que está al frente de su administración no ostenta el título de gobernador, no se permite el cultivo de productos ultramarinos, de tal modo que para el consumo local los traen de Jamaica. Por esta razón no hay tampoco otra agricultura que algunos bananales y huertas de verduras en las riberas de los ríos.

Los que se dedican a ella son por lo regular negros libres que han sido soldados y jubilados del servicio. En pequeñas embarcaciones llevan los productos de sus huertas al mercado. Debido a la natural aversión de estas gentes a toda clase de trabajo, cultivan mucho menos verduras y frutas que las necesarias, dando lugar a una escasez que no pocas veces resulta muy molesta y una carestía que suele ponerles fuera del alcance de la clase media. Conste que aquí todo es caro, salvo la carne de tortuga y el pescado, que a causa de su gran abundancia se coge con asombrosa facilidad. Ante la escasez de verduras el palmito (parte superior del tronco del cocotero) es un gran sustituto. Es verdad que para obtener uno solo de estos frutos, hay que privar de la vida a un árbol entero, pero en los bosques abundan y un solo fruto es suficiente para varios tiempos de comida.

Los bueyes se traen de Omoa y otros víveres de Bacalar.

Belice es uno de los países donde personas razonablemente laboriosas, cualquiera que sea su oficio y sean regulares sus costumbres, tienen más seguridad de labrarse una existencia holgada. Una buena granja, en especial, reportaría al empresario una rápida fortuna y no hay que perder de vista que aquí no se da el caso de muchas otras colonias donde una tal vez errada política se resiste al ejercicio de oficios por los blancos. Aquí se ven los europeos en todos los sectores de la actividad, pero con harta frecuencia viven entregados al licor y a la misma apatía que caracteriza a los negros y mulatos. Es cierto que la causa principal de todo esto es el clima: priva al europeo de parte de su ímpetu y disminuye a la vez las necesidades de la vida.

El interior es muy montañoso, cubierto al igual que las costas casi totalmente de densas selvas. Los productos naturales, tanto de la flora y fauna como de los recursos minerales, son por lo demás los mismos que hay en los litorales de Centroamérica. Los terremotos son menos frecuentes y generalmente menos grave, pero varias veces han azotado terribles huracanes. En 1787 casi todas las casas fueron arrasadas por tal fenómeno natural.

Probablemente en ninguna parte, la suerte de los esclavos es tan halagüeña como en esta colonia. Ya sea que especialmente en un principio la índole de las actividades creó entre amo y esclavo una confianza que en otras partes no existe, o que aquel se ve en la necesidad de vincularse más, máxime cuando desde hace algunos años sólo tiene que huir a la vecina República para obtener su libertad, (alude al decreto del Congreso federal que dio la libertad a los esclavos en la República de Centro América) lo cierto es que el esclavo de Belice realiza solamente una labor muy moderada, que es bien alimentado y alojado, y que nunca es tratado con rigor a menos que él mismo, mediante un inconfundible hecho punible, se lo busque.

Alrededor de la temporada navideña los esclavos disfrutan aquí, durante dos o tres semanas, de una libertad que raya en el desenfreno. Por cientos llegan entonces del interior y no tienen otro pensamiento que divertirse de mil maneras. De noche y de día no se ve otra cosa que fiestas, bailes, desfiles y toda clase de funciones teatrales. La misma época está señalada para los ejercicios de armas de la milicia, ya que mientras que a la vez existe un período de festejos y distracciones entre los blancos y demás residentes libres, se está de este modo constantemente presto a poder actuar en seguida en caso de tumulto.

En Belice también hay muchos negros libres que trabajan amigablemente con los esclavos como jornaleros, o por tarea, pero a causa de su poca laboriosidad disfrutan rara vez de una vida tan segura y despreocupada como estos últimos, muchos de los cuales poseen considerables sumas de dinero y otros objetos de valor obtenidos a fuerza de aprovechar útilmente su tiempo libre. A menudo guardan relaciones comerciales con sus amos, suministrando víveres para los obreros y forraje para los caballos, bueyes, etcétera. Tentados por los fuertes salarios llegan también muchos caribes de Trujillo y Omoa a buscar trabajo por algún tiempo.

Hace mucho que la tala de la madera tintórea es a todas luces inferior a la de caoba. Los amos, efectivamente, se preocupan poco por ella si no que la dejan a los esclavos, quienes talan en beneficio propio. La mayor parte de la madera que se exporta de Belice llega hasta Bacalar, pueblo mexicano al norte de la colonia.

***

(Habrán notado los lectores lo detallado que es el cónsul Haekens en sus narraciones. Así lo hace cuando describe la búsqueda de la caoba en los bosques; una vez hallada, el caserío que se forma habitado por el caporal y los esclavos que cortan la madera, luego la asierran conforme a medidas prefijadas, después la conducen en carretas tiradas por 12 o 14 yuntas de bueyes hasta el puerto, donde es recogida por los buques cargueros que la llevarán a Europa. Omitimos el traslado de estos pormenores).

Pero la explotación forestal, sigue diciendo Haekens, ya no representa el único sector de la industria de Belice: ES EL COMERCIO CON CENTRO AMÉRICA, CON DIVERSOS

LUGARES DE YUCATÁN Y CON LA MOSQUITIA, LO QUE DESDE HACE VARIOS AÑOS ANIMA A ESTA COLONIA. El comercio con la madre patria-Inglaterra- (incluyendo una parte con los Estados Unidos de América) puede calcularse en 400,000 libras esterlinas anuales (como 2,000,000 de dólares de aquel entonces), en concepto de importación y otro tanto de lo que se refiere a la exportación. En los años de 1824 y 1825 esto último fue como sigue:

	1824	1825
Caoba	5.573.819 pies	5.783.590 pies
Campeche	4.391 toneladas	4.835 toneladas
Cedro	2.493 pies	2.190 pies
Carey	4.579 libras	3.915 libras

Este comercio da ocupación constante a barcos que suman en conjunto 16,000 toneladas.

Los derechos sobre importación, pagados en 1825 en Inglaterra sobre los productos traídos de Belice ascendieron (excepto los sobre la grana, añil, zarzaparrilla, etcétera y que fueron PERCIBIDOS EN BELICE DE LOS PAÍSES CIRCUNVECINOS EN PAGO DE LAS MERCANCÍAS LLEVADAS ALLA DESDE LA MADRE PATRIA) a:

18.722 toneladas de caoba a	L.e. 71.143.12.-
4.835 toneladas de palo de campeche a 9/2d	2.216.-.10
3.191 1/2 libras concha de tor tuga a 4/	783.1.-
2.190 pies de cedro	2.3.9
	L.e. 74.144.18.7

Descontados de esta suma: los gastos pagados por el gobierno, incluyendo las pensiones a los soldados de los regimientos negros	L.e. 15.770.5.11

Sueldos adicionales del
superintendente y secre-
tario, que son pagados en
Londres   600.-
                                    _____
                                    L.e. 16.370.5.11

Queda a favor del gobierno   L.e. 57.774.12.8.

El presupuesto para la administración de la colonia
correspondiente a 1825 fue de L.e. 17,634.6.2 moneda beliceña,
incluyendo los sueldos anuales del superintendente de L.e. 1,000.00.

La moneda en circulación en Belice es igual a la de Jamaica, es
decir 140 libras equivalen a 100 libras esterlinas.

La población de Belice (incluida la guarnición) suma de 5,000 a
6,000 personas, en la siguiente proporción: alrededor de

> 2.400 esclavos
> 1.440 negros libres
> 1.000 mulatos
> 400 blancos

En Belice son admitidas todas las banderas y los barcos
extranjeros pueden traer toda clase de mercaderías, incluso las que no
sean productos de su país de origen, con la sola excepción de las
procedentes de los Estados Unidos de América y las colonias. Los
artículos no sujetos a los derechos de consumo generalmente pagan el
1% si son ingleses y el 5% los extranjeros. Los buques extranjeros
pagan aproximadamente tres veces más derechos de tonelaje que los
ingleses.

En general, todos los artículos que se envían a las Indias
Occidentales y América del Sur, especialmente víveres, vinos,
bebidas alcohólicas, etcétera. En virtud de una ordenanza local no se
permite el despacho a Inglaterra de madera de caoba que tenga menos
de 21 pulgadas de grosor. A resultas de esto, aunque el precio es
generalmente de 80 a 90 pesos los mil pies, ahora que los

norteamericanos no vienen a sacar la madera más delgada, ésta apenas vale de 24 a 30 pesos.

La mayoría de los comerciantes cobran 10% en concepto de comisión y del credere sobre el importe de las ventas, el 1% de almacenaje y 1% sobre envíos en especie.

El tipo de cambio sobre Londres, suele ser sobre un agio del 18 al 20%.

Al igual que en Centroamérica, también aquí se hacen embarcaciones de un solo tronco de árbol, pero con la diferencia que en Belice son sumamente esbeltas, livianas y cómodas. Las que llaman pitpans (pipantes, decimos nosotros) son grandes y sirven para la navegación a las obras ("benques de madera, aclaramos); las más pequeñas se llaman dories (son nuestros cayucos).

Los centroamericanos y aun los mexicanos, son muy envidiosos de Belice. Pero no tienen para ello un motivo justo. Los provechos obtenidos de esta colonia no son de ninguna manera a costa de ellos, ya que seguramente no irían a talar los bosques que sin los ingleses o alguna otra nación europea, quedarían inútiles para la humanidad.

Incluso la poco importante tala que se lleva a cabo en Trujillo se efectúa por extranjeros. Los latinoamericanos requieren actividades más fáciles y sencillas. En vez de contemplar semejantes establecimientos comerciales con ojeriza, debieran regocijarse de ellos, pues cuando un día vuelvan a incorporarse políticamente a los países de los que geográficamente forman parte, los nuevos dueños hallarán ciudades y hermosas propiedades donde de lo contrario sólo hubieran encontrado lugares despoblados.

(Jacobo Haekens, "Viaje a Guatemala y Centroamérica", Editorial Universitaria, Guatemala, Centro América, 1969).

**

La versión sobre Belice del notable viajero y escritor Jacobo Haekens, cónsul de Holanda en Centro América, habría sido completa si hubiera agregado informaciones de la vida política y las actividades expansionistas del superintendente del establecimiento, coronel Alexander Macdonald, con nombramiento del rey de Inglaterra y asistencia del gobierno británico en su empleo, que fue desesperadamente largo, para que se adueñara a nombre de su majestad de toda la costa atlántica de Centro América, abarcando islas y especialmente las zonas canaleras que hallara en la geografía de la nueva República.

Ya le estamos agradecidos al señor Haekens porque es un gran favor el que nos hace al darnos la referencia de Belice, tal como era en aquellos años en que empezaba a vivir nuestra República. Con dicha referencia, que es como una repentina iluminación en medio de una noche oscura, que no deja rincón sin alumbrar, ya vemos claro, como en pleno mediodía, que la República Federal de Centro América, no podía hacer avanzar sus planes de progreso nacional, si a su lado, pegado a sus propias costillas, tenía a un poderoso enemigo en Belice, modernamente instalado y abastecido y bajo la diaria vigilancia de la nación más poderosa de aquel entonces como era Inglaterra, que por añadidura se hallaba en la fase de una pujante revolución industrial. Pura y sencillamente, Inglaterra estaba en Belice con el objetivo utilitario de hacer efectiva su dominación y conquista en la parte central de América. Naturalmente, hoy no percibimos la importancia que tenía Belice en aquel tiempo porque ha desaparecido el poder que tenía la Gran Bretaña en el mundo. Ni siquiera imaginamos la impresión que producía la presencia de un inglés entre nuestra gente común. Todo aquello pasó, y hoy lo que vemos en Belice es la posibilidad, siempre con auspicio británico, de que surja en el mundo como nación libre y soberana.

Pero decíamos que le habríamos quedado más agradecidos a Haekens, si nos hubiera mostrado el retrato y ofrecido una breve semblanza del coronel Alejandro Macdonald, pirata en tierra que sólo decía: "Que venga la flota anclada en Jamaica", y la flota venía para amenazar con sus cañones a los comandantes nativos que se mostraban indecisos ante las exigencias inglesas de "más concesiones". Y si aquello no bastaba, volvía a gritar el coronel Macdónald: "Acerquen la flota del Pacífico a la costa para constreñir a estos indios cabezas de piedras". Y la flota británica. del Pacífico aparecía de repente a vistas del Golfo de Fonseca.

Que nosotros sepamos, nadie ha bosquejado la vida del coronel Alejandro Macdonald, en tanto ya ha habido quienes escribieran la vida y milagros de aquel colonialista empecinado que se llamó Frederick Chatfield, encargado de negocios de Gran Bretaña en Centro América, y no faltará quienes escriban sobre otros británicos célebres, dejando siempre a Macdonald en la sombra, para que no se descubra al mayor de las desgracias de Centro América en la primera mitad del siglo XIX.

FREDERICK CHATFIELD

El historiador hondureño don Augusto C. Coello escribió algunas páginas sobre las actividades de Federico Chatfield, cónsul británico en Centro América, que luego hizo a un lado seguramente por no haber encontrado la información que necesitaba para publicar un estudio completo. Así fue que sólo anunció la obra entre manos en una lista de libros de su propiedad, editados y a editar.

De nuestra parte, ya teníamos noticias superficiales de la acción funesta de Chatfield en Centro América en los días de Morazán; pero fue la pura casualidad, a propósito de redactar una memoria en la ciudad de México, que fuimos a dar con varios documentos reveladores de la vida de Chatfield en la biblioteca de la Secretaría de Economía del gobierno de aquel país.

Nos apasionó tanto el personaje que vino a Centro América sólo a destruir la República Federal, que nos hicimos la promesa a largo tiempo de ir algún día a Londres para instalarnos en el Museo Británico con el objeto de averiguar allí cuanto se relacionara con el cónsul Chatfield y en general con la historia secreta de Inglaterra en la América y por extensión en la América Latina.

Ya no hay necesidad de hacer el viaje porque el historiador norteamericano doctor Mario Rodríguez ha escrito y publicado la obra deseada: "Chatfield, cónsul británico en Centro América", traducida aquí en Honduras por don Raúl Cálix Pavón y editada por el Banco Central de Honduras en 1970.

El doctor Rodríguez es originario de California, obtuvo su licenciatura y doctorado en la Universidad de Berkely. Varias universidades de su país lo han asistido en sus estudios de historia relacionados con personajes centroamericanos o que tuvieron actuación en Centro América. La obra de Chatfield representa un estudio concienzudo, al que se añade otro libro titulado "América Central", traducido al español por René Cárdenas Barrios, de México, y publicado por la Editorial Indiana del mismo país en 1967.

Rodríguez se esmera actualmente en la vida y la época de José Francisco Barrundia (1787-1854), "figura polémica cuya carrera pública abarca cuatro décadas de la historia centroamericana", estudio que ha sido posible gracias a una beca John Simon Guggenheim con viajes a Centro América entre 1964 y 1965.

Ignoramos cuál es el motivo que impulsa al doctor Rodríguez a escribir tan importantes libros sobre la historia de Centro América; si es desinteresado como nos parece es el caso de Stephens y Chamberlain, o lleva otra mira que de pronto no alcanzamos.

En todo caso nos parece bien el capítulo de su "América Central", que vamos a utilizar, haciendo al final algunas anotaciones de nuestra cosecha:

***

En "un extranjero en medio de ellos" —dice Rodríguez —, "quizá es un sentimiento de culpa el que impulsa a muchos centroamericanos a buscar un chivo expiatorio por el fracaso de la Unión": el irascible extranjero Frederick Chatfield, "Agente eterno" de la Gran Bretañaen América Central, de 1834 a 1852. Esta es una acusación infundada. Chatfield no creó la mentalidad colonial centroamericana, su localismo exagerado, el choque ideológico de 1826-1829, la guerra civil, la inestabilidad económica y financiera, la rivalidad de Estados y municipalidades, a los caudillos oportunistas, la codicia y el egoísmo de las facciones, la carencia de sentimiento nacional, etc.

Eso dice Rodríguez en su disertación "un extranjero en medio de ellos", y quien sabe de dónde sacó que los centroamericanos acusan a Chatfield del pasado, de lo que ya existía en el país cuando él llegó en junio de 1834. Acaso se le ha acusado de aprovechar las negaciones para crear una hermosa República democrática independiente, en lo que tienen razón, y sobrada razón los centroamericanos.

Por el contrario —agrega Rodríguez —, Frederick Chatfield fue una fuerza positiva durante la vida de la república, en su colaboración con unionistas como Morazán y Barrundia. Por ejemplo, recomendó y redactó la legislación de tarifas y aduanas de 1837-1838. Sus empréstitos propuestos y su actitud general durante la crisis separatista de 1838, confirman aún más esta impresión; él despreciaba completamente a Carrera y a los serviles e hizo todo lo posible para evitar la invasión de los Estados Aliados.

Fue sólo después de los sucesos descritos antes, cuando se convirtió en un enemigo formidable de la Unión en América Central, porque temió que el restablecimiento de una república fuerte pondría en peligro las posesiones territoriales de su país en esa área.

En su otro libro, "Chatfield, Cónsul británico en Centro América", un verdadero monumento de investigación sólo dable a un norteamericano que cuenta con todos los medios para lograrlo, Rodríguez informa que Chatfield sugirió con humildad su futuro nombramiento en Centro América en un despacho del 25 de febrero de 1833:

"Con gran deferencia —escribe Chatfield—; en verdad con cierta vacilación después de las reiteradas demostraciones de reconocimiento que he tenido el honor de recibir de parte de su Señoría, ruego que se me permita someter a la consideración de su esencia la humilde solicitud de ser admitido nuevamente en el servicio de Su Majestad con el carácter que Su Excelencia tenga a bien disponer.

Aunque consciente de que no me corresponde insinuar una selección, tal vez sea de auxilio a Su Señoría en su decisión, el mencionado haber sabido que el puesto de Ministro Residente en los Estados Unidos de América Central o Guatemala permanece vacante, y el agregar que mucho me satisfaría asumir las funciones de ese cargo".

Lord Palmerston tomó nota de esta solicitud, y algunos meses más tarde escogió a Federico Chatfield como el futuro cónsul británico en los Estados Unidos de América Central.

Después de siete años de brillante servicio, el sueño de Federico Chatfield de ser promovido del servicio consular al diplomático estaba a punto de realizarse. Nunca más tendría que aguantar la cantinela de que su función primordial era comercial y no política; sería el representante británico para toda la América Central, quien sabe si con un personal de asistentes y vicecónsules para compilar estadísticas que luego interpretaría para el Magisterio de Asuntos Extranjeros; Se conmovió vivamente al pensar que, de los candidatos para este cargo, entre ellos algunos coroneles, Lord Palmerston le había recomendado a él, un simple teniente, para un puesto con un salario de 1,200 libras, el doble del que percibía en Varsovia.

Esta sí era una verdadera gratificación por su concienzuda labor. Esta era la dorada oportunidad de ascender en la escala diplomática, al reconocimiento y al prestigio.

¿Por qué se alborozaba tanto Chatfield si su rango era el de un simple cónsul? La razón era clara para cualquiera que conociera tan bien como él el servicio consular. Iba a América Central como Ministro Plenipotenciario a concertar un Tratado Comercial y de Amistad con aquella República. Si se ratificaba el tratado, quienquiera lo hubiere negociado sería automáticamente elegible para una promoción de categoría, por lo menos de Encargado de Negocios y quizás hasta de Ministro como en el caso de México. No es extraño, pues, que él estuviera abrumado por la dicha cuando supo la decisión de Palmerston. No es extraño que su carta de aceptación resumiera una gratitud y humildad nunca vistas antes o desde entonces en su correspondencia con el Ministro de Asuntos Extranjeros. Así como Colón antes que él, el inefable Señor Chatfield estaba a punto de trazar una senda en el Nuevo Mundo, donde su carrera a no dudarlo le traería las mieles que él tanto ansiaba paladear.

Eso dice Rodríguez en su obra fundamental "Chatfield, Cónsul británico en Centro América". Ahora, reanudemos el traslado del capítulo "Un extranjero en medio de ellos" de su libro América Central continúa:

Inglaterra, recibió bien la independencia de Centro América, de España, y sus súbditos anhelaban desarrollar los recursos económicos de esa tierra pródiga Pero pronto surgieron complicaciones en sus relaciones diplomáticas con la joven república, por un problema que se había originado durante el período colonial. Desde el siglo XVII, los ingleses frecuentaron la costa de Centroamérica en el Caribe, como contrabandistas, desafiando el cerrado sistema colonial de comercio de España, y como cortadores de madera, muy interesados en los recursos de la caoba y los tintes del área. Se aliaron con los indios mosquitos (o zambos, porque los negros de Jamaica se mezclaron con los indios originales), cuyos dominios se extendían desde las secciones costeras de la actual Honduras hasta Costa Rica, la llamada Costa de los Mosquitos. Súbditos británicos visitaban también las islas de la bahía de Honduras y la costa de lo que es hoy Honduras Británica. Los españoles, por supuesto, se oponían a estas intrusiones y a la idea de una playa de los mosquitos en su flanco.

No obstante, la potencia de la armada británica legalizó ese tráfico clandestino, en varias ocasiones. Por el tratado de 1783 y una convención posterior de 1786, España dio a los ingleses derechos para el corte de madera en las vecindades de Belice, siempre que Inglaterra respetara la soberanía española en el área y no estableciera colonias allí. Además, Gran Bretaña convino en evitar que sus súbditos visitaran las Islas de la Bahía y la Playa de los Mosquitos. Ninguno de estos acuerdos fue conservado por mucho tiempo. Un virtual estado de guerra predominó en el área, ya que los súbditos británicos se aventuraban más allá de los límites del tratado, en busca de la madera codiciada. Para 1821, el territorio ocupado por los ingleses en torno a Belice era de tres a cinco veces mayor que el autorizado; únicamente los coloniales españoles en Yucatán pudieron contener el avance inglés a lo largo del Río Hondo, perteneciente a los límites septentrionales de la concesión de Belice.

Al lograr la independencia, los centroamericanos argumentaron que habían heredado de su rey anterior la soberanía sobre Belice; por tanto, Gran Bretaña debía considerar a la República como el otorgante de la concesión para cortar madera. Los ingleses, y Frederick Chatfield en particular, se negaron a aceptar esta tesis "derivativa", por bien basada que pudiera haber estado en la tradición legal de España. Expresando los sentimientos de los beliceños, Chatfield arguyó que el derecho de conquista, o la ocupación efectiva, debía de ser un principio determinante, posición que su país adoptó, con el tiempo, en la discutida cuestión de Belice.

En abril de 1823, la disputa territorial hizo su primera aparición, cuando la asamblea nacional constituyente decretó la emancipación de los esclavos (tal vez una legislación avanzada, pero enfurecedora para los beliceños (Rodríguez se refiere al grupo blanco dominante de Belice), quienes dijeron que ésta era una acción deliberada para alentar la fuga de sus esclavos. Una comisión beligerante de magistrados de Belice presentó su caso con violencia en la ciudad de Guatemala, provocando una aguda reacción entre los nacionalistas centroamericanos. Una misión diplomática ante Londres no pudo resolver este problema de los esclavos fugitivos o conseguir el reconocimiento de los derechos de América Central sobre Belice, por parte del gobierno británico. En lugar de eso, las partes contendientes, tanto en Belice como en la Ciudad de Guatemala, recurrieron a la guerra económica, recaudando impuestos discriminatorios: una sobre los productos de la otra. Como resultado, la Gran Bretaña no pudo negociar un tratado comercial con la república.

Sin embargo, la necesidad de dicho tratado era primordial para proteger los intereses británicos en Belice y contrarrestar el desafío económico de Francia y los Estados Unidos en Centro América. La misión inicial de Chatfield fue de ministro plenipotenciario encargado de negociar un tratado comercial. Durante la segunda mitad de 1834, Chatfield trabajó constructivamente con este fin, pero no pudo impedir que el problema territorial se entrometiera en las negociaciones. El sentimiento nacionalista en Guatemala exigía medidas vengativas contra Belice. Y los intereses rivales británicos, y la actitud hostil de los magistrados beliceños, obstaculizaron aún más al ministro plenipotenciario. Para cuando el congreso federal de 1835 abrió sus sesiones, parecía que la misión de Chatfield no tenía esperanzas. El gobernador Gálvez (doctor Mariano), de Guatemala, quien encabezaba a los nacionalistas estridentes, estaban demandando fuertes medidas económicas contra Belice y parecía que lograría su objeto. Todavía más, entonces, el gobierno federal había convenido en enviar a John Galindo, de ascendencia irlandesa, a una misión a los Estados Unidos y a Europa, para asegurar el apoyo contra la posesión británica en Belice.

Como resultado, la estrategia más efectiva de Chatfield contra los nacionalistas guatemaltecos, fue la estrecha alianza que buscó con el presidente Morazán y los unionistas liberales en general. Los convenció de que un choque con Gran Bretaña en este punto del desarrollo de la república sería perjudicial; en lugar de eso, debían trabajar con él para estrechar los lazos mutuos que existían entre la Belice Británica y Centro América. Por su "Doctrina de Mutualidad", los galvecistas no pudieron tomar medidas vengativas contra las colonias británicas en los congresos federales de 1835 y 1836, todo lo cual hizo que Chatfield comprendiera que al apoyar a la república, fortalecía la posición de Inglaterra en América Central. Por eso se ofreció redactar un modelo para reformas de tarifas y aduanas, ganando así la gratitud del presidente Morazán. Su alianza paciente y constructiva con los unionistas rindió buen resultado, cuando menos temporalmente. La tarifa de 1837 abolió la recaudación discriminatoria contra Belice, y el gobierno federal convino pagar las deudas a los tenedores británicos de bonos, destinando para eso una porción de los ingresos del tabaco, que habían sido restaurados a la república.

Pero otros factores mordisquearon los bonos de Chatfield y los unionistas, hasta que estallaron el 4 de marzo de 1839, cuando Morazán se enfrentó a los Estados Aliados. A fines de 1836 y principios de 1837, la controversia fue más allá de Belice, hasta las Islas de la Bahía y la Playa de los Mosquitos, afectando ahora los intereses de Honduras, Nicaragua, Costa Rica y Guatemala. El belicoso superintendente de Belice, Alexander Macdonald, fue, en gran parte responsable de esto, por su determinación de apoyar la expansión beliceña a nuevas áreas. Todos los Estados de la Unión (federal) pidieron acción contra los ingleses, haciendo cesar así las relaciones de Morazán con el representante británico. Aunque los dos aliados reafirmaron sus posiciones respectivas hacia los territorios en disputa, ambos comprendieron que debía tener prioridad la salvación de la unión y la alianza siguió cojeando por otros dos años.

Mientras Macdonald estaba impulsando agresivamente los designios beliceños hacia las Islas de la Bahía y la Playa de los Mosquitos, Chatfield formulaba las bases teóricas para reclamaciones británicas a esas tierras. Las autoridades de Londres se opusieron a ambos caminos de acción hasta fines de 1838, cuando un comandante hondureño prohibió todo tráfico entre Roatán, la más grande de las Islas de la Bahía, y la colonia británica de Belice; también anunció que los colores de América Central serían izados en la isla en un futuro cercano. Macdonald bramó que se opondría a dicha acción, por la fuerza. Chatfield registró una protesta oficial por vía diplomática, pero la oficina del Exterior, bajo Lord Palmerston, aclaró que Inglaterra no toleraría el izamiento de ninguna bandera en Roatán. En abril de 1839, una expedición británica autorizada ocupó la isla de Roatán, acción que reverberó en Centro América por años. Parecía que las autoridades de Londres, al fin habían actuado de acuerdo con sus agentes de campo.

Pero Chatfield no tenía forma de saber que Lord Palmerston estaba a punto de dar ese paso drástico; sólo pudo recordar una prolongada serie de reprimendas, indicando que la Gran Bretaña no respaldaría su reclamación siguiendo la línea que había sugerido. Y comprendió que la acción de Macdonald no estaba autorizada. Por tanto, durante el año crucial de 1838 tendió a minimizar los problemas territoriales y se concentró, en lugar de eso, en ayudar al gobierno federal a resolver sus dificultades domésticas. Mientras los Estados Aliados estaban amenazando con invadir El Salvador, él se encontraba negociando un préstamo para el gobierno federal, pero dificultades inesperadas surgieron en el último minuto, las cuales hicieron imposible que diera a Morazán el dinero que necesitaba para defender El Salvador.

Cuando Morazán recaudó un préstamo forzado con este propósito, el frustrado cónsul británico rompió con su anterior aliado. No obstante, para este tiempo, la República había sido disuelta.

***

Ya es tiempo de hacer alto a la literatura histórica comprometedora de Rodríguez, porque parecería en lo que va diciendo que Morazán y los morazanistas eran unos ingenuos a los que Chatfield daba "atol con el dedo" con su "Doctrina de Mutualidad". Naturalmente, el Gobierno Federal, compuesto por un núcleo de funcionarios inteligentes y responsables, era un gobierno serio, que hacía honor a sus relaciones con las demás naciones de América y de Europa, y también hacía honor al Derecho internacional en sus obligaciones y en sus reclamos. Esto indica que el Gobierno federal no iba a menospreciar a Chatfield, representante de la mayor potencia de la tierra en aquel momento. Pero tampoco lo iba a venerar como si fuera un dios. Apreciaba a Chatfield en lo que realmente era y no ignoraba lo que el inglés que actuaba de Ministro se traía entre manos: hacer que el Gobierno federal reconociera Belice como establecimiento inglés de manera definitiva y, con base en este reconocimiento, celebrar luego un tratado comercial. Como las cosas se fueron complicando, por la negativa del Gobierno federal a lo primero, aunque Chatfield y Macdonald actuaran en desacuerdo, como ambos eran británicos al servicio de "Su Majestad", hecho que los unía, uno y otro operaban en armonía por contraste en favor de su patria, la Gran Bretaña,en el empeño de colonizar la costa atlántica de Centro América y en la disolución de la República Federal, objetivos que consiguieron hasta contando con la colaboración malvada de los Estados Aliados que atacaban a El Salvador para entretener al gran jefe Morazán en las batallas criollas del Espíritu Santo y de San Pedro, de Perulapán y no tuviera tiempo para pensar y actuar en la colosal empresa de liberar a la costa atlántica desde Belice hasta Costa Rica de conquistadores británicos. Ni Chatfield fue amigo de Morazán ni Morazán lo fue de Chatfield. Chatfield,agente diplomático de la Gran Bretaña, tenía una misión qué cumplir empleando todos los recursos de su talento, y Morazán, presidente de la República Federal de Centro América, tenía la responsabilidad de defender la integridad del territorio nacional en la paz y en la guerra. No obstante, Chatfield y Morazán se daban la mano, conversaban amistosamente y eran gentiles. Característica propia de Morazán fue -lo dicen muchos viajeros que lo conocieron personalmente-la de asistirle un espíritu brillante.

Sigamos con la ilustrada información del historiador norteamericano Rodríguez:

***

El impacto de la crisis de Roatán produjo una inversión en la estrategia y el pensamiento de Chatfield. Sus aliados anteriores, los morazanisas, pedían una acción unida contra la agresión británica, calculando que los partidarios de los derechos de los Estados se unirían ahora a ellos en una convención para formar "una unión más perfecta", que impondría respeto en los negocios extranjeros. Es más, los unionistas esperaban que la convención favorecería las resoluciones para imponer un boicot sobre los artículos británicos, hasta que Roatán fuera abandonada, para buscar la cooperación de todos los países del Hemisferio Occidental, en una reunión interamericana especial.

Para contrarrestar estas medidas, Chatfield estableció una alianza de trabajo con los serviles de la Ciudad de Guatemala. Por sus ambiciones políticas (habían estado ausentes del poder durante una década), los conservadores aceptaron todos los términos de Chatfield, incluyendo la revocación de un artículo, con el cual el anterior gobierno guatemalteco reafirmaba sus reclamaciones anteriores sobre Belice.

Para evitar la notoriedad, Chatfield apremió a sus nuevos aliados a dirigirse a él indirectamente en la cuestión de establecer un protectorado británico en Centroamérica. De acuerdo con este plan, Guatemala pediría al gobierno conservador de Nicaragua que requiriera una garantía británica de paz en América Central. Mientras tanto, Chatfield escribiría a Palmerston, alentándolo a aceptar su ofrecimiento. En cuatro diferentes ocasiones, Chatfield pidió a la oficina Exterior que interviniera en los asuntos domésticos de Centro América; en su última petición fue claro que proyectaba emplear a la marina británica para apoyar a sus aliados en Guatemala y Nicaragua contra los unionistas.

Para noviembre de 1839, el sumiso gobierno nicaragüense hizo lo que se le indicó, enviando una carta circular, a todos los Estados, en favor de una garantía británica de paz en América Central. La maniobra de Chatfield tuvo el efecto de incrementar la moral entre los partidarios de los derechos de los Estados, quienes temían que los morazanistas tuvieran éxito en establecer una unión efectiva, apelando a los sentimientos nacionalistas de sus compatriotas. De igual modo, los Estados unionistas de El Salvador y Los Altos redoblaron sus esfuerzos para unir el área en contra de los ingleses. Mientras tanto, Lord Palmerston rechazó varias peticiones de intervención de Chatfield, ya que claramente tenía intenciones de ayudar a un grupo particular.

Para poner de rodillas al enemigo unionista, Chatfield siguió una política agresiva que estableció un precedente importante para el futuro. Antes que nada, comprendió que tenía que comprometer al gobierno británico a la utilización de la fuerza naval con objetivos políticos y que esto debía hacerse indirectamente. Una técnica que desarrolló a la perfección, fue la presentación de informes que daban la impresión de que los morazanistas no sólo eran anglófobos, sino también políticos sin escrúpulos que estaban nada más buscando el poder; bajo ninguna condición debía saber la oficina del Exterior que había una base ideológica para la inestabilidad de la América Central. Aún más, solicitó la ayuda de todo concebible interés británico que pudiera aplicar presión sobre la oficina del Exterior, para que enviara apoyo naval a su cónsul. Por último, elevó ciertas reclamaciones contra El Salvador en diciembre de 1839, que estaban calculadas deliberadamente para atemorizar ese Estado unionista y asegurarse el respaldo de la mayoría británica.

Aunque Palmerston puso en duda muchas de las reclamaciones presentadas por su cónsul y se negó a aceptar las premisas de Chatfield sobre préstamos forzados asignó, escuadrones británicos en el Pacífico y en el Atlántico, para cobrar esas reclamaciones que Chatfield juzgaba eran justas. Fue su autorización de agoto de 1840, la que sirvió como base para los bloqueos británicos de 1842 y 1844. Así, sin que lo supiera, Inglaterra se encontraba comprometida en una posición imperialista en Centro América, mientras todo el tiempo consideraba que Chatfield únicamente estaba protegiendo las vidas y propiedades de los ingleses. Los centroamericanos, por otra parte, siempre tuvieron noción de los objetivos políticos de Chatfield, por la forma en que abandonaba o revivía las reclamaciones, según lo dictaban las circunstancias. Por tanto, no es sorprendente que los centroamericanos desarrollaran una aversión a la intervención extranjera y siempre hayan sido suspicaces en cuanto a sus objetivos.

El Estado de Los Altos también era una espina en el costado de Chatfield. A fines de enero de 1840, Rafael Carrera invadió la altiplanicie y destruyó ese gobierno, aplicando un severo golpe al movimiento unionista. En diciembre del año anterior, cuando Chatfield y los serviles decidieron esta acción, comprendieron que conduciría a un encuentro militar con el general Morazán, como había recibido un armamento clave de armas, lo mismo que la promesa de Chatfield de que podría obtener más en Belice, los serviles estaban dispuesto a apostar a que podían derrotar las fuerzas salvadoreñas bajo Morazán. Y su estrategia rindió fruto; los partidarios de Morazán fueron derrotados en la batalla de la Ciudad de Guatemala, del 18 al 19 de marzo de 1840, forzando al que hasta entonces fue presidente y a sus aliados a escapar al exilio. El primer movimiento unionista desde la caída de la república había fracasado y Frederick Chatfield desempeñó un papel principal en este fracaso, apoyando la moral de sus aliados partidarios de los derechos de los Estados. En el proceso, estableció importantes precedentes para el futuro.

***

He aquí una parte de la historia secreta de Centro América que viene a revelarla un investigador norteamericano, el doctor Mario Rodríguez, y que nuestros escritores de la vida pasada de la Patria Grande, en su mayoría han ignorado del todo y acaso una minoría ha sabido o ha sospechado la verdad; sucediendo que en esa minoría, los que han conocido el fondo de las cosas, han guardado silencio por temor o por cálculo o han dicho a medias lo que saben y muchas veces envolviendo los hechos con los oscuros lienzos de las fábulas de Esopo.

Que Frederick Chatfield fue un bandido, no cabe la menor duda, como bandidos fueron cuantos integraron su orquesta destinada a ejecutar la marcha fúnebre de la República Federal.

Agregamos para concluir que aunque las fuerzas unionistas —como dice el doctor Rodríguez— se hallaban casi agotadas, con un último esfuerzo podían haber enfrentado la soberbia de Inglaterra que para todo recurría a su escuadra y la perversidad de sus agentes, el superintendente Macdonald y el cónsul Chatfield, haciendo un llamado a México que estaba cerca y a Colombia también fronteriza, para que en el fragor de la lucha se convirtiera en una fuerza libertadora el hispanoamericanismo firmado y sellado en Panamá, recientemente, el 22 de junio de 1826.

No debemos olvidar que en aquella época, Inglaterra era una amenaza viva y diaria contra toda la América Hispana.

(Mario Rodríguez, historiador norteamericano, autor de la obra AMERICA CENTRAL, traductor René Cárdenas Barrios, Editorial Indiana, S.A., Tlacoquemecatl y Roberto Gayol, México D12.D.F., Primera edición, 1967).

EL INDIO RAFAEL CARRERA, VISTO POR JOHN L. STEPHENS

Escribe el señor Stephens en su libro "Incidentes de Viaje en Centroamérica, Chiapas y Yucatán", con la objetividad propia de un norteamericano que tiene la conciencia social que corresponde al desarrollo liberal de su país en aquel tiempo. Sobre todo, es de alabar la franqueza con que lo hace que libera a la mente del lector de los "dimes y diretes" de los historiadores guatemaltecos, como Montúfar Coronado y otros, que hacen las del calamar, obscurecen el agia para que no se vea la arena del fondo.

Especialmente, ante carreristas y antimorazanistas tan apasionados como el licenciado Clemente Marroquín Rojas, periodista de gran fama en Centro América, conviene reproducir la página de Stephens, que dice:

"Aquella tarde Carrera regresó a la ciudad. Yo tenía grandes deseos de conocerle y habíamos convenido con el señor Pavón en que vendría por mí al día siguiente. En efecto, a las diez de la mañana del siguiente día el señor Pavón llegó por mí. Yo estaba ya advertido que a este formidable jefe le hacía mucho efecto la apariencia externa y, en consecuencia, me puse la levita de diplomático, que tenía una gran profusión de botones y que había producido tan buen efecto en Copán la que, dicho sea de paso dado el estado abominable del país, ya nunca tuve la oportunidad de ponerme después, quedando para mí definitivamente perdido su valor.

Carrera vivía en una pequeña casa de una calle retirada. Había centinelas en la puerta y ocho o diez soldados al sol, parte de su guardia personal, que vestían casacas de alepín rojo y gorras de tartan con una apariencia mucho mejor de la que tenían sus soldados que yo ya conocía. A lo largo del corredor había una fila de mosquetes brillantes y en buen orden. Entramos en un pequeño cuarto contiguo a la sala y vimos a Carrera sentado junto a una mesa contando dinero.

Desde mi llegada al país este nombre de terror estaba repercutiendo en mis oídos. Mr. Montgomery, a quien ya me había referido y que llegó a Centro América como un año antes que yo dice: "Se me dijo que una insurrección había levantándose entre los indios, quienes, bajo la dirección de un hombre llamado Carrera asolaban el país y cometían toda clase de excesos. A lo largo de la costa y en algunos departamentos, la tranquilidad no había sido turbada; pero en el interior no había ninguna seguridad para el viajero y cada entrada de la capital estaba bajo el control de partidas de bandidos que no tenían misericordia alguna para sus víctimas, especialmente si eran extranjeros". Y refiriéndose a la situación del país en el momento de su partida él dice: "Es probable, sin embargo, que mientras escribo estas líneas, las activas medidas que el General Morazán ha puesto en juego para sofocar la insurrección, hayan tenido éxito y que la carrera de este "rebelde héroe" haya terminado. Empero la carrera de este "rebelde héroe" no terminó y el hombre "llamado Carrera" era ahora dueño absoluto de Guatemala; y si no me equivoco, está llamado a ser más conspicuo que ningún otro caudillo que se haya levantado hasta la fecha en las convulsiones de Hispano América.

Él es nativo de uno de los barrios de Guatemala. Sus amigos, por cumplimiento, le llaman Mulato, y yo por lo mismo le llamo Indio, considerando que esta es la mejor de las dos sangres. En 1829 era tambor del regimiento del coronel Aycinena. Cuando el partido liberal o democrático prevaleció y el general Morazán entró en la capital, Carrera dejó su tambor y se retiró al pueblo de Mataquescuintla. Allí se dedicó a la venta de puercos, y por varios años continuó en esta ocupación, probablemente tan ajeno como cualesquiera de sus puercos a los sueños de su futura grandeza. Los excesos de los partidos políticos, las severas exenciones para el sostenimiento del gobierno, la usurpación de las propiedades de la iglesia y las innovaciones, particularmente la introducción del código de Livingston estableciendo la prueba por medio de jurados y convirtiendo el matrimonio en un contrato civil, crearon el descontento en el país. Esto último fue una gran ofensa para los curas que ejercían ilimitada influencia sobre los indígenas. El año de 1837, el cólera en su marcha destructora sobre todo el mundo habitado, y que hasta entonces había perdonado a esta porción del continente americano, hizo su terrible aparición, cubriendo su suelo de cadáveres y dando motivo a convulsiones políticas. Los curas convencieron a los indios que los extranjeros habían envenenado las aguas. Gálvez, que en aquel tiempo era el jefe de Estado, envió medicinas a los pueblos, las que siendo mal aplicadas por la ignorancia, en algunos casos, produjeron fatales resultados; y los sacerdotes, siempre opuestos al partido liberal, persuadieron a los indios que el gobierno estaba empeñado en envenenar y destruir a la raza. Todos los indios del país estaban muy excitados; y en Mataquescuintla se levantaron en masa, con Carrera a la cabeza, gritando " ¡Viva la religión y muerte al extranjero!".

El primer golpe se dio asesinando a los jueces que habían sido nombrados conforme al código de Livingston. Gálvez entonces envió una comisión, con un destacamento de caballería y bandera blanca, para oír sus quejas, pero mientras conferenciaban con los insurgentes, fueron rodeados por éstos y casi todos despedazados. El número de desafectos al gobierno crecía y llegó a ser de más de mil; Gálvez envió contra ellos 600 hombres que los derrotaron, incendiaron sus pueblos,y entre otros excesos, el último fue en contra de la esposa de Carrera. Encendido en cólera por esta ofensa personal se unió a varios jefes de los pueblos, jurando no dar descanso a sus armas mientras un oficial de Morazán permaneciera en el Estado.

Con unos pocos enfurecidos seguidores fue de pueblo en pueblo, matando a los jueces y a los oficiales del gobierno, y cuando le perseguían, escapaba a las montañas, pidiendo tortillas en las haciendas para sus hombres y perdonando y protegiendo a cuantos le ayudaban. En este tiempo él no sabía leer ni escribir, pero ayudado por algunos curas y particularmente por el padre Lobo, un notorio libertino, lanzó una proclama suscrita por él mismo, en contra de los extranjeros y del gobierno por haber intentado envenenar a los indios, pidiendo la destrucción de todos los extranjeros excepto los españoles, la abolición del código de Livingston, hacer volver al arzobispo y a los frailes, la expulsión de los herejes y la restauración de los privilegios de la iglesia y de los antiguos usos y costumbres. Su fama corrió como la de un salteador y un asesino.

Los caminos inmediatos a la capital eran inseguros; no se podía viajar con tranquilidad; los comerciantes se afligieron pensando que todas las mercaderías enviadas a la feria de Esquipulas habían caído en sus manos, lo cual no resultó cierto a lo menos, y muy pronto Carrera se hizo tan fuerte que atacaba pueblos y aun ciudades.

El lector debe tener presente que todo esto ocurría en el Estado de Guatemala. El partido liberal estaba dominando, pero en esos críticos momentos una fatal división tuvo lugar entre sus miembros; Barrundia que era uno de los principales, y a quien se le negó un alto puesto solicitado para un pariente libertino, abandonó la administración y apareció en la asamblea a la cabeza de la oposición, El desorden del partido y el levantamiento de Carrera, agitaron a todos los que eran desafectos al gobierno; y los ciudadanos de la Antigua, ciudad a 25 millas de distancia de la capital enviaron un mensaje pidiendo que se decretase la amnistía para los reos políticos permitiéndoles volver a la patria y la reparación de otros agravios. Una diputación de la Asamblea fue enviada para conferenciar con los peticionarios, la cual no tuvo buen éxito y los antigüeños amenazaron con marchar sobre Guatemala.

El día domingo 20 de febrero de 1838 fueron encontradas en las calles de la ciudad las proclamas de los antigüeños, produciendo una alarma general, porque ya venían a atacar la ciudad. Las tropas del gobierno general, que ascendían a menos de 500 hombres y las de la milicia fueron revestidas; los cañones colocados en las esquinas de la plaza y centinelas en las calles; y el General Prem mandó publicar un bando llamando a las armas a todos los ciudadanos. Gálvez, jefe de Estado montó en su caballo y corriendo por las calles trataba de entusiasmar a los ciudadanos, diciéndoles que Morazán estaba a punto de llegar, y que acababa de derrotar a 500 hombres de la pandilla de Carrera. El lunes todos los negocios se suspendieron. Gálvez, en gran perplejidad llamó a varios oficiales que habían sido despedidos y nombró a Mexía, un español, teniente coronel; este nombramiento causó disgusto tal, que Prem y todos sus oficiales enviaron sus renuncias. Gálvez les suplicaba e imploraba que continuasen, reconciliándose él mismo con cada uno individualmente, y al fin, revocado el nombramiento de Mexía, ellos accedieron.

A las dos de la tarde se decía que ya Carrera se había unido a los antigüeños. Prem publicó un nuevo bando para que todos los hombres comprendidos entre la edad de 14 a 60 años tomasen las armas, exceptuándose los sacerdotes únicamente y a los que tuvieran algún impedimento físico que los inutilizara para tal objeto. A las 9 de la noche se produjo una alarma diciéndose que parte de los seguidores de Carrera estaban en Aceituno. La plaza fue convenientemente guarnecida con cañones y centinelas en las calles. Para colmo de excitación durante la noche el Provisor murió, y se recibieron noticias de que el código de Livingston había sido quemado públicamente en Chiquimula y que la ciudad se había declarado contra Gálvez. El miércoles por la mañana se empezaron a abrir fosos en las esquinas de la plaza pública, pero el jueves el marqués de Aycinena, corifeo del partido central, por medio de una conferencia con los liberales divididos, indujo a una mayoría de diputados a firmar una convención de amnistía, la cual produjo satisfacción general, y al día siguiente la ciudad estaba perfectamente tranquila.

A mediodía esta calma era precursora de una horrible tormenta. Las tropas del Gobierno Federal, las únicas en quienes se podía confiar, se sublevaron y con las bayonetas caladas, agitando las banderas y con cañones al frente, abandonaron los cuarteles y marcharon hacia la plaza. Ellos rehusaban ratificar la convención por la cual según se les había dicho, Gálvez sería retirado, y el Vicejefe Valenzuela, instrumento de Barrundia, sería puesto en su lugar. No querían servir bajo ninguno de la oposición, diciendo que ellos podían dar protección y no pedirla. Se citó a los diputados para una reunión de la Asamblea, pero tuvieron miedo de asistir.

Entonces los oficiales conferenciaron con los soldados, y el sargento Merino hizo un documento exigiendo que se llamase al presidente Morazán, y que Gálvez permaneciera en su puesto hasta la llegada de aquél. Esto fue aceptado. Se enviaron diputaciones llamando a Morazán, enviándose otra a la Antigua explicando los motivos de la violación del convenio pero sin ningún éxito, y la misma noche la campana de alarma anunciaba la aproximación de 800 hombres que iban a atacar la ciudad, Los milicianos fueron llamados a las armas, pero solamente aparecieron como 40. A las 5 y media, Gálvez formó a las tropas del Gobierno, y, acompañado de Prem, salió a la plaza a hacer encuentro con los rebeldes; pero antes de llegar a la salida de la ciudad hubo una conspiración entre las tropas y con el grito de "Viva el General Merino y muera el Jefe del Estado que nos ha vendido, fuego muchachos! " la infantería hizo fuego sobre el estado mayor. Una bala atravesó el sombrero del general Prem, Gálvez fue arrojado de su caballo, pero logró escapar y se refugió tras el altar de la iglesia de la Concepción. Yáñez se ocupó de dispersar a las tropas con su caballería y regresó a la plaza dejando 15 muerto en la calle. Merino, con cerca de 120 hombres tomó posesión de un pequeño cañón de campo del batallón y se estacionó en la plaza de Guadalupe. Varios grupos de las tropas dispersadas permanecieron fuera toda la noche, disparando sus mosquetes y manteniendo a la ciudad en constante alarma; pero Yáñez la salvó del pillaje patrullando con su caballería. A la mañana siguiente Merino pidió permiso para entrar a la plaza. Su número había aumentado con la reunión de los grupos dispersos y al formar en la plaza, él y tres o cuatro más de los cabecillas. fueron sacados de las filas y remitidos al convento de Santo Domingo como prisioneros, y el lunes por la tarde, Merino fue amarrado a un poste en su propia celda y fusilado. Su tumba es una de las curiosidades que me fueron mostradas en Guatemala.

El domingo por la mañana otra vez las campanas tocaron alarma; los rebeldes estaban en la puerta vieja y se envió una comisión para tratar con ellos. Pedían que los soldados evacuaran la plaza; pero éstos, indignados, respondieron a los sublevados que llegaran ellos mismos a tomarla. Prem suavizó la respuesta manifestándoles, que ni él ni sus tropas podían rendirse a los rebeldes y finalmente, a las doce y media de la noche comenzó el ataque. Los insurrectos se dispersaron por los suburbios malgastando pólvora y balas; por la mañana, Yáñez con setenta hombres de caballería hizo una salida derrotando a 300 de ellos, regresando a la plaza con las lanzas tintas en sangre. Probablemente que si las fuerzas de Yáñez hubieran sido secundadas por los ciudadanos, habrían rechazado a los sublevados hasta la Antigua.

El miércoles siguiente Carrera se unió a ellos. Había enviado sus emisarios a los pueblos levantando a los indios, prometiéndoles el saqueo de la capital; y el jueves, con un ejército compuesto de hombres, mujeres y niños que ascendía a 10 ó 12,000 almas, Carrera mismo se presentó a las puertas de Guatemala. Los antigüeños estaban atemorizados y los ciudadanos de la capital se hallaban en un completo desorden. Nuevamente fue enviada otra comisión para tratar con los rebeldes, que pedían la deposición de Gálvez de Jefe de Estado, la evacuación de la plaza por las tropas federales y el paso libre para que entrara a la ciudad.

Es probable que, aun en estas circunstancias, si las tropas federales hubieran sido ayudadas por los ciudadanos habrían podido oponer resistencia; pero la consternación y el temor de exasperar a las hordas de amotinados era tan grande, que en lo único que se pensó fue en someterse a los sublevados. La Asamblea se reunió en medio del terror y la distracción, y el resultado fue que asintió a todas las demandas.

A las cinco de la tarde la pequeña banda de las tropas federales evacuó la plaza. La infantería compuesta como de 300 hombres marchó por la calle real. La caballería, en número de 70, exclusivamente de oficiales, en marcha por otra calle, se encontró con un ayudante de campo de Carrera que les ordenó dejar las armas. Yáñez respondió que él tenía primero que ver a su general; pero los dragones, temiendo alguna traición de parte de Valenzuela, se aterrorizaron y huyeron. Yáñez, con 35 hombres corrió a galope atravesando la ciudad y escapó por el camino de Mixco. El resto de los hombres regresó precipitadamente a la plaza y con disgusto a deponer las armas, desmontando y desapareciendo cuando ya ni un solo hombre estaba sobre las armas.

Mientras tanto avanzaban las hordas de Carrera. El Comandante de los antigüeños le preguntó si tenía divididas sus fuerzas en escuadrones o compañías, a lo cual Carrera respondió: "No entiendo nada de eso. Todo es uno". Entre sus principales acompañantes estaba Monreal y otros bien conocidos bandidos, criminales, ladrones y asesinos. Carrera iba a caballo con una rama verde en el sombrero, y éste con pedazos de trapo sucio colgando alrededor con pinturas de santos. Un caballero que vio la entrada de Carrera desde el techo de su casa y que se había familiarizado con las escenas de terror que se sucedían en aquella desgraciada ciudad, díjome que jamás en su vida olvidaría la entrada de esa inmensa masa de barbarie. Llenando las calles todos con ramas verdes en los sombreros, parecían a cierta distancia, un bosque en movimiento; armados con mosquetes oxidados, viejas pistolas, escopetas, algunas con gato y otras sin él, palos con forma de fusiles atados; dos o tres mil mujeres con sacos y alforjas para llevar los productos del saqueo prometido. Muchos que no habían salido nunca de sus pueblos, admiraban salvajemente la apariencia de las casas e iglesias y la magnificencia de la ciudad. Entraban todos a la plaza gritando: "¡Viva la religión y muerte a los extranjeros!". El mismo Carrera, atónito ante la muchedumbre que había puesto en movimiento estaba tan embarazado que no podía guiar su caballo. Después manifestó que estaba temeroso por la dificultad de controlar a esa inmensa y desordenada multitud. El traidor Barrundia, el líder de la oposición, el Catilina de esa rebelión cabalgaba al lado de Carrera en su entrada a la plaza.

A la oración toda la multitud entonó la salve o himno a la virgen. El grueso de voces humanas llenando el aire, hacía temblar el corazón de los habitantes de la ciudad. Carrera entró a la catedral; los indios, mudos de admiración ante su magnificencia, entraron en tropel, siguiéndole y colocando en derredor del hermoso altar las toscas imágenes de los santos de sus pueblos. Monreal penetró a la casa del general Prem, se apoderó de una hermosa casaca militar, ricamente bordada con oro, y la llevó a Carrera quien se la puso, llevando todavía el sombrero de petate con la rama verde. También le llevó un reloj de bolsillo pero él no sabía cómo usarlo. Probablemente que, desde la invasión de Roma por Alarico y los gordos ninguna ciudad civilizada había sido invadida por tal inundación de barbarie.

Y solo Carrera podía controlar los salvajes elementos que le rodeaban. Tan pronto como fue posible, algunas autoridades llegaron a verle y, en los más abyectos términos, le pedían que manifestase bajo qué condiciones evacuaría la ciudad. El pidió la deposición de Gálvez, Jefe de Estado, y todo el dinero y las armas que el gobierno tuviese bajo su mando. Los sacerdotes eran los únicos que tenían alguna influencia sobre él, y las palabras no pueden dar una idea exacta del terror en que se encontraba la ciudad, temiendo oír de un momento a otro la señal para el asesinato y el saqueo general. Los habitantes se encerraron en sus casas, las que, estando construidas de piedra, con balcones de hierro y macizas puertas de varias pulgadas de espesor resistieron los asaltos de las partidas desbandadas; pero se cometieron muchas atrocidades que parecían ser precursoras del saqueo general. El Vicepresidente de la República fue asesinado; la casa de Flores, un diputado, fue saqueada; su madre arrojada al suelo de un culatazo por un villano, y una de sus hijas herida con dos balas en un brazo.

La Casa de los Sres. Klee Skinner & Cía., que eran los principales comerciantes extranjeros en Guatemala, y que se dijo tenían municiones y armas, fue varias veces atacada con gran ferocidad; pero teniendo fuertes balcones en las ventanas, y estando reforzada la puerta principal con bultos de mercaderías, resistió los ataques de la indisciplinada turba, armada solamente de garrotes, mosquetes, cuchillos y machetes. Los sacerdotes corrían por las calles llevando el crucifijo, en el nombre de la Virgen y de los santos, refrenando a los desaforados indios, conteniendo sus salvajes instintos, y salvando a los aterrorizados habitantes. Y aquí no puedo dejar de mencionar un nombre que estaba en la boca de todos: Mr. Charles Savage, entonces cónsul de los Estados Unidos, quien, en medio de los más furiosos asaltos a la casa del señor Kle, salió a la calle bajo una lluvia de balas, y rechazando las bayonetas y machetes, hizo retroceder a los asaltantes llamándoles ladrones y asesinos, con sus blancos cabellos flotando al viento, que los indios admirados de su audacia, desistieron de su intento.

Después de esto y haciendo poco caso de su propia vida, se le vio siempre en medio de los tumultos, saliendo ileso de los peligros con gran admiración de cuantos le vieron. Los extranjeros residentes en la ciudad estuvieron de acuerdo unánimemente en presentarle una carta de agradecimiento por su valiente y exitoso esfuerzo por protegerles sus vidas y haciendas.

Pendientes aun las negociaciones, Carrera, ataviado con el uniforme del general Prem, hizo lo posible por refrenar sus tumultuosas hordas; pero dijo que varias veces había estado a punto de proceder al saqueo de la casa Klee y de las de los otros ingleses... (Advertimos a los lectores que sigue aquí una frase de John L. Stephens que deben ponerle mucha atención, y más si cambian la palabra fanatismo por patriotismo)... Había extraños arranques de fanatismo en el carácter de este rebelde caudillo. El grito de sus hordas era "¡Viva la religión!". El palacio del arzobispo había usado como teatro por los liberales; Carrera pidió las llaves, las colocó en su bolsillo y declaró que, para evitar cualquier futura profanación no debería volver a abrirse hasta que el desterrado arzobispo volviera a ocuparla.

Finalmente se convino en los términos por los cuales Carrera consentiría en retirarse, así: 11,000 pesos en plata efectiva,10,000 que serían distribuidos entre sus seguidores y para sí mismo 1,000; mil mosquetes y el grado de teniente coronel. El dinero no valía nada comparado con la salvación de la ciudad del inminente peligro en que se encontraban, pero era una inmensa suma a los ojos de Carrera y de sus hordas, pues entre quienes las formaban casi todo lo que poseían era la mochila que llevaban encima y las armas robadas que portaban; sin embargo no era muy fácil conseguir el dinero; la tesorería estaba sin fondos y los ciudadanos no lo darían tan fácilmente. La locura de poner en las manos de Carrera mil mosquetes era solo comparable al absurdo de hacerlo teniente coronel.

En la tarde del tercer día se logró pagar el dinero, entregar los mil mosquetes y Carrera fue investido con el mando de la provincia de Mita, distrito inmediato a Guatemala. El gozo de los habitantes al saber que pronto se retiraría fue indescriptible; pero poco después circulaba el espantoso rumor de que las salvajes hordas manifestaban el ardiente deseo de saquear la ciudad antes de abandonarla. Una inesperada descarga de mosquetería confirmó el rumor, y el pánico fue inmenso. Siguió una hora de terrible calma; pero a las cinco de la tarde fueron saliendo de la plaza en desordenados grupos. Al llegar a la plaza de toros hicieron alto, y disparando al aire sus mosquetes levantaron nueva angustia. Se propagó la noticia que Carrera pretendía 4,000 pesos más y que si no los entregaban regresaría a tomarlos por la fuerza. Carrera mismo había regresado pidiendo un cañón de campaña, el cual le fue concedido, y por fin, dejando un documento en el cual exigía la reparación de ciertos agravios, abandonó la ciudad en medio del indescriptible gozo de sus habitantes.

La alegría de los ciudadanos al verse relevados de peligro inminente, era grande en verdad; pero desgraciadamente no podía volver la plena confianza porque aún no estaban curadas las animosidades políticas. Valenzuela fue nombrado Jefe de Estado; la Asamblea renovó sus sesiones; Barrundia a la cabeza del partido ministerial, propuso la abolición de todos los decretos inconstitucionales de Gálvez; se necesitaba dinero y hubo que recurrir al sistema de empréstitos forzosos. Esto exasperaba a los ricos; y en medio de esta confusión, se recibieron noticias que el departamento de Quezaltenango se había separado del Estado de Guatemala, declarándose independiente. En estos días también, el gobierno recibió una carta de Carrera diciéndole el pueblo de la capital se expresaba muy mal de él, y que si continuaba haciéndolo, todavía contaba con 4,000 hombres a su disposición para volver a la ciudad y poner las cosas en su lugar. De tiempo en tiempo mandaba más mensajes en el mismo sentido por medio de algún indio que por casualidad pasaba por sus dominios.

Más tarde se supo que los seguidores de Carrera habían renunciado de su autoridad y que habían empezado operaciones por su propia cuenta, amenazando a la ciudad con otra invasión determinada, de acuerdo con sus proclamas, a exterminar a los blancos y establecer un gobierno de pardos libres ("tigres libres"), gozando ellos mismos de las tierras que les habían sido devueltas por su emancipación de los blancos. Por honra de Guatemala debemos hacer constar que al saber estas noticias un solo espíritu unió a todos sus habitantes y los hombres de todas las clases sociales empuñaron las armas; pero esta unión fue momentánea.

Nuevamente llegaron noticias que Carrera había enviado otra vez sus emisarios para reunir sus hordas y marchar enseguida a la ciudad. Varias familias recibieron informes privados, aconsejándoles abandonar la capital. Cientos de personas lo hicieron así y los caminos se llenaron de mulas y caballos y de indios cargados con equipajes. El domingo todos los habitantes huyeron, y el lunes por la mañana se colocaron centinelas en las barreras. Se publicó nuevo decreto para que todos tomasen las armas. Se pasó revista a las tropas. A las diez de la noche del martes, se dijo que Carrera se encontraba en Palencia; a las once, que había ido a sofocar una insurrección de sus propios bandidos, y el miércoles por la noche, que estaba en el lugar llamado Canales.

El domingo cuatro de marzo pasóse revista a un ejército como de 600 hombres. De la Antigua remitieron 350 mosquetes y municiones que ellos no consideraron prudente retener porque allí se oía el grito de "¡Muera Guatemala y viva Carrera!", habiendo aparecido también pegados en las paredes carteles con las mismas siniestras palabras. En estos momentos se recibió una carta de Carrera dirigida al gobierno, aconsejándole desbandar sus tropas y asegurándole que él estaba reuniendo fuerzas solamente para destruir un grupo de 400 rebeldes encabezados por un tal Gálvez (Jefe de Estado, a quien él mismo había destituido), y pidiendo dos cañones y más municiones. En otra ocasión, probablemente suponiendo que el gobierno estaría interesado en su suerte, mandó a decir que había estado a punto de ser asesinado; Monreal, aprovechándose de una oportunidad, sedujo a sus hombres, le ató a un árbol y ya iba a fusilarlo cuando su hermano,

Sotero Carrera, llegó y atravesó a Monreal con su bayoneta. El gobierno entonces concibió la idea de inducir a los rebeldes valiéndose de la influencia de los sacerdotes, a entregar las armas pagándoles cinco pesos por cada una; pero muy pronto se oyó decir que Carrera estaba más fuerte que nunca, ocupando todos los caminos y enviando imperiosas proclamas de gobierno. Por último llegaron noticias que ya estaba en marcha con dirección a la capital.

En tales momentos los habitantes de la ciudad tuvieron la feliz noticia que el general Morazán, Presidente de la República, llegaba de El Salvador con 1,5000 hombres. Pero aún entonces dominaba el espíritu partidarista. El general Morazán acampó a pocas leguas de la ciudad, vacilando entre realizar su entrada o emplear las fuerzas del gobierno federal para debelar una revolución en el Estado sin el consentimiento de su gobierno particular. El gobierno del Estado se manifestaba celoso del gobierno federal, porfiando en mantener sus prerrogativas que no podía defender y exigiendo al Presidente un plan de campaña; emitió un decreto concediendo a Carrera y a sus seguidores quince días para entregar las armas, decreto que el general Morazán no permitió que se pregonara en su campamento; dos días más tarde fue anulado y el presidente de la República fue autorizado para actuar conforme las circunstancias lo exigieran.

Mientras tanto, uno de los piquetes de Morazán había sido interceptado y sus oficiales asesinados, lo cual levantó gran excitación entre sus tropas, pero ansioso de evitar más derramamiento de sangre, envió a la ciudad por el Canónigo Castillo y por Barrundia, encomendándoles para que entregasen las armas, ofreciendo pagarles hasta 15 pesos por cada una antes que llegar a los extremos. Los comisionados encontraron a Carrera en una de sus antiguas guaridas de las montañas de Matasquilla, rodeado de sus hordas de indios y alimentándose con tortillas. El traidor Barruindia fue recibido por los soldados de Morazán con rechiflas; su pobre y cansado caballo permaneció atado en el campamento de Morazán durante día y medio; y para completar el premio de su traición, Carrera se negó a recibirlo bajo su techo porque, como él dijo, no quería hundir su nueva lanza, que era obsequio de un sacerdote, en el pecho de un Barrundia.

La conferencia tuvo lugar al aire libre, en la cima de una montaña. Carrera rehusó a entregar las armas a menos que las contribuciones que pesaban sobre los indios se redujesen a una tercera parte; pero suavizó su asperidad en contra de los extranjeros declarando que únicamente los que no fueran casados saldrían del país y que en adelante solo se les permitiría traficar en él, pero no radicarse. El perverso cura Padre Lobo, su constante amigo y consejero estaba con Carrera. Las quejas del canónigo Castillo, particularmente con respecto a la insensatez de acusar al gobierno de la tentativa de envenenar a los indios, fueron escuchados con mucha atención por ellos, pero Carrera cortó la plática asegurando con vehemencia que el gobierno le había ofrecido a él personalmente veinte pesos por la cabeza de cada indio que él mismo envenenara.

Habiendo perdido toda esperanza de arreglo, el general Morazán marchó hacia Mataquescuintla; mas, antes de su llegada, ya las hordas de Carrera habían desaparecido entre las montañas. Más tarde se oía decir que había aparecido en otro lugar, devastando el país, desolando pueblos y aldeas y, en seguida, antes que las tropas de Morazán llegaran, escondían las armas y se iban a las montañas o permanecían quieta y pacíficamente trabajando en los campos. Mr. Hall, Vicecónsul británico, recibió una carta suscrita por once súbditos ingleses de Salamá, a una distancia de tres días de camino, quejándose que las tropas de Carrera les habían secuestrado de noche, despojándolos de todo, confinándolos durante dos noches y un día sin ningún alimento y sentenciándolos a ser fusilados; pero que por último les ordenaron dejar el país, lo que ellos ahora estaban haciendo, privados de todo y mendigando en su camino hasta el puerto.

Pocas horas después, a las diez el cañón de alarma anunciaba que Carrera se encontraba de nuevo a las puertas de la ciudad. Durante todo este tiempo las luchas de los partidos eran tan violentas como siempre; los centralistas temblando de miedo, pero por otra parte regocijados con el desorden en que el país se encontraba bajo la administración de los liberales y porque se había levantado un hombre capaz de infundirles terror: Carrera; y los liberales divididos, odiándose los unos a los otros. Mas la agitación era tan grande que de ambas partes enviaron peticiones separadas al general Morazán, haciéndole presente el deplorable estado de inseguridad en que la ciudad se encontraba y pidiéndole entrar y disponer lo conveniente para la seguridad de todos. Por separado las diputaciones se esforzaban por llegar al cuartel general de Morazán para rendirle homenaje y ser los primeros en implorar su protección.

El general Morazán ya tenía noticias del desorden que reinaba en la ciudad y se preparaba a montar a caballo cuando los diputados llegaron. El domingo entró Morazán con una escolta de 200 hombres, en medio del regocijo general manifestado por el vuelo de campanas, los disparos de cañón y otras demostraciones de alegría. El mismo día los comerciantes, con el Marqués de Aycinena y otros del partido liberal, presentaron una petición haciendo ver el estado de terror en que se encontraba el ánimo de los habitantes y pidiendo a Morazán deponer a las autoridades del Estado y asumir la dirección del Gobierno, convocando una Asamblea Constituyente, como el único medio de salvar a Guatemala de su ruina. Por la noche los diputados de las diferentes ramas del partido liberal tuvieron largas conferencias con el Presidente.

Morazán contestó a todos que desean proceder con entera legalidad, se comunicaría al día siguiente con la Asamblea y que acataría su decisión. Desgraciadamente los procedimientos de la Asamblea eran demasiado bajos y vergonzosos para ser referidos y, hasta donde yo pude entender las contiendas de la época, el general Morazán, vadeando el torrente de hojas sueltas y folletos emanados de ambos campos, optó por mantenerse en su lugar con probidad y honor. Los centralistas hicieron esfuerzos desesperados para atraerle hacia ellos; pero Morazán no podía aceptar el abrazo de los que siempre habían sido sus más encarnizados enemigos y que ahora quisieran ser hipócritas aliados. Ni tampoco podía sostener lo que él entendía que era un error de sus propios partidarios.

Entre tanto Carrera ganaba terreno derrotando a varios destacados elementos de las tropas federales, asesinando hombres y acrecentando sus fuerzas con nuevas armas y municiones. Finalmente todos estuvieron de acuerdo en que algo debía hacerse y en una reunión de la Asamblea, en los momentos de desesperación acordaron sin debate:

1º .-Que el Gobierno del Estado se retiraría a la Antigua.

2º.-Que el Presidente, por sí o por medio de un delegado, gobernaría el distrito de acuerdo con el artículo 176 de la Constitución.

En medio de estas escenas en la ciudad y del rumor de peores que venían de fuera, el domingo en la noche se dio un baile en honor a Morazán, al que no asistieron los centralistas enojados por la no aceptación sus propuestas. Gálvez, el jefe de Estado depuesto por Carrera, hizo entonces su primera aparición y bailó toda la noche.

Aunque Morazán era irresoluto en el gabinete, en el campo era enérgico; y estando ya investido de plenos poderes, sostuvo su alta reputación de hábil militar. En el boletín del ejército de mayo y junio se manifestaba la huella de Carrera, devastando aldeas y pueblos, y la tenaz persecución que le hacían las tropas del gobierno venciéndole en todas partes en cada encuentro, pero sin lograr su captura. Entre tanto, los celos entre los partidos continuaban y el gobierno del Estado se encontraba en una verdadera anarquía. La asamblea no podía reunirse porque, no asistiendo el partido del Estado, correspondía al Vicejefe retirarse y al más antiguo consejero ocupar su puesto.

Pero no había tal persona; el período del consejo había terminado y aún no se habían verificado las nuevas elecciones; y mientras Morazán se ocupaba en dispersar las salvajes hordas de Carrera librando a los guatemaltecos del peligro que los había hecho arrodillarse ante él, los antiguos celos revivieron y las publicaciones incendiarias fueron lanzadas nuevamente, acusando a Morazán de empobrecer el país por mantener soldados holgazanes para sujetar a la ciudad por medio de las bayonetas.

El primero de julio, considerando Morazán a Guatemala ya libre de todo peligro exterior, regresó a San Salvador, dejando tropas en varios pueblos bajo el comando de Carvallo y nombrando a Carlos Salazar comandante de la ciudad. Se suponía a Carrera completamente vencido y, para terminar de una vez, Carvallo publicó el siguiente:

"AVISO"

"La persona o personas que entreguen al criminal Rafael Carrera, muerto o vivo (si no se presenta voluntariamente conforme al último perdón), recibirá una recompensa de mil pesos, y dos caballerías de terreno, más el perdón de cualquier crimen que hubiese cometido.

El General en Jefe

J.N.Carvallo

Guatemala, julio 20 de 1838".

No obstante eso, lo cierto era que el criminal Carrera, el proscrito, no estaba derrotado. Uno a uno sorprendía a los destacamentos de tropas federales y mientras se recrudecían las luchas partidaristas, se hacían empréstitos forzosos para mantener soldados holgazanes, Carrera formulaba planes para abolir el gobierno del Estado y para formar una junta provisional que lo sacara de su actual postración, organizando una Asamblea Constituyente con el señor Rivera Paz a la cabeza. Carrera, con un número todavía mayor de seguidores, atacaba Amatitlán, tomaba la Antigua y quedándose allí solamente el tiempo necesario para saquear algunas casas, la despojó de sus cañones, de sus mosquetes y municiones y marchando otra vez sobre Guatemala, proclamó su intención de arrasar todas las casas y de asesinar a todos los blancos.

No se puede describir la consternación en la ciudad. Nuevamente rogaron a Morazán que volviese a defenderla. Un papel escrito a lápiz fue enviado por Morazán, con un hombre que lo llevaba escondido en la manga de su chaqueta, impulsando a la ciudad a defenderse a sí misma y sostenerse por unos días; pero el peligro era inminente. Salazar a la cabeza de las tropas federales (los soldados holgazanes de quienes se quejaban) salió a las dos de la mañana y protegido por una espesa niebla, cayó repentinamente sobre Carrera en Villanueva, mató a 450 de sus hombres derrotándolo completamente y dejándolo gravemente herido en un muslo. La ciudad fue salvada de la destrucción entrando al siguiente día Morazán con 1,000 hombres. El sobresalto causado por el peligro de que habían escapado, aún no

205

terminaba; los partidos estaban espantados; todos veían en el general Morazán el único hombre capaz de salvarlos de Carrera, y le rogaron que se declarase dictador.

En estos días Guzmán, el general de Quezaltenango llegó a la capital con 700 hombres y el general Morazán hizo los arreglos convenientes para encerrar y aniquilar a los cachurecos. El resultado fue el mismo que antes: Carrera era constantemente vencido, pero siempre lograba escapar. Sus seguidores fueron dispersados, sus mejores hombres capturados y fusilados y él mismo estuvo casi muerto de hambre en la cima de una montaña, rodeado por un cordón de hombres en la falda logrando escapar únicamente por descuido de la guardia. Durante tres meses fue perseguido de lugar en lugar, se destruyeron sus antiguas guaridas y viéndose perdido y acorralado por todos lados, entró en tratos con Guzmán, comprometiéndose a entregar 1,000 mosquetes y abandonar los restos de sus salvajes hordas. Sin embargo, al poner en ejecución las cláusulas del tratado, Carrera entregó solamente 400 mosquetes inútiles, y esta infracción del tratado fue tolerado por Guzmán que ni aun soñaba la terrible suerte que le esperaba en manos de Carrera.

Terminado esto, Morazán depuso a Rivera Paz, restituyó en su puesto a Salazar y regresó a San Salvador, imponiendo fuerte contribución a la ciudad para atender a los gastos de la guerra, y llevándose todos los soldados del gobierno federal, probando así todo lo contrario de lo que le acusaban: de querer mantener su influencia por medio de las bayonetas. Guzmán regresó a Quezaltenango, quedando la guarnición reducida solamente a 60 hombres.

Las contribuciones y el retiro de las tropas de la ciudad crearon gran desafecto en contra de Morazán, y por ese tiempo el horizonte político fue nublándose más y más en toda la República. El Marqués de Aycinena, que había sido expatriado por Morazán y que residió por varios años en los Estados Unidos estudiando nuestras instituciones, publicó una serie de artículos que tuvo gran resonancia, refiriéndose a nuestra Constitución y a nuestras leyes, apresurando así la crisis. Honduras y Costa Rica declararon su independencia del gobierno federal. Y todo esto repercutió en Guatemala y atizó la ya ardiente llama de la disensión.

El 24 de marzo de 1839, Carrera lanzó un boletín desde su antigua residencia de Mataquescuintla, en el cual, refiriéndose a la declaración de independencia de los Estados decía: "Cuando aquellas leyes llegaron a mis manos, las leí y volví a leer; como una madre amorosa que toma en sus brazos a un hijo único que creía perdido y le estrecha contra su corazón, así hice yo con el folleto que contiene la declaración; porque en él encuentro los principios que sustento y las reformas que deseo". Esto, sin embargo, era figurado, porque Carrera en aquel tiempo no sabía leer; pero debe haber sido una cosa completamente nueva para él y motivo de gran satisfacción, por aclararle los principios que él mismo sostenía. De nuevo amenazó con su entrada a la ciudad. En los consejos todo era anarquía y desorden. El 12 de abril aparecieron otra vez sus hordas a las puertas de la capital. Todos estaban espantados y nadie se levantaba para repeler la invasión. Morazán se encontraba lejos del alcance de su voz y los que más le acusaban antes de querer mantener su influencia por la fuerza de las bayonetas, ahora lo acusaban con igual violencia por haberlos dejado a merced de Carrera. Todos los que podían escondieron sus tesoros y huyeron, y los que no, se encerraron en sus casas reforzando las puertas y ventanas.

A las dos de la mañana, derrotando a la guardia, entró Carrera en la ciudad con 1,500 hombres. El Comandante Salazar huyó y Carrera, llegando a la casa de Rivera Paz tocó la puerta y le reinstaló como Jefe del Estado. Sus soldados tomaron posesión de los cuarteles; Carrera se declaró a sí mismo como guardián de la ciudad, y es justo reconocerle que, conociendo su propia incompetencia para gobernar, puso hombres a disposición de la municipalidad para mantener la paz. Así fue restablecido en el poder el partido central. El fanatismo de Carrera le ataba al partido clerical; se le halagó facilitándole relaciones con la aristocracia; se le hizo brigadier-general y se le obsequió con un hermoso uniforme. Además de estos vanos honores, tenía los cuarteles de la ciudad y la paga de su gente, lo que era mucho mejor que la chozas de los indios y las expediciones de pillaje; éstas, sin embargo, servían de pasatiempo. (Habla Stephens). La unión había continuado desde abril anterior a mi llegada. El gran lazo que los ligaba era el odio común en contra de Morazán y de los liberales.

Los centralistas tenían su Asamblea Constituyente; abolieron las leyes emitidas por el gobierno liberal, resucitaron las antiguas leyes españolas, los antiguos nombres de las cortes de justicia y de los oficiales del gobierno, emitiendo todas las leyes que les parecieron sin que nadie se los impidiese. Su gran dificultad consistía en mantener quieto a Carrera. No pudiendo éste permanecer inactivo en la ciudad, marchó sobre San Salvador con el ostensible objeto de atacar al general Morazán. Los centralistas se encontraban en gran ansiedad; el éxito de Carrera o su derrota era igualmente peligroso para ellos. Si era derrotado, Morazán podría marchar inmediatamente contra la ciudad y tomaría una señalada venganza sobre ellos; y si tenía buen éxito, Carrera regresaría con sus salvajes hordas que, embriagadas por la victoria, serían insoportables. Este pequeño detalle dará idea de la situación.

La madre de Carrera, una anciana bien conocida como regatona en la plaza, murió. Era costumbre que al morir alguna persona de la aristocracia, se le sepultase en nichos construidos en las bóvedas de las iglesias; pero desde el tiempo del cólera, todos los entierros, sin excepción, fueron prohibidos en el interior de los templos y aun dentro del perímetro de la ciudad, pues para el efecto se había establecido un campo santo en las afueras de la población, en el cual todas las principales familias tenían sus mausoleos. Pero Carrera manifestó el deseo de que su madre fuera sepultada en la catedral. Los funerales se hicieron por cuenta del gobierno, se repartieron esquelas para el entierro y el féretro fue acompañado por todos los principales habitantes de la ciudad. Ningún esfuerzo se omitía para conciliarlo y mantenerlo de buen humor; sin embargo Carrera era un individuo sujeto a violentos arrebatos de pasión y, según se decía, había aconsejado a los miembros de su gobierno que en tales momentos no osaran contradecirle en nada, sino que le dejaran hacer su voluntad.

Tal era Carrera en el tiempo de mi visita; mandaba en Guatemala con poder más absoluto que cualquier monarca europeo en sus dominios, y los indios fanáticos le llamaban el Hijo de Dios y Nuestro Señor.

Cuando llegué a su presencia se encontraba contando monedas de uno y de dos reales. El coronel Monterrosa, un mestizo de tez morena con vistoso uniforme, estaba sentado a su lado, habiendo otras personas en la habitación. Carrera tenía más o menos cinco pies y seis pulgadas de estatura, cabello negro y liso, complexión y expresión de indio, sin barba, y parecía no tener más de 21 años de edad. Usaba una chaqueta de alepín negro y pantalones. A mi entrada se levantó, hizo a un lado la mesa con dinero y, probablemente por respeto a mi levita de diplomático, me recibió con cortesía señalándome un asiento a su lado. Mi primera palabra fue una expresión de sorpresa por su extremada juventud y ciertamente no parecía tener más de 25. En seguida, como un hombre que sabía que era extraordinario y que yo le conocía, sin esperar ninguna insinuación continuó diciendo, que él había empezado (no dijo qué) con 13 hombres armados de viejos mosquetes que se encendían con cigarros, señaló ocho partes en las que había recibido heridas y me dijo que tenía tres balas todavía metidas en el cuerpo.

En esos momentos nadie hubiera reconocido en él al mismo hombre que menos de dos años antes había entrado a Guatemala a la cabeza de sus hordas de indios salvajes proclamando la muerte de los extranjeros. Seguramente que en nada había cambiado tanto como en su opinión con respecto a ellos, una feliz ilustración de buenos efectos de las relaciones personales para derribar prejuicios en contra de individuos o clases. Carrera ya había tenido relaciones personales con varios extranjeros, siendo uno de ellos un médico inglés que le extrajo una bala del cuerpo; y sus relaciones con todos habían sido tan satisfactorias, que sus sentimientos habían sufrido una completa revolución y hasta aseguraba que ésta era la única gente que nunca le había engañado.

Carrera había, además, hecho algo que me pareció extraordinario: en los intervalos de su agitada vida aprendió a escribir su nombre y desechó su sello. Yo nunca tuve la fortuna de ser presentado a un rey legítimo o usurpador que reclamara prerrogativas de realeza a excepción de Mohamed Alí. Anciano como él era, le di algunos buenos consejos, y siento mucho que este viejo león tenga ahora cortada la melena. Considerando a Carrera como un joven de porvenir, le dije que, teniendo una gran carrera ante sí, indudablemente podría hacer mucho bien a su país; y él ponidéndose la mano sobre el corazón, y con un arranque de entusiasmo que yo no esperaba, dijo que estaba dispuesto a sacrificar su vida por la patria. En medio de todas sus faltas y sus crímenes, nadie le podía acusar de doblez o decir lo que no pensara, y quizá, como tantos ilusos lo habían hecho antes que él, se creía un patriota.

Consideré que este hombre estaba destinado a ejercer una importante o quizá dominante influencia en Centro América y, confiando en que el saber que su fama se extendía por el mundo influyera favorablemente en su carácter, le dije que su nombre era ya conocido en mi país y que yo había leído en un periódico algo referente a su entrada en Guatemala elogiando su moderación y sus esfuerzos por evitar los atropellos. Él se mostró muy satisfecho de que su nombre ya fuese conocido y que de tal concepto gozara entre los extranjeros, diciendo que él no era ni ladrón ni asesino como le llamaban sus enemigos. Carrera parecía inteligente y capaz de mejoramiento. Le dije que debería viajar por otros países y particularmente por el mío por estar más cerca. No tenía él una clara noción de donde estaba mi país. Lo conocía únicamente por el Norte; preguntó respecto a la distancia y facilidades que hubiera para llegar allá, manifestando que cuando las guerras terminaran, haría el esfuerzo de hacer una visita a El Norte. Pero él no podía fijar su atención en otro punto que no fuera las guerras con Morazán, y en efecto, no sabía de otra cosa. Era amuchachado en sus maneras y modo de hablar, pero siempre serio; nunca sonreía y, consciente de su poder, no hacía ostentación de él, aunque siempre hablaba en primera persona de lo que había hecho o pensaba hacer. Unos de los ayudantes, evidentemente para agradarle, fue a buscar un papel con su firma para enseñármela como una muestra de su manera de escribir, pero no lo encontró.

Mi entrevista con él fue mucho más interesante de lo que yo esperaba; tan joven, tan humilde en su origen, tan carente de todas las ventajas del nacimiento, con honrados impulsos quizá, pero ignorante, fanático, sanguinario y esclavo de violentas pasiones; dueño absoluto de las fuerzas físicas del país, las cuales empleaba para desahogar su natural odio hacia los blancos. Al salir me acompañó hasta la puerta y en presencia de sus villanos soldados me ofreció sus servicios. Comprendí que había tenido la suerte de causarle una buena impresión. Más tarde, pero desgraciadamente durante mi ausencia, me hizo una visita en traje de gala y de gran ceremonia, cosa rara que casi nunca hacía.

En aquel tiempo, según me dijo don Manuel Pavón, Carrera se consideraba a sí mismo un brigadier general, sujeto a los órdenes del gobierno. No disfrutaba de una pensión fija para él ni para sus tropas. No le gustaba llevar cuentas y solamente pedía dinero cuando lo necesitaba; y de esta manera en ocho meses no había necesitado más dinero que Morazán en dos. Realmente él no deseaba dinero para sí mismo y como una medida de prudencia pagaba a los indios una cosa insignificante. Esto agradaba muchísimo a la aristocracia, que era sobre quien pesaba toda la carga de las contribuciones. Debe ser una satisfacción para algunos de mis amigos, el saber que este jefe sin ley está bajo el dominio de quien aún los más pacientes hombres se muestran dispuestos a tolerarlo, porque su esposa le acompaña a caballo en todas sus expediciones, sin duda dominada por un sentimiento que proviene, a veces, del exceso de afecto; y yo oí decir que una parte no pequeña de los trabajos del jefe de Estado consistía en mantener el equilibrio en las desavenencias familiares.

Cuando regresamos a mi casa, encontramos a un caballero que dijo al señor Pavón que un grupo de soldados estaba buscando a un miembro de la Asamblea, que había caído bajo el enojo de Carrera, pero que era amigo personal de ellos; y cuando pasamos por su casa vimos una fila de soldados custodiando la puerta mientras otros estaban registrando adentro. Esto era hecho por orden directa de Carrera sin conocimiento del gobierno.

(Tomando de Incidentes de Viaje en Centroamérica, Chiapas y Yucatán, escrito por John L. Stephens, Editorial Universitaria Centroamericana (EDUCA), traducción de Benjamín Mazariego Sandizo).

***

Esta declaración tiene la importancia de proceder de un testigo de vista, que puede adolecer de algunas inexactitudes que no pudo corregir el autor por ser extranjero, pero que le abona una gran sinceridad, que echa por tierra las versiones antojadizas de los procarreristas y de los antimorazanistas.

De repente, Carrera fue un ser natural destinado a impulsar las reivindicaciones indias nacionalidades indias en Guatemala, como decir quichés, cachiqueles, zuhiles, etc., cuyos derechos les fueron arrebatados por los blancos españoles, quienes los sometieron a degradante esclavitud, y cuando levantó las tribus con sus grupos gentilicios todavía en el estadio medio de la barbarie y a las que Stephens llama hordas salvajes, viendo los propietarios particulares el peligro que les amenazaba, se adelantaron con sus curas y demagogos para desviar aquella fuerza arrolladora de la comunidad primitiva. hasta lograr, al cabo de mil sustos y terrores, domesticarla en beneficio propio, y luego después de muchos esfuerzos y de incontables peripecias, lograron lo que se proponían, ponerla al servicio de los intereses británicos empeñados en destruir la República Federal con cuanto tenía de positivo para el progreso de Centro América. Stephens lo dice simplemente; pero no es una casualidad que un médico inglés fuera buscado para que le extrajera una bala del cuerpo al joven y sanguinario jefe de tribus irredentas.

No fue preciso esperar mucho tiempo para que Carrera se degradara en el incondicional servicio británico.

TRIUNFO ELECTORAL DEL SABIO VALLE COMO PRESIDENTE DE LA REPÚBLICA FEDERAL DE CENTRO AMÉRICA

El presidente de la Federación, General Francisco Morazán, convoco al pueblo ciudadano para elegir al Jefe y Vicejefe del Estado de El Salvador. Resultaron electos dos hombres de gran fama por su capacidad intelectual y por su virtud cívica. Nos referimos a don Dionisio de Herrera y don José María Silva.

La elección de Herrera fue un acierto del pueblo y debe haber producido grata satisfacción en el ánimo del Presidente federal por el conocimiento que tenía de la capacidad de electo para pacificar el pueblo. En las condiciones que transcurrían, francamente, El Salvador necesitaba un pacificador de talento. Pero Herrera, desgraciadamente, no aceptó el cargo, lo que dio motivo a una elección, resultando favorecido el general Nicolás Espinoza.

Pero ese año había otra elección más alta. La elección de autoridades federales. Y la que más interesaba, la elección de Presidente Federal, para cuyo alto cargo existían dos candidatos notables: un héroe: Francisco Morazán, y un sabio: José Cecilio del Valle.

Lo que sigue, lo dice el escritor Ramón Rosa:

"Entre revoluciones sofocadas o vencidas, y progresos iniciados o ensanchados, llego el año de 1834, en que por ley debían renovarse las Autoridades federales, y se procedió a elecciones. Morazán, siempre victorioso, y siempre consecuente con la causa de las instituciones, era el hombre de los prestigios militares, y contaba con los más sinceros y decididos amigos en todo Centro América, amigos como José Francisco Barrundia, como Pedro Molina, como Dionisio de Herrera, como Diego Vigil, como Trinidad Cabañas, como Mariano Prado. No obstante, Morazán confió al libre voto público la renovación de los poderes constitucionales. No quiso, a guisa de dictador, imponer a sablazos su voluntad a los pueblos, y eligieron Presidente de la República al estadista de su predilección, a José Cecilio del Valle. Esta persistencia de los centroamericanos en elegir a Valle fue la persistencia de la honradez y del buen sentido. La segunda elección de Valle forma la página más bella de nuestra historia, página en que aparecen tres nombres inmortales: el nombre de un pueblo sensato que eligió a un hombre civil, por ser el hombre de ciencia y de la ley; el nombre del General Morazán, que pudiendo, como vulgarísimo ambicioso, sofocar la voluntad de los pueblos, dejó libre su elección; y el nombre de José Cecilio del Valle que, por sus virtudes y por su saber, tuvo siempre el aprecio y los votos de sus conciudadanos. En la elección popular a lo largo y ancho de Centro

América, el Sabio Valle salió designado mayoritariamente Presidente de la República Federal de Centro América".

En otra parte escribe el doctor Rosa:

"Acostumbraba Valle hacer, con toda su familia, todos los años, una temporada en su hacienda llamada 'La Concepción', distante 18 leguas de Guatemala. Desde fines de diciembre de 1833 permanecía en 'La Concepción' disfrutando de completa salud; pero desde el 1°. de febrero de 1834 empezó a sentir distintos padecimientos físicos, aunque no de carácter alarmante. Así continuó por espacio de algunos días, hasta el 22 del mismo mes, en que, a las 5 de la tarde, fue atacado de una fuerte fatiga con hervor de pecho, mal del que nunca había padecido.

Traído de la ciudad de Guatemala el doctor Quirino Flores, médico de la casa, oyó del paciente y de la familia el proceso de la enfermedad y los medicamentos con que la habían atacado. Pero el doctor Flores, después de recetar lo que consideraba indicado, desatendió los ruegos familiares encaminados a que se quedara, y partió de la hacienda al día siguiente en dirección de Sonsonate, en donde lo esperaban asuntos importantes del Senado.

La familia Valle deseaba trasladarse a Guatemala, y su deseo fue secundado por el voto del doctor Flores. El día 1°. de marzo salió la familia de la hacienda, conduciendo al enfermo en una camilla arreglada de provisional manera. En la mañana del mismo día llegaron a la hacienda 'El Jute', tres leguas distante de 'La Concepción'. El enfermo sintióse muy aliviado, y en la mañana renacieron las más lisonjeras esperanzas. Mas en la noche, inesperadamente, se agravó el mal del enfermo, manifestándose, en particular, su gravedad por un prolongado delirio... (En él dijo muchas cosas que haría en la ciencia, en el gobierno y en otros campos de sus actividades).

Pasó el delirio y vino una ligera calma; pero después, en la madrugada, acometió al enfermo un nuevo ataque de fatigada: Valle se asfixiaba. La familia, con redoblados esfuerzos logró calmarlo, y continuaron su marcha para la hacienda 'Corral de Piedra', distante doce leguas de la ciudad de Guatemala. Pero a media jornada, y a eso de las diez de la mañana, en medio de una de las llanuras del camino, la camilla hizo alto: Valle se moría; la enfermedad le asestaba su último golpe... Siempre será memorable el infausto 2 de marzo de 1834. En aquel aciago día extinguióse la llama de la extraordinaria inteligencia del que fuera Gran Padre de la Patria: en aquel aciago día para desgracia de nuestros pueblos, quedó huérfana la Patria Centroamericana".

Habrá de comprenderse la conmoción social que produjo la muerte de José Cecilio del Valle, redactor del Acta de Independencia de Centro América, y recientemente electo Presidente de la República Federal. El homenaje fúnebre dedicado al Sabio Valle revistió caracteres de rito antiguo.

El más grande orador de la época, José Francisco Barrundia dijo:

"¡Ha muerto Valle! Este hombre era conocido en Europa. Su cabeza fue una luz, su boca fue el órgano de la elocuencia en la tribuna; sus escritos, la honra de la patria y de la ciencia. Se hundió Bentham en la noche eterna, en Inglaterra, desapareció su amigo Valle en Centro América. Ciudadano pacífico, cultivó con ardor la sabiduría; él estaba lleno de todos los principios elementales del Gobierno; él escribía por la gloria nacional y por el interés de la humanidad. Su concepción profunda y exacta aparecía en un lenguaje pausado, puro y majestuoso que presentaba los objetos por todas sus fases, y se desarrollaba en una argumentación clara y victoriosa. Su carácter firme y decidido tenía acaso los caprichos y las singularidades del genio. Sin transacción para los transgresores de la libertad pública, él oponía siempre el rigor de los principios, él sostenía la rectitud de las leyes. Su mente concebía la vasta confederación americana, núcleo inmenso de pueblos independientes contra la liga de reyes y tiranos.

Si deseaba el mando en la República, su corazón ardía en ilusiones no se lisonjeaba con el honor de regularizar el gobierno y de aplicar la ciencia del gobernante. Pero esmerado en la educación de su hijo, tranquilo en la vida privada, orgulloso y libre en su retiro, jamás se humilló ni a la revolución ni al poder. Su alma era el altar de Minerva; su placer era la armonía de la civilización. En su gabinete estaba el asilo sagrado de la sabiduría, contra las tempestades civiles.

Bajó a la tumba, cuando eran mayores sus sentimientos por la Nación, cuando los votos del pueblo lo ponían al frente de la República agitada. ¡Honor de esta cara patria, descansa en paz! ¡Recibe el tributo de los sabios y el gemido de tus amigos! ¡Únete a Bentham y a los astros! ¡Pensador luminoso, el crepúsculo de tu ocaso brillará siempre en la Nación! ¡Que el honor de los hombres ilustres corone tus sienes, y que enjuguen el llanto de tu familia la virtud inmortal y los acentos de la patria!".

SEGUNDA ELECCIÓN POPULAR DEL GENERAL FRANCISCO MORAZÁN PARA PRESIDENTE DE CENTRO AMÉRICA

Al desaparecer el Sabio Valle, hubo convocatoria de nuevas elecciones por decreto del 2 de junio.

El pueblo centroamericano veía en Morazán al hombre superior, a quien reconocía sus insuperados servicios a la patria como defensor de la Constitución y las leyes, como garantizador de las libertades democráticas y como impulsor del progreso nacional, no obstante la conspiración permanente de los conservadores, la iglesia de Roma y las grandes potencias.

En vista de tales antecedentes los electores centroamericanos lo aclamaron como su candidato único, confirmando con sus votos su libre voluntad para que continuara en la Presidencia Federal. Así, el general Morazán fue reelecto para un segundo período.

El Congreso Federal practicó el escrutinio y lo declaró popularmente electo a vista de la mayoría de votos para Presidente de la República, debiendo prestar el juramento y tomar posesión de su elevado cargo el 14 de febrero de 1835.

Mas, no todo debía reducirse a elevado ejercicio cívico. En San Vicente, capital del Estado de El Salvador, los sucesos políticos andaban muy mal.

La actuación del general Espinoza no satisfizo las aspiraciones del pueblo hondureño ni las del Presidente Federal debido a su falta de equidad en el desempeño de los asuntos administrativos y al proceder impolítico de apoyar a los que hacía poco habían trastornado el orden público.

Por tales razones, el Presidente Federal, siempre previsor, se preparó con tiempo para conjurar las consecuencias de aquella conducta mal llevada. Por fortuna, los amigos de Espinoza, ambiciosos y obtusos, se contaban en escaso número y eran incapaces de acompañarlo en un enfrentamiento con el general Morazán que ya marchaba sobre San Vicente.

Espinoza se dio cuenta de su situación y mandó un emisario al Presidente para decirle que las cosas eran muy fáciles de arreglar; que él renunciaba de la Jefatura si el Vicejefe don José María Silva hacía lo mismo. Silva, hombre de bien, ya había dejado aquel enredo.

El final fue que el general Espinoza salió de San Vicente el 20 de noviembre con rumbo al puerto de La Unión, donde se embarcó.

La asamblea ordinaria del Estado dictó un decreto muy honroso para el General Morazán. Reconoció sus esfuerzos y sacrificios en repetidas ocasiones en favor de la paz y la tranquilidad del Estado y le otorgó el grado de general del Ejército a la vez que lo elevó al rango de Benemérito de la Patria.

En estas y en aquellas turbulencias que siempre sofocaba el Presidente Federal se fue el año de 1835 y saludó con sus pitos y campanas el de 1836.

La ciudad de San Salvador era la capital de la República Federal de Centro América. Allí residían las autoridades supremas de la federación. Y pocos días después de haber tomado posesión de la Presidencia, el General Morazán se presentó ante el Congreso Federal que presidía don Juan Barrundia a rendir cuenta de sus actos en el mensaje del 21 de marzo en el cual dijo:

1°. El Gobierno de los Estados Unidos de América, por medio de agentes, expresaba deseos de establecer relaciones diplomáticas con el Gobierno de Centro América. Aparte de la consideración que los países independientes y soberanos debían cultivar relaciones amistosas entre sí, dejaba a la deliberación de los representantes del pueblo la decisión de si convenía o no acreditar un Ministro en Washington.

2°. La situación fiscal del país se hallaba en condiciones muy malas porque los disturbios constantes obligaban al Gobierno a acordar gastos extraordinarios. La situación turbulenta en el interior del país y la amenaza constante del exterior, obligaba al Gobierno a mantener un ejército en condiciones de garantizar la paz y la independencia.

3°. Como San Salvador hacía las veces de Distrito Federal mientras se acordaba lo más indicado, informaba que en varias ocasiones había sido campo de discordias domésticas, en el que se había derramado sin motivo la sangre salvadoreña. Pero que recuperada la paz, la diligencia vecinal había dejado el arma y tomado el arado para incrementar la agricultura, y con ésta las demás ramas de la producción.

4°. Se refirió a la amortización de la moneda haciendo resaltar las dificultades del cambio en perjuicio de los intereses comerciales, y manifestaba la urgencia de hacer que desapareciera la moneda clandestina, como un medio de cimentar la confianza y restablecer el crédito nacional. Consideró conveniente aplicar fuertes castigos a los falsificadores, pues no había ninguna ley para aplicarla a los que defraudaban los intereses del Gobierno y de la sociedad, sugiriendo en el caso que se diera una providencia oportuna.

5°. Informó que desde el tiempo de la Administración de don Dionisio Herrera en Nicaragua se había establecido una Agencia en aquel Estado para que estudiara y sugiriera todo lo concerniente a la pronta construcción del Canal interoceánico.

6°. "La educación de la juventud, de esa porción escogida para regir en algún día los destinos de la República, ha merecido muy particularmente la atención del gobierno. Un pueblo que, rompiendo las cadenas de la esclavitud, se arroja, digámoslo así, de repente en el camino de la libertad, no puede marchar sin tropiezos por él, sino buscando en la educación el cultivo de su inteligencia e instruyéndose en el cumplimiento de sus deberes… No hablo aquí de la educación culta y esmerada que exige grandes establecimientos literarios, y se acomoda tan bien a toda clase de Gobierno; hablo de la sencilla educación popular, que, sin tener por objeto las ciencias exactas, que han dado celebridad a muchos hombres, es el alma de las naciones libres. Humilde en sus deberes y simple en sus aspiraciones, la juventud se contenta con saber leer, escribir y contar. Algunas nociones de moral y de política y unos pocos conocimientos de otras materias, que faciliten el de las artes y oficios, es todo lo que necesita un pueblo para su dicha y libertad; y esta es la clase de instrucción que el Gobierno procura a los habitantes del distrito con el mejor éxito".

7°. Como ya se habían puesto en evidencia las fallas de que adolecía la Constitución Federal, fallas que causaban tantos daños a la República, dejaba a la voluntad de los representantes la meditación del asunto. Y agregaba: "Es a vosotros a quienes pertenece emprender con energía y firmeza esta obra digna de vuestras luces y patriotismo, y dar al pueblo en la mejora de sus instituciones, dicha, reposo y gloria".

8°. Como Morazán fue el Morazán que recogió en sus páginas la historia, y el Morazán que no vio nadie, pero hay quienes lo adivinan, para terminar su discurso, dijo:

"Doce años de aguardar entre infortunios y vicisitudes ese futuro de prosperidad, tantas veces prometido, ha inspirado a los pueblos el justo deseo de una reforma radical, y ha revelado al hombre que piensa los vicios de que adolece (la ley vigente), que semejante a un árbol hermoso que fue trasplantado a un clima exótico, se marcha y decae al poco tiempo, sin haber producido los frutos que se esperaban".

Lástima grande que tan tarde pensara Morazán en la REFORMA RADICAL de la Constitución Federal. Esa REFORMA RADICAL debió haberse hecho al solo terminar la Guerra Civil en 1829. Porque el RADICALISMO de una Constitución nace de lo que destruyen y lo que siembran sus gestores. Centro América estaba totalmente radicaliada en los años de la Guerra Civil. Después se fue enfriando. Y si es verdad que en los años del Mensaje de Morazán, estaban en San Salvador, Juan y José Francisco —como quien dice Robespierre y Saint Just — el Congreso Federal y el Senado se habían llenado de zorros conservadores.

Aquella desdicha que fue la Constitución reformada, ni siquiera llegó a probarse en la práctica.

1837, AÑO EN QUE APARECE EL "CÓLERA MORBUS" PARA DESDICHA DE LOS REFORMADORES CENTROAMERICANOS

Es sabido que durante los meses que siguieron al año 36, después de la toma de posesión de la Presidencia de la República y durante este año de 1837, el General Morazán continuaba en El Salvador ejerciendo su alto cargo rodeado de un ambiente de tranquilidad e impulsando todas las actividades de la vida nacional.

Mas, el partido conservador compuesto en su mayor parte de clérigos y aristócratas que había sido arrojado del poder desde 1829 y que maniobraba por todos los medios que tuviera a su alcance, sin reparar en que estos medios fueran decorosos o no, se valió en esta ocasión de la desgracia que sembró el terror en Centro América, y en mayores proporciones en Guatemala y Honduras; se trata de la terrible epidemia del cólera que azotó sobre todo a las masas indígenas.

Dice el viajero norteamericano Stephens (en otra parte lo citamos textualmente y con más amplitud): el año de 1837 el cólera, en su marcha destructora sobre todo el mundo habitado, y que hasta entonces había perdonado a esta porción del continente americano, hizo su terrible aparición, cubriendo su suelo de cadáveres y dando motivo a convulsiones políticas. Propicio fue este suceso para que la ignorancia y el fanatismo, instrumentos manejados por aquellos falsos ministros que burlaron su delicada misión, hicieron surgir la discordia y las masas se levantaron armadas echándose en diferentes encuentros contra las fuerzas del Gobierno. Se habían valido los adversarios de la Federación de un artificio que hizo un efecto malévolo en la conciencia de los humildes campesinos, tal artificio consistió en decir que aquella epidemia la había provocado el Gobierno al ordenar el envenenamiento de las aguas para exterminar la raza indígena.

¿Para qué más?

La sublevación cobró mayor desarrollo en los pueblos de Guatemala, cuyo gobierno estatal en vista de la situación difícil que enfrentaba, pidió ayuda al Presidente de la República, que se encontraba en San Salvador, capital de la República Federal.

La insurrección llegó a tal grado que el jefe de las masas indígenas, Rafael Carrera, entró en la plaza de Guatemala, donde permaneció por un tiempo para después pasar al distrito de Mita con el cargo oficial de Comandante.

Carrera, con el "dogma religioso" que el Gobierno había mandado envenenar las aguas para destruir a los indios; con una fuerza que no era un ejército disciplinado sino tribus enteras delimitadas por sus idiomas o dialectos; y con la debilidad de un Gobierno estatal y una clase dirigente vil, que aborrecía a Morazán y al verse amenazada por Carrera lo llamaba para que la salvara, en el entendido que al estar salvada volvía a aborrecerlo con más furia, tenía en sus manos todas las de ganar, como en efecto, con el tiempo, así sucedió. Carrera, con el apoyo de sus masas indígenas y con el apoyo de Inglaterra que había descubierto las fuerzas de la selva para sus objetivos, como lo dejaba ver para crear un reino subalterno de Su Majestad la Reina Victoria, estaba destinado a posesionarse de la situación y de reemplazar el dominio más o menos civilizado de la ciudad por el señorío de la montaña.

La montaña… y a los finos señoritos de la aristocracia, Carrera, el bárbaro, les dio a comer en la plaza pública hojas verdes de pacaya traídas de las montañas de Tezulutlán.

Carrera, a pesar de las pretensiones conciliatorias de Morazán que se daba perfecta cuenta del rumbo que tomaban los acontecimientos, reanudó sus correrías cometiendo desafueros y sembrado el terror y la muerte en el Estado de Guatemala. La Asamblea, compelida por aquellas críticas circunstancias, no tuvo otra determinación que llamar al Presidente Morazán, por dos veces, por considerarlo el único capaz de salvar el Estado de las atrocidades cometidas por aquellas huestes de pillaje y destrucción. Al mismo tiempo aclamaban sus auxilios los comerciantes y propietarios por ser éstos los más amenazados y sus intereses los más ambicionados por las tribus en rebelión.

Morazán salió de San Salvador y se dirigió a la ciudad de Santa Ana, donde recogió 1,300 hombres el 9 de marzo para seguir su marcha hacia la ciudad de Guatemala. En la hacienda de Las Piedras, recibió las comisiones de los dos partidos políticos en que estaba dividida la ciudad, por medio de las cuales uno y otro acudían a felicitarlo y a darle las gracias por la oportunidad de su auxilio y por la nueva vida que daría a los guatemaltecos. Aquí confirmó Morazán el odio profundo que se guardaban aquellos partidos.

Las solicitudes que ambos bandos le hacían a Morazán y las acusaciones de aquellos, decía don Máximo Orellana, exsecretario del Presidente Federal, fortificaron al General en su propósito de no favorecer las miras de ninguno de ellos y de evitar en cuanto pudiese la preponderancia de cualesquiera de los dos; propósito que llevó a cabo sosteniéndolo con admiración de todos, aun en las ocasiones más difíciles y que tal vez hoy origina las acusaciones que aquel vergonzoso rencor fulmina contra él.

De Corral de Piedras, siguió su marcha Morazán y a su paso por Mataquescuintla, cuartel general de los facciosos, atacó a éstos y los desalojó de sus fortificaciones, obligándolos a refugiarse en las montañas. Después de esta acción, Morazán emitió el decreto de 5 de abril, por el cual quedaba el distrito de Mita bajo el régimen y se ofrecían garantías a los que se presentaran a las Comandancias establecidas. Entre tanto varias columnas limpiaban la montaña y restablecían el orden en los poblados. Las fuerzas tenían instrucciones de tratar con generosidad a los vencidos y aun a sus propios cabecillas.

De Mataquescuintla, Morazán siguió su marcha hacia la ciudad de Guatemala, encontrando en el trayecto comisiones de los dos bandos políticos encargados de suplicarle que pasase cuanto antes a la capital para calmar la ansiedad del vecindario motivada por las amenazas de los lugartenientes de Carrera que desbordados en sus pasiones y ciegos de ambición no respetaban honras, vidas ni haciendas.

Aquellas súplicas provocaron en Morazán desconfianza y repulsión, porque de parte de sus enemigos y de los infidentes al partido federal, llevaban acompañadas las desdorosas miras de la adulación y el chisme. Y no podía ser otra la conducta del patricio;

pues reprochables acciones estaban en pugna con su hidalguía y su blasón de hombre recto.

Llegó entre cuatro y cinco de la tarde, del día 14 de abril a la ciudad de Guatemala. Su arribo a la capital fue acontecimiento de júbilo en los habitantes de la ciudad, las demostraciones de adhesión y simpatía que a su paso le prodigaban fueron espléndidas y pomposas.

A raíz de su llegada, el 16 de abril, gran número de vecinos le presentaron sus ruegos para que asumiera el mando del Estado, y seguidamente una comisión de 14 individuos que decían representar a todas las clases, corporaciones y gremios de la capital, seguida de una multitud de personas de ambos sexos, se dirigieron a él, pidiéndole que desapareciese la autoridad suprema del Estado y que el General Morazán la asumiese en toda su plenitud sin restricciones de ninguna clase. Claramente, con estas quejumbres los interesados le estaban pidiendo al Presidente Federal que asumiese la Dictadura del Estado de Guatemala. Pero él, con la firmeza y dignidad de un republicano amante de la libertad, rechazó el poder discrecional que se le brindara.

Entendámonos: el Presidente Morazán en su mensaje al Congreso Federal cuando asumía por segunda vez la primera magistratura de Centro América, pidió una REFORMA RADICAL de la Constitución para que una LEY RADICAL le permitiera desempeñar su cargo con MEDIDAS RADICALES. Al fin se convenció el General Morazán que se necesitaba un Robespierre legalista en Centro América, porque el mejor gobierno es aquel que golpea dentro de la ley, para evitar la pedir una REFORMA RADICAL de la Constitución a aceptar el poder desnudo del tirano Agatocles para manejar una dictadura en Guatemala, eso era indigno de la altísima personalidad de Morazán, aunque estuviera bien, como más tarde se vio, para el indio Carrera.

Tres días después de su llegada a Guatemala el General Morazán dirigió desde el Cuartel General con fecha 17 de abril, un interesante oficio sobre la precaria situación en que se hallaba la capital y sobre la necesidad de proceder a poner en práctica las disposiciones del caso para remediarla; y aquella Asamblea emitió, en vista de la naturaleza de los acontecimientos, el decreto en que las autoridades supremas de

Guatemala se ponían bajo la defensa y protección del Gobierno Nacional y las fuerzas de todas clases quedaban bajo la dirección y organización del Presidente Federal, para defender los derechos del Estado y suprimir las facciones.

EL JEFE JOSÉ MARÍA CORNEJO PRETENDE SEPARAR EL ESTADO DE EL SALVADOR DE LA REPÚBLICA FEDERAL

Todos los historiadores nacionales y extranjeros convienen en que el año de 1830 inició cuantas actividades debían llevar a la República Federal de Centro América a una época de verdadero progreso. Las garantías ciudadanas ofrecidas a los habitantes por el nuevo Gobierno, en un ambiente de paz y de concordia, estimulaba en todas partes el trabajo y la prosperidad, dando al país más pujanza en sus principios democráticos. Y palpable era el adelanto en todas las esferas políticas, administrativas y sociales, adelanto que se proyectó al año siguiente, a 1831, con sus fecundas labores, con su entusiasmo republicanos y con sus logros positivos. Los ciudadanos centroamericanos, desde los más humildes hasta los más encumbrados se sentían orgullosos de una patria que iba a toda marcha a ponerse en la vanguardia de las naciones de la América Hispana.

Pero la gran empresa realizada en favor de la República por la pequeña burguesía centroamericana y por el pueblo laborioso, tenía sus enemigos solapados dentro de los propios cuadros de la revolución creadora.

La traición por desgracia —dice el autor que nos guía — surgió en el Estado destruido por el pueblo que más había luchado en la restauración de la República. Surgió en El Salvador, debido a las pérfidas maniobras de su Jefe de Estado, el señor José María Cornejo, republicano en la superficie, aristócrata en su fuero interno; federalista a pleno día, separatista en las sombras de la noche.

Merced a la cooperación de aquel jefe traidor, los adversarios del régimen establecido se lanzaron a la guerra. Ya se dijo que Manuel José Arce, quien fuera Presidente de la República Federal y responsable de todos los daños que produjo la guerra civil de 1826 a 1829, invadió el país por Soconusco; Vicente Domínguez, militar que les hacía los mandados a los curas reaccionarios de España, presentóse en Trujillo; y Ramón Guzmán, lugarteniente del anterior, tomó el fuerte de Omoa. Todo esto ya está dicho, pero lo repetimos porque falta poner en claro la trama reaccionaria que tenían en mira aniquilar la República.

Ya se sabe que Morazán había prometido solemnemente mantener la integridad de la Federación, y siendo así dispuso con su firmeza de carácter y su evidente lealtad a la patria, hacer honor a sus compromisos morales y cívicos, poniendo fin de una vez a las facciones que trastornaban el orden público.

Cornejo había provocado una reunión extraordinaria de la Asamblea del Estado, la que estaba de acuerdo con sus planes disociadores, dando en efecto el decreto de la separación del Estado de El Salvador del Pacto Federal.

Morazán preparó un ejército para someter al brote sedicioso, y las Asambleas y los Jefes de los Estados de Costa Rica, Nicaragua y Honduras se apresuraron a censurar aquel acto, a presentarle su adhesión al Presidente Federal y a prestarle el contingente necesario en aquella emergencia.

El pueblo salvadoreño, en desacuerdo con los separatistas, mostró una valiente actitud oponiéndose a los mandatos de aquellos funcionarios que estaban fuera de las leyes del Estado y de la Federación.

En consonancia con esta actitud popular, el general Morazán obtuvo la facultad del Senado para trasladar la capital de la República —ya que ésta no tenía lugar propio— a la ciudad de San Salvador, foco de la sedición para no acatar las leyes federales. Desde allí podría el Gobierno aplastar a los Cornejo, los Arce, los Domínguez y los Guzmán.

Al ponerse en marcha el Presidente Federal en Jalpatagua recibió el decreto de la Asamblea en que se prohibía la entrada de las autoridades supremas al Estado de El Salvador, añadiendo que serían repelidas a balazos si pretendían entrar en aquel territorio.

Morazán enterado de todas las maniobras de Cornejo entró por el departamento de San Miguel con su ejército compuesto de fuerzas salvadoreñas, nicaragüenses y hondureñas.

Cornejo se situó con 600 hombre en el pueblo de Jocoro. Morazán, con pericia, situó fuerzas al frente y en la retaguardia del enemigo. A las tres y media de la mañana del 14 de marzo empezó el combate. Lo inició Cornejo con gran arrojo sobre el flanco derecho de las fuerzas federales. Hubo suspensión del fuego en ambos lados, y reanudado antes del amanecer. Con una acometividad sorprendente el ejército federal en horas destruyó las tropas de Cornejo que desmoralizadas se dieron a la huida.

Pero Cornejo amaba su causa y volviendo a San Salvador preparó la plaza para hacer resistencia, a la vez que recibía las desalentadoras noticias que los Comandantes de Armas de Metapán, Sonsonate, Chalatenango y otras poblaciones se habían pronunciado en contra de su gobierno.

Después del triunfo de Jocoro el Presidente se dirigió con su ejército a San Miguel para darle un descanso y en donde fue recibido con regocijo y afecto personal. Allí supo que el coronel Prem venía de Guatemala con tropas auxiliares y que había acampado en Ahuchapán en espera de órdenes. El Presidente se puso en contacto con Prem para combinar un ataque sobre San Salvador y sacar a Cornejo de esta plaza.

Después de choques de fuerzas de vanguardia, el Presidente llegó a Soyapango, donde trazó el plan de ataque, señalando como puntos principales el camino de Soyapango, Milingo y la Charca. Además, fueron anotados varios lugares para distraer la atención del enemigo.

El teniente coronel Narciso Benítez mandaba la primera fuerza de infantería, compuesta de oficiales y soldados nicaragüenses, y el teniente coronel Francisco Domínguez, la segunda, compuesta de oficiales y soldados hondureños. Las dos daban un total de 400 hombres.

Con estas fuerzas y sus jefes el general Morazán se dirigió a las fortificaciones de la Charca. En el punto, les indicó las trincheras que debían atacar. La acción de cada jefe fue tan admirablemente desarrollada que ambos con gran velocidad tomaron sus objetivos.

Más tarde el ataque siguió con furia sobre la plaza mayor donde los soldados que la defendían opusieron enérgica resistencia, pero todo fue inútil ante el empuje del ejército federal

Librada esta batalla el 28 de marzo con mala estrella para el gobierno separatista e impopular, Cornejo desapareció del escenario militar.

La misma suerte corrieron los demás jefes de la insurrección combinada. Arce, invasor por Soconusco, fue abatido por los coroneles Raoul y Martínez; Vicente Domínguez y Ramón Guzmán, invasores de Honduras, fueron atacados y perseguidos por los coroneles Torrelonge, Gutiérrez y Ferrera, quienes los derrotaron en Tercales, Jaitique,El Espino, Opoteca, Trujillo y finalmente en el Castillo de Omoa. Al final, ambos caudillos fueron capturados y fusilados.

Libre E1 Salvador de la rebelión de Cornejo, el Presidente federal procedió a dictar las medidas para restablecer la legalidad. Con tal objeto emitió el decreto del 3 de abril por el cual asumió el mando del Estado y a continuación la Asamblea en decreto del 13 de mayo eligió Jefe y Vicejefe del Estado de El Salvador a los señores don Mariano Prado y don Joaquín San Martín, respectivamente. Como había cierta mala voluntad recíproca entre ambos ciudadanos, Prado a pocos meses tuvo que renunciar, quedando la Jefatura del Estado en San Martín.

Tranquilizado El Salvador, el Presidente Morazán volvió a Guatemala.

EL JEFE DE ESTADO JOAQUÍN SAN MARTÍN PROVOCA EL DESORDEN EN EL SALVADOR

Estaba escrito —como se dice— que no debía haber tranquilidad en El Salvador durante el año de 1833. Contra todo lo imaginado por el Presidente federal Morazán, no debía reinar la paz entre los salvadoreños tan deseada para impulsar el progreso general de la Nación. Los habitantes del Estado se habían dividido, unos eran partidarios de Prado, a quien consideraban hombre bondadoso y justiciero, y otros favorecfan a San Martín, que resultó ser irreflexivo y arbitrario.

En todo el país, y particularmente en San Salvador, la situación se fue llenando de conflictos, al punto que el Vicepresidente de la República Federal, General Gregorio Salazar, tuvo a bien trasladar el Gobierno de la Federación a la ciudad de Sonsonate, desde donde desarrolló su actividad administrativa.

En esas se hallaba el órgano ejecutivo supremo cuando llegó el año de 1834, que encontró al Vicejefe San Martín tratando de agitar las aguas tranquilas de la paz popular y de hacerle cuantas dificultades fueran posibles al Gobierno federal en sus afanes progresistas. A veces uno piensa que sólo el Presidente Morazán, el Ejército que resolvía a punta de bala las situaciones negativas, los cuadros que componían la pequeña burguesía avanzada en la extensión de la República y el pueblo trabajador no engañado por los conservadores y los curas, era lo que realmente valía la pena en Centro América. Lo demás era basura humana sugestionada y manejada por infinidad de pillos.

El 11 de mayo fue asesinado don Máximo Menéndez, distinguido federalista, ampliamente estimado por la sociedad salvadoreña y amigo personal del general Morazán. A raíz de aquel crimen, el Congreso Federal acordó que el Poder Ejecutivo Supremo debía instalarse en San Salvador para impedir que siguieran cometiéndose parecidos hechos y para restablecer el orden.

El Presidente se trasladó inmediatamente a la capital salvadoreña y sirvió de mediador entre San Martín que falsamente mostraba obediencia a la autoridad suprema y los grupos disidentes que seguían sosteniendo la legalidad de Prado. Al término de las pláticas, fue firmado un convenio que San Martín desdeñó, haciendo salir sus tropas para Cojutepeque y luego las siguió con un grupo de partidarios.

El Congreso mantenía el mismo anhelo del Presidente, evitar el derramamiento de sangre. Por ello apeló una vez más a las medidas conciliatorias, para lo cual mandó con un pliego de propuestas al Teniente Evaristo Estrada al lugar donde se encontraba San Martín.

La respuesta fue propia del rebelde: el Teniente Estrada fue asesinado. No había que insistir más.

El 23 de julio, entre seis y siete de la mañana, fue divisada la tropa de San Martín que se hallaba en el camino de San Jacinto. No era una tropa compuesta de cuatro gatos, como suele decirse, eran 3,000,una masa enorme para aquel tiempo. Las fuerzas federales gracias llegaban a 500 números, procedentes de Guatemala, más 100 patriotas salvadoreños que se sumaron a la causa legitimista. Ante la desigualdad de fuerzas, Morazán tuvo que decir una breve arenga:

"¡Soldados! En breve seremos atacados por el enemigo. Estoy seguro que no desmentiréis vuestro valor. Como tenéis mejor conocimiento de la guerra, vuestra será la victoria. Pero como no siempre el ánimo está dispuesto a combatir, el que no quiera empeñarse que lo diga con franqueza, porque no se ganan triunfos con hombres forzados".

Nadie se negó a combatir.

Las tropas de San Martín abrieron el fuego logrando romper algunas avanzadas federales; pero en respuesta, se lanzó la caballería morazánica sobre la infantería rebelde, haciéndola retroceder hasta destrozarla. En otra parte, varias compañías del ejército de San Martín rompían las paredes y las puertas de cierto sector de la ciudad y avanzaban sobre algunos puntos, logrando sorprender al Presidente, ocasionándole una herida leve. En respuesta, Morazán ordenó el asalto del edificio desde donde hacían fuego y varios veteranos se introdujeron en aquel por una tronera, librándose una lucha feroz a bayoneta calada en que fueron aniquilados los reclutas de San Martín.

Al intensificar el ataque en todos los frentes, las fuerzas federales fueron más impetuosas hasta producir una tremenda derrota al ejército del Vicejefe rebelde, que dejó las calles llenas de cadáveres y numerosos prisioneros.

Morazán, como siempre, fue aclamado por el pueblo.

Al desaparecer San Martín de la escena pública, el Vicepresidente federal, General Gregorio Salazar, se hizo cargo del Gobierno de El Salvador, mientras se convocaba al pueblo para que eligiera a las autoridades del Estado.

Días después, en su carácter de Consejero de Estado se hizo cargo de la Jefatura don José María Silva.

Hombres sin ideales como Arce, como Cornejo, como San Martín echaron a perder la República Federal. No importa que en el esfuerzo por la independencia diera alguna colaboración valiosa. Terminaron en aquello que pone en claro el refrán: "Borraron con el codo lo que escribieron con la mano".

Es que eran hacendados. Tenían vacas. Se remiraban en ellas. Y no les importaba lo demás. Buena es la leche, la mantequilla, el queso, la carne asada. Y adorable es la vaca familiar en la casa de campesinos pobres, adornando el conjunto pastoril con el ternerito y sus amigos el caballo, el asno y las gallinas. Pero nadie ha reparado en que la vaca, con ser tan servicial y tan amable, cuando se multiplica en la hacienda de millares y hasta millones de cabezas crea un orden social que cubre una geografía inmensa que viene desde Argentina y Chile, sube en América del Sur por el Atlántico y el Pacífico y muere en México. La vaca, devorada en la América Hispana, y sagrada en la India, retiene en el atraso pastoril a centenas de millones de seres humanos, en el atraso centenario y milenario.

Si el lector se da cuenta del papel que desempeña la vaca en la América Hispana, con facilidad interpretará las palabras del Libertador Bolívar:

"...Nuestras guerras civiles las forman dos partidos: CONSERVADORES y REFORMADORES. Los primeros son, por lo común, más numerosos porque el imperio de la costumbre produce el efecto de la obediencia a las potestades establecidas; los últimos son siempre menos numerosos, aunque más vehemente e ilustrados. De este modo la masa física se equilibra con la fuerza moral, y la contienda se prolonga, siendo sus resultados muy inciertos".

Tenía Bolívar el alcance visionario de más de un siglo. La contienda de CONSERVADORES y reformadores, que no ha terminado, aún se prolonga y sus resultados siguen siendo inciertos. En nuestro lenguaje metafórico, la vaca que es geófaga se niega a entregar los grandes territorios de sus latifundios y a menoscabar el régimen social correspondiente; y ante esta resistencia el tractor agrícola exige, inútilmente, en unas partes la capitalización del campo y en otras la socialización de la tierra.

Pero dejemos esto; en otros conceptos, lo que Arce, Cornejo y San Martín estaban haciendo, a conciencia o en completa ignorancia, al debilitar las fuerzas de la República Federal de Centro América, era ayudando a Inglaterra para que se adueñara del territorio centroamericano desde Belice hasta Costa Rica.

Morazán, estadista, lamentaba la ceguera o la traición de estos centroamericanos.

1838, AÑO EN QUE LA MONTAÑA INVADE Y LA CIUDAD TIEMBLA

Al ser amenazada la capital del Estado de Guatemala por segunda vez por los facciosos encabezados por Carrera, la Asamblea decretó el 21 de abril que el Gobierno se trasladara a la ciudad de la Antigua y autorizó al Presidente de la República para que gobernara por sí mismo o por medio de otras personas de su entera confianza el distrito de Guatemala, ejerciendo él en su caso las facultades que le concedía el Art. 176 de la Constitución Federal.

Este Art. que establece lo que se llama Estado de Sitio, dice:

"Art. 176.-No podrán, sino en caso de tumulto, rebelión o ataque con fuerza armada las autoridades constituidas:

1) Desarmar a ninguna población, ni despojar a ninguna persona, de cualquier arma que tenga en su casa, o de las que lleve lícitamente.

2) Impedir las reuniones populares que tengan por objeto un placer honesto, o discutir sobre política, y examinar la conducta pública de los funcionarios.

3) Dispensar las formalidades sagradas de la ley para allanar la casa de algún ciudadano o habitante, registrar su correspondencia privada, reducirlo a prisión o detenerlo.

4) Formar comisiones, o tribunales especiales para conocer en determinados delitos, o para alguna clase de ciudadanos o habitantes".

Así las cosas quedan más claras. Sigamos.

Investido de aquellas facultades dadas por la Asamblea con el beneplácito de los habitantes y sobre todo de los que poseían intereses que peligraban al caer en manos de los forajidos, Morazán no obstante que conocía el ambiente cargado de odio en que se debatían aquellos partidos y los juegos de la intriga para conseguir sus propósitos, sabía que todo aquello era parte que una trama más amplia que tendía a invalidar el Pacto Federal. No obstante, Morazán se mantuvo en sus obligaciones como gobernante y ciudadano de luchar siempre por la libertad de los oprimidos y de la unidad centroamericana.

Con el concurso de sus fieles amigos y de sus leales y sufridas tropas, Morazán se decidió a luchar por la defensa y pacificación de Guatemala y por los derechos de la República Federal. Organizó y disciplinó debidamente sus fuerzas y las distribuyó en columnas para atacar a los insurrectos de Carrera que acampaban en Jutiapa, Jocoy, Mataquescuintla y Amatitlán.

En todos los encuentros fueron derrotados los carreristas. Pero los más reñidos fueron los combates de Mataquescuintla, dirigido personalmente por el General Morazán, y el de Amatitlán, bajo el mando del Teniente Coronel Manuel A. Lazo. Los demás jefes con sus tropas se portaron a la altura de su deber, al grado que la rebelión había concluido el 8 de mayo.

El General Morazán dirigió una proclama a los valientes de Amatitlán, en la que resaltan estas frases: "Soldados! Siempre os he apreciado por valientes, pero en la gloriosa jornada de ayer, en donde cada uno de vosotros tuvisteis que vencer ocho enemigos armados y decididos a consumar su crimen, os habéis portado como héroes. Yo os saludo en nombre de la patria con este hermoso título. Seguid mereciéndolo y evitareis que el nombre de nuestro hermoso país sea para siempre borrado por la mano de los salvajes, en nombre de los pueblos civilizados".

Otras partidas carreristas fueron derrotadas en la hacienda de Quezada, Chiquimulilla, Las Vírgenes, Fraijanes y otros lugares.

Cuando aún todavía hallábase Morazán dedicado a exterminar las facciones de Carrera, el Congreso Federal de San Salvador, capital de la República entonces, emitió un decreto el 30 de mayo en que declaró que los Estados eran libre para constituirse del modo que tuvieran por conveniente, conservando la forma republicana, popular, representativa.

Prosiguiendo Morazán los preparativos para continuar su empresa y cuando se disponía a recorrer de nuevo su vasta línea de operaciones, recibió órdenes terminantes del Gobierno Federal para regresar a San Salvador, donde urgentes asuntos reclamaban su presencia. Tuvo que regresar a la capital dejando la campaña pacificadora a cargo del coronel Carballo, retirándose en consecuencia del mando del Ejército. Esto sucedió en los últimos días del mes de junio.

(Si Morazán se queda en Guatemala extermina totalmente la rebelión carrerista y desaparece la amenaza de la montaña. Pero como el estratega británico estaba viendo este hecho, que no le convenía, entonces creó un nuevo frente distante al que debía acudir sin demora el Presidente Federal. Si no se hacen estas conjeturas, no se entiende el remolino de contradicciones en que había caído la República Federal en agonía).

Entre tanto, y estando ya Morazán en San Salvador, en donde tenía que solucionar graves problemas, el indio Carrera, libre de una acción que detuviera sus desmanes, continuaba en Guatemala poniendo en situación desesperante a sus moradores. No cesaban ser cometidos por aquel hombre contumaz, horrorosos asesinatos, desbordantes saqueos, devastadores incendios, asaltos vandálicos a pueblos indefensos, violaciones feroces a mujeres y mil excesos, que formaban un sombrío y diabólico cuadro de barbarie.

Los habitantes de Guatemala, angustiados por tanta ignominia, buscaban los medios de acabar con ella y nuevamente volvieron al único recurso de que podían hacer uso: llamaron con súplicas al General Morazán para que fuese a salvarlos.

Morazán vaciló en acceder a aquellas súplicas porque serios y delicados asuntos lo retenían en San Salvador, entre ellos la grave cuestión de los partidos de Zacatecoluca y la reforma relacionada con la disolución del Pacto Federal. Pero los dictados de su conciencia lo decidieron a acudir nuevamente en auxilio de los acongojados habitantes de Guatemala asombrado de las funestas escenas que sucedían en aquella capital. Con esta humanitaria determinación Morazán prefirió el juicio que le deparara la historia.

El General Morazán con el solo auxilio que le diera el Gobierno de El Salvador, alistó una nueva columna de 1,000 y con ella acudió a defender nuevamente a Guatemala.

Entre tanto, habiéndose aproximado Carrera a la ciudad, después de sus triunfos en Jalapa y Petapa y de haberse provisto de los elementos que le faltaban en la Antigua, el General Salazar, que había hecho fracasar los propósitos del caudillo faccioso en Amatitlán, salió precipitadamente de esta ciudad para llegar a tiempo y salvar a Guatemala de una nueva invasión.

Carrera atrincherado con sus hordas en Villanueva en las cercanías de la ciudad de Guatemala, se vio inesperadamente atacado por el General Salazar y después de una furiosa lucha, en la que 850 federales se batieron contra 1,500 facciosos, el día 11 de septiembre, el caudillo montañés sufrió una de sus más tremendas derrotas.

Mientras estos sucesos tenían lugar, el General Morazán iba en marcha hacia Guatemala, tocándole a él y a su ejército una jornada de penalidades debido a inconvenientes encontrados en el camino, originados por las lluvias.

Y algo más grave que aquellas penalidades le ocurría en su marcha: el faccioso, el ignorante y temido defensor de la religión, abrigaba en su conciencia para el invicto defensor de la democracia, negros instintos sanguinarios, pues se cernían en su mente la inclinación furiosa de acabar con aquella vida, aun recurriendo al cobarde y vil asesinato.

Conocedor del camino que llevaba Morazán en su marcha para Guatemala, escogió los parajes más propicios para consumar su crimen y empezó por desarrollar su siniestro plan en el paraje llamado El Guapinol, apostó en este lugar a diestros tiradores, quienes al pasar el General en Jefe seguido de su Secretario, fue sorprendido en el preciso momento que su caballo tropezaba y se iba de bruces, circunstancia feliz que lo salvó de una muerte segura.

Desgraciadamente la víctima de este atentado fue su Secretario el Licenciado Juan E. Milla. Siguiendo su marcha el General en Jefe, sano y salvo, se adelantó a su división, acompañado solamente de sus edecanes, del Presbítero Luis Cambronero y. del ciudadano Juan Barrundia, con quienes llegó a la hacienda de Arrazona, con el objeto de establecer su Cuartel General y ponerse de acuerdo con las fuerzas del General Salazar para atacar a Carrera una vez que tuvieran conocimiento del número y condiciones en que se encontraba.

Y fue en este lugar donde por segunda vez se atentó contra la vida del Benemérito. Los criminales escogidos para consumar el asesinato yacían ocultos en la habitación contigua y comunicada a la pieza, premeditadamente escogida, para habitación del General Morazán, a efecto de facilitar el crimen. Llegada la hora convenida para cometerlo en el silencio de la noche, y validos de la impunidad que les prodigaba el momento en que Morazán profundamente en su hecho de campaña, sigilosamente y armados de puñales, listos para cortar el hilo de aquella preciosa vida, sacudióse la conciencia de los asesinos, revelóseles contra sí mismos, y el ímpetu del mal súbitamente contenido por el arrepentimiento anonadó la acción criminal de los malvados que huyeron, espantados de su ignominia, entre las sombras de la noche.

De Arrazola siguió su marcha Morazán hacia la Villa de Guadalupe, en donde lo encontró el General Salazar, quien le informó de la situación de sus fuerzas y de la alarma que cundía en la ciudad de Guatemala.

El informe de Salazar sirvió al General Morazán para apresurar su marcha a la plaza de Guatemala. Al llegar a ésta se manifestó, como la primera vez que llegara a la misma ciudad, el regocijo popular, y sin pérdida de tiempo procedió con la mayor actividad a dictar las medidas más urgentes que requerían las circunstancias anómalas en que se hallaba la capital del Estado en cuanto al orden público, al debido ejercicio de la autoridad, al sostenimiento de las fuerzas y al alistamiento de éstas para repeler las nuevas amenazas que se vendrán sobre la población.

Como medida previa para desarrollar sus planes, en su carácter de Presidente de la República y General en Jefe del Ejército Federal, emitió un decreto el 24 de octubre en que declaraba al Estado de Guatemala bajo el régimen militar, régimen bajo el cual desarrolló todas sus actuaciones posteriores.

En esta misma fecha y por segunda vez se le hizo la oferta de asumir la Dictadura; pero tal oferta, como ya lo había demostrado en otra ocasión, no estaba en armonía con su ideología política, ni con sus mirajes de ciudadano, y estimaba que un gobierno de aquella naturaleza estaba en pugna con los principios democráticos que él profesaba.

De otro modo, para estar más claros. Morazán no rechazaba la dictadura burguesa; así lo dio a entender cuando pidió al Congreso Federal reunido en San Salvador una REFORMA RADICAL DE LA CONSTITUCION; justamente, buscaba esa dictadura. Morazán era un REFORMADOR de los que decía Bolívar. Por lo mismo, rechazaba la dictadura que mantuviera incólume los fueros y privilegios de la aristocracia y el clero que le ofrecían los CONSERVADORES de Guatemala. Por la razón apuntada, salvo que quisiera anularse como demócrata revolucionario, la primera vez rechazó la proposición que le hiciera el aristócrata Juan José de Aycinena, y la segunda vez la que le llevara don Manuel Francisco Pavón. Su franca y contundente respuesta fue: "Me someto a la suerte, y aunque sé que combatiendo en todas partes, al fin sucumbiré; pero sucumbiré con honor".

Mientras el General Morazán se empeñaba afanosamente en proveerse de los elementos necesarios para emplearlos en su segunda campaña contra Carrera, éste se lanzó sobre la ciudad de Santa Ana y la villa de Ahuachapán, poblaciones que careciendo de defensa tuvieron que sufrir las atrocidades de las hordas de Carrera, que no medía ningún reparo para llevar la ruina por doquier. Aquellas dos poblaciones con la acción devastadora de los facciosos perdieron muchas vidas y enlutaron muchos hogares, el 25 de octubre.

Morazán salió de Guatemala a socorrer las poblaciones ultrajadas; pero al llegar sólo encontró los estragos cometidos por el caudillo bárbaro, que nuevamente se internó en el territorio guatemalteco para continuar su obra de destrucción y muerte.

Morazán lo persiguió, logrando darle alcance en Chiquimulilla, donde los soldados federales -veteranos de la democracia y la libertad- se cubrieron de gloria derrotando a los facciosos, produciéndoles muchas muertes y haciendo prisioneros a los clérigos Aguirre, Girón y Aqueche, que dirigían azuzaban y acompañaban a Carrera y sus hordas. Carrera, el padre Lobo, acompañados de sus secuaces y sin ser perseguidos, se internaron en las selvas, donde seguirían siendo una pertinaz amenaza para la tranquilidad de Guatemala.

Morazán, tras penosa enfermedad que lo postró en la hacienda de Guajes, ocasionada por sus incesantes fatigas y sacrificios, empleados en aquellas jornadas de la libertad y de la civilización, pasó nuevamente a la ciudad de Guatemala, de donde era llamado por los habitantes que llenos de espanto temían nuevas acechanzas de Carrera y de sus hordas.

Su primera disposición en su arribo a la capital fue la de convocar a una Asamblea extraordinaria para que eligiera nuevo Jefe de Estado, en concepto de que el encargo de ese mando había demostrado incapacidad.

De parte de la Asamblea, Morazán recibió insinuaciones para que él a su voluntad eligiese al gobernante o asumiese él mismo el mando del Estado. Pero esta proposición tampoco desvió la lealtad que tenía a sus principios republicanos y antes que aceptarla se interesó porque aquella elección emanara del libre escogimiento y voluntad de los representantes del pueblo convocados con tal objeto. Esta elección por fortuna recayó en uno de los hijos más distinguidos de Guatemala, el General Carlos Salazar, quien ya había demostrado su pericia militar derrotando a Carrera en la sangrienta acción de Villanueva.

Aquella Asamblea ilustre por sus actos inmediatos y concretos, dictó el importante decreto de invitar a los Gobiernos de Honduras, Nicaragua y Costa Rica para que permanecieran dentro de la Federación; y este mismo trascendental problema reclamaba la presencia de Morazán en la capital de la República.

Por ese tiempo Los Altos se declararon independientes de Guatemala y formaron un sexto Estado de la Federación; pero siempre leales a sus principios afirmaron más su solidaridad para con el

Presidente de la República, General Morazán. Y sabedores de que éste necesitaba aumentar sus fuerzas, le enviaron un ejército de altenses a las órdenes del General Agustín Guzmán. Este leal y valeroso comandante, a solicitud de los rebeldes, entró en negociaciones de paz con Carrera, celebrando el tratado de El Rinconcito, por el cual este jefe volvía a ocupar la comandancia de Mita, comprometiéndose a entregar las armas. Pero este compromiso nunca fue cumplido por parte de Carrera.

Con el tratado de paz celebrado en El Rinconcito, creyóse asegurada, la tranquilidad de Guatemala y el Presidente Morazán consideró como justo d isponer que los soldados del ejército federal, cuyo sostenimiento se hacía cada vez más difícil por las condiciones fiscales del Estado, volvieran a sus hogares a entregarse a las tareas productivas, resolviendo él regresar con su división salvadoreña a la capital federal para seguir ejerciendo el mando supremo de la República.

Cabe aquí mencionar que interpretando a su modo el decreto del Congreso Federal del 30 de mayo (de 1838) los Estados de Honduras, Nicaragua y Costa Rica, se declararon en el mes de octubre desligados de la Federación.

LA BATALLA DE EL ESPÍRITU SANTO 5 DE ABRIL DE 1839

El primero de febrero de 1839 el General Morazán cesó constitucionalmente en sus funciones de Presidente Federal, no habiéndose efectuado elecciones para sustituirlo debido a que los Estados disidentes habían hecho imposible practicarlas, por estar separados de la Federación.

Lo más censurable en la actitud asumida por los dos primeros Estados (Honduras y Nicaragua) fue la de unirse y prepararse para invadir, sin motivo justificado y aun sin hacer honor al Derecho internacional con una declaratoria de guerra, al Estado de El Salvador, en cuyo suelo, sin mediar mucho tiempo, se había derramado la sangre de hermanos centroamericanos en aras de la Federación.

El Estado salvadoreño, justamente indignado, protestó enérgicamente, por medio de la Asamblea, ante los pueblos de Centro América, por aquel temerario atentado contra su honor e integridad, emitiendo un patriótico decreto el 27 de febrero de ese mismo año.

Poco antes de la fecha que se acaba de citar, los dos Estados aliados de Nicaragua y Honduras empezaron a poner en práctica su plan de invasión, pues el General Méndez a la cabeza de 1,000 leoneses invadió el territorio salvadoreño por el departamento de San Miguel, y continuó su marcha hasta la hacienda de Corlantique, lugar situado a inmediaciones del Lempa, donde estableció su cuartel general. Al mismo tiempo el General Ferrera se dirigía al mando de 1,700 hondureños hacia el mismo lugar donde acampaban las fuerzas aliadas nicaragüenses.

El Salvador se alisto para rechazar a los agresores. Y a pesar de que contaban con muy pocas fuerzas, su resolución de defenderse y de repelerlos inspiró a sus habitantes plena confianza en el triunfo, tanto más cuanto que el Jefe del Ejército que iba a desengañar a los invasores era el General Francisco Morazán.

El General Morazán iba a combatir con dos ejércitos, cada uno superior a su pequeño tanto en número de soldados como en elementos bélicos. Su plan de combate tenía que ser bien meditado para evitar la derrota e impedir que la capital cayera en manos de los enemigos. Pero Morazán era un genio.

El plan de Morazán fue el siguiente: 1°. internarse en territorio hondureño para atacar a Ferrera, y, 2°. interceptar el paso de Méndez que acampaba en las márgenes del Lempa, para evitar que llegara a la capital que se encontraba indefensa. Bajo este aspecto de su plan las dos fuerzas invasoras quedaron imposibilitadas para obrar de consumo. En la hacienda de San Francisco, situada a corta distancia de Corlantique donde se hallaban las fuerzas del General Méndez, dejo una parte de su ejército bajo las órdenes del General Benítez. Ambos ejércitos los separaba el río Lempa, y cualesquiera de ellos podía salvarlo para sorprender a su adversario.

El primero en iniciar la acción por sorpresa fue el ejército invasor. La avanzada de Benítez había sido sorprendida por la vanguardia de aquel, haciéndose imposible protegerla, pues cuando lo intentaron, todo el ejército que comandaba Méndez había salvado el río, y por aquella sorpresa y sus numerosos combatientes, que se arrojaron con toda intrepidez, el triunfo a su favor obtenido el 9 de marzo no se hizo esperar, provocando en las tropas de Benítez una rápida dispersión en aquellos campos. El manto de la noche que los envolvía evitó que los defensores no fueran perseguidos.

A los pocos pero valerosos soldados derrotados no les acobardó aquella acción. Conscientes de la causa justa que defendían, acordaron antes morir a dejar que el enemigo lograra sus objetivos. Y así, jefes, oficiales y soldados se trasladaron a Sensuntepeque para reorganizar sus propias fuerzas. El enemigo con aquella acción demoró su marcha a la capital.

Morazán supo la suerte que corrió el ejército salvadoreño en la hacienda San Francisco, dejó el territorio hondureño para dirigirse a Sensuntepeque y continuar desde allí la ejecución de su plan.

Méndez y los suyos, después del triunfo que acababan de obtener, satisfechos y llenos de vanagloria, regresaron a su cuartel general de Corlantique, para de allí continuar a San Vicente, en donde prepararían la marcha triunfal sobre San Salvador.

El General Morazán, que estaba al tanto de los movimientos del enemigo, ordenó a Benítez que siguiera al general Quijano, designado por Méndez para llegar primero con la vanguardia a la ciudad de San Vicente. Benítez se valió de una estratagema contra Quijano y desbaratar los planes de Méndez. Por un falso oficio que le enviara firmado por Méndez, Quijano sin descubrir el ardid, abandonó San Vicente para dirigirse a Cojutepeque, donde los dos ejércitos invasores se iban a reunir para proseguir su marcha.

Quijano, por precauciones de campaña, se apartó del camino real que conduce a Cojutepeque y penetró en el valle de Jiboa. Aquí se dio cuenta que el enemigo le seguía y se apresuró a tomar las alturas del valle para atacar la fuerza desplegada contra él.

A pesar de la topografía desventajosa en que Benítez iba actuar contra su adversario, enfrentó la situación con denuedo, distribuyendo convenientemente a sus soldados en forma de guerrillas sobre la llanura. No tardaron en romperse los fuegos por ambas partes, nutrido el de los soldados invasores, intermitente pero certero el de los defensores, llegando éstos a avanzar sobre las posiciones enemigas, para continuar sobre ellas con el asalto sobre las fuerzas de Quijano, prosiguiendo la lucha a bayoneta calada. En estos instantes se presentaban para protegerlo el General Morazán y el General Cabañas. Benítez con aquella heroica acción brindó al General en Jefe de los ejércitos el laurel de la victoria.

Después del triunfo de las Lomas de Jiboa el General Morazán se dirigió a Cojutepeque. Aquí reorganizó y disciplinó su ejército, que pronto, el día 5 de abril, se enfrentaría en lucha intensa y sangrienta a los dos ejércitos invasores en la hacienda de El Espíritu Santo, lugar buscado por Morazán para librar la batalla.

"En esta batalla el número de contendientes era de 2,500 hombres 1,700 hondureños de Ferrera y 800 de Morazán, casi todos salvadoreños, siendo evidente la desproporción. Era aún época primaveral y entre aquellos calores sofocantes, Morazán, haciendo las últimas evoluciones se acerca a la margen del caudaloso Lempa y luego, para observar y reconocer el terreno, detuvo la marcha en la tarde del 4 de abril, y el 5 ya convencido de las disposiciones del enemigo que le seguía, dispuso esperarlo en la hacienda de El Espíritu Santo, levantándose la casa de ésta sobre un terreno plano donde a poca distancia se encontraba un espeso bosque cubriendo a un pequeño cerro. Mas allá dos alturas empinadas con una entrada natural entre sus dos flancos cubiertos de vegetación limitaban el terreno de la hacienda. El ejército aliado marcha con precisión sobre El Espíritu Santo queriendo dar ese día, 5 de abril, la batalla; más, en la tarde del referido día se desencadenó una recia tempestad, frustrando así las maniobras del enemigo para llevar a cabo el plan que creía le daría el triunfo indefectible. Pero habiendo cesado la lluvia al principiar la noche, Ferrera que ya se encontraba en la cercanía de la hacienda y que traía la consigna de vencer y avanzar sobre la capital, mandó romper el fuego tan pronto como la luz de los relámpagos le permitió ver algo como un obstáculo imprevisto que se le situaba al frente. Era la vanguardia salvadoreña que contestaba a la primera descarga del enemigo con otra más certera, continuando el tiroteo muy nutrido por ambas partes.

El General Morazán, comprendiendo que el combate había empezado y que su vanguardia no podría resistir por mucho tiempo, mandó reforzarla. Los aliados cuya vanguardia había sido destrozada imprimieron a sus fuerzas un nuevo y poderoso empuje para quebrantar aquella inusitada resistencia que tanto los enfurecía y los diezmaba.

El pequeño ejército salvadoreño opuso una mayor resistencia cuadruplicada por su valor que rayaba en delirio por morir combatiendo. Mas, esa extraordinaria resistencia se hizo al fin imposible cuando las columnas de retaguardia del enemigo salían como arrojadas por las sombras y avanzaban sobre el campo disputado como una creciente que se desborda. Entonces Morazán, que vio llegar el momento culminante de la batalla, lanzó sobre los aliados sus últimas reservas y el combate se hizo general, tenaz y terrorífico: se luchaba entre las sombras, y los combatientes se confundían unos con otros, pudiendo distinguirse gracias a la luz de los relámpagos y a los fogonazos de los fusiles. Morazán, Cabañas y Benítez iban y venían por todas partes como fantasmas en sus corceles de guerra; mas, si la vida de Morazán y Cabañas pudieron librarse como otras veces de aquel combate, no fue así la del malogrado Benítez, quien herido de muerte cayó como un valiente, cubriéndose con el crespón de aquella noche trágica que se hizo aún más negra e impenetrable cuando nuevos torrentes de lluvia vinieron a aumentar los terribles efectos de la lucha que culminó con un ataque a la bayoneta. Al fin ambas fuerzas cansadas de combatir y obligadas por la lluvia cesaron la lucha, sin que uno ni otro se dieran por vencidos. Esta tregua impuesta por la naturaleza y por el exceso de fatiga, dio lugar a Morazán para que concibiera el golpe salvador que haría suya la victoria.

Las breves horas de espera pasaron sin novedad; a las 3 de la mañana, bajo el silencio más profundo de la hora, el General Rivas se acercó a la parte de su gente que tenía emboscada en el cerrito, llevando tras de sí el resto de sus fuerzas, que ya unidas fueron alistadas en el mayor silencio para lanzarlas a la lucha. Al mismo tiempo. Morazán y Cabañas, haciéndose seguir de una partida y protegidos por las sombras, se introdujeron en el seno de la verdura que separaba las dos aturas en que estaban fortificados los aliados. Una de ellas estaba ocupada por los hondureños y la otra por los nicaragüenses; mientras los aliados creíanse asegurados en sus alturas, en su base oíanse apenas el sordo chocar de las hojas bajo las pisadas de la partida que seguía a sus jefes Morazán y Cabañas. A una señal de éstos un tiroteo dirigido a ambos lados interrumpió el silencio. El efecto fue admirable: hondureños y nicaragüenses engañados por el tiroteo creyeron que el adversario estaba en posesión de una u otra altura y suponiendo verdad aquella ficción rompieron entre sí el fuego tirándose unos a otros, produciéndoles tal error numerosas bajas. Empeñada así la lucha entre ambos aliados, Morazán y Cabañas regresaron con los suyos al cerrito de la emboscada desde donde pudieron apreciar el efecto de la maniobra.

Al rayar el alba y antes que pudiesen distinguir y reconocer su error, los hondureños parecían ceder ante la tenacidad de los nicaragüenses. Morazán, aprovechando aquel momento álgido, con la espada en la mano señaló a los suyos el punto donde el enemigo ciego de furor aún se combatía. Y luego les gritó: " ¡Soldados, seguid a vuestro General!".

Y el ataque inesperado se hizo por retaguardia sobre ambas alturas.

Cuando los aliados descubrieron su error, era ya tarde, pues los asaltantes sintiéndose completamente renovados en sus fuerzas, pronto estuvieron a sus espaldas coronando las alturas de donde desalojaron inmediatamente a nicaragüenses y hondureños, quienes confundidos en un solo cuerpo probaron por hacer la última resistencia, trabándose por consiguiente un nuevo combate. Pero fue imposible a los aliados sostenerse; aquella última prueba de resistencia no pudo continuar ante un empuje irresistible de los salvadoreños, que asistidos y estimulados por la presencia de sus jefes que mostraban la sangre de sus heridas y por la justicia de la causa que defendían, dieron la última carga con tan denodado esfuerzo que el enemigo ya no encontró más medio de salvación que apelar a la fuga dejando ambos campos de batalla cubiertos de cadáveres y heridos y dándose los más voluntariamente presos, ya que demasiado sabían que los prisioneros en manos de Morazán eran sagrados.

El sal del 6 de abril a cuya luz se completó aquella victoria memorable, al iluminar completamente e1 campo donde se combatió en las sombras de la noche, dejó ver después los 300 cadáveres del enemigo y sus muchos heridos que se recogieron para asistirlos con los de las fuerzas salvadoreñas que también tuvieron bajas considerables, contándose entre sus heridos al mismo Morazán y al intrépido Cabañas el primero traspasado de un brazo y el segundo herido de gravedad. El valiente general Narciso Benítez, ya fue dicho, murió combatiendo en esta sangrienta batalla.

Con el transcurso del tiempo la batalla de El Espíritu Santo, la más genial de las batallas del insigne táctico, dignificada también por la excelencia de aquella alma que por su heroísmo elevó siempre la bandera de la concordia y el perdón, haciendo de ella una de las más gloriosas jornadas del patriotismo".

SUBLEVACION DE UNOS NICARAGÜENSES EN SAN SALVADOR. "LOS REHENES QUE MIS ENEMIGOS TIENEN...". 11 DE SEPTIEMBRE DE 1839

A partir de la batalla de El Espíritu Santo se acentuaron los odios y las difamaciones de los conservadores contra el General Morazán y se tramaron nuevas amenazas contra el Estado de El Salvador, que seguía siendo el último baluarte de la República Federal. Ante la evidencia que el General Morazán guardaba a El Salvador de las embestidas de los aliados, lo designó por aclamación unánime el pueblo Jefe del Estado el día 11 de julio.

Con esta elección se recrudeció la animosidad de sus enemigos, que no tardaron en demostrar que sus tentativas de invasión se perfilaban ya sobre aquel Estado, cuyo pueblo siempre fue leal y consecuente con el Benemérito, con quien se compenetró para correr la misma suerte en la trayectoria de la vida.

A pesar de la garantía de paz suscrita en San Vicente el 5 de junio entre El Salvador, Honduras y Guatemala, el poco o ningún respeto a la palabra empeñada, se hacía evidente en el ímpetu bélico de Ferrera en Honduras, que pretendía invadir por segunda vez el territorio salvadoreño.

Ante esta inminente acción, el General Morazán envió al General José Trinidad Cabañas a Honduras con la misión de contener la agresión del General Ferrera.

Cabañas cumplió su cometido de manera satisfactoria y conforme se lo imponían las circunstancias. Una tras otra fue repeliendo las huestes ferreristas en el territorio hondureño, derrotándolas en Choluteca, en Tegucigalpa y en Cuesta Grande, hasta concentrarlas en Comayagua, capital del Estado, de donde fueron desalojadas sin mucha resistencia el 31 de agosto, logrando así una paz que por las operaciones posteriores resultó efímera.

El desastre ocasionado a Ferrera lo impulsó a buscar nuevos medios y elementos para emplearlos en su venganza contra el que le había prodigado derrotas y frustrado sus planes de dominación.

Ferrera consiguió auxilios en el Estado de Nicaragua y pudo organizar un ejército de 1,800 hombres entre hondureños y nicaragüenses para su nueva invasión a El Salvador.

Morazán se hallaba en condiciones difíciles para organizar su ejército, pues a lo sumo podría contar con unos 400 hombres.

Con esta pequeña fuerza dispuesta a enfrentarse al enemigo con el valor provocado por la indignación de ser pisoteado con perfidia el territorio del Estado, el General Morazán se dirigió a Suchitoto. Pero ocurrió que apenas había dejado la capital, estalló una rebelión encabezada por nicaragüenses que allí se encontraban y quienes, aprovechando la ausencia del Jefe de Estado, se apoderaron por sorpresa de los cuarteles en la madrugada del 11 de septiembre. Los soldados de la plaza, en número muy reducido y carentes de elementos bélicos, no pudieron oponer a los asaltantes la debida resistencia.

Los patriotas salvadoreños, entre ellos los vecinos del barrio de El Calvario en número de 150 se trasladaron a Santa Ana en busca de armas, para tomar con ellas los cuarteles y desalojar a los insurrectos.

Pero cuando tal cosa sucedía los revoltosos se consideraron dueños de la capital y de todo el Estado de El Salvador. Y llenos de orgullo por este golpe, tuvieron la insensatez de nombrar una comisión para que fuera donde el Jefe de Estado a decirle que depositara el poder en el ciudadano Antonio J. Cañas, conminándolo con la cobarde amenaza que su familia que se hallaba en rehenes sería pasada a cuchillo si no aceptaba lo demandado.

Ante aquella amarga y tremenda amenaza, el General Morazán contestó con la simplicidad de los héroes de Plutarco: "Los rehenes que mis enemigos tienen en su poder son para mi sagrados y hablan muy alto a mi corazón; pero soy el Jefe del Estado y mi deber es atacar; pasaré sobre los cadáveres de mis hijos; haré escarmentar a mis enemigos, y no sobreviviré un solo instante más a tan escandaloso atentado".

Seguidamente, Morazán, operando con la rapidez con que acostumbraba en los momentos críticos de su vida política y militar, avanzó sobre la capital para dar su merecido castigo a los usurpadores del poder del Estado.

Al saber los salvadoreños de la marcha de Morazán sobre la ciudad, corrieron a ponerse bajo sus órdenes.

La acción del ejército sobre los cuarteles fue tan vigorosa que los insurrectos, faltos de valor y de pericia militar para resistir, optaron por darse a la fuga, dejando la plaza en manos del Jefe de Estado.

Morazán en esta ocasión procedió, como en las demás acciones en que su espada fulgía victoriosa, con la magnanimidad de perdonar a los vencidos, olvidando en este caso singular, el ignominioso atentado contra su querida familia.

BATALLA DE SAN PEDRO DE PERULAPÁN. 25 DE SEPTIEMBRE DE 1839

Ferrera se apoderó de Suchitoto y creyendo perdido a Morazán, consideró oportuno dirigirse al pueblo salvadoreño en forma terminante, diciéndole que el Consejo Representante debía desconocer al Ejecutivo y que el mando debía depositarse en manos del ciudadano Antonio José Cañas.

La abusiva intervención de Ferrera fortaleció más el espíritu de solidaridad con el Benemérito y su decisión de castigar aquella audacia tuvo resonancia unánime.

Ferrera estaba en la villa de Suchitoto, capital del departamento de Cuscatlán, a la cabeza de 2,000 combatientes. Morazán se hallaba en San Salvador, donde logró reunir 500 soldados incluyendo en este número 75 que formaban el escuadrón de Santa Ana. Con estas cinco centenas de tropas, Morazán marchó el 24 de septiembre al pueblo de San Martín, donde pasó la noche. Simultáneamente Ferrera y sus tropas ocupaban la plaza de San Pedro de Perulapán, en donde sus hombres se entregaron a la bebida, y una vez embriagados prorrumpieron en voces exaltadas y descompuestas, con las que pregonaban un triunfo seguro sobre los defensores del Estado salvadoreño.

Mientras aquellas tropas se hallaban desbordadas por los efectos del licor, las del General Morazán se entregaban al descanso, y éste con su Estado Mayor concebían y trazaban el plan de ataque.

El teatro de la memorable batalla que se iba a desarrollar en el pueblo de San Pedro de Perulapán, se describe de la manera siguiente:

A seis leguas de la capital salvadoreña y al N. y E. de la misma se halla el pueblo de San Pedro de Perulapán, que se levanta sobre un terreno un tanto irregular, con una meseta hacia el Oriente, y hacia el Norte otra de menor altura. El poblado está distribuido así: una parte en la meseta oriental y en un declive paralelo a ésta; y la otra parte sobre la pendiente Sur de la meseta Septentrional. Este poblado por la propia configuración del terreno presenta un orden irregular y de consiguiente un trazo semejante a este en sus calles; pero distinguiéndose entre ellas una sola calle recta que atraviesa la población desde el camino de Cojutepeque hasta el costado Sur de la Iglesia; cerca de la cual, como a unos cien metros y al rumbo S. E. se levanta un pequeño cerro de forma cónica visible en toda su magnificencia desde lejos, dando lugar con su atractiva posición y su pequeño campanario en la cumbre, a ser el punto más llamativo del lugar.

Todos estos rasgos topográficos fueron bien conocidos y estudiados por el General Morazán, así como sus puntos vulnerables.

De San Martín marchó Morazán con sus soldados hacia San Pedro de Perulapán, en donde estaba el enemigo. Escogió no el camino más cercano, sino el más largo, por razones tácticas y de seguridad para su pequeño ejército. Estando ya cerca del enemigo, sus tropas sólo esperaban la orden para atacar a los invasores. Un espía dijo a Morazán que la primera avanzada de las tropas ferreristas se hallaba escondida en una hondonada, circunstancia que indicaba el preliminar de la batalla.

Era el día 25 de septiembre.

Tras aquel aviso Morazán destacó 50 dragones al mando de un oficial, los cuales guiaba el espía hacia el punto donde se encontraba la avanzada a la que deberían desbaratar, y continuar sin reparar en los peligros, su camino al pueblo de Perulapán. Sorprendida la avanzada ferrerista, los dragones anunciaron con sus disparos que se hallaban cerca del pueblo, lo que hizo suponer a Morazán que sus soldados estaban ya frente a la fuerza del enemigo y de seguro en una situación comprometida que necesitaba ser reforzada para no sucumbir.

Los refuerzos fueron enviados prontamente al mando del coronel Rivas, con la orden de presentar acción por el frente del enemigo.

Morazán se quedó con las reservas para acuerpar, en caso dado, a la ofensiva del ejército, y sus demás columnas al mando de sus respectivos oficiales marcharían por el flanco que daba al cerrito del campanario, que en los primeros tiros fue ocupado por el enemigo.

Morazán se aproximó hasta el punto más conveniente para mantener la moral y el arrojo de sus tropas que podrían sucumbir ante la superioridad numérica del enemigo.

Al llegar Rivas frente al adversario se trabó la lucha con la mayor ferocidad, al grado de desconcertar algunos instantes las fuerzas de aquél; pero reaccionadas por la sola presencia del general Morazán su ánimo cobró nuevos bríos y la acometida fue tan ardiente y tan atroz que pronto el enemigo se fue batiendo en retirada hasta llegar a la plazoleta de la Iglesia.

Al mismo tiempo las columnas encargadas de marchar sobre el flanco que daba al cerrito del campanario, rodearon a las primeras líneas que ocupaban esta posición y tras un rudo ataque a la bayoneta los desalojaron de sus trincheras. Los soldados morazanistas ganadas las primeras líneas, continuaron su avance sobre las segundas que ya el enemigo tenía reforzadas, obligando con ese motivo a los atacantes a retroceder. En este lance desfavorable, Morazán echó mano de los últimos valientes soldados de que podía disponer y a su voz de mando volvieron sus fuerzas resueltamente sobre el adversario, y cargaron sobre él con tal ímpetu, que, contra lo esperado, lo obligaron a replegarse, como a los anteriores, a la plazoleta de la Iglesia; lugar que habían escogido las fuerzas invasoras para su concentración, y desde donde arrancarían con un contraataque.

Previendo Morazán que el enemigo no estaba completamente derrotado y que éste contaba todavía con un considerable número de combatientes, empleó medios tácticos para desbaratar sus nuevos planes y proceder así: primero, un tiroteo de algunas de sus columnas por el frente; segundo, otras columnas de manera rápida y precavida se destacarían por la retaguardia para sorprender al enemigo.

Las fuerzas morazanistas así distribuidas ejecutaron lo mandado por el General Morazán con maravillosa precisión y los fuegos se rompieron por ambos lados, dando el ataque por la retaguardia un efecto tan sorprendente que las fuerzas ferreristas se desbandaron. Mas, confiadas en su mayoría, las columnas morazanistas no creyeron que las fuerzas ferreristas reaccionaran, ante lo cual Morazán, para que sus tropas salieran avantes, tuvo que recurrir a sus últimas reservas, haciéndolas avanzar sobre el frente del enemigo. Los aliados creyeron que les daría un resultado decisivo arrollados a las fuerzas salvadoreñas; pero gracias al movimiento por retaguardia que éstas ejecutaron con precisión, evitaron ser envueltas, obteniendo además algunas ventajas sobre el enemigo.

Harto confiado Ferrera en la superioridad de sus tropas en cuanto al número, decidió efectuar otra carga sobre los salvadoreños para dividirlos y luego batirlos separadamente. Pero éstos, conocedores del movimiento del adversario, lo burlaron reduciéndose en un solo frente. Sin embargo, la lucha en estas circunstancias continuó con mayor violencia, viéndose por instantes que casi desfallecían los soldados de Morazán, quien tuvo que gritarles para que se dieran cuenta de su presencia en medio de ellos y decirles que había llegado el momento de probar que el ejército federalista jamás derrotado era invencible porque sabía agigantarse en el supremo esfuerzo que daba la victoria.

Tras aquella arrebatadora exhortación llegó el punto culminante de aquella extraordinaria acción de armas. La lucha postrera entre los defensores y los invasores fue sangrienta y feroz. El coraje y el delirio que sobrecogió a los soldados de la democracia por alcanzar la victoria acercó a los dos bandos a tal extremo que el empleo de las bayonetas y la tremenda resolución de no ceder un paso, dio el golpe final a las huestes ferreristas, huyendo del combate en la más completa derrota el 25 de septiembre de 1839.

Morazán, al solo llegar a la capital del Estado, el 26 de septiembre, decretó un distintivo para aquellos soldados que, como héroes, ofrendaron su valor y su vida en una de las más gigantescas batallas que libró el paladín en aras de la libertad y el honor nacional.

EL EJÉRCITO FEDERAL TOMA POR ASALTO LA PLAZA DE GUATEMALA, EL 18 DE MARZO DE 1840

Si el Congreso Federal había abierto las puertas para que se disolviera la Federación de Centro América, y los Estados que le pertenecían se habían declarado "independientes, soberanos y libres", al grado de firmar alianzas (Honduras y Nicaragua) para combatir y vencer al Estado que sustentaba el principio de la República Federal (en el caso, El Salvador), el General Francisco Morazán, conocedor a fondo de la situación centroamericana concreta, pensó en que se había iniciado una nueva etapa de lucha, que consistía en una guerra de liberación nacional conta las potencias industriales que ejercían el expansionismo colonialista en el país, para después, echados los invasores, restablecer la República Federal.

Podrá ponerlo en duda el lector que no ha llegado hasta el trasfondo de nuestros acontecimientos. Pero así pensó Morazán y lo comunicó al círculo cerrado de sus amigos íntimos, porque en el momento de las batallas de El Espíritu Santo de San Pedro Perulapán, el Coronel Alexander Mac Donald, Superintendente de Belice, plantaba la bandera británica en la isla de Roatán y se estaba ingeniando los medios para fundar un reino vasallo en la Mosquitia.

Estos fueron los hechos que conoció Morazán en sus dos períodos presidenciales de la Federación y como Jefe de Estado de El Salvador:

"1830. Vistas las amenazas de las potencias colonialistas, el Gobierno de Guatemala (Centro América) toma la iniciativa de incitar a una nueva reunión de las Repúblicas Americanas. (Siempre han callado los escritores de historia nacional que en esta ocasión fue Morazán el de la idea continentalista en presencia de los abusos de Inglaterra en el territorio centroamericano. Esta segunda intentona fracasó al igual que la del Congreso anfictiónico del Libertador Bolívar y el Sabio Valle en Panamá en 1826).

"1830. Centro América negocia un contrato con los Países Bajos para construir un canal a través de Nicaragua.

1831. El Presidente Jackson de los Estados Unidos, afirma: "...el magnífico proyecto de un canal de navegación a través de los dominios de esos Estados (Centro América), del Océano Atlántico al Pacífico-ahora en seria consideración- será realizado".

"1831. México propone a Centro América y Centro América acepta la reapertura de un nuevo Congreso General Americano en Tacubaya, sin participación directa ni indirecta de los Estados Unidos y la Gran Bretaña.

"1832. El Vicario Capitular de Honduras vende los tesoros de la Catedral de Comayagua para hacerle la guerra a Morazán, Presidente Federal de Centro América.

"1833. La Legislatura de Guatemala decreta la integridad de su territorio, incluyendo Belice.

"1833. Inglaterra acredita Cónsul en Guatemala para negociar la cesión de Belice a trueque del reconocimiento de la independencia centroamericana.

"1834. Como la situación es tensa, el Comandante en Jefe de las tropas de Guatemala, Coronel Juan Galindo (John Gallagher) ejerce autoridad contra Inglaterra al sur del río Sibún.

"1834. Llega a la ciudad de Guatemala el Cónsul británico, Chatfield, factor de distanciamiento entre los países centroamericanos y de disolución de la unión.

"1834. Centro América decreta la colonización de su territorio de la Verapaz. Inglaterra lo impide y toma "en presa", al decir de

Chatfield, las islas istmeñas de Meanguera, Conchagüita, Punta de Zacate y Martín Pérez.

"1834. El Encargado de Negocios de los Estados Unidos menciona por primera vez en suelo centroamericano para que lo oiga Chatfield la Doctrina de Monroe.

"1835. Centro América envía a Inglaterra un Ministro Plenipotenciario para gestionar el reconocimiento de la independencia. Como otras veces, se le exigió ahora que firmara la cesión de Belice, propuesta que no fue aceptada.

"1835. Inglaterra ocupó la Costa Norte de Honduras.

"1835. Estados Unidos negó auxilio a Centro América, cuyo territorio invadió Inglaterra.

"1836. Inglaterra amplió el territorio de la concesión maderera del río Sibún hasta el rio Sarstún, en Belice, invadiendo así tres veces más tierra centroamericana.

"1836. El Senador Preston de EE. UU. incita al Gobierno a la conquista armada del continente.

"1837. El Gobierno Federal de Centro América encomienda al ingeniero John Baily explorar la comunicación interoceánica en el Río San Juan, Nicaragua.

"1838. Rafael Carrera, indio cakchiquel, con apoyo clerical e inglés, se convierte en dictador de Guatemala, poniendo punto final a la República Federal de Centro América.

"1839. El Coronel Alejandro MacDonald, Superintendente británico en Belice, a bordo de un barco de guerra, invade Roatán, Honduras, se apodera de las islas y captura a las autoridades.

"1839. El Salvador y Guatemala aplican boycot a los productos ingleses, frente a la ocupación británica de Roatán y las demás islas.

"1840. Inglaterra declara que Belice es territorio británico.

"1840. Llega a Criba, en la Mosquitia, una fragata de guerra inglesa con instrucciones de la Reina Victoria, concediendo protectorado y bandera a tribus de indígenas moscos. Capturan San Juan del Norte, deponen y deportan autoridades y coronan rey a un indio como súbdito británico. Whitehall propuso que con territorios de la costa atlántica de Honduras, Nicaragua y Costa Rica se creara el Reino Británico de los Indios Mosquitos.

Decid, con tales hechos, podría ignorar Morazán el expansionismo colonialista y esclavista de Inglaterra y los Estados Unidos? ¿Y podría ignorar que los hechos que se sucedían a diario, perfectamente concatenados, desde Mataquescuintla hasta San José de Costa Rica, fueran productos mentales de unos criollos dedicados toda la vida a criar y ordenar vacas y de unos indios empeñados en cazar tepescuintesr y garrobos?

Todo esto queda completamente claro. Al portugués Antonio Pinto, criado del Cónsul Federico Chatfield, se le salió una vez la confesión que: "en todo lo que sucedía en Centro América había una mano oculta".

Carrera, el empecinado faccioso, que tantas veces fue derrotado y salvaba la vida por la magnanimidad del patricio, no respetó ni agradeció jamás aquellas de verdadera nobleza. Influido y hasta mimado por los conservadores y ufanado de las alabanzas de los clérigos de aquella época que le llamaban el Hijo del Altísimo y el Protector de la Religión, no cesó en causar todos los daños que le vinieron en gana por medio de sus facciones a los pueblos fronterizos de El Salvador.

Las maquinaciones del partido conservador, seudo-aristocratico y clerical, principal causante de las desgracias que azotaron la tierra centroamericana, había logrado indisponer los ánimos de un considerable número de habitantes de la República contra el general Morazán.

El Benemérito, que aun actuaba como Jefe del Estado salvadoreño, y sabedor de dónde venía la campaña de difamaciones y de actos funestos contra la Unión de los Estados, tomó la determinación de poner fin a los siniestros procedimientos de los conservadores.

Convocó a la Asamblea extraordinaria para obtener de ésta la autorización respectiva, depositó el mando en el Vicejefe Silva y a la cabeza de 900 hombres marchó hacia la ciudad de Guatemala. La marcha fue rápida e inesperada. En aquella capital no se tuvo noticia de ella sino hasta que Morazán se encontraba en Corral de Piedras:

Sorprendidos en Guatemala por este movimiento se dispusieron las autoridades urgentemente a la defensa de la plaza, levantando fortificaciones en los puntos vulnerables y estratégicos.

Al mismo tiempo y para evitar que el General Morazán ocupara la plaza, Carrera saldría con fuerzas superiores a la hacienda de El Aceituno para atacar a Morazán por la retaguardia. De esta manera las fuerzas que comandaba Morazán se verían atacadas entre dos fuegos.

De paso diremos que según el historiador norteamericano doctor Mario Rodríguez en esta operación que pretendía encerrar a Morazán en la plaza de Guatemala, andaba la pericia militar del Teniente Federico Chatfield, Cónsul inglés por añadidura. Y no es remoto que así fuera porque todo indica el fulgor de una inteligencia europea. De repente, Chatfield se imaginaba ser en aquel momento el mismo Duque de Hierro en el campo de Waterloo derrotando a Napoleón. Los hombres tienen sus vanidades y sus debilidades.

Morazán se anticipó a la realización de los planes del adversario y logró burlarlos mediante una hábil maniobra. Pasó veloz por Fraijanes y llegó el 17 de marzo a las 5 de la tarde a un lugar situado entre la Villa de Guadalupe y Los Arcos, donde pasó la noche de ese mismo día sin novedad.

En ese lugar tuvo las noticias que más pudieran interesarle para continuar su marcha, entre ellas, la de que Carrera había llegado a la hacienda de El Aceituno, el contingente bélico que existía en la plaza y la dotación para defenderla de 800 hombres bien atrincherados.

Morazán, por su parte, concibió el atrevido plan de tomar la plaza por asalto. Mandó colocar una columna de infantería en la plaza de Guadalupe; ordenó que el tren de guerra quedara en el Hospital General; y el General Cabañas quedaría en las alturas de El Calvario, a inmediaciones de la Plaza de Toros, con dos secciones de infantería y toda la caballería.

En tales condiciones preparó el asalto: tres columnas al mando del General Rivas marcharían paralela y simultáneamente por tres direcciones distintas, hasta acercarse a las trincheras de la plaza y operar en el momento oportuno. Y así, cuando el General en Jefe dio la voz de mando para el asalto, las columnas entraron rápidamente en acción. Acometieron los atacantes, así: por el lado del Cuño y frente a la Escuela de Cristo el coronel Antonio Rivera; por el lado de la portada del mismo Cuño el coronel Ignacio Malespín, y por el lado de Guadalupe el Segundo Comandante Bernardo Rivera Cabezas.

Posesionados del portal del Cuño los asaltantes cargaron sobre las primeras trincheras, que estaban situadas cerca de la antigua cárcel, abandonando sus defensas con la mayor presteza. Estos mismos asaltantes continuaron avanzando sobre la otra trinchera que se encontraba en la esquina del Palacio de Gobierno, la que también cayó en su poder.

Las tropas defensoras desalojadas de sus fortificaciones fueron a replegarse al atrio de la Catedral. Y desde ese sitio, con la esperanza de ser ayudados por su Jefe que inútilmente fue a situarse a la hacienda de El Aceituno, hacían un fuego nutrido a los asaltantes. Carrera (o los instructores de Carrera) diose (o se dieron) cuenta de que su plan estaba frustrado cuando ya la plaza estaba tomada. Cuando los defensores desde el atrio de la Catedral disparaban a los asaltantes se presentó en la plaza el general Rivas con el resto de las columnas de su mando y entonces las tropas que habían defendido las trincheras y que intentaron nuevamente defenderse, huyeron divididas en dos secciones.

La acción terminó desalojando de la Catedral a los últimos soldados que desde las torres de la misma hacían fuego certero sobre los soldados atacantes que estaban en posesión de las trincheras. Esta acción fue en extremo peligrosa y hubiera sido imposible expulsar a los que defendían la plaza desde aquella altura del templo, si los federalistas no hubieran empleado todo el arrojo y valor necesarios para alcanzar la victoria. Así se efectuó en esta ocasión la toma de la Plaza de Guatemala, el día 18 de marzo, en el brevísimo término de escasas dos horas de combate. El enemigo en abierta fuga dejó en poder de los atacantes toda su artillería y sus demás elementos bélicos.

Después, "del seno de la capital rendida alzábase también un clamor de regocijo al ver flamear otra vez en lo alto de los edificios públicos la enseña de los libres que, en transportes de alegría, saludada fue por la multitud de prisioneros libertados en aquel último y supremo esfuerzo de la democracia".

HEROICA RETIRADA DEL EJÉRCITO FEDERAL DE LA PLAZA DE GUATEMALA EL 19 DE MARZO DE 1840

Después del asalto y de la posesión de la plaza de Guatemala por las fuerzas federales, era natural suponer que los derrotados correrían en busca de Carrera, quien a pesar de no ser Jefe de Estado, ejercía un poder sin límites con el mando que le habían concedido, de Mayor General del Ejército a raíz de su funesta entrada a Guatemala el 13 de abril de 1839. Y era natural suponer también que Carrera con sus bárbaras huestes contra sitiara la plaza recién ocupada por el Ejército Federal comandado por Morazán. Y en efecto, por parte de este Jefe se tomaron todas las medidas que la situación aconsejaba. Actuarían en el movimiento defensivo el General en Jefe, desde la plaza mayor hasta la plazuela de Guadalupe con la 4ª. y 5ª. secciones de infantería; el General Cabañas con una sección de Caballería, desde el Calvario hasta los Guardas de Barranquilla y Buena Vista, y el General Rivas con la otra sección de Caballería por el Cerro del Carmen. Estos últimos estarían en observación de los movimientos del enemigo, los que pronto hicieron notar revelando con ellos sus propósitos de rodear y contraatacar la plaza para expulsar de ella a las fuerzas morazánicas.

Desde que supo Carrera el desastre de sus fuerzas que estuvieron atrincheradas en la plaza y la toma de la misma, se apresuró a salir de El Aceituno con sus huestes, que estaban formadas por el extraordinario número de 5,000 hombres. Esta masa repartida en dos columnas marchó hacia la ciudad de Guatemala al mando la una del propio Carrera y la otra de su hermano Sotero Carrera, cooperando como jefe de la caballería el jefe salvadoreño Francisco Malespín.

Las milicias con que contaba Carrera, más las que probablemente podían sumársele, dada la corriente desbordada de fanatismo en que los curas habían sumido a aquellos pueblos, le auguraban al caudillo de la montaña el más completo triunfo sobre Morazán, triunfo que anhelaban los conservadores que en importancia y dignidad habían quedado debajo de los caites de un cacique.

El ataque de las fuerzas carreristas no se hizo esperar. Dando gritos estrepitosos una masa desenfrenada de hombres, como una avalancha hizo su entrada a la plaza mayor y otra de la misma manera se dirigió a la plaza de los toros, donde estaba Cabañas. A este jefe le tocó librar en ese lugar la primera acción. El combate desde sus comienzos fue en extremo feroz y violento; mas, la valentía y la disciplina con que denodadamente se batían los soldados de Cabañas, contra aquellas turbas desbordadas, llenas de odio y sedientas de sangre, les dio grandes ventajas para la decisión del combate y, reforzados por Morazán, casi tuvieron en sus manos la victoria. Estaba a punto de consumarse la acción cuando apareció Carrera en aquel sangriento escenario con tropas de refresco; y participando en la contienda, hizo cambiar la fase de la batalla. Después de hora y media de furiosa lucha, ante aquella enormidad de masa humana, en donde luchaba un morazanista contra 10 bárbaros, los soldados del federalismo de cara al enemigo se replegaron en perfecto orden, sin ser perseguidos, al estanque de El Calvario y al atrio de la Iglesia y de allí se dirigieron a la plaza.

Mientras tal cosa sucedía, otros jefes de Carrera cometían asesinatos en oficiales y soldados heridos de Morazán que se encontraban en el hospital; se maltrataba a las mujeres y se les hacía prisioneras después de ultrajes hechos a su pudor; se saqueaba y se mataba por doquier. El escándalo era tan horroroso y tan inhumano que el Cónsul Francés levantó su voz con el objeto de que se refrenaran aquellos actos de barbarie, pero no fue escuchados.

Vista la forma en que se desenlazó el encuentro de uno y otro bando, Carrera prefirió solamente contra sitiar a Morazán, rodeando la plaza con sus hordas que aumentaban de momento en momento, pues carente de táctica, como lo era, su primordial recurso era hacerse de masas humanas para infundir espanto en los soldados enemigos. Mas, sucedió que los federalistas, veteranos de las guerras morazánicas, resultaban superiores al espanto con que se pretendía desmoralizarlos. No hubo nada que les menoscabara el valor y la disciplina.

El sitio de la plaza donde se encontraban los soldados de Morazán, había empezado desde el momento en que éstos se replegaron a dicha plaza. En esta situación mediaban las circunstancias desfavorables para aquellos defensores de la democracia que su jefe no había podido averiguar cuántos hombres los sitiaban.

Rodeada la plaza, la lucha se localizó en un solo sitio, manifestándose, por parte de unos, los morazanistas, en un centro de resistencia y, por parte de los otros, los carreristas, en su grueso círculo de masa humana, que se estrechaba o se ensanchaba según las circunstancias del momento, creadas por el fuego nutrido de ambos bandos contendientes. Al ponerse el sol del día 19 de marzo, y después de una lucha que parecía interminable, cesó repentinamente el fuego de los sitiadores a la hora precisa de la oración. Y en ese instante en el ambiente resonó un coro inmenso que cantaba la Salve.

Morazán la escuchó atentamente y aprovechó aquella tregua para apreciar la magnitud de la fuerza enemiga, logrando calcular que el número de hombres que lo sitiaba era enorme, y que sus escasas y cansadas tropas, sin esperanza alguna de ser auxiliadas, no podrían resistir por tiempo indefinido y fatalmente tendrían que ser aniquiladas.

Terminado aquel coro de las turbas fanatizadas de Carrera, el fuego se reanudó, cobrando a cada instante mayor intensidad. Así se mantuvo la encarnizada lucha hasta las dos de la madrugada, hora en que los carreristas, creyendo agotadas las energías de los morazanistas, atacaron por asalto. Este terrible encuentro duro un poco más de veinte minutos, siendo tal la impetuosidad del fuego y el heroísmo de los soldados de Morazán que las masas carreristas se vieron obligadas a retirarse, dejando amontonados los cadáveres.

Después de este asalto que fue repelido —y que constituyó un gran triunfo para los federalistas, Morazán, compelido, por la falta de agua, de elementos bélicos— y de refuerzos, pensó en la retirada. Y volviendo a los suyos les indicó el rumbo que debían seguir y la precisión con que debían efectuar la salida.

A las tres de la mañana ordenó armar con lanza a los oficiales que estaban montados; a las cuatro, salió de la plaza por la calle de Guadalupe, con más de 400 hombres. La caballería iba a la vanguardia y la infantería al mando del General Rivas, ocupaba el centro a la retaguardia. Morazán mandaba una línea y Cabañas otra.

A su paso por aquellas calles los encuentros con el enemigo eran sangrientos y los caballos pasaban sobre los muertos, heridos y moribundos. De esta manera logró salvar la última esquina hasta la plaza de Guadalupe, en donde ya nadie se atrevió a interrumpir su marcha.

Las fuerzas de Carrera estaban diezmadas y desordenadas, circunstancias que aprovechó Morazán para seguir su retirada con el resto de su ejército hacia la Antigua, adonde llegó el día 19 de marzo a las 11 de la mañana, habiendo sido saludado por todos los moradores, quienes le hicieron objeto de múltiples atenciones que patentizaban el afecto o la admiración.

Dejó que sus fuerzas descansaran cuatro horas y siguió después su marcha hacia Ahuachapán, teniendo la noticia que en esta ciudad se hallaban 800 carreristas que saldrían a batirlo al Llano de la Laguna. El General Cabañas se adelantó con 100 hombres, con los cuales los derrotó en el tiempo que dura el resplandor de un relámpago. Esta acción tuvo lugar el 24 de marzo, y en ese mismo día llegó Morazán y su gente a la ciudad de Ahuachapán.

Tres días después, o sea el 27 de marzo, Morazán llegó a San Salvador, entre la aclamación y el regocijo de una gran multitud de hombres, mujeres y niños y ancianos, todos los cuales se disputaban el paso para verlo. Morazán, al llegar a la plaza, como si se sintiese engrandecido en la desgracia de haber muerto la República Federal, dio la voz de mando para que los curtidos veteranos de las guerras republicanas presentaran armas al pueblo que estaba identificado con sus glorias.

Seguidamente fue izado el pabellón federal, símbolo sagrado de las luchas en favor de la unión de Centro América.

MORAZÁN, ACOMPAÑADO DE VARIOS AMIGOS, SE EMBARCA EN EL "IZALCO" PARA LA AMÉRICA DEL SUR, EL 8 DE ABRIL DE 1840

Una vez ya en el Estado de El Salvador, Morazán trazó la línea de conducta que seguiría en lo sucesivo, siempre inmaculada y firme, en bien de los intereses de Centro América. Sus enemigos que siempre lo difamaban, veían no la grandeza de Centro América sino sus propias ambiciones raquíticas, y con ellas al hombre que en las lides del honor, para satisfacerlas, fue con su pujante personalidad una barrera infranqueable.

La conducta de Morazán se traslució en una determinación sorprendente: alejarse de Centro América para evitar que su presencia fuera el socorrido pretexto de ensangrentar el suelo centroamericano, y que El Salvador, que tanto amó, siguiera siendo el objeto de los odios y de las venganzas de los ensañados enemigos de la Federación. Depositó el mando en el Consejero don José Antonio Cañas y después reunió una junta de notables para explicar por medio de ellos al pueblo salvadoreño, los justos motivos que lo impulsaban a salir del país.

El 8 de abril Morazán abandonó la tierra salvadoreña, embarcándose en el puerto de La Libertad en la goleta "Izalco". Lo acompañaron distinguidos patriotas, civiles y militares, entre ellos don Pedro Molina, don Diego Vigil, don Máximo Orellana, don Doroteo Vasconcelos, don Carlos Salazar, su hijo don José Antonio Ruiz, el general Trinidad Cabañas, el General Gerardo Barrios y otros prominentes centroamericanos, cuyos preclaros nombres registra la historia en sus mármoles pentélicos.

Por ese tiempo la familia Morazán ya no estaba en San Salvador. El grande hombre, siempre previsor y atento a sus deberes para con los suyos, hizo que se trasladaran a un lugar lejos de las turbulencias políticas, determinación que tomó antes de salir para Guatemala. Doña Josefa Lastiri de Morazán se embarcó en el mismo puerto, donde poco después tocole a Morazán embarcarse, el puerto de La Libertad. Desde aquí partió para playas costarricenses, arribando al puerto de Caldera. Pero como el Jefe de Estado, Braulio Carrillo, le negó el asilo solicitado, tuvo que seguir su viaje a costas colombianas. Y encontrando en ese país franca acogida, desembarcó en el puerto de Chiriquí, donde se instaló para esperar cartas de su esposo.

Igual suerte que a su esposa le ocurrió al General Morazán y acompañantes cuando, a su llegada a Punta Arenas, solicitaron el correspondiente permiso para quedarse en Costa Rica. El permiso se concedía sólo a una parte de la comitiva. Ante esta negativa para el

General Morazán, todos prefirieron continuar en su compañía hasta llegar el "Izalco" al puerto de Chiriquí, donde fueron recibidos por los colombianos con demostraciones de simpatía. En esta hospitalaria tierra, Morazán residió varios meses al lado de su familia, pasando después a David, en donde se dedicó al estudio de varias ramas del saber humano. Estudió las Constituciones de los países sudamericanos y sometió a serio análisis la política de la América Central.

Proscrito Morazán, no faltaron en Centro América plumas que denigraron su recia personalidad; pero felizmente su vida inquieta, ocupada antes en las luchas por la libertad de los oprimidos y por la soberanía de la patria, en esta ocasión se deslizaba descansado y apacible y le permitía disponer de tiempo para enterarse de cuanto se publicaba en su contra y de preparar su vindicación ante la historia. Morazán manejaba la pluma con habilidad y elegancia: sus proclamas, arengas y demás escritos lo alinean entre los mejores políticos de la época.

Uno de los escritos de Morazán de mayor importancia es su notable Manifiesto de fecha 16 de julio de 1840, escrito en David y dirigido a los pueblos centroamericanos. Este valioso documento que comienza con el pensamiento de Montesquieu: "Cuando los traidores a la patria ejercen los primeros destinos, el Gobierno es opresor", va especialmente dirigido a los que abusaron de los derechos más sagrados del pueblo por un sórdido y mezquino interés, a los mismos que en otros términos llama enemigos de la independencia y de la libertad. Reporta en él los hechos de los reaccionarios y los hechos de los que lucharon por la democracia y por el forjamiento de la patria que anhelaron los próceres, los mismos que proclamaron la independencia el 15 de septiembre de 1821.

Todos los centroamericanos deben conocer ese enérgico Manifiesto, en donde el apóstrofe está escrito con acierto; así se revela en toda su extensión, siempre sujeta a la verdad escueta de los hechos. Tratando de uno de los muchos aspectos de su obra realizada por el Gobierno democrático, en dos de sus párrafos se expresa así:

"Vosotros, apoyados en el fanatismo religioso, destruisteis en el Estado de Guatemala las obras que los demócratas consagraron a la libertad, en tanto que los bárbaros las hollaron con su inmunda planta".

"La profesión de los derechos del pueblo -la ley de la libertad de imprenta-, la que suprimió las comunidades religiosas, la que creara la Academia de Ciencias, en que se enseñaban los principales ramos del saber humano, respuesta por vosotros con la antigua Universidad de San Carlos; —la del hábeas corpus—, los códigos de pruebas, de procedimientos y de juicios, obra del inmortal Livingston, adoptados con el mejor éxito, y tantas otras, fueron al momento derogadas por vosotros, y el vacío que dejaran esos monumentos del patriotismo lo llenasteis con nombres odiosos, que recordará al pueblo su antigua esclavitud y sus tiranos".

En David escribió Morazán sus Memorias que desgraciadamente dejó inconclusas por su participación posterior en la política de Centro América.

MEMORIAS DEL BENEMÉRITO GENERAL D. FRANCISCO MORAZÁN

Para escribir la vida de los hombres públicos que han figurado en tiempos pacíficos bajo un Gobierno constitucional, hasta conocer los hechos y las leyes, y ser exacto e imparcial en las observaciones. Para conocer la de los que han figurado en tiempos de revolución y anarquía, cuando no ha existido más ley que la salvación de la patria, no es suficiente hallarse impuesto de los sucesos, conocer sus causas ostensibles, y pesar las circunstancias que influyeron en ellas; es también necesario buscar el verdadero espíritu que los ha dictado en los secretos del corazón humano; sin dejarse seducir por los que, aparentando imparcialidad, se constituyen en intérpretes de éste, con la mira de satisfacer sus bajas y mezquinas pasiones.

Una misma acción puede ser, o aconsejada por el interés común, o sugerida por una atroz venganza, y merecer en aquel caso la aprobación pública, o ser en este reputada por un delito imperdonable.

La muerte de César habría sido un crimen a los ojos de los Romanos, si éstos no hubiesen conocido los motivos que obligaron a Bruto a ejecutarla; y no se atribuyera, hoy, al Gobierno inglés el deseo de abreviar los días de la vida de Napoleón, si hubiera justificado las causas que le obligaron a colocarle bajo la mortífera atmósfera de la isla de Santa Elena.

No es menos cierto que el espíritu de partido ha podido engañar muchas veces al escritor imparcial, y transmitir por este artificioso medio a la posteridad, como verdades históricas, lo que sólo era obra de la venganza y de la adulación. Pero esta falta no pertenece exclusivamente a los que nos han dado a conocer lo que ha ocurrido en el antiguo mundo: lo es también de los que se dedican a instruir a las generaciones venideras de lo que pasa en el nuevo, en donde han adquirido numerosos estímulos las pasiones, por el abuso que se hace de la imprenta.

No se crea por esto que yo desee que se limite por una censura previa. Cualquiera que se establezca para destruir un vicio, que es inherente a la libertad de publicar los pensamientos, llevaría consigo el germen que también destruyese esta saludable institución, que si ha sido el mejor sostén de los gobiernos monárquicos moderados, es sin disputa el alma de las instituciones democráticas.

Sí, varias veces se ha abusado de ella contra mí para insultarme, y protesto a los Centroamericanos, a quienes me dirijo, que lejos de disputar a mis enemigos la posesión de este miserable recurso, procuraré no traspasar los límites de la moderación y del decoro.

No escribo para exaltar pasiones, y menos para revelar faltas y decir injurias a los que me han calumniado en sus Memorias impresas en las ciudades de Jalapa y Méjico: sólo tomo la pluma para vindicarme. Solo este sentimiento ha podido vencer la resistencia que siempre he tenido para hablar a la Nación, aun en favor de mi propia causa, porque ni nunca me he considerado con la disposición que se requiere en aquel caso, ni con la humildad que se necesita en este para mendigar un defensor, pues siempre he creído que el que no aspira a engañar debe presentarse al pueblo con sus propios colores.

En los ocho años que serví la primera magistratura, muchos de mis enemigos obtuvieron destinos públicos, sin detenerse a examinar la legalidad de mi elección, ni los motivos que me conservaron en el poder; y a otros que me prodigaban injurias siempre les acredité con mi silencio, que no deseaba hacer uso para desmentirlos de las ventajas que me daba mi posición.

Más cuando observé que en la desgracia hasta algunos de mis amigos me juzgaban, me decidí a escribir mi vida pública.

No pudiendo fiar a la memoria todos los acontecimientos ocurridos en una revolución de catorce años, pedí los documentos necesarios a Centro América. Pero entre tanto estos llegan, el tiempo pasa, mis enemigos dan una siniestra interpretación a mi silencio, arrojan sobre mí nuevas calumnias, y no se halla al alcance de todos mi conducta pública que los desmienta. Es por esto que me veo obligado ahora a hablar siquiera de una manera sucinta de los principales acontecimientos ocurridos en la revolución de 1828, que han sido maliciosamente desfigurados por unos, o censurados injustamente por otros. Procuraré apoyarlos en documentos dignos de toda fé, y en testigos que, a la calidad de intachables, por el buen crédito que merecen, reúnan la particular circunstancia de contarse ellos en el número de mis enemigos. La relación íntima que tienen algunos de los hechos que voy ahora a referir, acaecidos antes de la guerra de 1828 con la materia de que me ocupo, no me permite pasar aquellos en silencio.

La elección de Presidente de la República hecha por el Congreso en el ciudadano Manuel José Arce, contrariando el voto de los pueblos que dieron sus sufragios al ciudadano José del Valle, fue, en mi concepto, el origen de las desgracias de aquella época. Dos partidos concurrieron a ella. En el uso se hallaban los más ardientes defensores de la independencia y los mejores amigos de la libertad. Estos le dieron sus votos para que sostuviese la Constitución federal, que era obra suya. Se encontraban en el otro los enemigos de esta constitución, los amigos de la dependencia española y los que unieron la República al imperio mejicano. Estos le dieron sus sufragios con la esperanza que cooperase a la variación del sistema.

Ambos bandos tenían motivos de confianza en su candidato. Aquel citaba en su apoyo la conducta que el ciudadano Manuel José Arce había observado en favor de la independencia. Este tenía por garantías la opinión que el mismo Arce manifestó desde Méjico al Padre Obispo Delgado, con respecto al sistema que convenía a Centro América, y las que conservó siempre contra el federalismo, que no daban a la verdad las mejores seguridades de su buen modo de proceder en el Gobierno.

Puede, sin descrédito, un ciudadano sacrificar sus opiniones particulares al cumplimiento de sus deberes como hombre público: esto es posible. Pero no puede voluntariamente colocarse, sin mancillar su reputación, en la difícil alternativa de falta a sus juramentos, o causar las desgracias de su patria, y esto hizo Arce.

El admitió la primera magistratura de un gobierno contrario a sus opiniones, y prestó el solemne juramento de ejecutar y hacer cumplir una Constitución que, según lo repite tantas veces en su memoria de 830, impresa en Méjico, sistema la anarquía y autoriza el desorden.

Si esta conducta no puede conciliarse con la que debiera observar el patriota y el alto funcionario, ella sin embargo descubre los verdaderos motivos que la obligaron a apoyar sus repetidas infracciones de la Constitución en un partido que, al deseo de variarla, añadían sus principales directores la halagüeña esperanza de encontrar en Arce el héroe que les hiciese olvidar la sensible pérdida del Emperador Iturbide.

No podría ciertamente reconocerse en este modo de proceder al hombre agradecido por la alta distinción con que lo honrarán los pueblos, llamándolo a regir sus destinos, si el deseo de ser a los ojos de estos mismos pueblos el bienhechor del primer lustro de la libertad, o por lo menos el primer patriota de la época, no vinieran en su auxilio a disculparlo. ¡Funesta presunción, que tantos males ha causado a la República!

Si el ciudadano Manuel José Arce se hubiera negado a admitir la presidencia, se habría excusado del doble compromiso, que sus opiniones con respecto a la Constitución le habían hecho prever. No hubieran entonces tenido lugar sus temores de anarquizar la República, si cumplía con las leyes que autorizaban en su concepto el desorden; ni sus juramentos habrían sido violados con la infracción de aquellas, agravando con este hecho los mismos males que pensaba evitar.

Tan noble conducta hubiera librado a Centro América de mil desgracias, y al Presidente de ella de un tardío y estéril arrepentimiento, que le fue arrancado por un acto de la más negra ingratitud que lo despojara del ejercicio de la magistratura, y vino en socorro del pueblo cuando se hallaba ya dividido y destrozado por la guerra civil y la anarquía.

"Yo acababa, dice el Presidente Arce, de estudiar en Washington y en los principales Estados angloamericanos el sistema federal: había penetrado su origen: había pulsado sus enlaces: me enteré de sus ventajas, y me hice cargo de sus defectos..." y todo esto, es necesario decirlo, se obró en pocos días, y sin el menor conocimiento del idioma inglés".

No podía decir más el sabio e infatigable Mr. Alejo Tocqueville, a quien debemos su preciosa obra titulada: "De la democracia en la América del Norte".

¡Desgraciados Centroamericanos! Vuestros males se pueden lamentar: pero consolaos con este estéril sentimiento, porque no es posible, en conciencia, hacer responsable de ellos a su autor!...Si todas las opiniones que he referido son bastantes a hacer conocer la suerte que esperaba a Centro América, yo no las presento al público sino como las precursoras de grandes hechos, que hablan al corazón imparcial un idioma tanto más convincente, cuanto que está fundado en las mismas leyes, argumentos y raciocinios aducidos por el expresidente Arce en su propia defensa.

Dos partidos se presentaban a este y a sus amigos en opinión, para variar las leyes, objeto único de sus miras, de sus faltas, de su descrédito y de su desgracia. O el que se emplea regularmente en las repúblicas con el fin de obtener el triunfo en las elecciones, y de consiguiente, el influjo que se desea en las cámaras para reformar o variar la Constitución, o el de la fuerza.

Aunque el primero era más sencillo y el único legal, exigía mucho tiempo su ejecución, y además, carecía de trofeos y de gloria. Si podía haber alguna en persuadir, sería a los ojos del Presidente Arce, tan oscurecida por las intrigas que se suelen emplear en semejantes casos, como el color de los vestidos diplomáticos de las personas que debieran ejecutarlo.

No siendo este recurso acomodado al genio del Presidente, y menos a sus intereses, eligió el segundo partido. Dos motivos le obligaron a obrar de esta manera. Seguir las huellas de los héroes conquistadores para poder adquirir esa gloria guerrera, tanto más noble, cuanto son grandes los obstáculos que vence, y los peligros que corre el Jefe Militar que la obtiene a la cabeza de sus soldados vencedores, fue sin duda el objeto del primero. Afirmar para lo futuro en los hombros de estos mismos soldados la silla del poder en que no se creía bien seguro por la inconstancia de los diplomáticos que lo colocaron en ella, era la mira del otro. Esta inconstancia que comenzaba ya a experimentar, le fue muy pronto funesta por la vez primera en el cuartel general de Jalpatagua. Allí lograron D. Antonio Aycinena y D. Manuel Domínguez introducirse, digámoslo así, disfrazados con las insignias: militares que arrancaron al mérito del soldado y obtener un triunfo con el auxilio de la táctica diplomática, que tuvo por trofeos la deposición del Comandante Perk y el despojo de todo el influjo que tenía el Presidente Arce en el ejército.

El escandaloso suceso ocasionado porque unos pocos empleados del Gobierno del Estado de Guatemala no concurrieran en un mismo edificio con el Presidente de la República a la función cívica del 15 de septiembre de 1826, que en otras circunstancias sólo hubiera comunicado al pincel algunos personajes en actitudes propias a una caricatura, produjo entonces malísimos resultados.

Todos los elementos de discordia que se habían ya acumulado por los que apetecían un cambio, se agitaron de tal modo, que ocasionaron muy pronto la completa desorganización del Estado de Guatemala, que abandonado y sin defensa, quedó en manos del Presidente de la República, el que por un abuso escandaloso de su autoridad, también redujo a prisión a su primer Jefe ciudadano Juan Barrundia, y desarmó las milicias del mismo Estado.

"Este desenlace, se dice en la Memoria de Jalapa escrita contra mí por D. Manuel Montúfar, Jefe de Estado Mayor del ex-Presidente Arce, cuya opinión es irrecusable, hizo ridículo todo lo que antes había parecido un golpe maestro de aquellos que afirman el orden: todos los que se habían comprometido comenzaron a tener y a desconfiar en lo sucesivo. El Presidente publicó pocos días después una exposición documentada de los motivos que impulsaron al arresto de Barrundia: todas eran conjeturas, razones de congruencia y documentos diversos, débiles unos, ridículos otros, y todos capaces de persuadir en lo privado que existía una conspiración: pero no para convencer en juicio.

Semejante suceso, que por las circunstancias de que fue acompañado, pareció a algunos un ensayo de las armas del poder, y que en realidad fue el resultado de una combinación que preparara, como se vio después, igual suerte a todos los jefes de los demás Estados que no supieron defenderse, inspiró en estos una fundada y justa desconfianza. Aunque se quiso disculpar el hecho asegurando que aquel funcionario había provocado con su conducta al Jefe de la Nación, y obligado a éste a hacer uso de la facultad que le concede el artículo 175 de la Constitución, que nada previene para un caso tan singular; la conducta observada con el Vice-Jefe Flores, que el mismo Presidente colocó en el Gobierno por la confianza que le inspiraba, les acreditó que éste sólo buscaba en las autoridades de los Estados agentes sumisos y prontos a ejecutar sus voluntades.

Pero Flores se portó con una dignidad y firmeza que no se esperaban, resistiéndose a cumplir la orden de desarmar al Capitán Cerda, y negándose a admitir la fuerza federal que le ofrecía el Presidente: la que con pretexto de hacer respetar la autoridad del Estado y conservar el orden en los pueblos, debía completar la sumisión de éstos, y la humillación de aquel funcionario. Conducta tanto más honrosa y meritoria, cuanto que ella produjo la catástrofe que le aguardaba en la misma iglesia de Quezaltenango, en donde, puesto en manos de un feroz populacho, instigado por las funestas ideas que le inculcaron sus sacerdotes, pereció al pie de las imágenes de los Santos a la vista de sus inicuos jueces y en presencia de la Eucaristía, que estos exhibieran para acreditar sin duda, que muchos de los que se llaman religiosos entre nosotros, no creen en el Dios de los verdaderos cristianos. Y de este modo los empolvados altares del fanatismo, que estaban ya olvidados en el presente siglo, fueron de nuevo levantados, por sus dignos ministros, y enrojecidos con la sangre inocente del desgraciado vicejefe Cirilo Flores.

Para que no se crea que exagero hablando de la sumisión que el Presidente exigía de los Jefes de los Estados, copiaré lo que dice aquel funcionario en la página 42 de sus Memorias.

"Sin pérdida de instante se puso en el conocimiento del vicejefe ciudadano Cirilo Flores, el arresto del Jefe Barrundia, previniéndole que tomase el mando del Estado en razón de ser el llamado por la ley a ejercerlo en casos semejantes; franqueándole al propio tiempo la tropa veterana para que la emplease en la conservación del orden, y en el servicio de su persona y de la Asamblea. También se le previno que mandara desarmar al capitán mayor Cayetano Cerda, que permanecía en el departamento de Chiquimula, alborotando los pueblos y perturbando la tranquilidad con la tropa con que atacó a Espínola: Flores se encargó de la jefatura; pero se negó a obedecer al Gobierno en todo lo demás, y particularmente en el punto tan esencial de desarmar a Cerda...

En la foja siguiente se expresa en estos términos:

"Como en tiempos de revolución todo es delirio, no ha faltado entre nosotros quien se atreva a proferir la blasfemia política, de que los jefes de los Estados no son súbditos del Presidente de la República, y es así que me veo en la necesidad de hablar hasta de esta impertinencia. La Constitución en el artículo 123 dispone: "que el Presidente prevenga a los jefes de los Estados lo conveniente en todo lo que concierna al servicio de la Federación".

Sea cual fuere de sus acepciones la que le dé al verbo prevenir, nunca será la de mandar u ordenar el superior al súbdito que ejerza alguna cosa. El Presidente, en uso de este artículo pudo prevenir, advertir, informar o avisar a los Gobiernos de los Estados lo conveniente al servicio de la Federación; pero no pudo mandarles en concepto de subordinados.

Si el artículo en cuestión exigiese de los jefes de los Estados la absoluta subordinación al Presidente de la República, que deben los súbditos a su superior, no merecía ciertamente el nombre de federal la Constitución de Centro-América; y si el Presidente Arce hubiera conocido mejor nuestro sistema y su propio idioma, habría cometido una falta menos en su conducta administrativa, y quitado a la venganza de sus partidarios un motivo más para llevar la guerra en su nombre a todos los estados de la Unión.

"Cada uno de los Estados que componen la Federación, es libre e independiente en su Gobierno y administración interior (Art. 10) y les corresponde todo el poder que por la Constitución no estuviese conferido a las autoridades federales".

A la vista de este artículo; ¿cómo habrá podido sostener el Presidente Arce semejantes pretensiones? Y ¿cómo sin pasar por la humillación de que una autoridad extraña se ingiriese a título de superior en el régimen interno del Estado, podía el vicejefe Flores, por las órdenes de aquel, tomar posesión del Gobierno, desarmar al Capitán Cerda, y lo que es aún más degradante, admitir a su servicio fuerzas federales, porque no convenía a los intereses del Jefe de la Nación que usase de las del Estado que había ya éste disuelto, reteniendo en su poder el armamento?

Pero aún hay más. Sobre el poder que da el citado artículo 10 a los gobiernos de los Estados, aparece otro mayor que sí han pasado en silencio los legisladores, no por esto han podido evitar que exista, y menos que se ejerciese de una manera positiva por los Estados en el momento mismo en que se buscaban pretextos para humillarlos, y se invocaban las leyes para reducir a sus jefes a la humilde condición de subalternos. Hablo de parte de supremacía que corresponde a los Estados. Supremacía más eficaz que la de la Federación: puesto que se ejerce como se vio entonces al arrimo inmediato del pueblo, en lugar que la otra sólo tiene por apoyo la ley y el convencimiento de unos pocos ciudadanos a quienes su ilustración los eleva sobre las localidades, y sus honrosos precedentes los llaman a servir los primeros destinos de la Federación. Si esta es una falta que causa algunas veces males, y principalmente en los gobiernos nuevos, ella nace de un vicio inherente al sistema federal que divide en fracciones al pueblo; y por lo mismo exige para evitar sus malas consecuencias el mayor tino y prudencia de parte del primer funcionario.

Si este convencimiento pudo hacer más moderado y circunspecto al Presidente Arce, el conocimiento que adquirió del sistema federal en la República de Norte-América la debió descubrir la complicación de su teoría y las dificultades en su aplicación. Dificultades que debiera considerar mayores en Centro-América, puesto que no podía aguardar que se encontrasen en el pueblo, ni el conocimiento regular de aquel sistema, ni el hábito de gobernarse por sí mismo.

Debió tener presente, que como jefe de la República, era el primer responsable de la paz. "Se había hecho cargo de los defectos del sistema federal. Había estudiado el de la República que gobernaba; conocía a los hombres que estaban a la cabeza de los negocios, y no ignoraba los hábitos y educación del pueblo". Tenía éste, pues, muchos títulos para aguardar de la capacidad y experiencia de su Presidente, lo que no podía esperar de la ilustración y buenos deseos que animaban a sus mejores ciudadanos. Todas las miradas estaban por esto pendientes de la conducta que observaría el supremo Magistrado. De él aguardaban todos el bien de la República. Nadie le podía disputar el alto honor de haberlo conseguido; ni menos puede hoy dividir con otro la responsabilidad de los males que ocasionó con una guerra que pudo y debió evitar.

No teniendo ya nada que temer el Presidente Arce en el Estado de Guatemala, en donde por consecuencia de los hechos que acabo de referir, las autoridades legítimas habían ya desaparecido, mandó hacer nuevas elecciones que por el influjo de las bayonetas, recayeron en aquellos hombres más notables de su partido.

Reorganizado de este modo el Estado de Guatemala, dirigió el Presidente sus miradas a los de Nicaragua y Honduras. En el primero, por una anomalía propia de la revolución, se encontraban a un mismo tiempo gobernando el Jefe Cerda y el Vicejefe Argüello, y eran ambos obedecidos por sus respectivos partidos.

Como el de Argüello pertenecía a los liberales y las opiniones de este funcionario eran contrarias a las del Presidente de la República, la política demandaba la protección decidida que éste le prestó a Cerda, remitiéndole una cantidad considerable de fusiles, que condujo al ciudadano Policarpo Bonilla.

Este auxilio llamó la atención a Argüello y no pudo proteger a Honduras, en donde buscaba motivos el Presidente para desorganizarlo.

A este fin mantenía correspondencia con los más desacreditados enemigos del Jefe de aquel Estado ciudadano Dionisio Herrera y daba otros pasos que sí eran menos deshonrosos no parecían propios del que aparentaba un profundo respeto a las leyes, sino del que buscaba el triunfo sin escrupulizar los medios de conseguirlo.

El Teniente Coronel de la Federación Ignacio Córdova, que por licencia del Supremo Poder Ejecutivo, servía la Comandancia Local de la ciudad de Tegucigalpa con nombramiento del mismo Jefe Herrera, cuando fue separado por este, se negó abiertamente a obedecer, alegando que había obtenido igual nombramiento del Jefe de la Nación. La ciudad de Tegucigalpa se halla situada en la cordillera a más de dos mil metros de altura sobre el nivel del mar, y distante de este cuarenta leguas por parte más inmediata. No es, pues, ni una frontera ni un puerto para que el Presidente se creyese facultado para nombrar allí un Comandante; a no ser que haya pensado hacer después navegable el río de aquella ciudad en las doscientas leguas que corre antes de desaguar en el Pacífico. Este escandaloso avance de la autoridad, ejecutado con la mira de sostener el partido que hacía la revolución a Herrera en Honduras, produjo la acusación que este dirigió al Congreso contra el Presidente Arce, acompañando todos los documentos que esclarecían el hecho.

Despachados los enemigos del Jefe Herrera con el mal resultado que tuvieron los medios que habían empleado hasta entonces para trastornar el orden, se decidieron a quitarle la vida. A medianoche los asesinos dirigieron sus tiros por dos balcones de la casa que habitaba, a los Estados al Presidente de la República, y necesaria la guerra que llevaron los pueblos a la capital de la misma República: "esto es lo único que me he propuesto probar, y creo haberlo conseguido.

Ahora trataré únicamente de mis hechos como funcionario público. Pero como no pretendo escribir mi apología, sólo citaré en mi defensa, como lo he ofrecido al principio, aquellos de que se haya hablado con injusticia, o que convengan a mi propia justificación.

Como uno de los jefes de la fuerza que se disolvió en la Maradiaga marché en busca del auxilio que mandaba el Vicejefe del Estado de El Salvador. Pero este auxilio, que llegó a Tegucigalpa, después de haberse rendido la plaza de Comayagua, era tan pequeño, que tuvo que retirarse hacia el Estado de Nicaragua. Los Coroneles Díaz, Márquez, Gutiérrez y yo, buscamos en él nuestra seguridad, y acompañamos al jefe que lo mandaba. Un incidente desagradable, que podía comprometer nuestro honor, nos obligó a separarnos de él en la Villa de Choluteca, y a pedir garantías al Coronel Milla para permanecer en Honduras. Nuestros deseos fueron satisfechos por este jefe, mandándonos el pasaporte con el mismo correo que condujo la solicitud.

Al instante marché con dirección al pueblo de Ojojona para disfrutar en unión de mi familia de la gracia que se me concediera. Por un presentimiento que jamás cupo en la confianza que me inspiraba la palabra de Milla, dichos jefes no corrieron la suerte que se nos aguardaba en aquel pueblo, y yo, víctima de mi credulidad, conocí, aunque tarde, lo poco que debe confiarse en los que defienden una mala causa.

Diez horas después de haber llegado al pueblo que había señalado para mi residencia, fui reducido a prisión por el teniente Salvador Landaverri, de orden del Mayor Anguiano comandante local de

Tegucigalpa, y conducido a aquella ciudad. A pesar de haber presentado a este jefe mi pasaporte, me hizo poner en la cárcel pública.

La seguridad de que en semejante atentado no tuviera parte el Coronel Milla, me hizo dirigirle una exposición en que le expresaba, con bastante energía, los males que me ocasionaban sus ofrecimientos. La contestación de este jefe me dio a conocer el lazo que había tendido a mi confianza y sólo procuré entonces los medios de evadirme de la cárcel.

Después de haber sufrido veintitrés días una estrecha y penosa prisión, pude burlar la vigilancia de mis carceleros, y retirarme a la ciudad de San Miguel. De allí pasé a la de León en busca de auxilios para volver sobre Honduras.

En mi tránsito por el Puerto de la Unión, hablé por la primera vez con el ciudadano Mariano Vidaurre, que como Comisionado del Gobierno del Estado de El Salvador, pasaba al de Nicaragua con el objeto de procurar un avenimiento entre el Jefe y Vicejefe de aquel Estado, que mutuamente se hacían la guerra. Vidaurre se interesó mucho para que se me auxiliase por este último.

Entretanto, el Coronel Ordóñez, que llegó preso a León, pudo formar una revolución contra el Vicejefe Argüello, que tuvo por resultado la deposición de este funcionario, y el auxilio que se me dio de los militares que le eran más adictos.

Ciento treinta y cinco, entre jefes y oficiales, componían mi pequeña fuerza. Su fidelidad al Gobierno a que habían pertenecido me inspiraba la mayor seguridad, y la fundada esperanza de reunir los descontentos hondureños, que produjeron las persecuciones de Milla y sus agentes, ponían de nuestra parte todas las probabilidades del triunfo.

En la Villa de Choluteca, con el auxilio que mandó el Gobierno de El Salvador, pude organizar una considerable División, y en el campo de la Trinidad, acreditar a los hondureños que era llegada la hora de romper sus cadenas. Milla fue allí completamente batido, dejando en nuestro poder los elementos de guerra, que había acumulado, y la correspondencia oficial de que ya he hecho mérito. La vanguardia sola, consiguió este triunfo, en el que se distinguieron los Coroneles Pacheco, Valladares y Díaz. A los de igual clase, Márquez, que había quedado malo en Pespire, Gutiérrez, que en unión de Osejo y el Capitán Ferrera, conducían la retaguardia, no les fue posible encontrarse en la acción.

Libres ya los pueblos de Honduras de sus enemigos me dediqué a la reorganización del Estado.

El Consejo se reunió en la ciudad de Comayagua, y me encargó del Ejecutivo con arreglo a la ley, en concepto de consejero, por la falta de Jefe y Vicejefe del Estado.

Luego que el Presidente de la República tuvo conocimiento de estos sucesos, hizo marchar al Coronel Domínguez sobre Honduras. Yo tuve, entonces, que separarme del Gobierno para tomar el mando de la fuerza, y establecí mi cuartel general en el pueblo de Texíguat.

Domínguez hizo una ligera incursión por los pueblos de la costa, y regresó a San Miguel, sin haberse atrevido a atacarme.

Por este tiempo, el general Merino, después de haber estado al servicio del Gobierno de El Salvador, se embarcó en Acajutla para retirarse al Guayaquil, de donde era natural. Habiendo tocado el buque, que lo conducía, en el Puerto de la Unión, fue capturado a bordo por el Coronel Domínguez, que ocupaba el Departamento de San Miguel con fuerzas federales, sin respetar la bandera chilena, ni atender a los reclamos que le hiciera el Capitán.

A Merino no debía tratársele como prisionero de guerra, porque no se le tomaba con las armas en la mano: no era ya un soldado, porque se había separado del teatro de la guerra: no podía considerársele como enemigo, porque no tenía la intención de ofender, puesto que se retiraba a su patria; ni siquiera pisaba ya el territorio de la República, y se hallaba bajo la protección de una Nación amiga. No había, pues, ni un pretexto para reducirlo a prisión, y menos para fusilarlo pocos días después en la ciudad de San Miguel, faltando al derecho sagrado de la guerra, y a los principios establecidos en los pueblos menos civilizados.

Este asesinato sin ninguna mira política: esta víctima sacrificada a la venganza ajena, cerró todos los medios de conciliación entre Domínguez y yo, rompiendo la correspondencia que habíamos establecido con este objeto: presagió la suerte que correríamos los que fuésemos prisioneros de semejantes enemigos, y acabó de uniformar la opinión pública.

En pocos días conseguí organizar una fuerza compuesta de hondureños y nicaragüenses, que aunque muy inferior en número a la de Domínguez, se componía en su mayor parte, de soldados voluntarios y decididos a morir en defensa de su patria; pero carecía de recursos pecuniarios.

El que conozca, que las rentas del Estado de Honduras nunca han bastado a cubrir su lista civil, y que haya sido, entonces, testigo de las grandes sumas que exigiera Milla a los pueblos, para sostener tanto tiempo su División, se persuadirá fácilmente de las escaseces que sufría la que estaba a mis órdenes. Marchaba sin ninguna caja militar, y el prest que se daba a la tropa, era necesario exigirlo en los pueblos del tránsito.

Las dificultades que naturalmente se presentaban para esto, producían mil privaciones en el soldado, que se agravaban, con lo malo del clima y el rigor del otoño, abundante en lluvias aquel año. Su número se disminuía de consiguiente, en términos que, apenas llegaron a las inmediaciones de San Miguel las dos terceras partes de los soldados reunidos en Choluteca. En tanto que el Coronel Domínguez abundaba en recursos y tenía a sus órdenes una numerosa tropa veterana que había triunfado varias veces de sus enemigos.

La esperanza del auxilio que me había ofrecido el Gobierno del Estado de El Salvador, para engrosar mi pequeña División, me obligó a colocarla en el pueblo de Lolotique, fuerte por su localidad, y por su posición aparente para proteger la llegada de los salvadoreños.

El Coronel Domínguez con todas sus fuerzas vino a situarse a distancia de una legua, en el pueblo de Chinameca.

Hizo varias tentativas para forzar las guardias avanzadas colocadas en los desfiladeros que conducían a la altura que yo había ocupado; y aunque siempre fue rechazado con pérdidas, logró sin embargo, ver desplegarse la fuerza, y se enteró de su número. La confianza que le inspiró este conocimiento la acreditaron sus hechos posteriores. Domínguez pudo muy bien contar nuestros soldados; pero pronto conoció, por una costosa experiencia, que no es dado calcular, a un jefe mercenario, el valor de hombres que defiendan su patria y sus hogares.

Once días se pasaron sin ocurrir nada notable entre las dos fuerzas. Al duodécimo recibí una comunicación del teniente Coronel Ramírez, Jefe de la tropa auxiliar tanto tiempo esperada. Me aseguraba que al siguiente día pasaría, con alguna dificultad, el Lempa, por falta de barcas.

La facilidad con que el enemigo podía descubrir la aproximación de aquel jefe, y destruir su pequeña fuerza, me decidió a protegerlo. A las 12 de la noche emprendí mi marcha con este objeto; pero la lluvia no me permitió doblar la jornada y me vi obligado a aguardar, en la Hacienda de Gualcho, que mejorase el tiempo.

Entre tanto, Domínguez que había. sabido mi movimiento y marchaba por mi izquierda, detenido también, por la lluvia, fue igualmente obligado a situarse a una legua distante de aquella hacienda, sin que se hubiera podido descubrir su movimiento hasta entonces.

A las 3 de la mañana, que el agua cesó, hizo colocar dos compañías de cazadores en la altura que domina la hacienda, hacia la izquierda, en razón de ser único lugar por donde podía presentarse el enemigo. A las 5 supe la posición que este ocupaba, y pocos minutos después, el jefe de una partida de observación aseguró que se hallaba a tiro de cañón de las dos compañías de cazadores.

No podía ya retroceder en estas circunstancias, porque una retirada con tropas que no son veteranas, tiene peores consecuencias que una derrota, sin la gloria de haber peleado con honor. No era ya posible continuar la marcha, sin grave peligro, por una intensa llanura, y a presencia misma de los contrarios. Menos podía defenderse en la hacienda, colocada bajo una altura de más de 200 pies, que en forma de semicírculo, domina a tiro de pistola el principal edificio, cortado, por el extremo opuesto, con un río inaccesible, que le sirve de foso. Fue, pues, necesario aceptar la batalla con todas las ventajas que había alcanzado el enemigo, colocado ya en actitud de batirse a tiro de fusil de nuestros cazadores.

Conociendo el tiempo que había de gastar la División en salvar la altura, que se hallaba entre el campo y la hacienda, hice avanzar a los cazadores sobre el enemigo, para detener su movimiento, el que conociendo lo crítico de mi posición, marchaba contra estos a paso de ataque.

Entre tanto subía la fuerza por una senda pendiente y estrecha, se rompió el fuego, a medio tiro de fusil, que luego se hizo general. Pero ciento setenta y cinco soldados bisoño, hicieron impotentes por un cuarto de hora, los repetidos ataques de todo el grueso del enemigo. Este, obligado por instinto, a tributar el respeto que se debe al valor, no se atrevió a hollar la línea de cadáveres a que quedó reducido el pequeño campo que ocupaban los cazadores, para detener la marcha de la división que volaba en su auxilio.

El entusiasmo que produjo en todos los soldados el heroísmo de estos valientes hondureños, excedió al número de los contrarios. Cuando la acción se hizo general por ambas partes, fue obligada a retroceder nuestra ala derecha, y ocupada la artillería ligera que la apoyaba; pero la reserva obrando entonces por aquel lado, restableció nuestra línea, recobró la artillería y decidió la acción, arrollando parte del centro, y todo el flanco izquierdo que arrastraron, en su fuga, el resto del enemigo dispersándose después en la llanura.

Entre los muchos prisioneros que se hicieron, se encontraron algunos vecinos del departamento de San Miguel, que vinieron en gran número a ser testigos de nuestra derrota. Tal era la seguridad que tenían en la táctica; en la disciplina y en el número de nuestros contrarios.

Los salvadoreños auxiliares, que abreviaron su marcha, al ruido de la acción, con el deseo de tomar parte en ella, llegaron a tiempo de perseguir a los dispersos.

Cediendo a un sentimiento de justicia, he descendido a pormenores, que no a todos podrán ser agradables; pero ofrezco omitir en adelante, los que pertenecen a los sucesos ocurridos hasta la conclusión de la guerra. Mi deseo ha sido el de honrar la memoria de los patriotas hondureños y nicaragüenses, que pelearon aquel día; cuyo valor se ha querido poner en duda porque no han sido tan afortunados otras veces. Es el de fijar los hechos que tuvieron lugar en aquella jornada, desfigurados después por la malicia o la ignorancia. Es el de dar a conocer la importancia que merece este hecho de armas. Si él fue en sí, bien pequeño, produjo, sin embargo, los mejores resultados, porque economizó la sangre, que inútilmente se derramara por tanto tiempo en las trincheras de El Salvador, facilitando la rendición de Mejicanos, y abrevió el desenlace de la revolución de 1828, Revolución, que tan abundante, como, después, fue en acciones de guerra ganadas por nuestros soldados, todas ellas se deben considerar como una consecuencia de este triunfo.

De Gualcho me dirigí a la ciudad de San Miguel, en busca de recursos, para pagar sus haberes atrasados a los soldados, vestirlos y darles la gratificación, de un mes de sueldo, que se les había ofrecido.

En el camino se me presentó una comisión de los principales vecinos de aquella ciudad, para suplicarme fuese a proteger las propiedades, que a pretexto de pertenecer a los enemigos del Gobierno, eran amenazadas por un puñado de malvados. Pude llegar a tiempo de evitar el saqueo de muchas casas, aunque ya éstos habían tomado de la de Barriere algunos objetos de comercio.

En uso de la facultad que me había concedido el Gobierno del Estado de El Salvador, mandé exigir un empréstito forzoso de diez y seis mil pesos. Este se distribuyó en un pequeño número de propietarios que más servicios habían prestado al enemigo.

La noticia que se difundió en la ciudad de que el general Arzú había salido para atacarme, del cuartel general de Mejicanos, produjo una fuerte resistencia en algunos prestamistas, que se negaron a pagar bajo diversos pretextos su contingente.

Cuando se confirmó la noticia que el enemigo se aproximaba al Lempa, expedí una orden para que el que no quisiese prestar sus servicios como propietario, se le obligara a hacerlos como soldados, presentándose en el cuartel de cazadores. Todos pagaron a esta intimación; sólo el ciudadano Juan Pérez, primer propietario del departamento, quiso tomar las armas, pero pocas horas después de hallarse sufriendo, en el cuartel, todos los castigos y privaciones de un soldado recluta, entregó los cinco mil pesos que le fueron asignados, y volvió a su casa.

La cantidad recaudada fue distribuida a los soldados en medio de la plaza, a presencia de los jueces municipales, de los ciudadanos Gregorio Ávila, que contribuyó con el género suficiente para dos mil vestuarios, Pedro Gotay y otros muchos de los principales de aquella ciudad, que aún existen hoy en ella para comprobar esta verdad.

Como este fue el último empréstito, y el único de alguna consideración que yo asigné hasta la conclusión dela guerra, y como algunos han exagerado su valor, y tratado de tiránicas las medidas que se tomaron para realizarlos, no me ha sido posible pasar en silencio estos por menores.

Si hubo alguna severidad contra Pérez, fue provocada por su misma resistencia: lo exigía además el orden público, amenazado por los soldados leoneses, cansados ya de sufrir escaseces, y de esperar el día que estas cesasen, tantas veces prometido; y lo demandaba imperiosamente la necesidad de marchar a disputar el paso del Lempa al enemigo.

El único atentado que yo supiese y pudiese remediar, fue cometido por el Capitán Cervantes que arrancara del cuello a una señora prestamista su cadena de oro, y por el cual fue sentenciado a la pena de muerte, fusilado en la plaza de El Salvador.

Los soldados leoneses, que no pertenecían a ningún gobierno, y que voluntariamente se habían puesto a mis órdenes, expresaron de diversos modos sus deseos de regresar a Nicaragua. Al Coronel Valladares, que se propuso evitarlo, lo amenazaron haciendo usó de sus armas, y yo solo pude lograr que sesenta soldados continuasen en el servicio.

Entretanto el General Arzú llegó al Lempa con una fuerte división. Al momento marché a evitarle el paso de este río, y lo habría conseguido, si el Teniente Coronel José del Rosario López Plata no hubiera descuidado el punto por donde logró aquel desembarcar.

Disminuida mi fuerza por la defección de los leoneses, tuve que retirarme a Honduras para organizarla.

El enemigo, que marchaba a mi retaguardia, llegó hasta la ciudad de Nacaome, y no atreviéndose a perseguirme por el camino de la sierra, que había ya fortificado, regresó a San Miguel.

En pocos días pude aumenta la división en la ciudad de Tegucigalpa, y volví con ella sobre la misma ciudad de San Miguel.

El General Arzú ocupaba entonces dicha ciudad, que por una marcha forzada amenacé atacar. Como aquel no quería comprometer una acción, se retiró por la Villa de Usulután, para atravesar después el llano de la Paba, y tomar el camino del Departamento de Gracias con el objeto de pasar. a Guatemala. Yo, que calculaba esta retirada, me coloqué por un movimiento de flanco en aquel llano, al tiempo mismo que la vanguardia enemiga tomaba posición en la margen izquierda de un arroyo profundo. Era su mira disputarnos este paso, para poder evitar la ocupación de la hacienda de San Antonio, en la que comienza a elevarse la sierra por donde había pensado retirarse. Pero fue arrollada y arrojada hacia el llano en donde estaba formada su retaguardia, dejando en nuestro poder un cañón.

La hacienda fue en seguida ocupada por nosotros, y los contrarios pasaron la noche deliberando.

Al amanecer se me aseguró que deseaban capitular. Al efecto, hablé con el teniente Coronel C. Antonio Aycinena, que había sucedido en el mando al general Arzú. Me ofreció aquel jefe entregar las armas, y quedar prisionero con sus principales soldados; pero no a disposición del Gobierno del Estado de El Salvador.

La capitulación que redacté, fue firmada inmediatamente, y con sorpresa vieron los enemigos, que cuando ellos habían convenido ya en ser mis prisioneros de guerra, se les dejaba en libertad para volver a Guatemala, suministrándoles, además, el dinero necesario para el prest del soldado, y concediéndoles por una gracia, todo lo que solicitaron.

Aunque nunca me arrepentí de haber observado esta conducta, pocos días después tuve el disgusto de saber que el enemigo saqueaba los pueblos del tránsito, y había cometido un asesinato, en pago de la generosidad con que se le trató, violando así la capitulación que se acababa de firmar, en la que se había consignado un artículo a la seguridad de estos mismos pueblos.

Un jefe militar del Estado de El Salvador, que con dos compañías ocupaba Ocotepeque, por donde aquellos debieran pasar, recibió de los pueblos iguales quejas, y redujo a algunos oficiales a prisión, por orden de un Gobierno, a quien ya había dado conocimiento de aquellos hechos.

Aunque siempre he creído que el jefe Aycinena no los mandó ejecutar, él es, sin embargo único responsable de ellos, por haber abandonado la tropa a su propia suerte, forzando sus marchas para llegar pronto a Guatemala con todos sus jefes y oficiales allegados.

La fortuna, que jamás protege a los que huyen de los peligros de la guerra para poder disfrutar de las ventajas del triunfo, castigó a los que sitiaban la plaza de El Salvador, haciéndolos por una capitulación, prisioneros de los sitiados, y premiando, de este modo, el valor con que estos defendieran por tanto tiempo su patria y sus hogares.

Este desenlace se debió a la constancia con que el pueblo salvadoreño, sin armas y sin jefes, sostuvo el sitio por largo tiempo: el patriotismo y generosidad de las mujeres del pueblo, que alentaban al soldado con su valor y lo alimentaban con el trabajo de sus manos, a la firmeza con que el Gobierno se negó siempre a admitir las proposiciones desventajosas que le hiciera el enemigo para rendirse; y al general Juan Prem, que disciplinó algunas compañías, y colocándose con ellas a la retaguardia del enemigo, le interceptaba los convoyes y aprisionaba los reclutas que venían de Guatemala, batía las fuerzas que salían del cuartel general de los sitiadores en busca de víveres, y alentando con todos estos hechos al pueblo, hizo a los soldados concebir esperanza de un próximo triunfo y creer al Coronel Montúfar, jefe del ejército sitiador, que se hallaba sitiado, cuando dijo en uno de sus escritos que no puede sostenerse por mucho tiempo plaza que no es socorrida, y menos cuando la atacan enemigos muchos y porfiados.

De la hacienda de San Antonio me dirigí a la ciudad de El Salvador. Pasé en seguida a la Villa de Ahuachapán, para organizar allí el ejército que debía marchar sobre el Estado de Guatemala.

Pocos días después de haber llegado a aquella villa, recibió el jefe político del Departamento, C. Juan Manuel Rodríguez, orden del ministerio para hacer salir del Estado al Presidente Arce, que despojado ya del Gobierno, existía en la ciudad de Santa Ana, porque su permanencia en ella era perjudicial al orden público.

Una persona, afecta al Presidente Arce, me suplicó evitarse a este Jefe el disgusto de ser conducido hasta el río de Paz por una partida de soldados, que tenía ya preparada el jefe político.

No quise perder la ocasión de acreditar a Arce que había olvidado ya la memoria que hizo de mí, en la lista que dirigió al Coronel Milla, para que, en unión de otros, me remitiese preso a Guatemala, a pesar del salvoconducto que me dio este jefe. Con aquel objeto, mandé al Coronel Gutiérrez que comunicase al presidente la orden del Gobierno, y le expresase mis deseos de evitarle el compromiso, en que podía colocarlo, su permanencia por más tiempo en Santa Ana.

Pero este hecho lo tuvo Arce por un agravio, según se expresa en sus Memorias, aunque yo lo consideraba como un servicio, puesto que le suplicaba lo que podía mandarle con el mismo derecho que él quiso se me condujese preso a Guatemala. Con el mismo derecho digo, porque él usó de la fuerza para obrar contra mí, no estando autorizado por la ley, y yo podía haber usado también de esta fuerza en justa represalia, cuando me tocaba mi vez.

Luego que el ejército recibió alguna disciplina, marché sobre la ciudad de Guatemala, y di orden al General Prem, que obraba ya en el Departamento de Chiquimula con una división, que ocupase la Hacienda de Aceituno, distante una legua de aquella ciudad, el mismo día que yo debía situarme a dos leguas de ella, en el pueblo de Pinula. Mi orden fue cumplida por el Coronel Henrique Terrelong, que había sucedido en el mando a aquel jefe, que permanecía enfermo en Chiquimula.

En la Hacienda de Corral de Piedra se nos unió un escuadrón de patriotas antigüeños, al mando del General Isidoro Saget, que fue de mucha utilidad en la campaña. En Pinula supe que la fuerza del Estado se había concentrado toda en la ciudad.

Para evitar la introducción de víveres y agua en la plaza, mandé situar una división en el pueblo de Mixco, al mando del Coronel Cerda, con orden de fortificarse inmediatamente, Pero este jefe, a quien sólo conocía por la buena recomendación que de él se me había hecho, se confió en un valor de que carecía. Ni quiso fortificarse, ni tuvo la presencia de ánimo y arrojo que se necesita para defender un puesto, que es sorprendido por el enemigo.

Cerda acreditó con esta derrota su ineptitud y cobardía, y el enemigo su crueldad con el asesinato de los vencidos. En lugar de marchar inmediatamente sobre el cuartel general de Pinula, aprovechándose de mi permanencia en la antigua Guatemala, a donde había ido con el fin de organizar un gobierno provisional, volvió a entrar a sus trincheras, y yo regresé a Pinula.

Al día siguiente concentré todas las fuerzas en este pueblo, y marché con ellas a la antigua Guatemala para reponer las bajas y pedir recursos al nuevo gobierno.

El General Nicolás Raoul, antiguo veterano del ejército de Napoleón, que hoy ocupa un lugar distinguido en el ejército francés, entró al servicio en concepto de jefe de Estado mayor.

A la experiencia y conocimientos militares de este jefe (el más instruido que ha venido a Centro América) de los que siempre he hecho uso en los que ha estado a mi alcance, debo en gran parte no haber sido nunca sorprendido, ni sufrido jamás una derrota, en tres años de guerra casi continua, provocada por los desafectos a la República.

El enemigo envalentonado con el triunfo de Mixco, salió segunda vez de sus trincheras para atacarme en aquella ciudad.

Yo marché inmediatamente a su encuentro; pero las noticias de los espías me persuadieron que no lo encontraría en el camino que yo llevaba. Me regresé, por esto, a la ciudad, dejando a las órdenes del Coronel Terrelong un batallón y un escuadrón para que explorase el campo.

En San Miguelito, una legua distante de la ciudad, se encontró este jefe con el enemigo, y se batió con tal ardor, que la infantería que había sido rodeada por aquel, y se defendía a la bayoneta, de tal modo se confundió con los contrarios, que se le consideraba ya muerta o prisionera.

En este momento, usando de su arrojo acostumbrado, el Teniente Coronel Corzo, Comandante del escuadrón, cargó con cuarenta dragones sobre el enemigo con tan buen éxito, que llegó a tiempo de salvar nuestra infantería, que todavía peleaba sin quererse rendir. Aquel retrocedió asombrado, y una segunda carga completo su derrota.

Cuando recibí el parte de que el Coronel Terrelong se halaba al frente del enemigo, marché con el resto del ejército. Las descargas seguidas que se oían en el camino me acreditaban que aquel jefe se había comprometido en una acción con tan poca tropa; pero todos mis esfuerzos por tener parte en ella, fueron inútiles.

Solo llegué al campo de batalla para premiar el valor, socorrer a los heridos y proteger a los prisioneros, Perseguí los restos del enemigo hasta Sumpango, y pasé al día siguiente al pueblo de Mixco, en donde permanecí algún tiempo.

Allí se me manifestaron, por medio del ciudadano J. Antonio Alvarado, los deseos que tenía de mediar en nuestras desavenencias el ministro de los Países-Bajos y de tener, a este fin, una conferencia conmigo. Esta tuvo lugar, a los pocos días, en la hacienda de Castañaza, aunque sin ningún resultado por entonces.

De Mixco marché a situarme a la hacienda de Aceituno. Antes de llegar a la de las Charcas, se me aseguró que el enemigo se aproximaba a la misma hacienda. Cuando llegué a ella, observe que venía en marcha, a distancia de un cuarto de legua.

Entonces conocí que quería aprovechar para atacarme el momento en que se había disminuido el ejército, con la marcha de la primera división sobre el Departamento de los Altos, al mando del teniente coronel Jonama, con el objeto de perseguir una fuerza enemiga, que obraba sobre aquellos pueblos, a las órdenes del Coronel Irisarri.

Al momento formé la fuerza para aguardar al enemigo, que en triple número se presentaba en la llanura. Todo el valle se veía cubierto de caballería, que se aumentaba a la vista, con una multitud de espectadores. Esta caballería se formó fuera de los tiros de nuestra artillería ligera. El de fusil, no alcanzaba al grueso de la infantería. Sólo una parte de esta, en número de 500 soldados, se aproximó, formada en batalla a menor distancia, y rompió el fuego al mismo tiempo que las guerrillas de cazadores que hizo desplegar. Los nuestros le contestaron a pie firme.

Cansado de aguardar que se aproximase el resto de la infantería y toda la caballería enemiga, que continuaba guardando la distancia en que se había colocado al principio, hice marchar dos compañías de cazadores por el flanco derecho, y tirar algunas bombas. Estas causaron mucho estrago en la caballería, y a las primeras descargas que aquellas hicieran, avanzando siempre sobre el enemigo que peleaba, éste huyó, y el resto siguió su ejemplo, sin haber hecho un solo tiro. La caballería lo imitó volviendo caras, y la nuestra, aunque en pequeño número, cargó sobre esta confusa masa de hombres que huían sin motivo, haciendo un terrible estrago en todo el valle, y centenares de prisioneros.

Los que no lo fueron entraron en la plaza en gran desorden; y no hice un esfuerzo para ocuparla aquel día, por aguardar que se me incorporase la división que obraba en los Altos.

Al siguiente día marché de la hacienda de las Charcas a la de Aceituno en donde permanecí hasta la llegada de la tropa que se hallaba en Quezaltenango, de la que se reorganizaba en la Antigua Guatemala, y reclutaba en el Estado de El Salvador.

Pocos días después me dio parte el Coronel Jonama, haberse echado el pueblo del Barrio sobre los enemigos, y entregándole prisioneros a los principales jefes. Pero a esta noticia, que no podía ser más satisfactoria, añadía otras sumamente, desagradables. Me aseguraba que el teniente Coronel Menéndez había sublevado, contra él, la división, a pretexto de obrar de acuerdo con los enemigos, por el buen trato que diera, en cumplimiento de mis instrucciones, al Coronel Irisarri y demás prisioneros; y que la viruela maligna, que había comenzado a propagarse en los soldados, le obligaba a regresar a cuartel general.

Temiendo que muy pronto cundiese esta epidemia en el ejército, tomé varias precauciones para evitarlo, aunque no quedé satisfecho por no haber encontrado la vacuna.

Con la mediación del ministro de los Países Bajos, de que ya he hablado, se reunieron en el sitio de Ballesteros para tratar de la paz, los ciudadanos Arbeu, por el Vice-Presidente de la República, y Pavón por el Gobierno del Estado de Guatemala, el General Espinoza por el de El Salvador, y yo por los de Honduras y Nicaragua. Las proposiciones que por una y otra parte se hicieron fueron desechadas; y los comisionados se retiraron.

Pero mis deseos de una transacción eran tan vivos, como fundados los temores que tenía de que se disolviese el ejército por la epidemia de viruelas. Volví, por esto, a excitar al General Vérver, ministro de los Países Bajos, para una nueva conferencia, a la que concurrieron los mismos comisionados. El General Espinoza y yo les presentamos la proposición siguiente:

1º. Que se estableciera un Gobierno provisorio en el Estado de Guatemala, compuesto del mismo Jefe C. Mariano Aycinena, del C. Mariano Prado y yo.

2º. Que los dos ejércitos debían reducirse al número de mil hombres, y componerse en iguales partes, de salvadoreños y guatemaltecos.

3º. Que el Gobierno provisorio debía instalarse en Pinula, y entrar después a Guatemala con aquella fuerza, destinada a dar respetabilidad al mismo Gobierno y a mantener el orden en el Estado.

4º. Un olvido general por lo pasado.

Tan satisfecho estaba yo que sería admitida, sin discutirse, esta proposición, porque conocía la debilidad en que se hallaba reducida la plaza, como grande fue mi admiración al verla desechada.

Si el enemigo ignoraba la causa de tanta generosidad, sabía muy bien que no era acreedor a ella, por su conducta observada con los gobiernos y pueblos de El Salvador y Honduras, en circunstancias menos difíciles para éstos. Sabía, además, que ni su posición actual, la más desventajosa en que pudo colocarse, ni sus futuras esperanzas, puesto que no aguardaba ningún auxilio, ni la moral de su tropa, conocida ya en la acción de las Charcas, pudieron hacerle esperar un mejor desenlace.

Pero todavía aparece más ventajosa esta proposición, si se compara con las que hicieron a los salvadoreños para que rindiesen la plaza, tan fuerte entonces, que lejos de alcanzar la menor ventaja, concluyeron los sitiadores por rendirse a los sitiados.

Y siempre merecerá el nombre de generosa, porque se hizo en la seguridad de que la plaza de Guatemala se rendiría con poca resistencia, como sucedió diez días después, que fue entregada bajo las condiciones que le impusiera el vencedor.

La plaza fue ocupada al siguiente día de la capitulación, y yo me alojé en la casa de Gobierno. Pasados algunos minutos se me presentó el Ministro de relaciones del Gobierno Federal y me entregó una nota del Vicepresidente de la República C. Mariano Beltranena, en la que me preguntaba si debería continuar en el ejercicio del Poder

Ejecutivo. Los que recuerden que el Vicepresidente, apoyado en el ejército del Estado de Guatemala, había usurpado el mando al Presidente de la República, burlándose de los repetidos reclamos que este le hizo para obtenerlo; que era uno de los más poderosos motivos de la guerra, que se llevó hasta la capital de la República, a nombre de la mayoría de los gobiernos de los Estados que componen la federación, se persuadirá fácilmente que mi contestación fue por la negativa.

En el mismo día mandé reducir a prisión al Presidente y Vicepresidente de la República, a los ministros de éste, de Hacienda y de Relaciones, y al Jefe del Estado de Guatemala.

Esta medida, ejecutada en cumplimiento de las órdenes que había recibido de los gobiernos de los Estados, estaba en consonancia con mi opinión, de reducir el número de los presos al menor posible; y tenía también por objeto poner en absoluta incapacidad de obrar a los principales jefes que habían llevado la guerra a los Estados.

Cuando se exigió, en cumplimiento de la capitulación, la entrega de todos los objetos de guerra, apareció menos una cantidad considerable de fusiles. La reclamé por medio del Sr. Manuel Pavón, demostrándole aquella falta con el estado del armamento entregado, y el que se encontró en la comandancia de los enemigos, hecho tres días antes de haberse rendido la plaza. Pavón me dio una contestación evasiva, y yo le aseguré que si la capitulación no se cumplía por parte de ellos, no me consideraba en la obligación de respetarla por la mía.

Aunque hasta entonces no creía que se obrase de mala fe, vino luego a sacarme de mi error la orden del día mismo en que se ocupó la plaza, autorizada por el Secretario del Gobierno del Estado de Guatemala en concepto de Jefe de Estado Mayor. En esa se permitía salir a los soldados de la plaza, contrariando el artículo 4º. de la capitulación, en el que se ofrecía que continuarían en sus cuarteles; para que de este modo pudiese tener efecto el artículo 5º. de la misma capitulación.

Muchos de los soldados que salieron en virtud de aquella orden, llevaron sus fusiles, y los excesos que cometieron en algunos pueblos inmediatos, tal vez exagerados por los que querían acreditarse con los vencedores, produjo temores de una reacción en el ánimo de los cobardes, y dio un nuevo y fundado motivo para creer lo poco que respetaban los vencidos de sus compromisos.

No habiendo tenido mis reclamos, de que se se observase la capitulación, ningún resultado, favorable, expedí un decreto, en el que manifestaba los motivos que tenía para no cumplirla por mi parte.

El Señor Arce ha querido inculparme por este hecho en sus Memorias; en ellas pretende demostrar con los mismos estados, que yo cito, el no haber habido ninguna falta de parte de los vencidos.

Si en dichos dos estados aparece un número de armamento casi igual, es porque en el uno se comprendieron las armas inútiles que había en el almacén, en tanto que en el otro sólo figuraban los fusiles que se hallaban en manos del ejército enemigo.

Varias pruebas podría aducir, para poner en un punto de vista más claro el hecho a que me refiero, si el tiempo, que todo lo descubre, no hubiera venido a justificar la conducta que observé en aquella vez, presentando como una prueba irrefragable el armamento que de las bóvedas de la catedral de Guatemala sacó carrera a la vista de todos; el mismo que, en el año de 1829 fue el objeto de mis reclamos, y la causa por que se anuló la capitulación. Mis hechos posteriores acreditan que no tuve otras miras.

Por el artículo 6º. de dicha capitulación se garantiza la vida y propiedades de todos los individuos que existían dentro de la plaza. Esta era la única seguridad que se les daba. A nadie se castigó con la pena de muerte, ni se le exigió por mi parte ninguna clase de contribución. La capitulación fue religiosamente cumplida, aun después de haberse derogado. La obligación cedió entonces su lugar a la generosidad, y no tuvo de qué arrepentirse. Y no se diga que faltaba sangre que vengar, agravios qué castigar y reparaciones que exigir. Entre otras muchas víctimas sacrificadas, los generales Pierzon y Merino fusilados, el uno sin ninguna forma judicial, y arrancado el otro de un buque extranjero para asesinarlo en la ciudad de San Miguel pedían entonces venganza, así como los incendios y saqueos de los pueblos de El Salvador y Honduras demandaban una justa reparación.

Si el Gobierno de Guatemala señaló, para sostener el ejército contribuciones forzosas a los propietarios que pertenecían al partido vencido, además de que estaba en sus facultades esta medida, la necesidad de pagar sus haberes al soldado vencedor lo exigía y la política demandaba, no sacar estos fondos de los que nos habían prestado buenos servicios. Además, la capitulación celebrada, en uso de las facultades que me daban las leyes militares, no podía comprometer del mismo modo al Gobierno del Estado de Guatemala, que si se hubiera ajustado el tratado propuesto en Ballesteros en cumplimiento de las instrucciones que se me habían conferido al efecto.

A pesar de que en mi opinión el número de los presos debía de ser el menor posible, como lo había acreditado reduciéndolo a cinco individuos de los más notables, la de los pueblos, así como la de los gobiernos de los Estados, y la del ejército, era enteramente contraria. El Gobierno del Estado de El Salvador por medio de sus comisionados ciudadanos José María Silva y Nicolás Espinoza y el de Honduras y Nicaragua, por las exposiciones que se publicaron entonces por la prensa, pedían el castigo de todos los culpables; y yo que no desconocía la justicia de estos reclamos, y que debía cumplir las órdenes de los jefes que habían depositado en mí su confianza, me ví obligado a reducirlos a prisión.

Pocos días después se comenzó a difundir en la ciudad la noticia de que se intentaba...

MORAZÁN EN EL PERÚ

Estando todavía en David-dice el escritor de historia que seguimos en este relato-, Morazán recibió del Presidente del Perú varios ofrecimientos: el cargo de Ministro de la Guerra, el mando de 5,000 hombres que estaban para marchar al encuentro de los chilenos, pues en ese tiempo Chile y el Perú estaban en guerra; o el empleo que él quisiera.

Permaneció Morazán en Lima, capital de aquella República cerca de cuatro meses.

Durante su ausencia la anarquía y el desorden reinaban en muchos lugares de Centro América. Sus amigos y partidarios seguían siendo objeto de vejaciones y tormentos por parte de Carrera, Ferrera y Carrillo; el puerto de San Juan de Nicaragua había sido ocupado por los ingleses y el Supremo Director del Estado de Nicaragua llamaba a todos los centroamericanos que estaban fuera del país para que regresaran a defender la soberanía de la Nación. De todos los lugares de la América Central se le enviaban súplicas para que fuera a pacificar los Estados y, naturalmente, a echar del territorio patrio al invasor inglés.

Todo esto constituyó el móvil principal para que Morazán decidiera volver a Centro América a defender nuevamente la integridad nacional.

El historiador hondureño Rafael Heliodoro Valle hace algunas aclaraciones y rectificaciones en este punto con conocimiento de causa. En efecto dice:

"Morazán salió del puerto de La Libertad el 8 de abril, depositando el Poder en el Consejero Cañas. En su séquito iban los hombres más prominentes del liberalismo militante. El 16 de julio de 1841 dirigió su Manifiesto de Chiriquí y estando ya en dicha población, entonces colombiana, el Presidente del Perú General Gamarra (siguiendo al Biógrafo Martínez López, quien lo supo de don Cruz Lozano) le hizo varios ofrecimientos para ir a dicha República, entre ellos el de que "fuera a hacerse cargo del Ministerio de la Guerra, o el mando de 5,000 hombres que estaban para marchar al encuentro de los chilenos (entonces estaban en Guerra Perú y Chile) o el empleo que él quisiera, pero Morazán le contestó manifestándole su gratitud y diciéndole que no podía aceptar porque sus deseos más ardientes eran regresar a su país".

Al respecto, dice R. H. Valle: Si lo de la oferta del Ministerio fue cierto como lo de que los chilenos estaban en guerra con los peruanos, entonces hizo malos recuerdos el señor Lozano. El General Gamarra, que había estado desterrado en Centro América, quería corresponder en la persona de Morazán las atenciones que nuestra hospitalidad e había dispensado.

Entre los compañeros de exilio que no pudieron desembarcar en Costa Rica figuraban el General Máximo Orellana, el General Miguel G. Saravia, el Coronel Cruz Lozano y José Antonio Ruiz, hijo del héroe. Me atrevo a creer que Orellana llegó primero que ellos, porque en el diario "La Bolsa", publicado en Lima No. 102, del 19 de mayo, publicó el siguiente remitido:

"Respecto a la amnistía general de que habla El Comercio que debía decretarse en el Estado de El Salvador para el General Morazán y sus partidarios, debo decir que no estoy conforme con el nombre de partidario y pienso que mis demás compañeros de desgracia lo repugnarán también; porque nosotros no hemos sido partidarios sino de la justa causa que acaudilló victoriosamente aquel digno y esclarecido general.

Él se propuso sostener el honor y dignidad de la Nación, defender las instituciones que creaba un gobierno general, destruir el fanatismo que vimos en su última agonía, contener las atrevidas y ambiciosas pretensiones de algunas familias, que por todo mérito alegan un despreciable pergamino, debido muchas veces al oro y al favor, y conquistado muy pocas veces por el mérito de sus mayores en frenar a las masas ignorantes que tan mal uso hacen de las hechiceras palabras de LIBERTAD e IGUALDAD, y en fin, fomentar el comercio y la agricultura y hacer positiva la educación pública.

Tan nobles y útiles proyectos tuvieron únicamente partidarios; el General Morazán solo leales amigos y admiradores de su acendrado patriotismo y singular desinterés a cuyo número se honra de pertenecer M. ORELLANA".

No tenía Morazán mayor prisa de llegar a Lima, a pesar de su amistad con Gamarra que estaba entonces en el apogeo de su gloria y de sus títulos: Presidente, Gran Mariscal y Restaurador del Perú. Los buques del norte que llegaban al Callao en vez de llevar en su pasaje al General Morazán iban cargados de arroz y de aceite de esperma. ¡Los días que se perdía el caudillo proscrito en aquella tierra calurosa de David! La vida era muelle y fina en Lima. La Rossi y la Pantanelli hacían gorgoritos en el Teatro Principal, importando esa curiosidad de mal gusto que se llama la Opera. Los periódicos de la época hacían sonar todas las campanillas en honor de las cantatrices y a diario surgían admiradores desenfrenados de Bellini que lloraban en su butaca con Romeo y Julieta.

En esos días llegó al Callao el primer buque de vapor que iba a hacer el servicio del Pacífico, y la población Porteña entusiasmada al ver andar un buque sin necesidad de velas, quemó cohetes y llevó lanchas con bandas de música que en torno del buque (se llamaba "El Perú") celebraban el magnífico suceso. Un suntuoso banquete y un rasgo de elegancia que se perdió de presenciar, por no haber llegado a tiempo, el General Morazán. Al General Gamarra le ofrecieron un gran almuerzo a bordo del vapor, pronunciándose brindis larguísimos, y la sociedad limeña, entusiasmada con la novedad contrató el buque para hacer una excursión a Chorrillo, el balneario de moda entonces, excursión en que la mayor parte de las señoritas se marearon horriblemente con gran sentimiento de los aficionados a valsar .

El 16 de septiembre "La Bolsa" dijo:

"GENERAL MORAZAN. Hacen pocos días que este distinguido americano pisó las playas peruanas honrándonos con su visita. El General Morazán, a quien sus propios enemigos no le pueden negar este mérito positivo, que hace enmudecer a la rabiosa envidia, supo cuando estuvo en la cima del poder y de la fortuna, dulcificar la amargura del destierro a muchos Peruanos, entre ellos a S. E. el General Gamarra. La gratitud, pues, la civilización y todas aquellas simpatías que hace brotar en el ánimo la presencia del mérito desgraciado, nos obliga a dirigirle este pequeño pero sincero homenaje de estimación y de respeto. Ojalá el General Morazán encuentre entre nosotros aquellos nobles sentimientos únicos capaces de consolar al hombre filósofo lejos de su Patria y de su familia. E.E.".

La falta de crónica en los diarios de la época nos priva del placer de las noticias sobre su desembarco, acogida y hospedaje. El artículo es bastante cariñoso y demuestra el aprecio que se necesita por el caudillo centroamericano (pues el diario se daba pocas veces el lujo de esos comentarios editoriales). Ya no encontró en Lima a su distinguido amigo Gamarra, quien el 14 de julio había salido de la capital a pacificar las provincias vecinas a Bolivia, constantemente inquietadas por Santa Cruz y donde pocos meses había sido sofocada una sangrienta revolución. Era entonces Presidente del Consejo de Estado don Manuel Menéndez, y Gamarra siguió en el sur hasta que se declaró la guerra con Bolivia (no con Chile como aseguraba el Coronel Lozano, pues Gamarra era amigo de los Chilenos). Parece difícil que Morazán haya ido al Sur a saludar a Gamarra.

Los periódicos limeños (mejor dicho "La Bolsa") nada vuelven a decir sobre Morazán hasta fines de 1841 y acerca de su permanencia en la capital no sabemos de importante más que cultivó buenas relaciones con el General José Rufino Echenique, más tarde Presidente (amistad estrecha dijo Lozano a Martínez) los Escalante y el general Pedro Bermúdez, cuñado de éstos, que había estado tomando parte activa en Centro América bochinchera y que de regreso a Perú recibió de Costa Rica varias cartas de enemigos del Jefe de Estado, (a su vez)enemigo de Morazán, para que fuese intermediario entre ellos y el general emigrado a fin de lograr su regreso en armas.

Cuatro, meses permaneció Morazán en Lima, de septiembre a fines de diciembre, y el 18 de noviembre había muerto Gamarra en Incahue o Ingavi, única batalla, contra Bolivia. Nuestro General tenía cita para el 15 de septiembre de 1842 en San José de Costa Rica y le era urgente cumplirla. Había recibido en vísperas de su viaje a Chile una proclama del Supremo Director del Estado de Nicaragua en la que se llamaba con urgencia a todos los centroamericanos que se encontraban fuera, para que acudieran a defender la soberanía de la nación, pues los ingleses se habían apoderado de San Juan del Norte, y también había recibido una comunicación del Ministro General de Nicaragua en la que le instaba para que viniese a prestar su contingente valioso. No aparece Morazán en ninguna de las listas de pasajeros salidos del Callao en esos días, y eso hace creer que fue a pie de Lima a Guayaquil donde se hizo de algunas provisiones: bajó a tierra y se encontró con el Presidente de El Ecuador general Juan José Flores, quien lo rodeó de atenciones y lo felicitó por su regreso. El 15 de febrero de 1842 Morazán arribó al puerto de La Unión, después de 1 año, 10 y 7 días de ausencia.

Son las rectificaciones que hace R. H. Valle en su artículo histórico "Morazán en el Perú".

MORAZÁN, DECLARADO LIBERTADOR DE COSTA RICA

Morazán fletó el bergantín "Cruzador" y se hizo de elementos bélicos y de provisiones en Guayaquil, Ecuador, para trasladarse con sus amigos a Centro-América, donde lo esperaba el deber patriótico. Era verdad (como lo prueba el doctor Raúl Osegueda en su bien documentado libro "Operación Centro-América en libras esterlinas y en dólares") que en:

"1841. Inglaterra se había apoderado de las Islas de Roatán, Utila, Guanaja, Elena, Barbereta y Morat de Honduras.

"1842. Inglaterra mantiene bloqueado San Juan del Norte y exige a Nicaragua rescate".

Sigamos.

A bordo del bergantín "Cruzador"' y desde la bahía de La Unión, el General Morazán dirigió un importante mensaje a los Gobiernos de Centro América, explicando los patrióticos motivos de su presencia en esta tierra, por la que había antes empeñado sus esfuerzos y sacrificios en aras de la unidad y de la libertad, y para saber, además, la forma en que iban a prestar sus servicios en el delicado asunto que estaba mancillando la soberanía nacional.

De La Unión se dirigió el General Morazán a la ciudad de San Miguel, con el propósito de ponerse en contacto con sus amigos, regresando de nuevo a aquel puerto para reembarcarse con dirección a los puertos salvadoreños de Acajutla y La Libertad. Desembarcó en Acajutla para continuar su marcha hasta la ciudad de Sonsonate, en donde tuvo la oportunidad de saber la verdadera situación política en que se encontraba Centro América. Desgraciadamente el Jefe de Estado de El Salvador, llevado de las instancias de Carrera, mandó en vez de una comisión que le había ofrecido para tratar los asuntos que en ese momento interesaban vivamente a los Estados, una fuerza comandada por Francisco Malespín, la que llegó cuando Morazán había salido de aquel lugar.

No dejó de producir sus efectos en el ánimo de los salvadoreños la presencia del General Morazán en El Salvador, pues hubo levantamientos en algunos puntos, aun en la propia capital. Sus partidarios evitaron figurar entre las filas contrarias y prefirieron retirarse a la costa con el fin de agregarse a la flota de Morazán y seguir con él adelante dispuestos a emprender las nuevas jornadas de unidad y de libertad, para lo cual se le había llamado del Perú. Todos estos patriotas al llegar al bergantín "Cruzador", dieron el abrazo cariñoso y la bienvenida al incansable defensor de la democracia, y todos ellos desde distintos puntos de la costa fueron recogidos a bordo con íntimas demostraciones de entusiasmo. Se dirigieron a la isla de Martín Pérez, situada en el Golfo de Fonseca, en donde organizó su ejército compuesto de 500 hombres, contando además con los generales Cabañas, Saget, Saravia y Rascón. Su flota se componía de cinco buques llamados "Cruzador", "Asunción Granadina", "Isabel II", "Josefa" y "El Cosmopolita", con la cual, el día 7 de abril y sin ningún contratiempo, desembarcó en el puerto de Caldera.

El sufrido y ultrajado pueblo costarricense había llamado al Benemérito para que acudiera a libertarlo del despotismo del gobernante Braulio Carrillo. Morazán comenzó| aquella cruzada de redención, enviando al pueblo de Costa Rica una cordial y fraternal proclama.

Carrillo, por su parte, llamó a filas a todos los costarricenses y, mediante un decreto, se separó del poder para tomar personalmente el mando del ejército, lo que no llevó a efecto, pues a la cabeza de sus fuerzas envió al general Vicente Villaseñor, quedando él en San José, capital del Estado.

Villaseñor marchó, de orden de Carrillo a batir a Morazán, con 700 hombres, los que fueron aumentados a 900 a su paso por Río Grande. Este Jefe siguió su marcha hasta llegar a un lugar llamado El Jocote, desde el cual divisó a las fuerzas de Morazán y se preparó para el combate.

A vistas del enemigo que contaba con un Capitán tan admirable, Villaseñor pensó en la desesperada situación del pueblo costarricense, tiranizado por Carrillo, y pensó también en los planes salvadores que traía Morazán revelados en sus proclamas.

Desde estos puntos de vista, estimó conveniente preguntar a sus soldados si daba la orden de ataque o celebraba un tratado de paz con

Morazán. El ejército en coro estrepitoso se pronunció en favor del tratado de paz y por la libertad del pueblo.

El convenio se llevó a efecto en el paraje de El Jocote entre Morazán, General en Jefe del Ejército Nacional, y el brigadier Vicente Villaseñor, General del Ejército del Gobierno.

Los puntos principales del convenio fueron: Convocar una Asamblea Constituyente, rigiéndose el Estado por un Gobierno Provisional ejercido por el General Morazán, y en su defecto, por el Brigadier Villaseñor, y que el Lic. Braulio Carrillo entregara el mando tan luego como tuviera noticia del convenio.

Carrillo, considerando que sin el poder de las armas no valía nada, ratificó el Convenio de El Jocote del 11 de abril.

El ejército centroamericanista, en marcha para la capital, se detuvo en Heredia, donde encontró a los representantes de ambos ejércitos, quienes le entregaron el convenio aludido, con los puntos adicionados por Carrillo, el 12 de abril. El convenio así, adicionado fue firmado por Francisco Morazán y Vicente Villaseñor.

De Heredia continuó Morazán su marcha a la cabeza de un ejército de 1,500 hombres para San José, recibiendo en el trayecto las aclamaciones del pueblo que acudía en masa para hacerle presente sus generales demostraciones de regocijo y simpatía.

Tomó posesión de la Jefatura del Estado de Costa Rica el General Morazán en virtud del Convenio de El Jocote, y nombró Vicejefe al C.J. Miguel Saravia.

Los Jefes de los Estados de Honduras y El Salvador vieron con desagrado y asombro la llegada de Morazán a Costa Rica, hecho que revelaba la fama de la popularidad que acreditaba el nombre de Morazán.

Carrera no dijo nada; pero su padrino Chatfield nuevamente se puso en movimiento.

Resumiendo, Morazán se proponía organizar los intereses del Estado, reconciliar la familia costarricense. Su primer decreto del 14 de abril consistió en mandar que todos los que se hallaban perseguidos en los otros Estados de la República, cualquiera que hubiera sido su militancia política, tendrían en Costa Rica un seguro asilo y podrían vivir en su territorio bajo la protección de las leyes.

Otro decreto de indiscutible valor para los intereses generales fue el emitido el 4 de junio por el que se derogó la ley de Braulio Carrillo que prohibía a los empleados el ejercicio del comercio.

Y otro más del 6 de junio que anulaba otro de Carrillo llamado Decreto de Bases y Garantías, ley que era una flagrante violación a la Ley Fundamental y un atentado a la soberanía del pueblo, pues contenía las escandalosas disposiciones de declararse Jefe perpetuo e inamovible y privaba a los costarricenses del indisputable derecho que tienen todos los ciudadanos de elegir a sus gobernantes, y les arrebataba la más preciosa de las garantías públicas, ya que les negaba la facultad de reunirse en Asamblea por medio de representantes legítimos para dictar sus propias leyes y dar pautas a los funcionarios sobre la manera de cumplirlas. Morazán restableció los derechos y garantías de los ciudadanos para elegir y ser electos de acuerdo con el precepto establecido en la Constitución Federal.

Las leyes dictadas por el General Morazán que implican un conocimiento a fondo del Derecho Público, tuvieron como origen las frecuentes peticiones que venían de los pueblos para que aboliera las leyes arbitrarias y despóticas emanadas del Gobierno de Carrillo. Morazán al emitirlas no procedió inconsultamente. Procedió como lo aconsejaba la recta razón, o sea que nombró una comisión compuesta por los hombres más notables del país para que ellos, como conocedores de la situación de los pueblos bajo el régimen terrorista y como personas ilustradas, emitieran su opinión sobre las leyes y decretos que debían ser derogados.

Luego que se restableció la tranquilidad como una saludable consecuencia del cambio político, el General Morazán convocó el 11 de junio a los pueblos para que eligieran diputados a una Asamblea Constituyente, cuerpo que debería reunirse en San José el 10 de julio. De esta manera el país pasaría del Gobierno provisional a cargo de Morazán y pasaría al régimen constitucional.

La Asamblea Constituyente, formada por elementos de libre y espontánea elección de los ciudadanos, se declaró solemnemente instalada el 10 de julio, en presencia del pueblo josefino que se situó en las barras del salón para darse cuenta de este acto trascendental.

La primera y más importante de las resoluciones de esta Asamblea, fue la de declarar el decreto del 15 de julio, ante la aclamación general del pueblo, Jefe Supremo Provisional del Estado al Benemérito General en Jefe del Ejército Nacional y Libertador de Costa Rica, señor Francisco Morazán, electo en la Asamblea por unanimidad de votos. Mandábase en el mismo decreto que se presentara en esos momentos en el Salón de Sesiones a prestar el juramento de ley y a que tomara posesión de su alto cargo.

El 27 de julio la Asamblea dio un decreto por el cual los representantes del Estado votaron acción de gracias a la división de centroamericanos que al mando del General Morazán vinieron a dar libertad a Costa Rica; manifestaron a nombre del pueblo costarricense su reconocimiento a los Generales, Jefes, Oficiales y Soldados que componían aquella división, a la que mandaron que en lo sucesivo se denominara: "División Libertadora de Costa Rica"; decretaron asimismo el mérito contraído por la División del Estado que salió a batirse con la libertadora, proclamando la libertad de la Patria y por sus reconocidos servicios en favor de la causa pública, mandaron dar las gracias a los jefes, oficiales y tropa que la formaban; para el jefe de esta División, Villaseñor, resolvieron otorgarle una medalla de oro, a nombre del Estado, con las armas del mismo y con esta leyenda: "Costa Rica: Al mérito reconocido del General Vicente Villaseñor"; a las autoridades superiores, vecindario y guarnición del departamento del Guanacaste, quienes secundaron los esfuerzos de la división libertadora, cuando ésta salió a tierra en el puerto de Calderas, les tributaron una expresión de agradecimiento y reconocimiento por sus servicios; y finalmente, decretaron día feriado el 12 de abril, de todos los años, mandando que con las mayores muestras de regocijo se celebrara una función religiosa y cívica en las cinco principales ciudades del Estado, debiendo el Gobierno expedir el reglamento para que dicha celebración se hiciera con la mayor solemnidad, para fijar en la memoria de los costarricenses el grato recuerdo del día en que recobraron sus derechos usurpados.

La gratitud por parte de las autoridades y del pueblo costarricense hacia el General Morazán, que los salvó del yugo dictatorial del Lic. Carrillo, se manifestó en forma elocuente y altamente significativa el día 15 de julio, mediante el decreto por el cual la Asamblea lo declaró Libertador de Costa Rica.

Estando en el ejercicio del Poder Ejecutivo el General Francisco Morazán, puso Ejecútese el día 21 de julio a un importante decreto de la Asamblea por el cual EL ESTADO DE COSTA RICA VOLVIA A SER PARTE DE LA REPUBLICA DE CENTROAMÉRICA, SEGÚN LO EXPRESADO EN LA LEY FUNDAMENTAL DEL 21 DE ENERO DE 1825.

Expresaba, además, que deseaba decididamente la reorganización de la República de Centro América y excitaba para tan grandioso objetivo al patriotismo de todos los centroamericanos. También facultaba al Poder Ejecutivo para obrar como conviniera, con el fin de que tuviera efecto la reorganización de que se ha hecho mérito y el establecimiento de la unidad nacional.

Morazán en uso de las facultades conferidas en el decreto precedente, no, perdió tiempo para proceder a la organización del ejército expedicionario que tendría la delicada misión de recorrer el territorio centroamericano para restablecer la República.

Las medidas que se dictara para ese objeto, por su carácter de severidad, no tuvieron entusiasta acogida por muchos costarricenses, quienes instados por el nefasto partido aristocrático y clerical, a fuerza de sermones, tomaron parte en los motines de Alajuela el 11 de septiembre.

No cabe duda que con este movimiento los planes de Morazán estaban frustrados.

CAPTURA DEL GENERAL MORAZÁN

Estando en San José el Jefe de Estado, llegaron 400 hombres al mando de Florentino Alfaro, quienes atacaron la Guardia de Honor de Morazán, compuesta de 40 salvadoreños, quienes, como héroes, se defendieron resistiendo el ataque de aquellos por cuatro veces; pero reforzados los sitiadores por 1,000 hombres de Heredia y Alajuela, reanudaron el ataque con mayor furor.

En vista de tan crecido número de asaltantes, Morazán tuvo que replegarse hacia el cuartel principal, donde los reclutas que allí se hallaban huyeron sobrecogidos de terror. En este sitio el General Morazán se vio otra vez atacado por todos los flancos, defendiéndose con bizarría con sólo 80 salvadoreños, que se enfrentaban a cada momento a un creciente número de enemigos que llegó a alcanzar la cifra de 5,000 hombres. Estos que no tenían ninguna organización ni siquiera jefe que los guiara, llamaron para que se pusiera a la cabeza de ello al señor Antonio Pinto, individuo de origen portugués. En medio del fragor del combate, logró escapar de la casa donde estaba el cuartel principal la esposa del General Morazán con su familia, pero desgraciadamente al atravesar la calle fue hecha prisionera y conducida a la casa del general Pinto.

La situación del General Morazán era sumamente peligrosa por el hecho de no contar con refuerzos; una parte de sus fuerzas las había enviado a Punta Arenas para hacer el embarque de gente y armas y la otra al departamento del Guanacaste que estaba amenazado por fuerzas nicaragüenses, pues el Estado de Nicaragua sin previa declaratoria de guerra había invadido el Estado de Costa Rica.

No le faltaron al General Morazán propuestas para su rendición y el ofrecimiento de garantías para su persona. Esta vez desempeñó el papel de parlamentario el Presbítero José Antonio Castro, a quien el general Morazán contestó que aceptaba su proposición si las garantías se extendían también a todos los miembros de su ejército, pues de lo contrario prefería continuar combatiendo, sin importarle morir en la contienda.

Otras nuevas propuestas le fueron presentadas por el mismo Presbítero y el Vicejefe, pero no conviniendo al honor de su persona y del ejército también fueron rechazadas. Sin embargo, fracasado el presbítero en su misión, y tergiversando los conceptos vertidos por el Jefe de Estado, movió más el ánimo de los revoltosos diciéndoles que el deseo de Morazán no era más que el de derramar la sangre de los costarricenses; tales falsas palabras les provocaron grande indignación y se propusieron seguir combatiendo.

El Comandante de Cartago, don Pedro Mayorga, nombrado por Morazán para este puesto, tuvo la buena intención de ir en ayuda de los sitiados con 80 hombres; mas no logró su propósito por haber sido atacado y derrotado en el camino. Aquel hecho de armas le sugirió la idea de que el general Morazán estaba perdido, y por tal motivo, sin importarle la lealtad y el honor militar, a su regreso, sublevó a la población de Cartago.

Para el General Morazán aumentaban las dificultades y la situación cada vez cobraba caracteres desesperantes para aquel puñado de valientes que apenas, entre jefes, oficiales y soldados, llegaban a la insignificante cifra de 45 individuos; estaban sufriendo a la vez de aquella lucha desigual, durante tres días, hambre y sed, y hasta la falta de parque para morir combatiendo.

El momento de la lucha llegó a su grado extremo el día 14 de septiembre a las 3 de la mañana. En esa hora trágica, Morazán, Cabañas y Villaseñor a la cabeza de aquel grupo de guerreros lacedemonios, casi exánimes por el agotamiento del hambre, el desvelo y el cansancio originado por el incesante y sangriento combate de 88 horas, haciendo el último y supremo esfuerzo, consiguieron romper la fuerte línea de los sitiadores y salir con dirección a Cartago.

Tanto Morazán como su leal compañero en la gloria y en el infortunio, General Villaseñor, ignoraban la traición de Mayorga, y bajo la confianza de estimarlo como buen amigo, decidieron, una vez en Cartago descansar en casa de éste.

Llegado ambos compañeros a casa de Mayorga, tuvo este la felonía de colmarles de toda clase de atenciones. Morazán informó a algunas personas sobre lo sucedido, haciéndoles ver la necesidad de precaverse para evitar los perjuicios que con ocasión de su llegada a la ciudad podrían sobrevenir a los pobladores de Cartago, por haber dado muestras hasta el último momento de su fidelidad al defensor de la causa centroamericana.

El Judas de este episodio, Pedro Mayorga, sin dar lugar a la menor sospecha, salió de su casa con el pretexto de ir en busca de un cirujano para que curase la herida que Morazán había recibido en el cuartel principal en el último asalto de los sublevados. Pero el ardid de Mayorga consistía en organizar una escolta para reducirlos a prisión, lo que efectivamente intentó en el preciso momento en que aquellas víctimas de la traición, trataban de escapar por el zaguán, cuando fueron avisados por la señora de Mayorga del perverso proceder de su marido.

Mientras esto sucedía, se presentaron en la población de Cartago Francisco Morazán hijo y el General Saravia, quienes instados a huir por el peligro que corrían, decidieron seguir con Morazán y su compañero la misma suerte. Cabañas, quien venía de Ochomogo, fue engañado por Espinach. Este otro traidor había pedido a Morazán una orden por escrito para ir al encuentro de Cabañas y comunicarle de parte de aquél que se rindiera y depositara las armas, y otra orden para Saget previniéndole entregar los elementos bélicos que tenía en su poder en el puerto de Punta Arenas.

Como el General Morazán se negara a expedir aquellas órdenes, Espinach, valiéndose de la desventajosa situación en que se hallaba Morazán, empleó el engaño con aquel pundonoroso soldado de la patria comunicándole que mandaba el General Morazán que disolviera los soldados que traía y que tomara rumbo a Matina; asegurándole además este emisario sin escrúpulos que él le había entregado suficiente dinero a Morazán para que saliera del país. Cabañas no dudó de las palabras de aquel miserable, y tomó la dirección que le había indicado. Mas, al llegar al lugar denominado El Paraíso, supo de la prisión del Jefe y compañero de armas, regresando, por tal motivo, con la idea de salvarlo y dispuesto a sucumbir al lado de él. Todas estas intenciones se le frustraron a Cabañas porque en el trayecto fue sorprendido y hecho prisionero con los pocos.

A todo esto, en la pieza contigua al zaguán de la casa de Pedro Mayorga, que servía de prisión, se encontraban detenidos Morazán y su hijo Francisco, Villaseñor, Saravia y Vigil. Ante este grupo de distinguidos prisioneros se presentó a las 7 de la noche del 14 de septiembre, el oficial Daniel Orozco, con varios soldados, diciéndoles que la tropa pedía que se les pusiera grillos y cadenas. Al escuchar estas palabras, Saravia y Villaseñor preferían la muerte inmediata antes que entregarse en aquella humillante e ignominiosa forma a sus enemigos.

Ambos intentaron suicidarse; pero el único que sucumbió bajo aquella fatal determinación fue el General Saravia en el momento en que los guardias aprisionaban con grillos sus dos manos. Villaseñor frustró su suicidio, pues no le provocaron la muerte las heridas que con un puñal se había inferido en el costado izquierdo. Los demás presos llevaron grillos y cadenas, menos el hijo de Morazán, que no llevó grillos por faltar, pero sí cadenas.

"Morazán, conmovido por aquella escena, rogó que no sacaran de allí el cuerpo de Saravia, pasando toda la noche contemplando los despojos de aquel ser tan querido para él", y a quien tanto debía la patria, y quien demostró hasta el sacrificio su lealtad al Jefe y amigo, llegando hasta reunirse con él cuando estaba hecho prisionero, para luego sucumbir, antes de experimentar la tremenda desgracia de ver hundirse en la muerte a su fraternal compañero, General Francisco Morazán.

Al rayar el alba del día 15 de septiembre, y por orden de Antonio Pinto, advenedizo usurpador del mando en aquellos momentos de turbulencia, fueron aquellos prisioneros libertados de sus hierros y conducidos a San José para ser pasados por las armas. El trayecto lo realiza ron con numeroso acompañamiento: en medio de dos largas filas que hacían un total de 1,000 hombres, iban aquellos héroes, tranquilos y serenos, pues su conciencia se hallaba libre de crímenes, ya que lo único que causaba su fatalidad era su amor a Centro América. Marchaban entre la expectación general: Villaseñor moribundo era llevado en una hamaca; Morazán iba montado y a uno y otro lado de él iban su hijo Francisco y don José Antonio Vigil. El desfile era conmovedor: mujeres, niños y ancianos que hacía poco al libertarlos del yugo de Carrillo, lo aclamaban como su salvador, esta vez trocaban aquellas demostraciones de júbilo y reconocimiento en sentidas y hondas expresiones de dolor. El pueblo humilde de Costa Rica derramó lágrimas por el héroe. Se ha querido acallar este sentimiento popular, con la mentira del enfurecimiento colectivo por el alistamiento de la juventud en el ejército expedicionario que partiría a restaurar la República Federal, cuando lo cierto es que el pueblo costarricense estaba deseoso de ser el Aquiles Peleo de aquella Ilíada unionista.

Al llegar los ilustres mártires al paraje denominado Las Moras, un aventurero oficial peruano de apellido Benavides, esperábalos, como si vinieran inseguros, con una fuerza, y los obligó a dejar sus cabalgaduras para seguir a pie su marcha a la Capital.

A las 3 de la tarde del mismo día 15 de septiembre, verificaba su entrada el primer hombre de Centro América, que si antes había sido recibido por gruesa muchedumbre entre vítores y palmas, ahora volvía en distintas condiciones para ser anatematizado y ultrajado por una muchedumbre ad hoc, agitada por los curas y mandada por Antonio Pinto y por la "mano oculta" que manejaba a Antonio Pinto.

Morazán, contemplando aquella muchedumbre, le dijo a Vigil: "¡Con qué solemnidad celebramos la Independencia!". Morazán y Villaseñor fueron colocados en el edificio de la Corte y los demás en el llamado de los Almacenes.

Era tal el odio y la pasión enconada del aventurero Pinto que, bajo la influencia de la más terca obcecación, se opuso a emplear el procedimiento legal de oír y juzgar a los prisioneros, a pesar que honorables personas de la sociedad josefina como el General Mariano Montealegre, el doctor José María Castro, don Luz Blanco, don Vicente Herrera y otros, se esforzaron para que se siguiera a los prisioneros el juicio respectivo de conformidad con las leyes vigentes. Todo resultó en vano ante la rudeza de aquella conciencia empedernida, que antes de oír súplicas se apresuró a dar la fatal orden de fusilamiento, antes de que terminara el glorioso día, aniversario de la Independencia nacional.

ASESINATO DE MORAZÁN

Se les comunicó a Morazán y a Villaseñor que el fusilamiento de ellos se ejecutaría dentro de tres horas.

Aquellos breves momentos de vida los empleó Morazán en recomendar a Montealegre entregar a su esposa varios objetos. Como Montealegre se le presentara con lágrimas en los ojos, lo invitó a no acongojarse diciéndole: "Morir hoy o mañana es lo mismo". Llamó en seguida a su hijo Francisco, para dictarle el testamento, el que mandó en su cláusula final se imprimiera en la parte relacionada con su muerte y los negocios públicos. Encargó a su hijo Francisco y al señor Mariano Montealegre que avisaran a su albacea trasladarse sus restos a El Salvador, por ser el pueblo que más bien le había correspondido, y cuya cláusula no había consignado en su testamento porque lo dictó en medio del tumulto.

El veredicto de la historia convirtió el grado de General que ostentaba Pinto, en el de verdadero asesino como eterno baldón a su memoria.

A las seis de la tarde Morazán y Villaseñor fueron llevados al patíbulo. En el camino se le acercó don Domingo Carranza, que no había sido su partidario, y le ofreció el brazo. Morazán repudió el acto con esta frase: "No he de huir ni me falta valor para morir". Al llegar al patíbulo que se alzaba en el ángulo sud occidental de la plaza, Morazán sentó a Villaseñor en el banquillo que a éste correspondía, abrazóle y arreglóle el cabello que lo tenía echado sobre la frente, pronunciando al mismo tiempo estas palabras proféticas: "Querido amigo, la posteridad nos hará justicia".

Morazán, con serenidad y grandeza de alma, despidióse de todos los conocidos, y listos los tiradores pidió el mando de fuego, diciéndoles: "Apunten bien, hijos; aquí, directamente aquí", señalándose el pecho. Ya iba a dar la voz de fuego, cuando observó que una puntería estaba errada; corrigióla, y luego, con voz enérgica dijo: "Ahora bien... fuego". Una gran detonación rompió el silencio de la plaza. Villaseñor murió en el acto; pero Morazán levantándose en el humo de la descarga, exclamó: "¡Estoy vivo, acaben de matarme!". Una nueva descarga terminó con aquella gloriosa existencia. Era la hora del Ángelus, en el augusto Día de la Patria, cuando el hombre más valioso de Centro América bajaba a la tierra para convertirse en tierra y su ejemplo quedaba resplandeciendo como un sol para innumerables generaciones americanas.

***

TESTAMENTO DEL GENERAL MORAZÁN

San José, 15 de septiembre de 1842. Día del aniversario de la Independencia cuya integridad he procurado mantener.

En el nombre del Autor del Universo en cuya religión muero.

DECLARO: que todos los intereses que poseía, míos y de mi esposa, los he gastado en dar un Gobierno de leyes a Costa Rica, lo mismo que diez y ocho mil pesos y sus réditos que adeudo al señor General Pedro Bermúdez.

DECLARO: que no he merecido la muerte, porque no he cometido más falta que dar libertad a Costa Rica y procurar la paz de la República. De consiguiente, mi muerte es un asesinato, tanto más agravante cuanto que no se me ha juzgado ni oído. Yo no he hecho más que cumplir los mandatos de la Asamblea, en consonancia con mis deseos de reorganizar la República.

Protesto que la reunión de soldados que hoy ocasiona mi muerte la he hecho únicamente para defender el departamento de El Guanacaste, perteneciente al Estado, amenazado, según las comunicaciones del Comandante de dicho departamento, por fuerzas del Estado de Nicaragua. Que si ha habido en mis deseos el usar después, de algunas de estas fuerzas para pacificar la República, solo era tomando de aquellos que voluntariamente quisieran marchar, porque jamás se emprende una obra semejante con hombres forzados.

DECLARO: que al asesinato se ha unido la falta de palabra que me dio el comisionado Espinach, de Cartago, de salvarme la vida.

DECLARO: que mi amor a Centro América muere conmigo. Excito a la juventud, que es la llamada a dar vida a este país que dejo con sentimiento por quedar anarquizado, y deseo que imiten mi ejemplo de morir con firmeza antes que dejarlo abandonado al desorden en que desgraciadamente hoy se encuentra.

DECLARO: que no tengo enemigos, ni el menor rencor llevo al sepulcro contra mis asesinos, que los perdono y deseo el mayor bien posible.

Muero con el sentimiento de haber causado algunos males a mi país, aunque con el justo deseo de procurarle su bien; y este sentimiento se aumenta porque cuando había rectificado mis opiniones en política en la carrera de la revolución, y creía hacerle el bien que me había prometido para subsanar de este modo aquellas faltas, se me quita la vida injustamente.

El desorden con que escribo, por no habérseme dado más que tres horas de tiempo, me había hecho olvidar que tengo cuentas con la casa de Mr. M. Bennet, de resultas del corte de maderas en la Costa del Norte, en las que considero alcanzar una cantidad de diez a doce mil pesos, que pertenecen a mi mujer, en retribución de las pérdidas que ha tenido en sus bienes pertenecientes a la hacienda de Jupuera, y tengo además otras deudas que no ignora el señor Cruz Lozano.

Quiero que este testamento se imprima en la parte que tiene relación con mi muerte y los negocios públicos.

FRANCISCO MORAZAN".

***

LA MANO OCULTA

Del General en Jefe de los pueblos de Costa Rica.

Habéis, costarricenses, luchado como dignos héroes, por arrancar de las garras de un opresor infame los más sagrados derechos que os usurparan. Vuestro esforzado valor hizo caer desde lo alto al vil caudillo que ya ejecutaba la destrucción y la muerte. Él había decretado confiscaciones en vuestros bienes, proscripciones a vuestros hijos y esposas, y fusilaciones contra vosotros mismos. Tales eran los sentimientos que alimentaban su ingrato corazón. Errantes por los bosques andabais, para salvar la vida, cuando vuestras familias eran conducidas a una inaudita prisión, y vuestros bienes ocupados para cebar más la ambición del usurpador: cesaron las confiscaciones, y el Estado comienza a respirar el dulce ambiente de su perdida libertad. ¡Loor eterno a los valientes soldados que dirigidos por una mano oculta [2] cargaron sobre sí el deber de recuperar vuestros derechos a costa de derramar su sangre! ¡Loor eterno a los pueblos que movidos por los mismos sentimientos volaron a auxiliar la causa más sagrada que la misma perfidia había confundido entre las ruinas! Ramos de flores inmarcesibles ciñan sus sienes y ecos retumbantes exhalados por los libres, resuenan en todo el orbe, publicando el nombre de los vencedores que arrastraron los mayores peligros, y despreciaron la misma muerte, para derrocar al tirano arbitrario; y al tirano sostenido por viles soldados. Una experiencia dura os ha costado lágrimas y sangre; pero esta misma experiencia os hará volar a las armas siempre que el Estado sea invadido por hombres que no interesan más, que su propia fortuna y esplendor. Murió Morazán: murió el caudillo de esclavos débiles; los habitantes de Centro América se dedican desde hoy a cultivar la tierra, saboreando con sus caras familias el dulce néctar de su restituida tranquilidad. Que la disfrute Costa Rica: que sus habitantes formen para siempre un nudo indisoluble de fraternidad. Que aceptéis, pues, los pequeños, pero tiernos servicios que he podido obsequiaros, os suplica vuestro amigo.

ANTONIO PINTO.

San José septiembre 16 de 1842.

(Tomado de EL REDACTOR OFICIAL DE HONDURAS, No. 43. Comayagua octubre 15 de 1842).

NOTA: Se corrige la ortografía.

---

[2] La mano oculta no podía ser otra que la del Cónsul inglés Federico Chatfield en persona o de alguno de sus lugartenientes de confianza. Este es un hecho histórico que conviene investigar.

CHATFIELD EN COSTA RICA

De no ser Federico Chatfield tan apegado a su trabajo, más le habría gustado vivir en Costa Rica que en Guatemala. Como le encantaba la sociedad josefina, eran frecuentes sus viajes al país. Y como pensaba que su consulado sería perpetuo, pensaba dejar sus huesos en San José. Con esta idea solicitó al Gobierno un terreno para cementerio. Y el Gobierno, buen amigo del cónsul, se lo concedió. Por eso existe el Cementerio Angloamericano, que en la pared Oeste tiene empotrada una placa de bronce, con caracteres no muy visibles, que dice:

ESTE CEMENTERIO FUE CONCEDIDO POR EL GOBIERNO DE 1850 A SOLICITUD DEL SEÑOR FEDERICO CHATFIELD, ENCARGADO DE NEGOCIOS DE SU MAGESTAD BRITANICA

Yo sé que vive mi Redentor, y que en el último día he de resucitar de la tierra y de nuevo he de ser rodeado de mi piel, y en mi carne veré a mi Dios a quien he de ver yo mismo y mis ojos lo han de mirar y no otro. Job, XIX. 15, 16, 17.

Mayor prueba de amistad y cariño mutuo no puede haber.

"EL COSTARRICENSE" SALUDA A CHATFIELD
El poeta don Julián Marchena, Director de la Biblioteca y Archivo Nacionales, en diciembre de 1960, nos proporcionó la colección de "El Costarricense", correspondiente a una década, donde encontramos lo que sigue:

El Señor Federico Chatfield, Encargado de Negocios de su Majestad Británica , llegó a San José de Costa Rica el 23 de diciembre de 1849 a las 10 de la mañana; fue recibido con Banda Militar por

Comisionados del Gobierno; el General Juan José Flores (compañero de Bolívar en sus diversas campañas, venezolano, posteriormente Presidente del Ecuador, a la sazón exiliado en Costa Rica) le dio un banquete el mismo día de su arribo; fue recibido por el gobernante tico el día 24 a las 11 de la mañana; y el Vicepresidente don Juan Rafael Mora, le obsequió con un baile.

Chatfield estaba en su casa.

**

Desde que se disolvió la República Federal la política costarricense tomó color británico. Chatfield había llenado de agentes ingleses el país, caballeros unos, canallas otros, como el portugués Antonio Pinto, exagerado en su proclama y sin ninguna cautela al revelar que detrás de aquella muchedumbre desordenada estaba el verdadero inspirador del asesinato de Morazán.

Chatfield fue el creador de aquella táctica que aniquiló a Morazán. Mientras la flota inglesa tomaba islas y amenazaba puertos, en Guatemala en 1840 y en Costa Rica en 1842 atizó las pasiones criminales de muchedumbres inmensas en aquellos tiempos contra el defensor de la Nación que regularmente operaba con pequeñas tropas heroicas y disciplinadas, no teniendo jamás reservas, uno de sus descuidos dignos de crítica. Morazán con un ejército de hierro de 5,000 hombres no hay indio Carrera que lo haga retirarse de Guatemala, ni aventurero Pinto que lo asesine en Costa Rica.

Debe haber pensado Chatfield que alguna vez se descubriría su crimen contra la unidad de Centro América y contra la vida del primer unionista centroamericano.

PUES BIEN: SU CRIMEN ESTA DESCUBIERTO: CHATFIELD, ENCARGADO DE NEGOCIOS INGLES EN CENTRO AMERICA, ES UN CRIMINAL.

ANEXOS

DECRETO DEL CONGRESO FEDERAL DE CENTRO AMERICA, DECLARANDO LIBRES A LOS ESTADOS PARA CONSTITUIRSE DEL MODO QUE TENGAN POR CONVENIENTE, SAN SALVADOR, 30 DE MAYO DE 1838

EL CONGRESO FEDERAL DECRETA QUE LOS ESTADOS DE LA REPÚBLICA DE CENTROAMERICA SON LIBRES PARA CONSTITUIRSE DEL MODO QUE TENGAN POR CONVENIENTE

Secretaría del Congreso Federal.

El Congreso Federal de la República de Centro-América,

CONSIDERANDO:

Que la experiencia ha acreditado que la diversa localidad y circunstancias de cada uno de los Estados de la Unión, exige que tenga mayor amplitud para su organización interior, limitada únicamente por la forma de gobierno popular representativo, y con las restricciones indispensables para mantener la unión federal, dando la fuerza y respetabilidad en lo exterior y haciéndola útil a los Estados mismos para su conservación, paz y defensa, manteniendo al mismo tiempo las garantías que nunca pueden alterarse sin grave daño del orden social.

Teniendo presente que es justo y debido atender a su reclamación por la reforma del título 12 de la Constitución Federal como necesaria para organizarse de una manera más conveniente a sus intereses particulares.

Complaciéndose el Congreso en procurar por este medio la conservación del orden y la felicidad pública, por unanimidad de votos ha venido en decretar y

DECRETA

1°. Son libres los Estados para constituirse del modo que tengan por conveniente, conservando la forma republicana popular representativa y división de poderes.

2°. Queda derogado el título 12 de la Constitución Federal de 22 de noviembre de 1824, y sustituido con el anterior artículo.

Pase a la Asamblea de los Estados para su conocimiento y resolución. Dado en San Salvador, a 30 de mayo de 1838. Gerardo Barrios, Diputado Presidente. Lucas Resuleu, Diputado Srio. Francisco Dueñas, Diputado Srio.

COMUNICACIÓN DEL GENERAL FRANCISCO MORAZÁN AL GOBIERNO DE HONDURAS, CON MOTIVO DE LA INVASIÓN MOSQUITA AL TERRITORIO CENTROAMERICANO.
A BORDO DEL "CRUZADOR"

Bahía de la Unión, 16 de febrero de 1842

COMUNICACIÓN DEL GENERAL FRANCISCO MORAZÁN AL GOBIERNO DE HONDURAS

Señor Presidente del Estado de Honduras.

Ese sentimiento inextinguible el amor a la patria avivado por la prohibición de volver a ella, me hizo olvidar muy pronto mis sufrimientos pasados y prescindir de toda injerencia en su futura suerte.

Si alguna vez los papeles públicos me instruían de que mi voluntaria separación de la República en nada había cambiado su suerte, temí que las buenas intenciones que para mejorarla a ella me condujesen, si bien pudieran servir para justificarme con las personas que conocen mis opiniones y designios, no bastarían a desmentir las inculpaciones que se me dirigiesen por otras que los ignorasen, si el éxito no correspondía a mis deseos; y me contentaba por esto con hacer votos por su prosperidad. Sacrificaba gustoso a este sentimiento el derecho que la naturaleza y las leyes nacionales me dan para intervenir en la reorganización de mi patria; porque me alimentaba la idea de que los nuevos directores de la cosa pública más afortunados que sus predecesores, podrán establecer un gobierno de leyes que hiciese la felicidad de los centroamericanos.

Ni los males que estos padecían ni las persuasiones de mis amigos, ni las excitaciones continuas de los que eran perseguidos en el interior de la República habían podido variar la conducta neutral que he observado en los veintidós meses de mi espontáneo destierro. Esta conducta habría sido invariable en mí, si un suceso tan inesperado como sensible no me hubiese hecho mudar de resolución en fuerza de los nuevos deberes que me lo prescribían y de ese sentimiento nacional irresistible por aquellos que tienen un corazón para su patria.

Desde que llegó a mí la noticia que la República estaba amenazada por un pueblo bárbaro que sólo había excitado hasta entonces la comparación de los que saben apreciar los nobles motivos que lo hicieron preferir la ignorancia y la miseria en que se halla, a la esclavitud que le ofrecían los conquistadores españoles, en recompensa de su misión al Gobierno absoluto de los Borbones, yo no podía manifestarme indiferente, sin participar de la humillación nacional.

Pero cuando estas noticias fueron confirmadas por la proclama que con fecha 22 del pdo. agosto expidió el Supremo Director del Estado de Nicaragua, y con el aviso de su Ministro de 4 de octubre último que recibí en Lima en los momentos mismos de embarcarme con dirección a la República de Chile, me decidí a unir mi suerte con la de sus defensores.

Fue tan grande la impresión que en mí hizo la lectura de estos documentos, en que se llama a una parte de los centroamericanos a tomar las armas para defender la integridad de su territorio, con el atentado que había obligado a dictarlos.

La energía y decisión con que se habla en ellos al pueblo nicaragüense, excitó de tal modo el amor patrio de los centroamericanos que se hallaban conmigo, que borró en ellos hasta la más pequeña idea que les recordase los motivos porque nos encontrábamos a tanta distancia del suelo que nos proponíamos defender. Desde entonces ya sólo vemos en él amigos decididos a unir su suerte con la nuestra para salvar el honor nacional. Ningún centroamericano dejó de participar de este deseo, y puedo asegurar en favor suyo que su actividad y decisión han contribuido a proporcionarme el honor que hoy tengo de ofrecer al Supremo Gobierno de Honduras un buque armado, con las municiones de guerra que se encuentran a bordo, así como nuestros pequeños servicios en concepto de soldados voluntarios.

Señálesenos el lugar que debemos ocupar y el Jefe a quien obedecer y la manera con que cumplamos las órdenes de los Gobiernos de los Estados, será la mejor garantía de las sanas intenciones que nos han conducido a la República.

Pero si no fuese esto bastante, si alguno de esos mismos Gobiernos quisiese poner a prueba nuestro amor patrio, nos proporcionará con ésto un nuevo medio de acreditarles la pureza de nuestras intenciones, si con el honor puede conciliarse al sacrificio que se nos exija.

La ocupación de una parte de la Costa Norte por un pueblo extraño como el de los "Moscos" no podrá verse nunca con indiferencia porque equivale a perder para siempre un terreno que será con el tiempo a la República de grande utilidad, y porque la tolerancia de un hecho de tanta magnitud prepararía otros de igual naturaleza y de mayor trascendencia para lo sucesivo, pero la ocupación del Puerto de San Juan del Norte ejecutada por este mismo pueblo, es un golpe de muerte para la República, porque a mí modo de ver está cifrada su existencia nacional, la consolidación de su Gobierno, y su bienestar y grandeza, en la abertura del gran Canal Oceánico por el propio puerto de San Juan.

Con iguales motivos a los que han servido para usurpar este Puerto podrían más tarde ocuparse las Capitales de los Estados, porque la codicia no conoce límites cuando encuentra un débil pretexto en que fundar sus pretensiones y un apoyo en la arbitrariedad de su gabinete poderoso.

Si consultamos la historia veremos en ella, que el derecho de las grandes naciones se ha fundado en algún tipo en causas de tal naturaleza que sólo habían excitado la burla y el desprecio sino hubiesen sido sostenidos con las armas; y este abuso funesto para los pueblos débiles, que la ambición ha sancionado tantas veces y legitimado el derecho del más fuerte, se ha repetido por desgracia en nuestros días.

Si más de tres siglos de posesión nunca interrumpida no nos han dado derecho al Puerto de San Juan ¿cuál es en el que fundan el suyo tantas naciones que por los mismos medios han adquirido los inmensos territorios que hoy poseen? La nación que nos niegue la legalidad de nuestros títulos a aquel Pto. ha roto los suyos: títulos que le recuerdan su antigua pequeñez y miseria, y que son hoy la única base de su poder, y el origen de su prosperidad y grandeza.

Lejos de mí la idea de que se obre militarmente, antes de haber dado todos los pasos que las leyes exigen y prescriben la prudencia para pedir que se nos haga justicia. Las armas son medios usados por los que carecen de razón, y la que tienen los centroamericanos en la cuestión presente no puede remitirse a duda ni por aquellos que se han posesionado impunemente de una parte de nuestro territorio.

Si me es lícito expresar mis opiniones, no para que las adopte ese Supremo Gobierno, sino para que vea en ellas los sentimientos que me animan, me permitiré consignarlas solemnemente, al terminar esta exposición. Sería de desear:

Que se nombre un Ministro que procurase arreglar la cuestión sobre el territorio de una manera amistosa y digna de la nación que va a representar.

Que se ponga entretanto en estado de defensa la República. Que se satisfagan los justos reclamos que por indemnizaciones y empréstitos exigen los extranjeros, señalando a este fin los productos líquidos de la alcabala marítima.

Este acto de justicia revelaría a las naciones extranjeras la existencia de un gobierno, que quiere y puede satisfacer sus compromisos dando al mismo tiempo con este hecho una prueba de su estabilidad y poder, y de los sanos principios en que está basada su política.

Semejante conducta serviría en mi concepto a los Gobiernos de Centro América para que se les atendiese en los fundados reclamos que deben hacer, puesto que ellos mismos habían dado ya el ejemplo administrando cumplida justicia a los acreedores extranjeros.

Pero si contra lo que debe esperarse como resultado de esta conducta y de estos hechos no se pudiese lograr una transacción honrosa para la República, quedará por lo menos a los centroamericanos la satisfacción de haberla procurado y de acreditar al mundo entero, que si se les coloca entre la humillación y la guerra elegirán spre. el último partido aun cuando tengan la certeza de no poder salvar más que el honor.

Me suscribo de usted, Sor. Presidente, con toda consideración. Atento, Obedte. Servidor.

(f) FRANCISCO MORAZÁN.

A bordo del Bergn."Cruzador".
Bahía de la Unión, febrero 16 de 1842.

CONVENIO DEL JOCOTE

CELEBRADO ENTRE EL GENERAL FRANCISCO MORAZÁN Y EL BRIGADIER VICENTE VILLASEÑOR, GRAL. DEL EJÉRCITO DEL GOBIERNO FORMANDO UN SOLO EJÉRCITO QUE APOYA SU DESCONOCIMIENTO AL GOBIERNO INSTALADO, FIRMADO EL 11 DE ABRIL DE 1842. RATIFICADO POR BRAULIO CARRILLO, JEFE DEL ESTADO DE COSTA RICA CON ALGUNAS MODIFICACIONES EL 12 DE ABRIL DE 1842. RATIFICADO POR FRANCISCO MORAZÁN Y VICENTE VILLASEÑOR, EN EL CUARTEL GENERAL DE HEREDIA, EL 12 DE ABRIL DE 1842.

CONVENIO DEL JOCOTE

Reunidos en el paraje del Jocote los Generales Francisco Morazán, General en Jefe del Ejército Nacional, por una parte, y el Brigadier Vicente Villaseñor, General del Ejército del Gobierno, por la otra parte, con el objeto de lograr un avenimiento entre ambas fuerzas beligerantes que se hallan a la vista, e impedir que se derrame inútilmente la sangre centroamericana.

Considerando que la opinión de los pueblos del Estado, bien pronunciada contra su actual Gobierno, resiste abiertamente su continuación por carecer de la legitimidad que sólo puede emanar de la libre elección de los mismos pueblos, han convenido en los artículos siguientes.

Artículo 1°. Ambos ejércitos se reunirán en uno solo, dándose un abrazo fraternal, en símbolo de la identidad de sentimientos de que se hallan animados.

Artículo 2°. Se convocará una Asamblea Constituyente, para que organice El Estado conforme lo demanden sus verdaderos intereses, y lo prescriba la voluntad de los pueblos. Entre tanto, el mismo Estado será regido por un Gobierno provisorio que ejercerá el General Francisco Morazán, y en su defecto el Brigadier Vicente Villaseñor.

Artículo 3°. El Licenciado Braulio Carrillo que actualmente se halla en el mando, lo entregará tan luego como se ponga en su noticia el presente convenio, y saldrá del territorio de la República en el perentorio término que se le designe, garantizándosele su familia y propiedades, que en nada le serán perjudicadas.

Artículo 4°. Si dicho Licenciado Carrillo rehusare cumplir con lo dispuesto en el artículo anterior, quedará fuera de la protección del presente convenio, cuyo cumplimiento lo garantiza el mismo ejército reunido, y se tendrá por válido y obligatorio tan luego como se haya firmado por ambas partes contratantes.

En fé de lo cual, lo hacen por duplicado con los jefes y oficiales de sus respectivas fuerzas en el paraje dicho, a 11 de abril de 1842.

Francisco Morazán-Vicente Villaseñor-El General de División, Isidoro Saget-El General de Brigada, J. Miguel Saravia. Id. Francisco

Ignacio Rascon-Coronel, Nicolás Angulo-Id. Manuel Bonilla-Id A. Escalante-Id Máximo Cordero-El Sargento Mayor, J. Alvarado-El Capitán Vicente Aguilar-Id. José Benavides-Id. Antonio López-Id. Florentino Alfaro-Coronel, B. Brusual-Id. M. Merino-Teniente Coronel, E. Aqueche León Ramírez-Id. Ciriaco Bran-Id. Tomás Olivares-Id.J. Solórzano-Id. Domingo Guzmán-Id.M.M. Choren-Id. M.I., Zepeda-Anastasio Mora-Isidoro Melara-Capitán, Juan J. Luna-J. M. Espinar-Joaquín R. Gómez Capitán, J. M. Zamora-Pedro Iglesias-Teniente, Julián Hechandi-Por el Teniente Pedro Monje y por mí, José Ramón Ortiz-Id. Pedro García-Id. José Alvarado-Capitán, Teodoro Henríquez-Id. Juan Junque-Id. Francisco Rovira-Id. Juan Pablo Osorio-Id. Juan J. Herrera-Id. Francisco Guerrero-Id. Estanislao Valenzuela-Ramón Soriano-Id. Gordiano Ulloa-Id. Graduado, Venancio Iruta-Tenientes, Seferino Escalante-Magdaleno Berríos-Id. Silverio Muñoz-Id. Juan Ramos-Id. Vicente Navarro-Vicente Platero-Sub-Ayudante, Fulgencio Ocaña-Teniente, Juan M. Carazo-Id. Francisco Madris-Id. Pedro Porras-Id. M. de Jesús Montoya-Pedro Morales-Subteniente, Miguel Granados-Subteniente,Cruz Acosta-Id. Manuel Abarca-Subteniente, Gabriel Pacheco-Subteniente Mercedes Araya-Teniente, Santa-Ana Zelaya-Juan J.Osegueda-Coronado Parracia-Candelario Cortés-Antonio Valencia-Subteniente Manuel J. del Río-Id. Tiburcio Elena-Id. Juan Vicente Castro-Id. J. María Arévalo-Id. Mariano Rosales-Id. Leonardo Girón-Id. Pioquinto Serrano-Manuel Hidalgo-Teniente, Pío J. Hernández-Subteniente, Jesús de la Mata-Sub-ayudante, Zenón Mayorga-Subteniente, Manuel Esquivel-Subteniente, José Sotero Soto-Subteniente, José Bruno Argüello-Subteniente, Miguel Herrera-Subteniente, Cayetano Ángel-Id. Basilio Muñoz-J. Onofre Selva-Estanislao Jovel-Id.Vicente Oliva-Id. Martín Abelardo-Vicente Balverde-Id. Santos Valencia-Id. José María. García-Id. Baltazar Arias-Por cinco oficiales texiguats que no saben firmar, lo hago yo José Solórzano.

RATIFICACIÓN DE CARRILLO

Reunidos en la ciudad de San José, el Señor Licenciado Braulio Carrillo, Jefe del Estado de Costa-Rica, por una parte, y el General de

322

Brigada, señor José Miguel Saravia, como comisionado al efecto por el General en Jefe del Ejército Nacional, señor Francisco Morazán, y el General de Brigada, Vicente Villaseñor, General de las fuerzas del mis-mo Estado de Costa Rica, en virtud de los plenos poderes que al efecto le han expedido dichos Generales Morazán y Villaseñor; habiéndose presentado al referido Jefe Supremo el convenio que aquellos celebraron el día de ayer, en el paraje del Jocote, para los efectos que en él se expresan, y deseando el mismo Jefe hacer algunas alteraciones al precitado convenio, han acordado los artículos siguientes.

Artículo 1º. El actual Jefe Supremo del Estado de Costa Rica, aprueba, por su parte, el convenio celebrado el 11 de abril del presente año, en el paraje del Jocote, entre los señores Generales Francisco. Morazán y Vicente Villaseñor, con las modificaciones que expresan los artículos siguientes.

Artículo 2º. El gobierno provisorio que debe establecerse en el Estado, en virtud del artículo 2º. del citado convenio, deberá garantizar a los costarricenses, sea cual fuere su clase y condición, el pleno ejercicio de sus garantías individuales, tanto en sus personas como en sus propiedades.

Artículo 3º. Los jefes, oficiales y soldados que se hallan actualmente en esta plaza, serán considerados en sus respectivos empleos y garantizados en sus personas y propiedades, y quedarán, desde luego, incorporados en el ejército nacional, si voluntariamente deseasen verificarlo.

Artículo 4º. El Señor Licenciado Braulio Carrillo, que actualmente se halla en el mando, lo entregará tan luego como se haya aprobado el presente convenio, y saldrá de esta capital para el Puerto de Punta Arenas el día de mañana, acompañado del Jefe que nombre el General Morazán, permaneciendo en dicho puerto, el tiempo necesario para encontrar un buque que lo transporte al punto que le convenga fuera del Estado, y podrá volver al país después de transcurridos dos años, contados desde la fecha del presente convenio; debiendo, después de expirado dicho término, recabar del Gobierno de Costa Rica para internarse al Estado, el correspondiente pasaporte, que en ningún caso podrá negársele.

La persona del Licenciado Carrillo, su familia y propiedades, tendrán toda especie de garantías, y por lo mismo en nada será perjudicados.

Artículo 5°. La persona, familia y propiedades del señor Manuel Antonio Bonilla, segundo Jefe de Estado y Comandante General, gozarán también de toda garantía.

El presente convenio será ratificado por los Generales Francisco Morazán y Vicente Villaseñor, llevándose a pleno y debido efecto tan luego como se cumpla aquel requisito.

En fé de lo cual, lo firman ambas partes contratantes en el lugar antes dicho, a 12 de abril de 1842.

BRAULIO CARRILLO   J.MIGUEL SARAVIA

RATIFICACIÓN DEL GENERAL MORAZÁN

Cuartel General en Heredia. Abril 12 de 1842.

Hallándose los anteriores artículos arreglados al tenor de las instrucciones dadas al General J. Miguel Saravia, se aprueban en todas sus partes, y serán, desde luego, puestos en ejecución y cumplimiento.

FRANCISCO MORAZÁN   VICENTE VILLASEÑOR

DECRETO DE LA ASAMBLEA CONSTITUYENTE DE COSTA RICA, DE 27 DE AGOSTO DE 1842, DECLARANDO QUE EL DEPARTAMENTO DEL GUANACASTE ES PARTE INTEGRANTE DEL TERRITORIO DE COSTA RICA

La Asamblea Constituyente del Estado de Costa Rica; con presencia del decreto emitido por la Asamblea Legislativa del Estado de Nicaragua, en 24 de mayo del presente año, por el que faculta al Director Supremo de aquel Estado para que incorpore de hecho el departamento del Guanacaste, y considerando:

1°. Que por Decreto del Congreso Federal de 9 de diciembre de 1825 fue agregado dicho departamento al territorio de Costa Rica, entre tanto se hacía la demarcación del de los Estados, según se prevenía por el Artículo 7 de la Constitución de la República.

2°. Que en virtud de dicho decreto, el Estado entró en posesión de aquel departamento, administrándolo con justo títuloy conservándolo como parte integrante de su territorio.

3°. Que desde la emancipación del Gobierno Español, las autoridades y cuerpos municipales de aquellos pueblos manifestaron una adhesión decidida por la agregación del departamento enunciado al territorio de Costa Rica, haciendo y reiterando sus solicitudes a este intento, como se manifiesta de los preliminares del susodicho decreto de 9 de diciembre:

4°. Que después de dislocada la representación nacional el año de1838, los mismos pueblos por medio de sus autoridades locales, repitieron por un acto solemne su decisión por continuar unidos a Costa Rica; y

5°. Que la violencia con que se intenta reincorporarlo al Estado de Nicaragua, es una usurpación del derecho indispensable que la ley ha dado a Costa Rica para poseerlo, y que en consecuencia está en el honor y deber del Estado, conservar la integridad de su territorio y la dignidad de su nombre, repeliendo por todos los medios la agresión que se intenta para despojarle de aquella propiedad, con unanimidad de votos, decreta.

Artículo 1°. El Departamento de Guanacaste, es parte integrante del territorio de Costa Rica.

Artículo 2°. El Gobierno, valiéndose de todos los medios necesarios, conservará la integridad del Estado, su dignidad y derechos.

Comuníquese al Poder Ejecutivo para su cumplimiento y que se imprima, publique y circule.

Dado en la ciudad de San José, a los veinticinco días del mes de agosto de mil ochocientos cuarenta y dos.

José Francisco Peralta, Diputado Presidente-Joaquín B. Calvo, Diputado Secretario-Félix Sancho, Diputado Secretario.

Casa de Gobierno, San José, agosto veintisiete de mil ochocientos cuarenta y dos.

Por tanto: Ejecútese, circúlese y publíquese.

FRANCISCO MORAZAN.

PROCLAMA DE DON ANTONIO PINTO.
SAN JOSE DE COSTA RICA,
11 DE SEPTIEMBRE DE 1842

EXTERIOR

Para conocimiento de los pueblos del Estado se insertan en este periódico las proclamas y orden siguientes:

SOLDADOS DE COSTA RICA

Mucho tiempo ha que el desenfreno de una ambición audaz meditaba recobrar, con el sacrificio de vuestra patria, la silla de que le arrojó la opinión pública.

Cuando el caudillo comenzara a realizar su proyecto fatal, vosotros opusisteis la más firme resistencia: abandonasteis vuestras familias y hogares para ocultaros en los espesos bosques que circundan a las poblaciones del Estado; sufristeis la intemperie, y os sometisteis a todo género de privaciones, antes que marchar a hostilizar a vuestros hermanos nicaragüenses; pero tan nobles esfuerzos fueron en vano: el tirano decretó el embargo de vuestras propiedades, y la prisión de vuestras caras esposas. Sus lamentos, en la ignominia de una cárcel, sin ablandar el corazón de aquel inexorable jefe, penetraron a las montañas, y el eco resonante de sus desgracias os obligó a dejar la grata guarida de las fieras, para presentaros en los cuarteles, como único medio de libertar a vuestras sensibles compañeras, cuyas lágrimas bañaron los eslabones de aquellas cadenas.

Mañana ibais a marchar de injustos invasores. El pretendido conquistador de Centro-América se soñaba dominarla; y vuestras vidas, intereses y honor, todo lo iba a sacrificar a sus conatos; y Costa Rica nuestra cara patria, que siempre ha respetado el derecho internacional, y que no abriga otros sentimientos que de fraternidad y unión, para con los demás Estados de la República, fuera el blanco de su indignación donde se enarbolara el estandarte de la discordia civil.

Vosotros habeis empuñado las armas; pero con el secreto designio de salvar a la Nación, y en este instante habéis pronunciado vuestra causa y comenzado a defenderla, soldados: vuestra empresa es la de los héroes; continuadla con denuedo, sin abusar de vuestras fuerzas. No os olvidéis que el contrario, cuando se rinde, deja de ser un enemigo, y pasa a ser solamente un hombre en la desgracia; tendedle una mano protectora, y ejerced, en todas vuestras fatigas, las virtudes de que siempre se hallan adornados los que como vosotros, son valientes y filantrópicos.

Soldados: me habéis proclamado vuestro jefe de armas y voy a tomar la parte que me corresponde en vuestra causa: ella es justa, y por tal circunstancia me hallo decidido a sacrificar en su defensa mis intereses, mi reposo, mi sangre y mi vida misma.

Muramos por conservar el crédito del Estado: porque Costa Rica no cometa el crimen de atentar contra los derechos de pueblos soberanos, y porque con ellos no haya más que una alianza fraternal de que resulten los bienes que hagan feliz a la Nación.

Estos son los sentimientos de vuestro camarada, compatriota y amigo.

ANTONIO PINTO.

San José, septiembre 11 de 1842.

(Tomado de EL REDACTOR OFICIAL DE HONDURAS. Comayagua octubre 15 de 1842. Número 43).

LA DÉCADA DEL SEPARATISMO TRIUNFANTE

LA CONFEDERACIÓN CENTROAMERICANA (FRUSTRADA)

El doctor Mario Rodríguez, historiador norteamericano, hace una investigación que va al grano, como suele decirse, sobre la década que va de 1842 a 1852, que nos permitimos trasladar aquí, autorizados por el autor, ya que nuestros averiguadores se extienden demasiado, casi diríamos hasta diluirse, y no concretan nada.

Dice Rodríguez:

A pesar de los sobretonos nacionalistas de la crisis de Roatán, la voluntad de poder dominaba las mentes de los partidarios de los derechos estatales, tanto del campo liberal como del conservador. A pesar de los razonamientos expuestos al rehusar la unión con los morazanistas contra el enemigo común, aún subsiste el hecho de que colaboraron desvergonzadamente con el agente del país que había ocupado Roatán. Si hubieran estado sinceramente interesados en establecer una confederación, como protestaban estarlo, entonces es razonable asumir que se habría hecho un esfuerzo auténtico para efectuar la convención de los derechos de los Estados. El que ésta no tuviera lugar en los dos años siguientes a la derrota, subrayó el verdadero motivo para resistirse a la unión: la ambición de poder en sus Estados separados. Esta generalización es reforzada todavía más por los antecedentes unionistas durante los años de 1842 a 1852, que coincide con el regreso de Chatfield a Centro América, después de una ausencia de dos años.

Una vez que Chatfield abandonó la escena de la victoria en el otoño de 1840, el superintendente Mac Donald, de Belice, y el almirante del escuadrón del Atlántico, asumieron la responsabilidad de cobrar las reclamaciones que el cónsul había elevado contra El Salvador, aunque ahora los cinco Estados fueron hechos proporcionalmente responsables de sus deudas, Por una u otra razón, no se hizo ningún pago de ellas. Mientras tanto Mac Donald continuó con sus sistemas agresivos para apoyar las reclamaciones del rey pelele mosquito, un alcohólico sin esperanza que seguía ciegamente a los halagos de su amo inglés. A principio de 1840, por ejemplo, Mac Donald le impuso una comisión consultiva especial, formada por él mismo y otros funcionarios beliceños, para ayudar a administrar la Playa de los Mosquitos, un proyecto que Chatfield sancionó y después persuadió a Palmerston para que lo aceptara. Pero lord John Russell, a cargo de la oficina colonial, rechazó el plan, precisamente porque implicaba un protectorado británico de la Playa de los Mosquitos.

Reacio a someterse a la decisión de su superior, el coronel Mac Donald creó una crisis en agosto de 1841, que con el tiempo forzó la mano de la Gran Bretaña en el molesto problema de la Playa de los Mosquitos. Secuestró al comandante nicaragüense del puerto de San Juan de Nicaragua (ahora San Juan del Norte), mientras realizaba un recorrido de la Playa de los Mosquitos, reclamando Boca del Toro (llamada ahora Bocas del Toro), a la cual también había hecho una reclamación Nueva Granada (Colombia) y la isla de Maíz Grande. Comprendiendo que el secuestro de Manuel Quijano daría por resultado una fuerte reprimenda de Londres, el agresivo Mac Donald, copiando el modo de operar de Chatfield, insistió en el pronto pago, por parte de América Central, de las antiguas reclamaciones de 1839, al mismo tiempo que retrataba a sus adversarios como prototipos de la "Leyenda Negra", irresponsables ladinos reacios a pagar sus deudas a sus acreedores ingleses.

Cuando los centroamericanos reaccionaron vigorosamente al secuestro de Quijano, negándose a tratar con Mac Donald bajo ninguna condición e insistiendo en que la Gran Bretaña lo castigara y emitiera órdenes a todos sus subalternos de que se abstuvieran de cualquier otra acción desautorizada, el orgullo el resto y la aceptación del protectorado de la Playa de los Mosquitos a fines de 1843, una política que se había negado a seguir desde 1837. La unión centroamericana fue revivida como resultado de la temeraria acción de Mac Donald en San Juan de Nicaragua. Esta vez fueron los partidarios de los derechos de los Estados quienes comprendieron la necedad de la desunión y, en 1842, los tres Estados centrales firmaron el PACTO DE CHINANDEGA, que involucraba medidas defensivas del tipo que los morazanistas habían apremiado tres años antes, en relación con Roatán. Incluso Rafael Carrera reaccionó violentamente al secuestro de Quijano, y los mismos serviles (conservadores: n.n.) fueron partidarios de la acción contra los ingleses.

Chatfield volvió al campo de batalla centroamericano a mediados de 1842. Pero el agente inglés (que ahora gozaba del rango de cónsul general) no fue la única figura clave que regresó a Centro América durante esta grave crisis; el general Francisco Morazán atendió al llamado hecho por Nicaragua y volvió a su tierra nativa para unirla contra el enemigo común. No obstante su presencia volvió a despertar los recelos de los derechos de los Estados y una vez más su ansia de poder derrotó al esfuerzo unionista. Se volvieron contra Morazán y el 15 de septiembre de 1842, éste fue fusilado por un pelotón costarricense. Con Morazán fuera del camino los partidarios de los derechos estatales decidieron formar una confederación basada en el Pacto de Chinandega. Encabezada por el conservador nicaragüense Fruto Chamorro, la Confederación de América Central subsistió débilmente sólo de 1844 a 1845, incapaz de obtener la fidelidad de los caudillos contendientes o ganar el reconocimiento de las potencias europeas.

En este segundo renacimiento unionista, Frederick Chatfield una vez más trastocó el movimiento en favor de la unidad centroamericana. Hizo esto dividiendo a los partidarios de los derechos de los Estados, ofreciéndoles un proyecto de confederación controlado por los serviles guatemaltecos, la "Confederación Guatemalteca", como sustituto del Pacto de Chinandega, de 1842. La diferencia entre estos dos movimientos, y debe comprenderse que los morazanistas representaban una tercera variedad, fue significativa. Chatfield quería un gobierno federal cuya capital siempre fuera la ciudad de Guatemala, uno que no opusiera problemas embarazosos concernientes al programa territorial de Inglaterra en América Central. Al intentar realizar esta Confederación rival, Chatfield persuadió a sus aliados en la ciudad de Guatemala de que rechazaran el Pacto de Chinandega, aplicó presión sobre Honduras, el eslabón más débil en la cadena de Chinandega, amenazando revivir una reclamación especial contra el gobierno de Francisco Ferrera, y elevó una serie de reclamaciones contra Nicaragua, para aplacar sus protestas concernientes a la Playa de los Mosquitos. Cuando Nicaragua se negó a aceptar, Chatfield preparó a la oficina del Exterior para un segundo bloqueo en 1844, lo que puso de rodillas al Estado recalcitrante. Fue ,en respuesta de este segundo bloqueo cómo fue formada en 1844 la Confederación de América Central, y la misión de Francisco Castellón fue enviada a Europa para demandar, sin éxito, que fuera llamado Chatfield. Por varias razones, entre las cuales el elemento del orgullo inglés figuró otra vez prominentemente, lord Aberdeen, quien encabezaba la oficina del Exterior en esa época, se negó a considerar las demandas de Castellón, y ni siquiera a reconocer a la Confederación que representaba. En esta ocasión, otras potencias europeas consideraron prudente no desafiar a Inglaterra.

El fracaso de la misión de Castellón en 1845 tuvo repercusiones importantes en América Central. Ahora fue claro para todos que Chatfield tenía el apoyo de sus autoridades domésticas. Esta noción contribuyó a la resurrección de la popularidad de los morazanistas; una república fuerte, argumentaron, era la única solución a las intrusiones constantes de Chatfield en los asuntos centroamericanos. Así, en 1846men Sonsonate, El Salvador, y en 1847 en Nacaome, Honduras, los unionistas suplicaron a los partidarios de los derechos estatales que olvidaran sus anteriores disensiones y se unieran contra los británicos. Aunque muchos de los gobiernos enviaron delegados a estas convenciones, porque la opinión popular en sus Estados lo requirió, no tenían auténticas intenciones de apoyar a un fuerte movimiento de unión.

Al enfrentarse a esta tercera resurrección unionista, Chatfield afiló algunas de sus antiguas herramientas, la "Confederación Guatemalteca", en particular. Sintió que en esta ocasión los morazanistas podrían triunfar, especialmente si lograban el apoyo de los Estados Unidos. De hecho, desde mediados de 1846, Chatfield había estado obsesionado con la idea de que los Estados Unidos, después de terminar su guerra con México, saltarían a Centro América. Por tanto, para obstaculizar las reuniones de Sonsonate y Nacaome, revivió el plan "Confederación Guatemalteca". Apremió a Guatemala a declarar su independencia en 1847; después negoció un tratado de comercio con la nueva nación, siguiendo las líneas de sus instrucciones de 1834, aunque ligeramente más generoso; por último, logró que Costa Rica firmara un "Acta de Advenimiento" al tratado. Si hubiera podido lograr que los otros Estados hicieran lo mismo, habría realizado su plan: la Ciudad de Guatemala, en efecto, hubiese sido reconocida como la capital de Centro América, disfrutando de las relaciones comerciales con Gran Bretaña, que estarían disponibles para otros Estados que reconocieran su posición superior. No es necesario decir que ni Guatemala ni Costa Rica se unieron con sus hermanas en Nacaome en el otoño de 1847, y Chatfield, lo mismo que sus agentes en los Estados centrales, hicieron lo posible para alentar la deserción de los gobiernos estatales que se reunieron en Honduras.

El primero de enero de 1848, una fuerza combinada de británicos y mosquitos ocupó San Juan de Nicaragua, rebautizándolo con el nombre de Greytown. Este caso, como en la aventura de Mac Donald con Quijano en esa misma década, reunió a los centroamericanos momentáneamente y fortaleció la mano de los liberales unionistas. Y lo más importante, hizo que los Estados Unidos comprendieran que la Gran Bretaña estaba decidida a monopolizar cualquier paso interoceánico que pudiera ser construido a través de América Central; es cierto, Chatfield no tenía intenciones de permitir que ningún otro país dominara esta importante ruta, a juzgar por las muchas sugestiones que estaba haciendo a lord Palmerston.

Es más, la oficina del Exterior no era indiferente a las recomendaciones de Chatfield, e incluso llegó a explorar en secreto el Golfo de Fonseca, en busca de la mejor posición dominante, en el lado del Pacífico, de la proyectada ruta del canal. El anuncio de Palmerston de los límites de los Mosquitos en 1847, además del aviso de que el rey de los Mosquitos ocuparía San Juan el día primero del año, confirmó las sospechas estadounidenses de que Inglaterra intentaba dominar el paso a través de América Central. Atendiendo a los intereses norteamericanos en la costa del Pacífico (el territorio de Oregón y subsecuentemente el descubrimiento de oro en California), los Estados Unidos decidieron retar a Inglaterra en América Central. Esto, a su vez, impulsó a lord Palmerston a alentar a Chatfield para que obstruyese las maniobras estadounidenses allí, un apoyo que solicitó de mala gana, pues una fuerte corriente de opinión inglesa se oponía a una política agresiva en los Mosquitos.

Buscando desesperadamente un contrapeso efectivo para Chatfield, los liberales unionistas en Guatemala se pusieron bajo la protección de los Estados Unidos, ofreciendo a la república septentrional, o a cualquier corporación a la que favoreciera, los derechos exclusivos del paso a través de su país, en la Convención Elijah Hise-Buenaventura Selva, de junio de 1849. Para preservar sus propias reclamaciones a la Playa de los Mosquitos, al sur del Río San Juan, nueva Granada negoció un tratado con Benjamín Bidlack, ratificado por el Senado de los Estados Unidos el 3 de junio de 1848, el cual concedía a los Estados Unidos el derecho de tránsito a través del istmo de Panamá, a cambio de una garantía de la neutralidad de esa área.

Aún más, Ephraim George Squier, quien remplazó a Hise a mediados de 1849, contrarrestó en forma activa los movimientos de Chatfield, negociando tratados tanto con Nicaragua como con Honduras. Este último Estado, ofendido por las tácticas de un comandante naval británico en Trujillo y atendiendo al rumor persistente de que Chatfield estaba a punto de ocupar la estratégica isla del Tigre en el Golfo de Fonseca, la cedió por una temporada a Squier.

El 16 de octubre de 1849, Frederick Chatfield, acompañado por una fuerza naval británica, ocupó la isla del Tigre, izó los colores de su patria y designó a un superintendente para administrar la isla. Sin duda, esta fue una acción desautorizada y premeditada, no nada más una acción espontánea contra el acuerdo de Squier en Honduras. De hecho, Chatfield propuso esta acción a Palmerston, por primera vez, en enero de 1847, cuando pidió a la oficina del Exterior que explorara el Golfo de Fonseca. Por su propia iniciativa había intentado hacer que los ingleses compraran propiedades en la tierra continental, cerca de la base estratégica, proponiendo también la utilización de reclamaciones tanto contra El Salvador como contra Honduras para progresar en su objetivo político. Frente a la oposición hostil en Londres, lord Palmerston no pudo condonar esta sugestión agresiva. Después de recibir la última negativa de Palmerston respecto a esto, Chatfield tomó las cosas en sus manos, provocando la célebre crisis entre Gran Bretaña y los Estados Unidos, que fue resuelta temporalmente con el Tratado Clayton-Bulwer, del 19 de abril de 1850.

La ocupación por la fuerza de la isla del Tigre unió a los Estados centrales, casi de la noche a la mañana. Aunque el pacto de Nacaome no había producido un gobierno general después del incidente de Greytown en 1848, la maniobra de Chatfield lo hizo. En noviembre de 1849, los Estados centrales se reunieron en León, Nicaragua, para firmar un nuevo pacto que avizoraba un gobierno llamado la Representación Nacional, que nació en enero de 1851, el tercer movimiento general de Centro América. No tuvo mejor suerte que sus correspondientes conservadores de 1844-1845. Por supuesto, Chatfield hizo lo posible por obstaculizar a los unionistas en León, mientras Squier trabajaba no menos activamente para promover la unión en América Central. En el proceso, los dos adversarios de habla inglesa se lanzaron a una campaña ideológica que excitó e inspiró a sus partidarios. Squier, como campeón de la "Idea del Hemisferio Occidental", nombre que le dio el profesor Arthur P. Whitaker, insistió en que las Américas eran para los americanos, reservadas para el experimento del republicanismo. Desde Costa Rica, el inglés atacando al "Sistema Americano" como aislacionista, subrayando la incompatibilidad de los estadounidenses conscientes de su raza y los latinoamericanos mestizos. En lugar de eso, los Estados centrales debían de seguir el sabio ejemplo de Guatemala y Costa Rica. Como Palmerston había vetado el "Acta de Advenimiento" de Costa Rica, prefiriendo reconocerla como un país independiente, la estrategia de Chatfield tuvo que cambiar en la forma correspondiente. Ahora trataría de comprometer a los Estados centrales a una declaración de su independencia, minando de esta manera el Pacto de León.

Después que la Gran Bretaña abandonó la isla del Tigre, para satisfacer a los Estados Unidos, Chatfield prosiguió consolidando la posición de su nación en Centro América y apoyando la moral de sus titubeantes aliados en Guatemala y Costa Rica. Minó con éxito la misión enviada a Costa Rica por los partidarios del Pacto de León, cohechando al enviado Felipe Jáuregui para que provocara una revolución en Honduras y la declarara independiente, en conjunción con el general Santos Guardiola. A cambio de eso, Chatfield prometió abandonar una antigua reclamación contra Honduras, en la cual el principal involucrado era Jáuregui; esta misma reclamación había sido empleada antes para disociar a Honduras de la confederación de1844-1845. El golpe Jáuregui-Guardiola no tuvo éxito, aunque el general Guardiola encabezó después el gobierno conservador de Honduras, En Costa Rica, Chatfield no tuvo dificultad para mantener la alianza, cuando un atemorizado Juan José Mora pidió la protección de los británicos contra los unionistas.

De Costa Rica, Chatfield viajó a Greytown e hizo muchas innovaciones que sentaron precedente, algunas de las cuales adoptó Inglaterra subsecuentemente: la asignación de barcos de guerra para proteger al rey de los Mosquitos, de un levantamiento nicaragüense, el reclutamiento de una moderna fuerza policíaca; la elección de un cuerpo municipal en Greytown, etcétera. Es más, el gobernador y las autoridades navales en Jamaica dieron sus bendiciones a las medidas de Chatfield. Y en Belice y en las Islas de la Bahía, el infatigable agente apremió a los colonos a pedir el Estado colonial del gobierno doméstico. En 1852, las Islas de la Bahía fueron hechas una colonia de la corona, igual que sucedió con Belice después de otra década. De regreso a Guatemala, el inglés tuvo que reafirmar su control sobre sus antiguos aliados, los serviles, quienes habían cedido terreno ante los unionistas, en algunos aspectos. Sin embargo, Carrera resistió con éxito una invasión de Guatemala por los anglófobos de los Estados centrales.

Aunque Palmerston cedió a las voces conciliadoras en Inglaterra, haciendo posible las negociaciones entre John Clayton y Henry Bulwer, apoyó tácitamente a su agresivo subordinado, proporcionando las fuerzas navales necesarias para cobrar las varias reclamaciones que había elevado Chatfield para lograr objetivos políticos (debe hacerse notar que Chatfield ya no se molestaba en ocultar a Palmerston sus maquinaciones políticas). Para someter al inquieto El Salvador, encabezado por Doroteo Vasconcelos, uno de los principales liberales unionistas de la época, Chatfield instigó el bloqueo del invierno de 1850-1851. En respuesta de esta maniobra la Representación Nacional (RN) fue inaugurada en enero de 1851 y se insistió en el levantamiento del bloqueo. Al mismo tiempo, como Chatfield no reconocería al gobierno general, la RN le retiró su reconocimiento. De acuerdo con la RN, la Gran Bretaña ya no tenía un representante en América Central. Decididos a terminar con el control del "Eterno agente" sobre los serviles, una fuerza expedicionaria sancionada por la RN invadió Guatemala. En la batalla de La Arada del 2 de febrero de 1851, Carrera derrotó otra vez al adversario unionista. Para todo propósito práctico, esto terminó con el tercer movimiento unionista en Centro América, aunque el gobierno hondureño de José Trinidad Cabañas libró una acción de retaguardia hasta 1854.

GOBIERNO DE DON JOAQUÍN RIVERA

Del ciudadano Joaquín Rivera se conoce la siguiente brevísima semblanza:

Nació en Tegucigalpa el 26 de julio de 1795. Fueron sus padres don Martín Rivera y doña Dolores Bragas.

Su bagaje intelectual y cultural lo obtuvo en forma autodidacta de libros venidos de Europa. Consolidó sus conocimientos bajo la tutela del Presbítero Francisco Antonio Márquez, quien durante mucho tiempo fue su maestro y consejero. Contrajo matrimonio con la joven Teresa Márquez, sobrina del Presbítero.

Se le describía como de estatura mediana, color trigueño claro, frente alta, cabeza bien formada, cabello castaño oscuro, cejas prominentes, ojos pardos vivos que miraban de frente.

En agosto de 1826 fue nombrado Jefe Político Intendente de Choluteca.

Fue diputado a la Asamblea ordinaria de 1828. Fue Ministro Propietario en 1829. No aceptó la Jefatura de Estado en 1831. Fue diputado Constituyente por Olancho a fines de ese año. En 1832 fue diputado a la Asamblea Constituyente por Yoro. En 1833 fue declarado Jefe de Estado de Honduras.

Murió fusilado por sustentar principios revolucionarios y de reconstrucción de la República Federal en 1845.

Rivera llegó al poder en momentos en que la Hacienda Pública estaba en ruinoso estado. La Casa de Moneda estaba paralizada por falta de fondos y se tuvo que habilitar a particulares para que pudiesen acuñar monedas de plata conforme al cuño del Estado. Se establecieron impuestos para restablecer y fortalecer el Erario

Nacional, Se trató de instalar una máquina para acuñar monedas a través del señor Marcial Bennett, cosa que no se realizó.

Rivera trataba de extinguir la deuda dejada por administraciones anteriores y cuidaba de tener los sueldos al día. En su administración se legisló sobre impuestos marítimos y aduaneros, así como acerca de la venta de tierras. Se determinó que los funcionarios que hubiesen administrado caudales del Estado y no presentaran cancelación de sus cuentas no tenían derecho a ningún cargo en el mismo. Se proyectó por ese tiempo la Colonización de mil familias europeas en Sula (San Pedro). Se habló de publicar la obra Economía Política de Flores Estrada. Se planteó la Ley Reglamentaria de Hacienda. Se dio empuje a la plantación y cultivo del tabaco, uno de los rubros que mayores ingresos daba al Estado.

Rivera propugnaba la libertad de propiedad, mejorar la Administración Interior del Estado y por ende la necesidad de arreglar a Hacienda. En la Administración se expidieron la Ley Orgánica de Hacienda y la Ley Reglamentaria de Tierras.

La influencia fisiocrática se nota sobre Rivera al proteger la agricultura como "fuente de riqueza y felicidad" y la influencia mercantilista se deja ver al procurar el mejoramiento del comercio incipiente en aquel entonces. Su conciencia social se trasluce cuando en un informe leído ante el Congreso, invoca la "seguridad para el trabajador y seguridad para el producto de su trabajo".

Culpaba al ambiente como la razón de la apatía característica del pueblo. Consideraba las minas como el gran patrimonio del Estado. Durante la Administración de Ferrera, criticó duramente a éste por firmar un tratado con un inglés Robinson que se decía descendiente del último rey Mosquito.

La personalidad de Rivera, casi desconocida por la juventud actual, representa una de las figuras más prominentes de Honduras que actuó como un cruzado en el esfuerzo colectivo de separar a Centro América de España; en la Guerra Civil al lado del Derecho; en la época morazánica por darle base económica a la República Federal, y después de 1842 siguió luchando por la ideología capitalista, revolucionaria en aquel tiempo, hasta caer en garras de los conservadores que lo fusilaron.

El doctor Rómulo E. Durón escribió una bella obra titulada "Don Joaquín Rivera y su tiempo", que él consideraba su mejor trabajo. Allí está don Joaquín como fue. Desde muy joven se dedicó al comercio. El centro de sus actividades fue Texíguat, floreciente entonces a causa de la minería, y donde desempeñó un tiempo la Secretaría Municipal, en la que se hallaba cuando llegó el Acta de Independencia que tuvo el honor de leer al pueblo congregado en la plaza frente al cabildo. Por este dato se puede colegir que Rivera pertenecía a la burguesía incipiente y que como la separación de España era un negocio político-económico de la clase nueva que estaba apareciendo en América, es justo que se entusiasmara al punto de arrojar puñadas de monedas que caían como un aguacero sobre los pobres y los niños aglomerados en la plaza de Texíguat aquel día.

Al tener don Joaquín una ideología capitalista revolucionaria, como era la de aquel tiempo en América, todo lo enfocaba desde este punto de vista; y estando al tanto de los conceptos del discurso oficial que había leído don Dionisio de Herrera, Jefe del Estado de Honduras, en Comayagua el 5 de abril de 1826, estaba de acuerdo con él en que el país estaba vacío, cuya población gracias llegaba al medio millón de habitantes, convenía poblarlo con inmigrantes europeos que trajeran sus familias, sus experiencias, sus técnicas y su voluntad de hacerse hondureños, y, luego, como consecuencia, que se iniciara una política de capitalización de la tierra, en la que este bien raíz pasara de unas manos a otras en el amplio y vertiginoso círculo de la compraventa. De esta manera convenía dar leyes que facultaran la venta de las tierras improductivas nacionales, comunales y ejidales.

Muchos son los que se han perdido en lucubraciones estériles en cuanto a la política agraria en tiempo de la República Federal como de los Estados Federales. Las fincas de los criollos, supervivencias de las antiguas encomiendas de los conquistadores, constituían la base en que asentaban los conservadores su poder económico. Pero los burgueses incipientes no iban a hacer una Revolución Francesa ridícula nacionalizando los latifundios registrados para entregarlos a los grupos de indios esclavizados que no tenían ni una remota noción de la propiedad privada. Eso habría sido lo mismo que construir en el viento, como decía Bolívar.

En cambio, estaba el ejemplo de los Estados Unidos, país vacío, en el que los inmigrantes europeos en oleadas interminables llegaban a sus costas y de allí volaban al oeste, a pie, a caballo, en mulas, en carretas, a posesionarse de las tierras de las tribus bárbaras y a levantar poblados hermosos y pululantes. Cuando los Estados Unidos se habían poblado y ya contaban con una agricultura poderosa y con un mercado interno ávido que estaba exigiendo el progreso industrial propio, entonces se produjo la declaración de independencia de 1776, ratificada con la batalla decisiva de Yorktown de 1781.

El ejemplo de los Estados Unidos lo siguieron los países del cono sur de América. En la Argentina, el escritor, jurisconsulto y político Juan Bautista Alberdi publicó sus formidables "Bases y puntos de partida para la organización política de la República Argentina", que influyeron de un modo decisivo en las resoluciones del Congreso Constituyente de 1853.

Pues aquí en Centro América, en Honduras, don Dionisio de Herrera, siendo Jefe de Estado, ya había dicho, antes que Alberdi, que "gobernar es poblar"; y el asunto de la inmigración se le ligaba estrechamente con la capitalización de la tierra, con el incremento de la agricultura, con el impulso de la industria, con el aumento del comercio, con el fortalecimiento de las finanzas públicas, en una palabra, con la formación capitalista de los Estados federados y por consiguiente de la República Federal.

Don Joaquín Rivera pensaba lo mismo que el ideólogo citado. Y al llegar a la Jefatura del Estado hondureño, pensó en la inmigración y en una ley de venta de tierras para salir del desierto de las tierras nacionales de la improductividad de las tierras comunales y de la inutilidad de las tierras ejidales.

Don Joaquín Rivera estaba en lo cierto, en su tiempo, CUANDO PROCEDÍA A MULTIPLICAR LA PROPIEDAD PRIVADA DE LA TIERRA.

Había una palabra muy usada en aquel tiempo: la palabra civilización. Don Joaquín Rivera, don Dionisio de Herrera, el General Morazán, el Sabio Valle, todos, querían civilizar a Centro América. Se oponían los conservadores (falsos aristócratas y eclesiásticos), partidarios de la dominación británica.

Había una novedad en Honduras: ya se hacía visible que el hombre fuerte del separatismo, escogido por la política extranjera para operar en contra de la República Federal, era Francisco Ferrera, Vicejefe del Estado. A don Joaquín le repugnaba este hombre que tenía instintos sanguinarios y los que pretendían disimular con la guitarra y con los versos.

En el gobierno de don Joaquín Rivera hizo erupción el volcán Cosigüina, al borde del Golfo de Fonseca. Del 20 al 23 de enero de 1835, la ceniza del volcán oscureció el sol totalmente. Como siempre los fenómenos de la Naturaleza tienen derivaciones políticas, se dijo que la conducta anticlerical de los morazanistas había traído el "fin del mundo". Al cabo de tres días un aguacero torrencial aplacó la ceniza y todo volvió a quedar claro "como en la primera mañana de la creación".

Al año 35 se le conoció en lo sucesivo como el "Año del Polvo".

GOBIERNO DE DON JUSTO JOSE HERRERA

El primero de junio de 1836 se reunió en Comayagua la Asamblea Legislativa, en cuyo acto el Jefe de Estado Rivera leyó el Mensaje de estilo, describiendo la situación política y económica del país.

Entre las primeras disposiciones de la Asamblea ordinaria fue declarar que el Estado de Honduras no aceptaba las reformas acordadas por el Congreso Federal, el 13 de febrero del año 35, que modificaba la Constitución. El 31 de diciembre, el Jefe Rivera, al igual que el Vicejefe Ferrera, terminó su período constitucional, por lo que llamó al Presidente del Consejo Representativo, don José María Martínez para que desempeñara el alto cargo.

Martínez ejerció la Jefatura de Estado desde el 1º. de enero hasta el mes de mayo de 1837, año en que tomó posesión con el rigor de ley y las solemnidades del caso el nuevo Jefe electo, don Justo Herrera. Este cambio del más alto funcionario tuvo lugar el 28 de mayo del ya citado año de 1837.

Don Justo Herrera era hermano de don Dionisio. No tenía la brillantez intelectual de su hermano pero era un hombre honrado, al estilo del siglo XIX, que al "prometer bajo su palabra de honor" no había necesidad de escritura pública.

Su gobierno fue muy combativo en dicho año, por el cólera asiático y la revolución levantada bajo el falso pretexto de envenenamiento de las aguas. La epidemia invadió a Honduras en el mismo año que abatió a Guatemala, felizmente el pueblo hondureño no creyó a los predicadores del veneno, consiguiendo algunos bochinches en Nacaome, Texíguat y Manto, que fueron fácilmente sofocados por las tropas del Gobierno. La epidemia recorrió todos los pueblos de Honduras, haciendo gran número de víctimas, pues sólo en el departamento de Gracias hubo más de 4.000 defunciones.

El Gobierno de don Justo Herrera creyó remediar el mal estableciendo cordones sanitarios, que en vez de contener la epidemia, paralizó el comercio y aumentó el malestar y el disgusto de los pueblos. Sin embargo, proporcionó auxilios a las familias muy pobres con los recursos de que pudo disponer.

Don Justo Herrera fundó el semanario oficial de Honduras y terminada la epidemia del cólera, se reunió en Comayagua la Asamblea ordinaria el 30 de abril de 1838 para aceptar el Decreto del Congreso Federal del 30 de mayo en que acordaba que los Estados de Centro América que formaban la República Federal quedaban en libertad de constituirse de la manera más acorde a sus intereses y aspiraciones. Había ganado al fin la estupidez de los conservadores y perdido la cobardía de los reformadores que no pudieron agrupar sus grandes fuerzas en torno del general Morazán.

Como la Constitución de 1825 estaba llena de imperfecciones, la propia Asamblea decretó con fecha 16 de junio de 1838 la convocatoria de una Constituyente, compuesta de doble número de representantes, para que reformara la Constitución de 1825.

El 3 de septiembre se separó del ejercicio del Poder Ejecutivo don Justo José Herrera, por enfermedad, y fue llamado el consejero don José María Martínez. La Constituyente se reunió el 7 de octubre de dicho año. Durante el gobierno interino de Martínez, la Asamblea Constituyente declaró el 26 de octubre que el Estado de Honduras era libre, soberano e independiente, decreto que sancionó el Jefe de Estado provisional, señor Martínez.

El 12 de noviembre, Martínez fue sustituido por el Consejero don Lino Matute, quien replicó las reclamaciones que hizo el Gobierno de El Salvador por el decreto de la Asamblea del 5 de noviembre del año 38 que el Estado libre, soberano e independiente ya no siguiera perteneciendo al Gobierno Federal. Matute declaró a El Salvador que se hallaba dispuesto a sostener la ley decretada, y permaneció en el poder hasta el 9 de mayo de 1839.

GOBIERNO DE DON JUAN FRANCISCO MOLINA

El 10 de enero de 1839, el Consejero don Juan Francisco Molina sustituyó a don Lino Matute, que se retiró por enfermedad. La Asamblea Constituyente le extendió el nombramiento, y el día 11 ya estaba sancionando la nueva Constitución que reformaba la de 1825 y en la que aparecía el Jefe de Estado con el título de Presidente.

Siendo un hecho la separación de Honduras de la República General de Centro América el 5 de noviembre de 1838, el Gobierno presidido por Molina para responder a ofensas y amenazas venidas de El Salvador, celebró el 18 de enero un tratado de alianza ofensivo-defensiva con el Gobierno de Nicaragua que tenía por objeto destruir el último reducto de la Federación, situado en El Salvador bajo la influencia del General Morazán y los morazanistas.

Anteriormente, hemos explicado con lujo de detalles lo siguiente:

a) La suerte que corrió el Ejército nicaragüense, comandado por el General Bernardo Méndez, que penetró arrogante por el departamento de San Miguel y fue destruido en la famosa batalla del Espíritu Santo, el 5 de abril de 1839.

b) El viaje triunfal que hizo el General Cabañas, como una advertencia, al Estado de Honduras.

c) La suerte que corrió el Ejército hondureño, comandado por el General Francisco Ferrera, que fue a perder su prestigio en la célebre batalla de San Pedro Perulapán, el 25 de septiembre de 1839.

De modo que sería impropio repetir lo ya dicho.

Sí nos interesa referirnos a los paseos del general Cabañas por Honduras, a la cabeza de 200 federalistas.

La primera vez, Cabañas tomó la capital del Estado, Comayagua, el 26 de agosto de 1839. Lo interesante es que los funcionarios del Gobierno y allegados huyeron hacia Olancho, estableciendo sus oficinas en Juticalpa. Cabañas enderezó el caballo hacia Tegucigalpa, derrotando a 200 hombres que los separatistas habían apostado en Cuesta Grande, el 6 de septiembre. Entró marchando a Tegucigalpa. Ocho días después salió para Choluteca, atacó a la plaza y desalojó a sus defensores. De allí siguió para Nacaome adonde entró sin resistencia.

Conviene aclarar que ese paseo de Cabañas por Honduras no impidió la invasión que estaba preparando Ferrera, auxiliado por el Gobierno de Nicaragua, al Estado de El Salvador. Mientras el Superintendente inglés Mac Donald izaba la bandera británica en Roatán, era urgente aplastar el último resto de la Federación en El Salvador y aniquilar definitivamente a Morazán, el único centroamericano que podía oponerse al plan de colonización de los ingleses.

Además, la guerra agresiva de Honduras y Nicaragua contra El Salvador desempeñaba el papel de frente secundario de distracción.

Perdida la batalla de San Pedro Perulapán, el general Ferrera, herido, casi solo, huyó hacia la frontera de Honduras, llegando a Gracias, de donde mandó a su jefe de Estado Mayor, general Nicolás Espinoza, a Juticalpa, a dar cuenta del resultado desastroso de la campaña por negligencia del mismo Gobierno y no de los combatientes en el frente de guerra.

El general Cabañas había sido destinado en Honduras para imposibilitar con su presencia la organización de reservas que fueran a ayudar a Ferrera o la formación de nuevos ejércitos agresivos. Si tal era el objetivo principal, las victorias o las derrotas de sus 300 veteranos tenían un significado menor en el cuadro de la estrategia morazánica.

Aclaramos esto para que se vea que Cabañas no andaba desempeñando el papel de hormiga loca, que entra, sale, triunfa, lo derrotan. Sólo viendo el conjunto estratégico, se pueden comprender las operaciones del "Caballero sin tacha".

En la aldea de La Soledad, el general Cabañas con sus 300 hombres se enfrentó al general José María Zelaya con 1.000 soldados. Las fuerzas eran desproporcionadas, pero Cabañas derrotó a Zelaya el 13 de noviembre de 1839. Esta ventaja alcanzada por Cabañas fue inutilizada por la derrota que sufrió contra fuerzas nicaragüenses mandadas por el coronel Manuel Quijano en el Llano del Potrero el 31 de enero de 1840, viéndose obligado a tomar el camino de El Salvador.

Después de estos ires y venires de Cabañas, que sólo una explicación correcta puede hacer comprender, el "Caballero sin tacha" había logrado el objetivo estratégico. Los gobiernos de Honduras y Nicaragua con lecciones tan duras como las recibidas en las batallas de El Espíritu Santo y San Pedro Perulapán, no quedaron con ganas de seguir atacando a El Salvador.

Aunque de otra parte, el coronel Mac Donald, Superintendente de Belice estaba extendiendo los dominios británicos a lo largo de la costa centroamericana.

Durante los años de 1839 y 1840 ejercieron interinamente el Poder Ejecutivo, además de don Juan Francisco Molina, los consejeros don Felipe Neri Medina, del 13 al 15 de abril; don José Alvarado, del 15 al 20 del mismo mes; don José María Guerrero, del 27 de abril al 20 de agosto. Fue éste el que comisionó a don José Justo Herrera para tratar la paz con El Salvador, que aunque fue celebrada en San Vicente con don José Miguel Montoya, comisionado salvadoreño, el tratado que suscribieron el 5 de junio, no fue ratificado por el Gobierno de Honduras porque se opuso Ferrera.

Sin embargo, el señor Guerrero procuró entenderse con el General Morazán, a efecto de que Ferrera dejara de influir en los asuntos públicos, pues solía decir que "Era preciso sacudirse un amigo que pesaba más que un enemigo".

Y siguen los consejeros ocupando la Presidencia: don José María Bustillo, del 20 al 27 de agosto; el Consejo de Ministros compuesto por don Mónico Bueso, de Relaciones, y don Francisco Aguilar, de Hacienda, del 27 de agosto al 21 de septiembre, fecha en que dieron posesión de la Presidencia, en la ciudad de Juticalpa, al suplente don Francisco Zelaya y Ayes, quien había sido electo para tal cargo por la Asamblea Legislativa.

El Gobierno se encontraba en Juticalpa, por haber huido a ésta, en razón de que Cabañas ocupó la capital. Al ser derrotadas por segunda vez las fuerzas aliadas en San Pedro Perulapán, Zelaya y Ayes pidió auxilio al Gobierno de Nicaragua, viniendo el coronel Manuel Quijano que derrotó a Cabañas en El Potrero.

Concluida la guerra y habiendo dejado el General Morazán la patria centroamericana, el Presidente Zelaya y Ayes trasladó la capital de Juticalpa a Comayagua; fundó El Redactor Oficial de Honduras; y declarado electo Presidente el general Francisco Ferrera, se separó del Gobierno el 31 de diciembre de 1840.

Había terminado la República Federal de Centro América. Honduras era una República representativa, soberana, libre, independiente, en el papel.

Los británicos habían logrado su objetivo colonialista. Ferrera haría lo que ellos le ordenaran.

GOBIERNO DEL GENERAL FRANCISCO FERRERA

El Poder Legislativo declaró el 30 de diciembre de 1840, electos Presidente del Estado al general Francisco Ferrera, y Suplentes al Licenciado Francisco Güell, don Francisco Zelaya y Ayes y don Santiago Buezo.

El 1º. de enero de 1841, el general Ferrera tomó posesión de la Presidencia ante la Cámara.

En el primer año administrativo del general Ferrera, la epidemia de la viruela hizo estragos en el país, dictándose medidas adecuadas para combatirla. Con fecha 16 de febrero se reglamentó el ramo de la Hacienda Pública, emitiéndose la ley respectiva.

Hubo algunos movimientos revolucionarios, como el de Yocón en Olancho, acaudillado por el coronel José Bustillo por las contribuciones onerosas que pesaban sobre el pueblo. Dichos movimientos fueron sofocados con dureza.

El Presidente Ferrera se empeñó en afianzar la separación de Honduras de la Federación de Centro América. Con tal objeto dio una nueva organización al ejército, y dictó además la Ley del Gobierno Político.

Cuando los restos del ejército del General Morazán, que habían quedado en Costa Rica pidieron asilo al Gobierno de El Salvador, este Gobierno consultó con sus aliados los de Honduras y Guatemala. Los aliados respondieron con la negativa; pero El Salvador recibió a los morazanistas. Como sabía que éstos no descansarían en la reconstrucción de la Patria Grande, Ferrera siempre mantuvo el país a la defensiva, a la vez que cerraba sus relaciones con El Salvador.

Participó en la elección del nuevo Obispo de Honduras. Desde el año de 1839, el Nuncio Apostólico de Bogotá, Colombia, había pedido al Cabildo eclesiástico de Comayagua, que presentara la terna (nómina de tres candidatos) para la designación del Obispo de la Sede vacante desde 1820. El Provisor y Vicario Capitular Presbítero José Nicolás Irías, contestó con fecha 3 de junio de 1841, al Ministro Juan Morales, la excitativa igual que también le había hecho el Gobierno "que en tiempo oportuno y con acuerdo del señor Presidente, haría la propuesta de Obispo y daría sus poderes a don Jorge Viteri, representante de El Salvador para impetrar de Su Santidad las gracias espirituales en beneficio de estos fieles".

El Vicario Irías vivía entonces muy tranquilo en San José de la Boca del Monte -hoy San José de Copán- pues desde la persecución que le hizo el Jefe de Estado don Dionisio de Herrera, permaneció allá, más oculto que visible, y su conciencia le diría porqué permanecía "tan apartado del mundanal ruido".

Con fecha 7 de enero de 1842, el Presidente Ferrera, expidió un decreto mandando remitir la terna e información que había seguido el Presbítero Pedro Boquín en Comayagua, al señor Viteri y una nómina de los candidatos aprobados por el Gobierno, al Metropolitano de Guatemala compuesta por los siguientes eclesiásticos: Chantre Nicolás Irías, actual Diocesano; Presbítero José María Castilla, Canónigo de la Iglesia de Guatemala; Dean Vicente Linares, de la

Iglesia Catedral de León; Presbítero Mariano Castejón, ex-Vicario General del Obispado; Presbítero José Trinidad Reyes, Vicario Departamental de Tegucigalpa, y Presbítero Francisco de Paula Campoy, Vicario de Gracias. También se suplicó al Metropolitano poner en manos del señor Viteri, la lista que contenía los candidatos y la información concluida, sirviéndose devolverlas en caso contrario, para remitirlas a La Habana, por tener que pasar por esa ciudad el enviado de Roma.

El Papa Gregorio XVI designó in pectore al Presbítero José Trinidad Reyes Obispo de Comayagua, y anunció que sería preconizado en el Consistorio de noviembre; pero el Presidente al saber la noticia, y ya no convenirle el Padre Reyes como Obispo, se apresuró a hacer llegar al Vaticano la falsa información que el Padre Reyes había muerto. Como en el mes de septiembre habían muerto (de verdad) dos de los propuestos, señores Mariano Castejón y Nicolás Irías, el Gobierno ejercido entonces por el Consejo de Ministros, señores Juan Morales, Julián Tercero y Casto Alvarado, dispuso que se formase nueva terna en la cual figuraban las mismas personas de la primera, menos el supuesto fallecido y los dos que habían muerto efectivamente. Después de tantas vueltas y revueltas, salió designado Obispo de Comayagua el Presbítero Francisco de Paula Campoy y Pérez, quien recibió el Obispado el 8 de octubre de 1844.

El 17 de marzo de 1842, se instaló en la ciudad de Chinandega, República de Nicaragua, una convención compuesta de delegados de este país y los de Honduras y El Salvador, con el objeto de formar una Confederación Centroamericana. El 11 de abril de dicho año, la Convención acordó establecer un Gobierno Nacional, con carácter de provisional para los tres Estados representados y se nombró al señor José Antonio Cañas para ejercerlo; pero este acuerdo no tuvo ningún efecto.

El 27 de julio de 1842, la Convención emitió un Pacto, compuesto de 66 artículos, conteniendo como disposiciones más importantes: Que el Poder Ejecutivo sería ejercido por uno de los delegados, auxiliado de un consejo consultivo: que el Poder Judicial lo ejerciera una Corte Suprema de Justicia, compuesta de tres magistrados electos por las Legislaturas de los Estados; y que, para la organización del Poder Ejecutivo, los delegados se reunieran en la ciudad de San Vicente de la República de El Salvador.

El 29 de marzo de 1844, se procedió en San Vicente a la organización del Poder Ejecutivo y el Consejo, designando la suerte como Supremo Delegado a don Frutos Chamorro, representante de Nicaragua, que tomó posesión de su alto puesto. Fue electo Presidente del Consejo el doctor Juan Lindo, delegado por Honduras, y Secretario, don Justo Herrera, por El Salvador, dándose cuenta inmediata a los Estados de la instalación del Gobierno.

Los Gobiernos de Nicaragua y El Salvador aceptaron el pacto y celebraron con júbilo el suceso, no sucediendo lo mismo con el de Honduras, que lo aceptó con poco agrado debido a que las autoridades del país estaban de acuerdo con la política de Guatemala de actitud anti-unionista. El Gobierno de Honduras no rechazó claramente el pacto, por no herir de frente la opinión dominante en los tres Estados inclinada al Gobierno Nacional. Pero este esfuerzo quedó frustrado por los trabajos de Guatemala que alimentó la guerra civil entre los Confederados.

Desde su punto de vista, Guatemala tenía razón, porque la Confederación de los Estados centrales se hacía para responder con las armas en la mano a los atropellos de Inglaterra en Greytown, Playa de los Mosquitos e Islas de la Bahía.

Ferrera, naturalmente, sabía de sobra que gozaría de fortuna, siempre que se situara del lado de los ingleses.

El 31 de diciembre de 1842, terminó su primer período de Gobierno el general Ferrera, y como no estuviera declarada la elección de Presidente realizada por los pueblos, se separó del Poder, quedando en su lugar el Consejo de Ministros compuesto por Juan Morales, Julián Tercero y Casto Alvarado.

El 21 de febrero de 1843, se reunió en Comayagua el Congreso y el 23 del mismo mes declaró electo, por segunda vez, Presidente de Honduras, al general Francisco Ferrera, y designando como Suplentes, a don Felipe Jáuregui (agente calificado de Chatfield: n.n.), don Ignacio Vega y don Coronado Chávez.

Posesionado el general Ferrera de la Presidencia en su segundo período, siguió en un todo su política anterior, de enemistad implacable contra el General Morazán (ya muerto) y su partido.

El Congreso decretó "que el Gobierno de Guatemala representara al de Honduras en el exterior, nombrando los cónsules y demás agentes diplomáticos para establecer relaciones comerciales". Con semejante decreto el país se despojó de su soberanía, sin que el pueblo hondureño pudiera protestar contra ese abuso incalificable del Congreso, que lo hizo sin facultades para ello. Sólo la camarilla del Gobierno adueñada del Poder Supremo desde 1840, pudo sancionar disposición tan absurda.

También acordó el Congreso en esta ocasión que los habitantes del país pagasen los diezmos a la Iglesia; y ya para cerrar sus sesiones declaró al General Ferrera Benemérito de la Patria.

En este segundo período administrativo, Ferrera habilitó el puerto de San Lorenzo con el nombre de La Paz.

Todo el esfuerzo progresista de don Joaquín Rivera como Jefe de Estado de Honduras, miembro de la Federación, fue anulado. La política que puso en ejecución Ferrera fue la del retroceso y la sumisión a Inglaterra, por ser la que más convenía a sus intereses personales y de grupo. Por ejemplo, en vez de fundar un centro de estudios moderno, restableció el Colegio Tridentino de Comayagua con su Latín, su Moral, sus Cánones, su Teología, y como una gracia su Derecho civil. Condenó el tan alabado por don Joaquín Rivera Código de Livingston y puso en vigencia las remotas leyes españolas de la Novísima Recopilación, las Siete Partidas y las Ordenanzas de Minería así como las Militares, en todos los casos no expresos en las leyes emanadas de la Legislatura, desde 1841, que naturalmente eran las más.

Y la barbaridad mayor: el 16 de diciembre de 1843, el Gobierno de Honduras celebró un tratado con el general Thomas Lowry en que reconocía a éste como Rey de los Mosquitos.

A principios de marzo de 1844, cuando Ferrera gobernaba el país en su segundo período, se levantaron contra él el pueblo de Texíguat, el barrio de La Plazuela de Tegucigalpa y la población de Comayagüela, por no simpatizar con el régimen administrativo del general Ferrera y por los fuertes gravámenes de que eran víctimas los disidentes, a lo cual debía agregarse los muchos hondureños proscritos, expulsados del país por no simpatizar con el régimen conservador establecido. Para combatir a los rebeldes, el Presidente Ferrera mandó tropas conducidas por el coronel Santos Guardiola, quien ocupó la plaza de Texíguat el 24 de marzo, e incendió cinco casas del valle de El Zapotal, por lo cual la Municipalidad y vecinos se trasladaron al lugar llamado Nacascolo, donde fueron atacados por el coronel Guardiola el 27 del mismo mes, haciendo retroceder a los rebeldes hacia el pueblo de Liure.

Como el general Ferrera atribuye la insurrección de Texíguat a don Joaquín Rivera, ex-Jefe de Estado, y a los señores Máximo Orellana y Álvaro Castro, asilados en Nicaragua, el Ministro Coronado Chávez, pidió con fecha 25 de abril al Gobierno de aquella República, una franca explicación sobre las razones que tenía para tolerar que los asilados hondureños auxiliasen a los rebeldes de Texíguat con elementos bélicos.

El Gobierno de Nicaragua negó la participación de los hondureños en la insurrección expresada, y pidió explicaciones por la ocupación de los nicaragüenses emigrados en los empleos públicos de Honduras.

La situación se ponía tirante; y esto venía de Guatemala, país dominado por Frederick Chatfield, interesado en impedir que los Estados centrales prosperasen en su Confederación de Centro América, organismo (¡cosa gravísima!) que ya empezaba a ser bien visto por el Gobierno de los Estados Unidos.

Como el Gobierno de Ferrera no lograra dominar pronto la insurrección, a pesar de los triunfos de Liure, el 4 de junio, y el de El Corpus, el 24 del mismo mes, celebró con fecha 10 de julio un tratado de alianza con El Salvador para hacer la guerra a Nicaragua. En virtud de este tratado el Gobierno salvadoreño presidido por el general Francisco Malespín, mandó al brigadier Escolástico Marín con 400 hombres en auxilio de Honduras. Con este refuerzo la insurrección de Texíguat fue completamente aplastada, viéndose obligados los insurrectos a buscar el territorio de Nicaragua, donde se les dio asilo.

En homenaje a los insurrectos de Texíguat debe decirse, para que queden bien claras las cosas y no se les vaya a confundir con los revoltosos vulgares:

1°. Texíguat apareció y creció en las condiciones de una minería y un comercio altamente desarrollados en los últimos 50 años de la Colonia española.

2°. Texíguat, por lo mismo, fue un centro cultural importante, con notable influencia en los poblados del oriente y el sur del país, a tal punto que el Padre Márquez fundó un Colegio donde se estudian los libros de los pensadores franceses.

3°. Texíguat fue un centro revolucionario de primer orden, en favor de la Independencia y en la edificación de una República de Centro América moderna.

4°. Texíguat respondió con la insurrección para recuperar las libertades democráticas cuando fue disuelta la Federación y aparecieron los gobiernos retrógrados del Separatismo.

En la ciudad de San Vicente, República de El Salvador, fue instalado el 29 de marzo de 1844, el Consejo Federal, bajo la Presidencia del Dr. Juan Lindo, delegado de Honduras, respondiendo al mandato del Pacto de Chinandega de 27 de julio de 1842.

En el mismo acto fue designado don Frutos Chamorro, nicaragüense, Delegado Supremo de la Confederación.

El Gobierno de Guatemala se encontraba molesto con el Gobierno de El Salvador por el asilo que les había dado a los restos del ejército del General Morazán, que regresaron de Costa Rica al ser asesinado el líder. Con este motivo, el general Rafael Carrera, Comandante General del Ejército, promovió la intranquilidad en la frontera salvadoreña y a la vez hizo preparativos serios de guerra en el interior, con el objeto de aniquilar el Gobierno Confederado de San Vicente. Por este motivo, el Gobierno de El Salvador había celebrado con fecha 29 de agosto de 1843 un tratado con Nicaragua, que confirmaba el Pacto de Chinandega, obligándose a enviar a San Vicente su Delegado para la organización del Gobierno Confederado y un contingente de 3.000 hombres a disposición del Gobierno salvadoreño en caso de guerra.

El General Carrera dio auxilios al General Manuel José Arce, quien invadió El Salvador llegando con sus tropas hasta Atiquizaya; pero retrocedió ante la amenaza de fuerzas superiores; y, por último, fue combatido y dispersado en el lugar llamado Contepeque, en territorio guatemalteco.

El Presidente de El Salvador Malespín, con fuerzas propias y de la Confederación que llegaban a 4.000 hombres invadió a Guatemala y ocupó la hacienda de Quesada. Pero pronto hizo la paz con Carrera, hecho que disgustó al Delegado Supremo don Frutos Chamorro, Malespín, un pobre diablo, borracho y bruto, en su vida pública no conoció más que la bandera del oportunismo.

Pudo haber entrado marchando a la ciudad de Guatemala, como le decían muchos que desde ésta le escribían. Pero Malespín estaba comprometido con los ingleses, y por tanto con el indio Carrera, quien no le perdonaba que le hubiera dado asilo a Cabañas y a los demás morazanistas. De modo que tomó los soldados de la Confederación para formar un buen ejército, poner en trance de derrota a Carrera, y no derrotarlo sino buscar la reconciliación con él por medio de un tratado de paz.

Dijo Malespín en sus adentros: Entre Inglaterra y la Confederación, me quedo con Inglaterra. Esto se llama oportunismo.

En esta guerra -que tuvo la duración de un suspiro- el Gobierno de Honduras tomó parte obstaculizando a la Confederación, como no podía suceder de otro modo. Cuando el Supremo Delegado Chamorro pidió a Nicaragua un primer contingente de 1.000 hombres para llevar adelante las operaciones contra Guatemala, el Presidente Ferrera, otro borracho aunque no bruto, prohibió al principio el paso de las tropas nicaragüenses por el territorio hondureño, queriendo impedir las operaciones militares del Gobierno de Nicaragua, que había apoyado la facción de Texíguat. Y como Ferrera era vengativo, después permitió el paso de aquellas tropas en columnas de 200 hombres, de manera que mientras una no hubiera entrado a El Salvador, no podía penetrar la otra a territorio hondureño procedente de Nicaragua. Como esta medida que rallaba en la necedad molestó a los jefes del ejército nicaragüense, quiénes ordenaron a sus columnas que se abrieran paso a punta de bayoneta. Y con este motivo, el ejército de Ferrera mandado por el general Trinidad Muñoz, derrotó en Choluteca a los transeúntes el 19 de agosto de 1844, los cuales dejaron 156 muertos y todas las armas.

Poco después, habiéndose refugiado en Nicaragua el General Trinidad Cabañas y el Coronel Gerardo Barrios, por haber fracasado en su intentona revolucionaria de San Miguel, en septiembre de dicho año, el Presidente de El Salvador, General Malespín, reclamó a Nicaragua, la entrega o la expulsión de los asilados, petición que fue rechazada, y con motivo de la derrota que sufrieron sus fuerzas que iban para San Vicente en Choluteca, despachó un nuevo ejército de más de mil hombres al mando del General Cabañas, Joaquín Rivera y otros jefes. Los invasores atacaron a Nacaome el 24 de octubre de 1844, siendo derrotados por las fuerzas hondureñas que comandaban los Generales Francisco Ferrera, Santos Guardiola y Juan Morales, con pérdida de 150 muertos.

La negativa de Nicaragua a la solicitud de El Salvador con relación a la entrega de Cabañas y Barrios, unió fuerzas hondureñas con salvadoreñas bajo el mando del General Malespín, las que atacaron y tomaron a la ciudad de León el 24 de enero de 1845, la cual fue entregada al saqueo y al incendio, terminado con este hecho la guerra entre El Salvador, Honduras y Nicaragua.

El 31 de diciembre de 1844 terminó el segundo período de Gobierno del general Francisco Ferrera, quien se separó del Poder Ejecutivo, quedando encargado de éste el Consejo de Ministros formado por los señores Casto Alvarado y Coronado Chávez.

GOBIERNO DE CORONADO CHÁVEZ

El 8 de enero de 1845, tomó posesión de la Presidencia de la República don Coronado Chávez, cuya elección fue declarada por el

Congreso Legislativo en decreto de la misma fecha. Siguió en todo la política de la administración anterior del general Ferrera.

Por ese tiempo don Joaquín Rivera, emigrado en Nicaragua y con apoyo del Gobierno nicaragüense, invadió a Honduras, aprovechando el descontento de algunos pueblos contra el Gobierno separatista de Ferrera. En enero de 1845, Rivera organizó en la frontera de ambos países una columna de 750 hombres con la que ocupó la ciudad de Danlí. Pero otra división del Gobierno al mando del General Tiburcio Zelaya, al intentar Rivera retirarse a Nicaragua, fue capturado en la confluencia de los ríos Guayape y Guayambre, con sus ayudantes Calixto Landa y Francisco Martínez, por una escolta del Gobierno al mando del capitán Narciso Garay y conducido a Comayagua con los demás reos, en donde fueron sometidos a consejo de guerra y fusilados el 6 de febrero de dicho año.

La justicia de Chávez en esas ejecuciones no venía de la ley sino del enconado antagonismo de dos partidos que odiándose a muerte se disputaban el Poder supremo. Como consecuencia de la política desacertada de Chávez, Honduras se vio envuelta en una guerra con El Salvador, para sostener en dicho país las pretensiones de mando del general Francisco Malespín, a quien se había arrojado del Poder.

El 23 de marzo de 1845, el Gobierno presidido por Coronado Chávez resolvió intervenir en los asuntos internos de El Salvador. En esa misma fecha expidió un decreto, poniendo bajo su protección al General Francisco Malespín y a los oficiales que le acompañaban, considerándolos en el rango militar que tenían. Por influencia de los generales Trinidad Cabañas y Gerardo Barrios, Malespín fue separado de la Presidencia por la Cámara Legislativa y por el Vicepresidente General Joaquín Eufrasio Guzmán, quien ejercía el mando supremo del país, aprovechando la ausencia de Malespín que andaba haciendo la guerra a Nicaragua.

La guerra se hizo inminente. Sin embargo, el Gobierno salvadoreño intentó dar solución pacífica a la contienda, celebrando en Jocoro un convenio entre el General Nicolás Angulo, Coronel Tadeo Lima y don Guillermo Cortés, por parte de El Salvador, y el Licenciado Braulio Carrillo (¿lo recuerda el lector?) representante del general Malespín, conviniendo las partes en que el general renunciaba a pretender el mando supremo; que serían respetados sus bienes; y, que se sometería a un juicio de responsabilidad por su conducta administrativa. Tal convenio no produjo ningún resultado.

Fracasado el intento pacífico para evitar la guerra, el Gobierno salvadoreño con fecha 12 de mayo pidió al Gobierno de Honduras una explicación franca y categórica sobre la protección dada a Malespín y sus agentes, y si consentía perseguirle en su territorio en caso de no concentrar a dicho Jefe. El Presidente Chávez no dio ninguna respuesta.

El General Cabañas recibió el nombramiento del Gobierno salvadoreño de Jefe del Ejército de Operaciones sobre Honduras. Pero antes de romper las hostilidades, hubo nuevos intentos de conservar la paz, firmándose el Convenio de Chinameca, el 29 de abril, entre el General Nicolás Angulo y Licenciado Félix Quiroz por parte de El Salvador, y don Sebastián Salinas y don Leonardo Romero por parte de Honduras, el cual no mereció la aprobación del Gobierno de Comayagua.

El General Cabañas al mando de su ejército llamado "Protector de la Constitución", se hallaba acampado desde el 28 de abril en San Antonio del Sauce; invadió el territorio en los últimos días del mes de mayo y sin encontrar resistencia llegó a situarse muy cerca de Comayagua, en las lomas de Jeto y de San Blas y, atacando la plaza antes de las 12 horas del día 2 de junio fue derrotado por las tropas hondureñas mandadas por el general Santos Guardiola. Como Cabañas tuvo grandes pérdidas, tuvo que regresar a El Salvador.

Al mismo tiempo de la invasión de Cabañas a Honduras, el general Indalecio Prieto partiendo de Chalatenango invadió el país penetrando hasta los llanos de Gracias, en donde rechazó el 7 de junio el ataque de las tropas mandadas por los generales Eusebio Toro y Ciriaco Bran, no pudiendo permanecer allí por falta de recursos y elementos. El 10 de junio las tropas salvadoreñas fueron derrotadas en los Llanos de Sensenti, por el general Francisco Ferrera, quien desempeñaba el alto rango de Comandante en Jefe del Ejército hondureño.

El general Santos Guardiola, héroe de aquella guerra, invadió en seguida El Salvador, ocupando el puerto de La Unión, en donde derrotó la pequeña guarnición que lo custodiaba, el 2 de junio, y siguiendo su marcha ocupó la ciudad de San Miguel el 7 de agosto.

Pero los triunfos rápidos del ejército hondureño fueron destruidos por la acción en la hacienda del Obrajuelo, el 15 de agosto de 1845, distante legua y media de la ciudad de San Miguel, en donde la buena dirección que dio a sus tropas el general Santos Guardiola fue contrarrestada por las salvadoreñas, en número de 800 hombres, mandadas por el general Nicolás Angulo, y auxiliadas oportunamente por otro cuerpo de igual número al mando del general Joaquín Guzmán, derrotaron a las hondureñas después de un combate de dos horas y media.

De los 900 hondureños que entraron al combate, quedaron en el campo del Obrajuelo, "110 cadáveres, 150 heridos, prisionero todo el Estado Mayor, destrozada la caballería que tuvo 134 prisioneros, quedando en el campo, además, 300 fusiles, municiones, equipajes y la correspondencia".

El mismo día del combate del Obrajuelo, el coronel Manuel Quijano, comandando una división hondureña, ocupó la ciudad de Chalatenango. Después del desastre que sufrió Guardiola, hubo suspensión de hostilidades, firmándose entre el general Angulo y el coronel Quijano, el "Armisticio del Sumpul", el 26 de agosto de 1845, en el cual Honduras se comprometía a guardar la paz y a respetar al vecino.

A pesar de dicho armisticio el general Guardiola continuó las operaciones, sorprendiendo el puerto de La Unión y ocupando el primero de septiembre siguiente la ciudad de San Miguel.

Por fin la guerra terminó con la paz firmada en Sensenti el 27 de noviembre de 1845 por los salvadoreños Cayetano Bosque y José Antonio Jiménez y los hondureños Juan Lindo, Carlos Herrera y Joaquín Aguiluz, con la mediación del Gobierno de Guatemala representado por el licenciado Joaquín Durán. La ratificación de este tratado tuvo lugar en Comayagua el 4 de diciembre por el Presidente de Honduras, don Coronado Chávez.

FUNDACIÓN DE LA "SOCIEDAD DEL GENIO EMPRENDEDOR Y DEL BUEN GUSTO" EN TEGUCIGALPA

Políticamente, la República Federal de Centro América había desaparecido. En su lugar habían quedado cinco Estados independientes. Pero el desarrollo económico con recursos propios seguía aumentando en los cinco países. Tanto es así que se hacía necesario un centro de estudios superiores -llevara el nombre que llevara- para formar los cuadros teórico-prácticos necesarios en la actividad social y en la del Estado.

Los jóvenes bachilleres Máximo Soto, Alejandro Flores, Miguel Robelo, Pedro Chirinos y Yanuario Jirón, que comprendían el reclamo social señalado, fundaron el 14 de diciembre de 1845 la Sociedad del Genio Emprendedor y del Buen Gusto en la ciudad de Tegucigalpa, nombrando Rector de la misma al Presbítero José Trinidad Reyes, quien dijo en su discurso inaugural que "unos jóvenes que unieron a sus talentos una infatigable aplicación al estudio, han merecido los honrosos títulos literarios conque los condecoró la acreditada Universidad de León de Nicaragua, consagran hoy a la patria sus tareas y vienen a pagarle las primicias de sus luces... Por ahora —dijo el Presbítero Reyes— se limitan a enseñar Filosofía, cultura del entendimiento y del corazón y llave de las demás ciencias; y la Gramática de la Lengua Latina, esa hermosa lengua con que Cicerón habló al pueblo republicano de Roma, se reúne competente número de libros para dar también los preceptos de nuestro idioma... Padres de familia: la sabiduría es el más bello presente del cielo: la que no solo distingue al hombre de las fieras, sino que le da superioridad y preferencia sobre sus mismos semejantes.

La cultura amansa la ferocidad de los salvajes, defiende la libertad sin estrépito ni efusión de sangre; es la que contiene los avances del despotismo, y, sobre todo, es la que, enseñando al hombre a conocer a su autor y las obras maravillosas de su poder, lo hacen más reconocido y religioso como el gran Newton, y lo dirige con más seguridad a su fin último. Tal es el bien de los jóvenes Máximo Soto,

Alejandro Flores, Miguel Rovelo, Yanuario Jirón y Pedro Chirinos, animados de los más patrióticos sentimientos, ofrecen hoy a sus hijos, a cuya loable empresa han querido asociarme, con el nombramiento de Rector de su establecimiento, al que justamente han dado el título de "Sociedad del Genio Emprendedor y del Buen Gusto".

Repetimos para terminar que no se trataba de una simple ocurrencia de unos jóvenes instruidos en la Universidad de León, que venían a Tegucigalpa a fundar una escuela de filosofía deísta. La exigencia arrancaba de la realidad social, del desarrollo económico que se acrecentaba, y entonces el reclamo de la ciencia y de la técnica moderna se hacía apremiante, razón por la cual aparecía un centro cultural que rudimentario al principio con el tiempo alcanzaría el esplendor de una Universidad.

Alguien podrá preguntar que cómo fue posible el brillo de una luz en el Gobierno tenebroso de don Coronado Chávez. La respuesta podrá darla el humor volteriano del doctor Miguel Ángel Navarro: "ES QUE HONDURAS PROGRESA, A PESAR DE LOS GOBIERNOS".

GOBIERNO PROVISIONAL DEL LICENCIADO JUAN LINDO

El Presidente Constitucional Coronado Chávez depositó la Presidencia de la República en un Consejo de Ministros compuesto por los generales Francisco Ferrera, Santos Guardiola y Casto Alvarado, el 1º. de enero de 1847, fin de su período. El Consejo de Ministros funcionó hasta el 12 de febrero del mismo año. Sucedió así porque en las elecciones presidenciales de diciembre, una vez hecho el escrutinio, no hubo candidato triunfante. En atención al resultado, la Asamblea designó Presidente Provisional al general Ferrera para el período de 1847-1848, Ferrera renunció el alto cargo diciendo: "Los partidos dominantes son: uno por el licenciado Felipe Jáuregui y el general Santos Guardiola y otro por el ex-Presidente Chávez y yo, cualesquiera de los cuatro que obtenga la Presidencia encontrará ya una oposición anticipada a su administración y a su conducta, pues bastantes pruebas se han dado de esto en la época del señor Chávez.

En tal hipótesis, y en la de haber candidatos que no pertenecen a ninguno de estos partidos, yo juzgo con mucho fundamento que el acuerdo de la elección depende de la exclusión de aquellas personas que esperan los partidos para triunfar".

Ante razones tan convincentes, que además llevaban un oculto sentido político traducible en una indicación concreta que favoreciera a determinada persona, la Asamblea en decreto de 12 de febrero admitió la renuncia de Ferrera y designó Presidente Provisional al licenciado Juan Nepomuceno Fernández Lindo, quien tomó posesión el mismo día y cuya gestión había de extenderse hasta septiembre de 1848.

Don Juan Lindo —así lo llamaremos; así lo llamaban los vecinos— se acercaba a los 57 años. Todos conocían su inteligencia superior. Su vasta ilustración. Su abogacía lograda en la Audiencia de México. Su singular habilidad política. Parece que siempre trabajaba con planes secretos. Nadie sabía hacia donde iba, ni qué iba a hacer a la siguiente hora.

Hoy sabemos que don Juan Lindo que fracasó —con otros— en su intento de guardar la monarquía española; en edificar con Centro América y México un imperio al estilo napoleónico; en modelar una República de Centro América conservadora; en dividirla luego para llevarle la contra a la burguesía naciente, a Morazán, a los reformadores; y, una vez dividida volverla a unir en Confederación para arrojar del territorio nacional a los colonialistas británicos, al final fue el hombre decidido con que contaron los políticos de Washington, no para facilitar el expansionismo estadounidense en Centro América, ¡eso nunca!, sino que expulsar a los ingleses de Belice, de las Islas de la Bahía, de la Playa de Los Mosquitos y de Greytown. Hoy sabemos que don Juan Lindo se valió de un gran poder para desplazar otro gran poder de la América del Centro, ¡y eso fue todo!

En lo primero que pensó don Juan fue en mejorar la Sociedad del Genio Emprendedor y del Buen Gusto, que ya llevaba el nombre de Academia Literaria de Tegucigalpa, Por decreto de la Cámara Legislativa del 20 de febrero que autorizó al Poder Ejecutivo a impulsar la educación del país, asignó una parte de la venta de tierras para la Academia, y luego, con el objeto de que se acercara a la categoría de Universidad, le agregó lo que hoy se llama extensión universitaria. Puesta en contacto con el pueblo, debía enseñar a leer, escribir y contar, con las correspondientes nociones de gramática y aritmética.

En un grado superior, debía enseñar lengua latina, inglés, francés, matemáticas puras, geometría práctica, geografía, retórica y filosofía. Alcanzado el título de bachiller, los estudiantes podrían estudiar Medicina, Derecho Civil, Derecho de Gentes y Derecho Canónico. Para cuando fuera posible serían agregadas las carreras profesionales de Mecánica, Química, Metalurgia y las demás que impusiera el tiempo.

Al convenir ampliar el número de catedráticos, confirió los títulos de doctor y licenciado a las personas que por su notoria ilustración eran timbre de honor para Honduras. El Presbítero José Trinidad Reyes, por su rango de Rector de la Academia mereció el título de Doctor en Teología.

Al mismo tiempo, don Juan le dedicó especial atención a la enseñanza popular, a la escuela primaria. Según William Wells, visitante norteamericano, don Juan dejó al salir de la Presidencia 250 escuelas primarias, lo que fue una enormidad para aquel tiempo y en un país tan serrano como es éste. Hasta es fama que don Juan instruía en su casa a los maestros que irían a desempeñar escuelas en los pueblos. Mayor devoción por la cultura no se había visto en el medio nacional. Es más, estando plenamente informado que la revolución del siglo en América tendía a desarraigar el sistema feudal, generador de la pobreza, la miseria, la ignorancia y el fanatismo de los pueblos y que lo que se estaba cimentando era el sistema capitalista de producción, que transformaba y engrandecía a las naciones, con el alfabeto, la ciencia, la técnica y el arte, era imperioso darle todo su impulso a dicha revolución.

En los primeros meses de 1847 los Estados Unidos y México se hallaban en guerra. El Presidente Lindo lanzó un Manifiesto de apoyo a la República mexicana, diciendo:

"La fatalidad rige los destinos de México y amenaza a sus hijos con la desolación y el exterminio. Los estadounidenses han destruido la población de Veracruz, se han posesionado de sus escombros y marchan sobre la Capital. En el día no sabemos que otras desgracias pesarán sobre aquella Nación.

Son nuestros hermanos, sus riesgos son nuestros y su suerte es la que nos espera. Sepa el mundo que los hondureños están prestos a cumplir sus deberes de cualquier naturaleza que sean. A todo trance sostendré en el Estado una paz honrosa. Pero no lo haré con sacrificio del honor hondureño, porque un pueblo envilecido sólo sirve para arrastrar cadenas y para sufrir humillado las amenazas y las injurias que le haga el más fuerte.

Hoy me dirijo a los Gobiernos (de Centro América), haciéndoles las observaciones concernientes para que si lo tienen a bien procuraremos auxiliar a los mexicanos, o por lo menos manifestarles nuestra buena disposición por su causa y libertad. La división y los partidos han arruinado a nuestros hermanos de México. Ocho millones de habitantes de que se compone aquel país, no han podido defenderse de un puñado de hombres que han llegado a tomar sus tierras. sus propiedades y sus derechos. ¿Cuál sería la suerte de los centroamericanos si continuáramos divididos?

Los hondureños siempre se presentan extraordinariamente grandes, se ha trabajado por dividirlos moviendo los resortes más convenientes, pero nada ha sido bastante para extraviarlos: el respeto al Gobierno y la sumisión a la ley, estiman que es su poder, su gloria y también su honra. ¡Qué placer experimenta el que rige los destinos de un pueblos adornado por estas virtudes!

Comayagua,1°. de junio de 1847".

Al día siguiente, los generales Ferrera y Guardiola, Ministros del Gobierno Provisional, publicaron otra proclama en favor de la causa mexicana.

El 15 de octubre del mismo año, el señor Luis de la Rosa, Ministro de Relaciones Exteriores de México, desde Querétaro agradeció a nombre del Presidente de la República al Presidente Lindo su adhesión a la causa mexicana. Dijo:

"El gobierno y pueblo mexicanos aprecian, como deben, los deseos de esa importante parte de Centro América, porque prevalezca la causa santa de la justicia en la contienda cruel y sangrienta de que es teatro el continente americano por la ambición y perfidia del Gobierno de Washington. Entre México y Centro América existen todos los vínculos que pueden unir a dos Naciones: origen, idioma, religión, espíritu de libertad; todo en fin contribuye a excitar las más vivas simpatías entre dos pueblos, y a ver como propios sus intereses y sus infortunios.

En la contienda que México sostiene no sólo se hallan comprometidos su bienestar y su gloria sino los intereses de toda la generosa raza hispanoamericana, que sería absorbida por la raza del Norte si por gracia triunfase la causa de la iniquidad y la injusticia". "México, a pesar de sus infortunios, sabrá cumplir los deberes que le imponen el honor y su amor a la independencia. La República a quien la Providencia destinó para ser atacada por los Estados Unidos, hará cuantos esfuerzos le fueren posibles, por sí y por sus hermanos los pueblos de Centro América".

El 6 de junio, el Presidente Lindo firmó otro acuerdo en el que declaró al Estado de Honduras protector de las familias que habían tenido la desgracia de emigrar a causa de los disturbios políticos de Yucatán. Las familias que llegaron a Omoa y Trujillo recibieron tierras de cultivo y exención de las cargas municipales por el término de cinco años.

El Presidente Lindo tuvo a bien convocar a sesiones extraordinarias a la Cámara de Representantes en los primeros días de agosto. Reunida la Cámara en Comayagua el 25 del mes, convocó en decreto de 3 de septiembre a elecciones para una Asamblea Constituyente que le haría reformas a la Constitución del 4 de enero de 1839.

Además, convenía salir de la vigencia de las viejas leyes españolas rehabilitadas por Ferrera y decretar Códigos nuevos. Se le encomendó al licenciado Tadeo Lima, salvadoreño, hombre bastante informado en ciencias jurídicas, quien se puso a trabajar diligentemente en el proyecto de los nuevos Códigos.

Practicadas las elecciones, la Asamblea Constituyente se reunió el 11 de diciembre. Buen jurista como era Lindo, en el acto de instalación expuso cuáles eran los vacíos de la Constitución de 1839 y cuáles eran las reformas que convenía introducir.

Don Juan Lindo dejó este pensamiento para siempre: "La nueva Constitución debe reflejar la realidad del país. No son admisibles las Constituciones que estén atrás, por rezago, de la realidad; ni admisibles las que estén adelante, por locura, de la misma realidad".

No se sabe si este pensamiento es de don Juan, o lo tomó prestado de alguien.

La nueva Constitución declaraba ciudadanos hondureños a los mayores de 21 años, que fueran padres de familia y tuvieran la propiedad que designara la ley, o que, sin ella, supieran leer y escribir. Establecía que de 1860 en adelante ningún hondureño sería ciudadano si no sabía leer, escribir y contar. Dividió el Poder Legislativo en dos Cámaras: una de Diputados y otra de Senadores. Pasó el Ministerio de la Guerra a la Presidencia de la República. Extendió el período presidencial a cuatro años. Creó un Consejo de Estado. Declaró abolida la pena de muerte, la que solo podría aplicarse a aquellos que violaran la prohibición en una o más personas.

El mismo día de firmar la Constitución, la Asamblea nombró a Lindo Presidente interino mientras se practicaban las elecciones.

Inmediatamente procedió a dar una amnistía general a los hondureños que desde 1839 hasta 1848 hubieran cometido delitos políticos.

Después fue convocado el pueblo a elecciones de Diputados, Senadores y Presidente de la República para el 19 de marzo. Las Cámaras se instalarían el 1o. de junio y el período presidencial terminaría en 1852.

El Presidente Lindo había celebrado tratados con El Salvador y Nicaragua para reunir una Dieta Nacional en Nacaome que le diera vida al Gobierno Confederal.

La Dieta se reunió el 6 de junio, siendo delegados por Honduras, don Coronado Chávez y don Santiago Bueso; por El Salvador, don Félix Quiroz y don Sixto Pineda; y por Nicaragua, don Máximo Jerez y don José Sacasa.

El 7 de octubre se firmó un convenio sobre el Gobierno Provisional y otro sobre la convocatoria de una Asamblea Constituyente que se reuniría en Tegucigalpa. En el primer convenio se organizaba el Gobierno Confederal con poder y rentas suficientes para sostener y conservar la paz en el interior y para afianzar la independencia de la Nación respecto del exterior. En el segundo convenio la Asamblea Constituyente que se reuniría en Tegucigalpa, mandaría expresamente en la Constitución Confederal, que fueran reformadas inmediatamente después las Constituciones Nacionales.

La Constitución hondureña del 4 de febrero de 1848, consignaba en su Artículo 20. "El Estado de Honduras es uno de los Confederados de Centro América, en virtud de la aceptación que libremente ha hecho del Pacto de Nacaome".

GOBIERNO CONSTITUCIONAL DEL ABOGADO JUAN LINDO

El 10 de julio se reunió la Asamblea General, es decir la Cámara de Diputados y la Cámara de Senadores. El día 11 declaró al Abogado Juan Nepomuceno Fernández Lindo y Zelaya Buen Servidor del Estado, por haberse conducido con tacto y honradez en el tiempo que desempeñó la Presidencia Provisional. Era un requisito establecido en el Art. 71 de la Constitución que había que obtener esta calificación para poder desempeñar una alta función pública, y el Abogado Lindo, ya estaba convenido, desempeñaría la Presidencia constitucional siguiente por cuatro años.

Efectivamente, practicadas las elecciones populares y realizados los escrutinios resultaron designados para Presidente, don Juan Lindo, y para Vicepresidente, don Felipe Bustillo, quienes iniciaron sus altas funciones el 16 de julio. Don Juan en su discurso ante la Asamblea General, prometió hacer gobierno de libertad, progreso, cultura y grandeza nacional. Prometió seguir tratando de consolidar la Confederación (de Honduras, Nicaragua y El Salvador). Prometió defender la integridad territorial de Honduras y de Centro América. Prometió en fin castigar a los trastornadores del orden público.

En las épocas existen libros que se ponen de moda. Las Décadas, de Tito Livio... Los Anales, de Tácito... El Príncipe, de Maquiavelo... El espíritu de las Leyes, de Montesquieu... El Contrato Social, de Rousseau... Hasta El Zorro, de Goethe, que siendo una fábula, también es una obra de despiadada sabiduría política.

¿Por qué desde que apareció don Juan Lindo en la escena pública le pusieron "el zorro"? Tal vez porque no lo vieron venir de vientre de mujer y sí de las páginas goetheanas, con bombín, bigotes atuzados, corbata roja, levita estirada y un bastón que llevaba con la gracia del prestidigitador que juega con su varita mágica. Lo temible en don Juan era su compleja sicología de hombre descuidado y está presto, que inspira confianza y da el porrazo.

Los lectores ahora sí saben lo que era la Confederación. Si en el relato, quienes lo hacen se ofrecen detallistas y machacones, se debe a que quieren que los lectores sepan que la Confederación de los Estados centrales (Honduras, El Salvador y Nicaragua) era el juego de los Estados Unidos que había orillado a Inglaterra en Guatemala y Costa Rica. El Cónsul inglés Chatfield no visitaba a los Estados centrales. Pero vivía conspirando contra sus Gobiernos por medio de agentes calificados.

En Honduras esos agentes eran Francisco Ferrera, Coronado Chávez, Santos Guardiola y Felipe Jáuregui. Hoy es fácil citar sus nombres; pero entonces, que se mostraban inmensos y poderosos, era distinto.

Un día el Presidente Lindo llamó a los dos primeros a su despacho. Quería que fueran a Guatemala a invitar a Carrera para que se sumara a la Confederación. Ambos personajes (que no podían dejar inconclusa la conjura entre manos) se negaron a hacer el viaje con buenos pretextos, según ellos.

"Muy bien" dijo el Zorro al quedar solo, "los exgobernantes han revelado algo sin quererlo". Al día siguiente amaneció muy enfermo, al grado de tener que depositar la presidencia en el Vice don Felipe Bustillo y se fue a Gracias a darse un descanso y a recuperarse con las brisas de la montaña. Don Felipe, no tenía más que ponerle el "Ejecútese" y la firma a la Ley de Jefes Políticos y Municipalidades. Pero estaba haciendo algo más, dando la impresión que el Gobierno no sabía una pizca de la conjura.

Así las cosas, el general Santos Guardiola se pronunció en Tegucigalpa contra la Asamblea Constituyente de la Confederación, más contra los exgobernantes Ferrera y Chávez, marchando sobre Comayagua, para capturarlos y someterlos a juicio por sus delitos.

Chávez y Ferrera huyeron despavoridos con el itinerario de Siguatepeque, Masaguara, Yarula, el Barracón, Corlantique, hasta que penetraron en territorio salvadoreño.

Ferrera murió en Suchitoto y Chávez volvió a Comayagua después de un tiempo prudencial, a hacer la vida menuda de la época, porque vivió muchos años.

Don Juan -riéndose para adentro- justificó a Guardiola diciendo que como existía el derecho de insurrección, simplemente había hecho uso de él contra unos malos hondureños.

Es decir, la vida pública de dos altos personajes terminó con un chiste en que hiere la espina del equívoco.

Dividida Centro América en cinco pequeños Estados, el infatigable Federico Chatfield, Cónsul inglés, seguía desarrollando su plan de dominación. De pronto apareció con un rey mosco, protegido por la Gran Bretaña, con un país que comprendía el territorio de La Mosquitia hondureña y nicaragüense, destinado a convertirlo en un gran "benque" maderero y que miraba hacia la zona donde seria abierto el canal interoceánico.

Chatfield se valió de un tal Patrick Walter para reunir una asamblea de naturales en el Cabo Gracias a Dios con el objeto de determinar los límites de la "Nueva Mosquitia". Informados los naturales del motivo que los reunía, acordaron no obedecer ninguna orden de Inglaterra sino de las autoridades de Honduras.

En septiembre Chatfield se dirigió al Gobierno de Honduras para notificarle que su Majestad Británica protegía al rey mosco, cuyo territorio se extendía por de pronto desde el Cabo Camarón hasta el río San Juan.

El Presidente Lindo contestó al abusivo Chatfield que sólo Inglaterra tenía conocimiento de una nación que se llamara Mosquitia, gobernada por un rey bárbaro. En cambio, las demás naciones sabían que aquella zona formaba parte del territorio de Honduras y que estaba habitada por tribus incivilizadas y errantes. Que Honduras, conocedora de las pretensiones inglesas, rechazaría con la fuerza la agresión, y que el Gobierno británico respondería de los daños que produjera la lucha provocada.

Regresando en el tiempo, en diciembre de 1847, un tal Granville Gower Loch, capitán de la corbeta Alarma, desembarcó en Trujillo a reclamar el retiro de una fuerza que el Gobierno había establecido en el río Aguán, y como el comandante del puerto no accedió a sus deseos, cometió graves ultrajes y atentados en su gente.

En 1848, el Presidente Lindo se dirigió al malvado Chatfield protestando por el ultraje de Loch. A la vez dictó medidas para defender el puerto de Trujillo y el departamento de Olancho de las correrías de algunas bandas de mosquitos azuzadas por los ingleses.

El mismo Granville Gower Loch ocupó el puerto de San Juan de Nicaragua. Y el tímido gobierno nicaragüense firmó un convenio por el cual dejaba aquel puerto en poder de los ingleses. Ante aquel desgraciado suceso, el Presidente Lindo dictó un decreto el 16 de julio en el que declaraba que como amigo y aliado de Nicaragua, parte de Centro América no reconocía el derecho que pretendían los ingleses en la costa Norte y en el puerto de San Juan. Tampoco reconocía desmembración alguna de cualquier porción del territorio de Centro América y principalmente del puerto de San Juan, reconocido por todas las naciones, en cuenta la Gran Bretaña, como propiedad centroamericana.

La agresividad del perverso Chatfield iba en aumento. En 1849, a bordo de la fragata Gorgón, ocupó en persona la Isla del Tigre, donde está el puerto de Amapala. Al mismo tiempo el capitán del vapor Plumper ocupó la fortaleza de Trujillo.

El Presidente Lindo entonces puso en juego los poderes enormes. En carta dirigida al Ministro de los Estados Unidos, Mr. E. Geo. Squier, domiciliado en León, Nicaragua, invocó la Doctrina de Monroe, diciendo que una potencia europea estaba colonizando a Honduras, potencia que había ocupado en la Costa Norte del puerto de Trujillo y en el Golfo de Fonseca la Isla del Tigre, por lo que se permitía poner bajo la protección de los Estados Unidos por el término de seis meses a la Isla del Tigre.

Naturalmente, el señor Squier aceptó la guarda de la Isla del Tigre y notificó al señor Chatfield que inmediatamente abandonara el territorio hondureño injustamente ocupado para evitar desacuerdos entre sus dos grandes naciones.

Chatfield volvió a la fragata Gorgon y el capitán del vapor Plumper se hizo a la mar.

El Presidente Lindo insistió en la conveniencia de establecer el Gobierno nacional, y en aquel momento con más razón al haberse puesto a la luz del día el plan colonizador de Inglaterra. Con ese objeto, mandó al licenciado Felipe Jáuregui a Nicaragua a tratar el punto.

El 1 de noviembre de 1849 en la ciudad de León, el licenciado Felipe Jáuregui, de Honduras, el licenciado Gregorio Juárez, de Nicaragua, y don Agustín Morales, de El Salvador, firmaron nuevamente, un tratado por el cual quedaba fundada la Confederación Nacional de Centro América.

Siguió hacia Costa Rica el licenciado Jáuregui para celebrar un convenio con el señor Francisco Pavón, Ministro Plenipotenciario de Guatemala, sobre relaciones con dicha República, y otro convenio con Chatfield sobre respeto mutuo. Pero el licenciado Jáuregui hizo a un lado las instrucciones del Presidente Lindo y celebró con Chatfield un tratado por el cual Honduras se declaraba independiente, siguiendo el ejemplo de Guatemala del 21 de marzo de 1847.

El Presidente Lindo no aprobó el tratado del ruin diplomático y mandó prenderlo a su paso por Corinto. Pero el General Guardiola, que deseaba la aprobación, se pronunció contra el Presidente Lindo en Tegucigalpa el 12 de febrero de 1885". El general Guardiola hizo un paseo militar por occidente, tomó la ciudad de Gracias, derrotó al general Eusebio Toro, y se dirigió al sur, donde esperaba el general Cabañas con una fuerza respetable.

Don Doroteo Vasconcelos, Presidente de El Salvador, que aspiraba a realizar la unión de Centro América, procuró evitar que la guerra civil continuara en Honduras y mandó de mediador a don Victoriano Castellanos apoyado en un ejército que comandaba el general Cabañas.

El 25 de marzo fue celebrado un convenio de paz en Pespire, por el cual Guardiola se retiraría a El Salvador y Jáuregui sería juzgado por su conducta en Costa Rica. Mientras no lo fuese no podría volver a Honduras. No volvió; murió en Guatemala.

El Presidente Lindo logró de esta manera librarse de Jaúregui y Guardiola, como antes se había librado de Ferrera y Chávez. La paz interior quedó garantizada.

***

A media administración de don Juan Lindo tuvo lugar un suceso notable, El 19 de abril de 1850 se reunieron en la ciudad de Washington los señores John N. Clayton, Secretario de Estado de los Estados Unidos, y Henry Litton Bulwer, Enviado Extraordinario y Ministro Plenipotenciario de la Gran Bretaña, para manifestar y establecer en un convenio sus miras e intenciones relativas a cualesquiera medios de comunicación de canal marítimo que haya de abrirse entre los océanos Pacífico y Atlántico, por el Río de San Juan de Nicaragua y ambos o cualesquiera de los lagos de Nicaragua y de Managua hasta cualquier punto o lugar del Pacífico.

Además del preámbulo, el Tratado Clayton-Bulwer tiene nueve artículos, en que las partes se abstienen de usar de su poder para adquirir ventajas geográficas en perjuicio de la otra. Ambos gobiernos protegerán la construcción de un canal por la zona señalada y conocida. Invitarán a los Estados de Centro América para que en calidad de accionistas participen en la construcción. Además del Canal de agua, podrán construir ferrocarriles por zonas apropiadas en la parte central de América. Y se anotan otros puntos que expresan el condominio que en virtud de su poder insuperable se atribuyen los Estados Unidos y la Gran Bretaña, la política de los lobos que por sí y ante sí se declaran dueños de las ovejas y luego se las reparten.

Como a los pequeños no les queda otra cosa que hacer sino alinearse a la sombra del amo que los domina, los Estados centrales sintieron que por fin había aparecido en el horizonte de América un aliado o protector de su causa y sus intereses.

Don Juan Lindo, confortado, debe haber tenido, tapándose la boca, una sonrisa zorruna.

Igual sonrisa debe haber aflorado en El Salvador y en Nicaragua.

A Squier le deben haber brillado los ojos pardos en León.

Chatfield debe haber tenido un sentimiento de derrota en San José.

Se sospecha lo que pensaron los grupos anglófilos en Guatemala y Costa Rica.

Los tiempos empezaban a cambiar. Pero a qué precio. Siguió fastidiando Chatfield al Gobierno de Honduras, donde el Presidente Lindo era para el cónsul un hueso duro de roer.

El 5 de diciembre le dirigió una nota en que determinaba los límites de La Mosquitia y la República de Honduras. Don Juan conversaba en esos días con el Presidente Vasconcelos de El Salvador en el pueblo de La Labor. Allí redactó el 8 de enero de 1851 una denuncia a los Gobiernos de Centro América y del mundo civilizado contra las absurdas pretensiones de Federico Chatfield. Estas pretensiones podían verse ya a la luz del Tratado Clayton-Bulwer.

El impertinente Chatfield devolvió la denuncia y la nota que la acompañaba "por no venir en los términos debidos". Don Juan se ingenió medios de que llegara a Chatfield su corrección: "Por no ir en los términos que deseara Chatfield".

Pero el golpe maestro del Presidente Lindo fue la declaración oficial de que rompía relaciones diplomáticas con Chatfield, que equivalía a romper relaciones con la Gran Bretaña, hasta el día que fuera sustituido Chatfield. De esta ruptura dio cuenta a la representación nacional reunida en Chinandega desde el 9 de enero de 1851, y que estaba integrada por don José Guerrero, por Honduras; don José Francisco Barrundia y don José Silva por El Salvador; y los licenciados Hermenegildo Zepeda y Pablo Buitrago, por Nicaragua.

Se puede decir que Chatfield ya estaba loco. El 12 de enero de 1852, ocupó la boca del río Aguán, por decir que era territorio de la fantástica nación mosquita.

El Presidente Lindo, sin rodeos de ninguna clase, mandó un ejército a la zona afectada, que hizo huir a Chatfield en cuanto supo que iba con ánimo de derrotarlo y de capturarlo vivo o muerto.

En La Labor el Presidente Lindo y el Presidente Vasconcelos convinieron en formar un ejército hondureño-salvadoreño para emprender con fines unionistas una campaña sobre Guatemala. A fines de enero el ejército aliado entraba en territorio guatemalteco. La campaña fue infructuosa. Carrera a la defensiva, situó sus fuerzas en puntos inexpugnables en San José de La Arada. Los continuos y poderosos asaltos del ejército aliado resultaron fallidos. No fallaron las tropas; falló la dirección. Mandaba Vasconcelos que no era militar, y ejecutaba las operaciones el general Isidoro Saget, viejo morazanista, que ya por esta época le ensombrecía la nota de traidor.

Once días después de la acción de La Arada, Carrera, en represalia, invadió el territorio salvadoreño. Vasconcelos pidió auxilio a Lindo, y éste, a pesar de que ya había licenciado las tropas, no tuvo inconveniente de reunir en menos de dieciocho días un ejército numeroso y enardecido contra Carrera, el que bajo el mando del general Cabañas llegó oportunamente para arrojar del territorio salvadoreño al invasor.

En medio de la guerra, la Representación Nacional de la Confederación ofreció sus buenos oficios para conseguir la paz entre los beligerantes. Guatemala rechazó su mediación diciendo que arreglaría la paz directamente con El Salvador y Honduras. Por otra parte la RN dictóun decreto en León el 31 de marzo por el que convocaba a una Asamblea Constituyente General, con poderes para organizar una República sobre las bases del sistema popular, representativo, federal. La Asamblea se reuniría en Chinandega el 24 de junio. Extendió invitaciones a Guatemala, Los Altos y Costa Rica para que entraran en el Pacto. La invitación no fue aceptada.

El 29 de marzo, don Juan regresó de occidente a Comayagua. El 10 de abril mandó publicar la documentación relacionada con la ruptura de su Gobierno con el cónsul Chatfield. A la vez hizo pública una proclama que revelaba las pretensiones del Gobierno de Guatemala sobre el territorio occidental hondureño:

"La Costa Norte, la mayor parte del departamento de Olancho y un poco menos del de Tegucigalpa es el territorio que ha señalado antojadizamente el señor Chatfield para su Nación. El Gobierno de Guatemala quiere tomarse otra gran extensión por Copán y por el Norte hasta el Río Tinto. ¿Así querréis la paz comprada con el terreno que alimenta a vuestros hijos y quienes les proporcionará en lo futuro una gran riqueza por medio del comercio que llegará a sus costas y a sus ríos navegables? ¿Queréis dejar por herencia a nuestra posteridad la esclavitud o la necesidad de emigrar del suelo en que naciera? Estoy seguro que estas consideraciones os horrorizarán y que muy lejos de aquella bajeza, cuando sea necesario, volveréis a tomar las armas, porque nuestra debilidad será más bien un motivo para unirnos y para que el patriotismo haga redoblados esfuerzos, ya que el pueblo que quiere ser libre, lo es, por débil que parezca".

El 4 de agosto estalló en León un movimiento rebelde acaudillado por el general Trinidad Muñoz, apoyado por el Obispo Viteri y Ungo contra don Laureano Pineda, jefe de la plaza. Pineda se refugió en Honduras y le pidió auxilios al Presidente Lindo, quien se los dio. Fuerzas hondureñas y granadinas vencieron a Muñoz el 10 de noviembre. Pineda recuperó el poder y en tales circunstancias ya podía aceptarse la convocatoria de la RN para elegir una Asamblea Constituyente General que organizara una nueva República democrática, representativa, federal.

El Presidente Lindo cesó en sus funciones el 1°. de febrero de 1852. Recibió la Presidencia el Senador Francisco Gómez, quien la retuvo hasta el 1°. de marzo, fecha en que la asumió el general Cabañas.

CONSTITUCIÓN POLÍTICA DEL ESTADO DE HONDURAS DE 11 DE DICIEMBRE DE 1825

CONSTITUCION
DEL ESTADO DE HONDURAS

NOSOTROS LOS REPRESENTANTES DE LOS PUEBLOS DEL ESTADO DE HONDURAS, REUNIDOS EN LA ASAMBLEA CONSTITUYENTE, A VIRTUD DE LOS PLENOS PODERES CON QUE SE NOS HA AUTORIZADO, CON ARREGLO A LAS BASES CONSTITUCIONALES, DECRETADAS POR LA ASAMBLEA NACIONAL CONSTITUYENTE, IMPLORANDO LA PROTECCIÓN DE DIOS PARA EL ACIERTO, ORDENAMOS, DECRETAMOS Y SANCIONAMOS LA SIGUIENTE CONSTITUCIÓN:

CAPÍTULO I
DEL ESTADO

Artículo 1.-El Estado de Honduras es libre e independiente de toda potencia o gobierno extranjero, y no será jamás patrimonio de ninguna familia ni persona.

Artículo 2.- Es uno de los federales de la República de Centro América.

Artículo 3.- Él es libre e independiente en su interior administración y gobierno.

Artículo 4.- Su territorio comprende todo lo que corresponde, y ha correspondido siempre al obispado de Honduras. Una ley demarcará sus límites y arreglará sus departamentos.

TÍTULO II
DE LA RELIGIÓN

Artículo 5.-El Estado de Honduras profesa, y profesará, siempre inviolablemente la religión cristiana, apostólica, romana, sin permitir mezcla de otra alguna.

Artículo 6.- El Estado la protegerá con leyes sabias y justas, y no consentirá se hagan alteraciones en la disciplina eclesiástica, sin consultar a la Silla Apostólica.

Artículo 7.-Todo ciudadano, y principalmente los que ejercen jurisdicción velarán sobre las observancias de los artículos anteriores. Las leyes designarán las penas que merecen los infractores.

CAPÍTULO III
DE LOS DERECHOS Y OBLIGACIONES DE LOS HONDUREÑOS Y DEL GOBIERNO DEL ESTADO

Artículo 8.-Todos los hondureños son libres, y ciudadanos los que tengan la edad, y demás condiciones que establece la Constitución de la República.

Artículo 9.-El Estado protege con leyes sabias y justas la libertad, la propiedad, y la igualdad: viviendo sujetos a la Constitución y la ley; respetando a las autoridades; contribuyendo con proporción a sus facultades para los gastos del Estado y Federación, para sostener la independencia, su integridad y seguridad; y tomando las armas para defender la patria, cuando fueren llamados por la ley.

Artículo 10.-El Gobierno del Estado es popular representativo, y en la federación que ha acordado, fija su felicidad y prosperidad.

Artículo 11.-El Supremo Poder estará dividido en Legislativo, Ejecutivo y Judicial; aunque estos dos últimos, la Asamblea del Estado podrá hacer alteración, por medio de una ley, en las autoridades subalternas, según lo exijan las circunstancias y localidad.

Artículo 12.-Los pueblos que componen el Estado, ni por sí, ni por autoridad alguna, pueden ser despojados de la soberanía, que reside en todos, no podrán ejercerla sino únicamente en las elecciones primarias, practicándolas en la forma que prescribe la Constitución Federal.

Artículo 13.-Los habitantes del Estado de Honduras tienen el derecho de petición y la libertad de imprenta para publicar sus discursos, proponer medios útiles al Estado y censurar con decoro la conducta de los funcionarios públicos en el ejercicio de su cargo y el de velar sobre el cumplimiento de las leyes, que se dicten sobre los objetos indicados en este artículo.

CAPÍTULO IV

DE LA ELECCION DE LOS SUPREMOS PODERES DEL ESTADO

Artículo 14.-La elección de los Supremos Poderes del Estado se verificará guardando las formalidades que previene el artículo 3º. de la Constitución Federal para la de las Supremas autoridades federales con solo la variación que contienen los artículos siguientes:

Artículo 15.-En el tiempo de elecciones constitucionales, las juntas populares se celebrarán siempre el primer domingo del mes de octubre: la de distrito en el terreno del mismo mes: y las de departamento el segundo domingo del mes de noviembre.

Artículo 16.-La regulación de votos para la elección de Senadores y Supremas Autoridades del Estado, de que tratan los artículos 47 y 48 de la Constitución Federal, se verificará: en la forma siguiente: Los pliegos que compongan el registro de los votos, que dieren los electores de las justas de departamento se abrirán en sesión pública y el Presidente, Secretario y dos Escrutadores, nombrados al efecto, procederán a computar los votos de todos y cada uno de los electores que hayan sufragado en dichas juntas -cuando algún ciudadano reuniere la mayoría de votos escrutados-, la asamblea publicará la elección. En caso contrario lo verificará entre los que hubieren obtenido quince o más votos; y si esto no se verificare, entre los que reunieren diez o más, y si faltare este número, la Asamblea elegirá entre todos los designados por las juntas.

Artículo 17.-La Asamblea luego que reúna los datos necesarios, dividirá la población del Estado con la posible exactitud y comodidad en las juntas populares, en distritos y departamentos.

Artículo 18.-La base para la representación será por ahora la de un diputado por cada quince mil almas.
Aumentándose la población de modo que exceda el número de diputados al de veinte y uno, podrán las Asambleas futuras hacer las reformas que crean necesarias.

CAPÍTULO V
DEL PODER LEGISLATIVO

Artículo 19.-La Asamblea del Estado se compondrá por ahora de once diputados; y nunca podrá bajar de este número, ni subir de veinte y uno.

Artículo 20.-La Asamblea se renovará por mitad cada año, y los mismos representantes podrán ser reelegidos una vez sin intervalo alguno.
Artículo 21.-La primera legislatura decidirá por suerte los representantes que deben renovarse en el año siguiente: en adelante la renovación se verificará en los de nombramiento más antiguo.

Artículo 22.-Las sesiones darán principio en cada año el día dos de enero a cuyo efecto los diputados deberán hallarse reunidos en el lugar que se celebre el día veinticuatro de diciembre para las juntas preparatorias, previas a ls sesiones.

Artículo 23.-La Asamblea ordinaria continuará reunida por sesenta días y cuando más por noventa; a excepción de la primera que puede prorrogarse todo el tiempo que juzgue necesario: se volverá a reunir en sus recesos si el consejo la convocare, para uno o más asuntos urgentes del Estado no pudiendo tratar de otro en esta reunión.

Artículo 24.-La residencia de la Asamblea será en la capital del Es-tado; pudiéndola variar, cuando lo estime conveniente con mayoría absoluta de votos.

Artículo 25.-Para que haya Asamblea se necesitan las dos terceras partes de los diputados. Pero tres podrán compeler a los demás a reunirse en el tiempo designado para las Legislaturas Ordinarias, y para las extraordinarias que hayan de celebrarse a juicio del consejo.

Artículo 26.-Para la formación de la ley, se observará todo lo prevenido en los artículos 71, 72,73,75 y 76, de la sección 1ª. del título 5º. de la Constitución federal.

Artículo 27.-Aprobado un proyecto de ley por la Asamblea, pasará al consejo directivo para la sanción, y dada la pasará al Jefe Supremo del Estado para la publicación y ejecución.

Artículo 28.-En caso de que el Consejo niegue la sanción, devolverá el proyecto entre diez días a la Asamblea, informando los fundamentos que tenga para la negativa; y examinada ésta por la Asamblea, si las dos terceras partes de ella la desaprobasen, se tendrá por sancionada la ley, devolviéndola al Consejo.

Artículo 29.-La formade que usará el Consejo para la sanción será. Pase al Jefe Supremo del Estado: cuando la niegue: Vuelva a la Asamblea: Por sancionada: Pase al Jefe Supremo del Estado.

Artículo 30.-La derogación de las leyes vigentes se hará por los mismos trámites que se decretaron las del Estado.

Artículo 31.-Los diputados serán inviolables por sus opiniones, y en ningún tiempo ni caso, ni por autoridad alguna podrán ser reconvenidos por ellas. En las causas criminales que contra ellos se intente, no podrán ser juzgados, sino por el tribunal de la Asamblea en los términos que prescribe el reglamento de su gobierno interior. Durante las sesiones, y un mes después, los diputados no podrán ser demandados ni ejecutados por deudas.

Artículo 32.-Son atribuciones de la Asamblea 1ª. dictar las leyes del Estado en consonancia con las de la federación, en la parte que tenga tendencia con ellas e interpretar las que diere. 2ª. Formar el Código Civil y Criminal; su reglamento interior, y el de los otros poderes. 3ª. Aprobar los estatutos de otras corporaciones. 4ª. Dar las ordenanzas a la milicia activa y cívica, conciliándolas con las del ejército permanente de la federación. 5ª. Acordar con el Congreso Federal la fuerza de línea que debe temer el Estado. 6ª. Decretar en tiempo de guerra el aumento de fuerza, que conforme al cupo le señale el Congreso Federal. 7ª. Formar la estadística del Estado por medio de los jefes, municipalidades, o del modo que lo permitan las circunstancias. 8ª. Decretar las contribuciones o impuestos para los gastos necesarios del Estado, y para el cupo conforme el actual presupuesto y los sucesivos. 9ª. Aumentar o disminuir las contribuciones con proporción a las necesidades del Estado. 10. Reclamar las leyes impracticables o perjudiciales al Estado, o no conformes con sus circunstancias locales, 11. Erigir los establecimientos, corporaciones o tribunales inferiores para el mejor orden en justicia, economía o instrucción pública. 12. Conmutar las penas de la ley, o perdonar los delitos qué por las leyes federales no estén sujetos a ellas. 13. Detallar los sueldos de los funcionarios públicos aumentarlos o disminuirlos según las circunstancias. 14. Aprobar los tratados que el Jefe Supremo del Estado, previamente autorizado, celebre con los otros de la federación. 15. Sentenciar en los casos que previene el artículo 194 título 13 de la Constitución de la República. 16. Contraer deudas sobre el crédito del Estado con los demás de la República o con particulares, o extranjeros, con hipotecas de sus respectivas rentas. 17. Dar reglamento para el comercio interior del Estado. 18. Admitir por dos terceras partes de votos las denuncias que por causas graves hagan de sus oficios los diputados a la Asamblea, el Jefe y vicejefe del Estado, los Consejeros y Ministros de la Corte Superior de Justicia y las de Senadores, antes de posesionarse.

CAPÍTULO VI
DEL CONSEJO REPRESENTATIVO

Artículo 33.-Habrá un Consejo, compuesto de un representante por cada departamento elegido por sus respectivos pueblos.

Artículo 34.-Para ser Consejero se necesita naturaleza en la República: residencia en el Estado, lo menos de cinco años: ser mayor de treinta en el ejercicio de la ciudadanía: del estado seglar o del eclesiástico secular; y de conocida adhesión al sistema constitucional adoptado.

Artículo 35.-Cada departamento elegirá un suplente que reuna las mismas calidades del propietario, para los casos de muerte, imposibilidad declarada por el Consejo.

Artículo 36.-El Consejo durará tres años; renovándose por tercios en cada uno, pudiendo ser elegidos sus individuos una vez, y la suerte decidirá en el primero y segundo año los que deban mudarse.

Artículo 37.-El Consejo celebrará diariamente sus sesiones en el tiempo de las de la Asamblea y dos veces cada semana en el resto del año, y cuando extraordinariamente lo convoque el Jefe Supremo del Estado.

Artículo 38.-Son atribuciones del Consejo: 1ª. Sancionar las leyes de la Asamblea del Estado con arreglo a los artículos 78, 79, 80, 81,

82, 83 y 86 del título 5°. de la Constitución de la República. 2ª. Dictaminar sobre la derogación de la ley en los mismos términos que debe negar la sanción, oyendo en ambos casos al Jefe Supremo de Estado. 3ª. Resolver las dudas que le consulte el Jefe; sobre la inteligencia de alguna ley en los recesos de la Asamblea y su resolución será ejecutada. 4ª. Aconsejar al Jefe Supremo en los casos que le consulte y darle dictamen en los negocios diplomáticos que ocurran entre el Gobierno del Estado y el Federal o con los demás Estados. 5ª. Proponer en terna al Jefe Supremo, el Comandante general o primer jefe militar, el Intendente Tesorero General de Hacienda Pública, Factor de tabacos y los jefes primeros de departamento. 6ª. Velar sobre la conducta de los funcionarios nombrados en este artículo, declarando en su caso cuando ha lugar a formación de causa. 7ª. Nombrar Presidente de su seno, cuando estuviere impedido el designado por la Constitución. 8ª. Nombrar Secretario, fuera de su seno al que podrá suspender por dos meses; pero no removerle sin conocimiento de causa. 9ª. Convocar a la Asamblea en los ca-sos extraordinarios. 10. Nombrar en sus primeras sesiones el tribunal que establece el artículo 62. 11. Velar sobre la observancia de la Constitución y Leyes del Estado, y dar cuenta a la legislatura de las infracciones, que haya notado o de que esté informado.

CAPÍTULO VII
DEL PODER EJECUTIVO

Artículo 39.-El Poder Ejecutivo reside en un jefe nombrado por todos los pueblos, que componen el Estado, como lo determine la ley.

Artículo 40.-Al tiempo de esta elección se nombrará otro en los mismos términos que le subrogue o supla en ausencia, enfermedad, muerte o suspensión.

Artículo 41.-El Jefe Supremo del Estado y Vicejefe lo será únicamente por cuatro años, y sólo podrán ser reelectos una vez.

Artículo 42.-El Vicejefe presidirá el Consejo sin voto, y sólo lo tendrá para decidir en caso de empate.

Artículo 43.-No asistirá al Consejo cuando haya de nombrarse el tribunal que establece el artículo 62.

Artículo 44.-Son atribuciones del Jefe Supremo del Estado: Publicar la Ley y hacer se publique en el Estado dentro del término de treinta días. La retardación de este acto le hace responsable, después de cumplido el término señalado. 2ª. Cuidar de la ejecución de la ley, del orden público y del exacto cumplimiento de los funcionarios en sus respectivos cargos. 3ª. Nombrar los primeros magistrados de que habla el artículo 38 en el párrafo. 5° a propuesta del Senado, y a los subalternos a igual propuesta de sus inmediatos jefes. 4ª. Disponer de la fuerza armada del Estado, y usar de ella en su defensa en caso de invasión repentina: pedir auxilio en el mismo caso a los demás Estados, y suministrarlo cuando ellos lo pidan; dando cuenta a la Asamblea para que ella lo verifique al Congreso de la Federación. 5ª. Formar reglamentos para el fácil cumplimiento y ejecución de las leyes. 6ª. Nombrar interinamente los empleados en casos de suspensión, enfermedad o ausencia de los propietarios. 7ª. Convocar al Consejo en casos extraordinarios, cuando necesite consultarle.

Artículo 45.- El Jefe Supremo tendrá y nombrará un Ministro General para el despacho de los negocios el cual será substituido en casos de suspensión, enfermedad o ausencia por el oficial primero del mismo Ministro.

Artículo 46.- Estará a cargo del Ministro: 1°. Formar la planta de la secretaría, que el Jefe Supremo del Estado presentará con su informe a la Asamblea. 2°. Autorizar las órdenes, decretos y despachos del Jefe Supremo y comunicarlos a las primeras autoridades del Estado. 3°. Entablar las relaciones y comunicaciones que determine el Jefe Supremo con los Estados de la República.

Artículo 47.-El Ministro será el responsable con las penas a que dé lugar el proceso, si autorizase órdenes y decretos contra ley o constitución.

Artículo 48.-El Jefe Supremo podrá suspender al Ministro General por un mes, sin necesidad de formación de causa, y deponerlo con pruebas justificativas de ineptitud o desobediencia, con acuerdo en vista de ellas de las dos terceras partes del Consejo.

CAPÍTULO VIII
DEL PODER JUDICIAL

Artículo 49.-El Poder Judicial es independiente en sus atribuciones del Legislativo y Ejecutivo: a él exclusivamente pertenece la aplicación de las leyes en las causas civiles y criminales.

Artículo 50.-La Corte Superior de Justicia se compondrá por ahora de un Presidente, dos Ministros y un Fiscal: debiendo ser precisamente letrados el Presidente y el Fiscal: serán elegidos popularmente: se renovarán por mitad cada dos años, y podrán siempre ser reelegidos quedando a su arbitrio la admisión. En los dos años primeros la suerte decidirá los que deban salir y en los siguientes los de nombramiento más antiguo.

Artículo 51.-Para ser Ministro de Corte de Justicia se requiere ser ciudadano en el ejercicio de sus derechos, mayor de treinta años,del estado secular, y con instrucción a lo menos en el derecho público.

Artículo 52.-Será la Corte Superior de Justicia el tribunal de última instancia; y por una ley se arreglará el orden de nombrarse con jueces en los casos de recusación en que haya lugar a ella, conforme a las leyes.

Artículo 53.-Conocerá de los recursos de nulidad y de los de fuerza con arreglo a las leyes.

Artículo 54.-Juzgará a los primeros funcionarios del Estado, después que la Asamblea o el Congreso hayan declarado que ha lugar a la formación de causa.

Artículo 55.-La Corte Superior de Justicia y demás juzgados inferiores son responsables con arreglo a la ley del ejercicio de sus funciones.

Artículo 56.-La infracción de Constitución y de leyes, el cohecho, soborno y prevaricación, produce acción popular.

Artículo 57.-La Corte Superior de Justicia decidirá las dudas, que se le presenten por los jueces y autoridades inferiores sobre la inteligencia de las leyes, consultando en su caso, con la Asamblea; cuando esta se halle en receso con el Consejo.

Artículo 58.-Conocerá la Corte de Justicia de las causas de residencia de los empleados públicos con arreglo a la ley, que sobre esta materia se dicte.

Artículo 59.-Examinará las listas de las causas civiles y criminales, pendientes en ella misma y en los juzgados inferiores.

Artículo 60.-Propondrá ternas para el nombramiento de los jueces inferiores y velará en el cumplimiento en el ejercicio de sus funciones.

Artículo 61.- La Corte Superior de Justicia decidirá las competencias que se susciten entre los juzgados inferiores.

Artículo 62.-Para juzgar con apelación a los funcionarios de que habla el artículo 54, se formará un tribunal compuesto de tres individuos, nombrados por el Consejo, entre los suplentes del mismo y de la Asamblea, que no hayan funcionado.

Artículo 63.-Este tribunal juzgará de las acusaciones contra los individuos de la Corte Superior de Justicia; y en apelación conocerá otro tribunal que nombre la Asamblea entre los que tuvieren votos para la misma Corte.

Artículo 64.-Habrá otro tribunal que conozca en segunda instancia de todas las causas comunes, que deberá formarse del modo y circunstancias que determine la ley.

CAPÍTULO IX
DE LA ADMINISTRACIÓN DE JUSTICIA EN LO CIVIL

Artículo 65.-Habrá jueces de 1ª. instancia que a más de las circunstancias que deben concurrir en ellos para el desempleo en el ejercicio de sus funciones, deben ser mayores de veinte y cinco años.

Artículo 66.-En los pueblos en particular se administrará justicia por el Alcalde, o Alcaldes, bajo los límites y términos que la ley señale.

Artículo 67.-A ninguno se le prohíbe comprometerse en arbitrios para terminar sus diferencias: el compromiso será una ley que hará ejecutoria la sentencia de los arbitrios, que no será apelable, si las partes no se reservaren este derecho.

Artículo 68.-Los Alcaldes de los pueblos ejercen en ellos oficios de conciliadores en las demandas civiles y sobre injurias que deben establecerse enjuicio escrito.

Artículo 69.- Sin que haya precedido este juicio conciliatorio, no se podrá establecer pleito alguno.

CAPÍTULO X
DEL CRIMEN

Artículo 70.-Ninguno podrá ser preso, si no es por delito que merezca pena más que correccional; y en ningún caso sin previo mandamiento por escrito de juez competente.

Artículo 71.-Intimado el asunto de prisión, debe ser cumplido; y por su desobediencia incurrirá en la pena que señale la ley.

Artículo 72.- Cuando sea la resistencia con armas de cualquiera especies y se temiere la fuga, se usará de la fuerza para asegurar la persona.

Artículo 73.-Todo delincuente en el acto de cometer el delito, puede ser arrestado o detenido por cualquiera persona y entregado al juez, más no podrá usarse de fuerza que ponga en peligro la vida de los ejecutores o del delincuente.

Artículo 74.-No se admitirán acusaciones de ninguna clase sin que se firme o conste por formal diligencia quien es el acusador. Las denuncias secretas y delaciones guardarán la misma forma. Unos y otros, en su caso, serán responsables en el de salir falsas.

Artículo 75.-Toda autoridad, corporación, o empleado, que por el orden de informe acuse algún delito, quedará sujeto a la prueba y a la responsabilidad que las leyes detallan.

Artículo 76.-En ningún caso ni por delito alguno habrá confiscación de bienes; y sólo podrá embargarse cuando haya responsabilidad pecuniaria, en la cantidad que la cubra.

Artículo 77.-Los infractores de los artículos del título 10 y 11 de la Constitución Federal, se sujetarán a la pena que la ley prescriba.

CAPÍTULO XI
DEL GOBIERNO INTERIOR EN CADA PARTIDO O DEPARTAMENTO

Artículo 78.-Habrá en cada departamento un jefe político intendente, a cuyo cargo estará el gobierno político y de hacienda, bajo el orden que disponga la ley, la cual arreglará la cantidad con que debe afianzar.

Artículo 79.-El ramo gubernativo de los pueblos será a cargo del Alcalde que el Jefe de Departamento designe en cada parroquia al cual estarán subordinadas las demás municipalidades y pueblos de la misma parroquia. Una ley particular designará las atribuciones del indicado Alcalde que desempeñará con subordinación al Jefe Intendente.

Artículo 80.-En la cabeza del departamento, el Jefe Político Intendente desempeñará iguales atribuciones en el distrito de la parroquia que resida.

Artículo 81.-La duración de los Jefes Políticos Intendentes será la de cuatro años, pudiendo continuar y ser promovidos a otro destino, justificada que sea su solvencia y buen desempeño.

CAPÍTULO XII
DEL GOBIERNO INTERIOR Y POLICÍA DE CADA PUEBLO

Artículo 82.-En cada pueblo que su comarca tenga de quinientas almas arriba habrá municipalidad elegida popularmente. Una ley designará el número de individuos de que deba componerse cada uno y sus atribuciones.

Artículo 83.-Los pueblos, reducciones y valles que no lleguen al número de quinientos habitantes se gobernarán por un Alcalde Auxiliar nombrado por la Municipalidad a que corresponda, y sus atribuciones serán las que le designa la ley.

Artículo 84.-Cada Municipalidad formará bajo su responsabilidad matrícula de los ciudadanos de su comprensión que reúna las circunstancias y cualidades que previene el artículo 14 del título 20. de la Constitución Federal.

Artículo 85.- Se formará cada año con presencia de esta matrícula una relación de los ciudadanos que se hallen en el ejercicio de sus derechos y no estén comprendidos en lo que previene el artículo 20 del mismo título.

Artículo 86.-Esta relación se tendrá presente para recibir las votaciones en toda elección.

Artículo 87.-Sólo los ciudadanos que estén en ejercicio pueden obtener empleo en la República.

CAPÍTULO XIII
DE LA HACIENDA PÚBLICA Y SU ADMINISTRACIÓN EN GENERAL

Artículo 88.-Habrá un Intendente General del Estado a quien inmediatamente estarán subordinados todos los empleados de Hacienda. Su duración será de cuatro años, pudiéndose prorrogar todo el tiempo que se tenga por conveniente, a vista de su exacto cumplimiento y adelantamientos que noten en la hacienda pública.

Artículo 89.-El Jefe Supremo del Estado tomando los datos que sean necesarios, propondrá a la Asamblea el número de empleados que debe tener cada ramo.

Artículo 90.-El Intendente afianzará su responsabilidad con la cantidad que la ley le declare.

Artículo 91.-Los ramos que deben componer la hacienda pública los arreglará una ley especial, que dictará la Asamblea continuando por ahora las rentas establecidas y contribuciones.

Artículo 92.-Habrá un Tribunal de cuentas, que examinará anualmente las de la Tesorería General y se publicará cada año un estado de cargo y data de caudales de hacienda pública.

CAPÍTULO XIV
DE LA OBSERVANCIA DE LA CONSTITUCIÓN Y LEYES

Artículo 93.-Todo funcionario público está obligado a guardar, cumplir y ejecutar la Constitución y leyes; deberán jurarlo así al tomar posesión de sus empleos y su infracción exige responsabilidad.

Artículo 94.-Todo ciudadano o habitante puede representar a la Asamblea, al Jefe Supremo, Consejo representativo, y jueces de la primera instancia, la infracción de Constitución y leyes.

Artículo 95.-La Asamblea por cada seis meses pedirá relaciones especiales a la Corte de Justicia de las causas de infracciones de Constitución y leyes, y en su visita proveerá lo conveniente.

Artículo 96.-La Constitución del Estado no podrá sufrir alteración en aquellos artículos que no tenga una relación inmediata con los de la federación, sino es hasta pasados cuatro años de hallarse en práctica y en los que tengan, en ningún tiempo.

Artículo 97.-Las leyes y disposiciones que actualmente rigen y que no se opongan a la Constitución Federal y a la particular del estado, quedando en su vigor y fuerza.

Dada en la Ciudad de Comayagua a once de diciembre de mil ochocientos veinte y cinco.

MANUEL JACINTO DOBLADO, Diputado por Yoro, Vicepresidente

JOSÉ MARÍA DEL CAMPO, Diputado por Nacaome

JOSÉ ROSA DE IZAGUIRRE, Diputado por Santa Bárbara

ÁNGEL FRANCISCO DEL VALLE, Diputado por Cantarranas

JOSÉ MARÍA DONAIRE, Diputado por Gracias, Secretario
MIGUEL RAFAEL VALLADARES, Diputado Suplente por Tegucigalpa, Secretario

Comayagua diciembre once de mil ochocientos veinticinco, ejecútese: Firmada de mi mano, y refrendada por el Secretario del Despacho General.
DIONISIO DE HERRERA

El Secretario General del Gobierno Supremo del Estado
FRANCISCO MORAZÁN

CONSTITUCIÓN POLÍTICA DEL ESTADO DE HONDURAS DE 21 DE NOVIEMBRE DE 1831

DECRETO DE 22 DE OCTUBRE DE 1838, DE LA ASAMBLEA CONSTITUYENTE DEL ESTADO DE HONDURAS, QUE ADMITE LA CONVENCIÓN DE ESTADOS CENTROAMERICANOS SUSTITUYENDO LOS ARTÍCULOS 4º., 5º. Y SUPRIMIENDO EL 6º. DEL DECRETO FEDERAL DE 18 DE JULIO DE 1838

Ministerio General del Gobierno Supremo del Estado de Honduras. Ciudadano Jefe Intendente de ...

El Consejero Jefe del Estado, se ha servido dirigirme el decreto que sigue:
El Consejero Jefe en quien reside el P.E. del Estado de Honduras Por cuanto: La A.C. del mismo ha decretado lo siguiente:

La Asamblea Constituyente del Estado de Honduras, teniendo a la vista el Decreto del Congreso Federal de 18 de julio próximo pasado, que convoca a los E.E. a una Convención Nacional para dar la mejor forma al pacto federativo por medio de conferencias amistosas, ha tenido a bien decretar y

DECRETA

Art. 1º. Se admite la medida de Convención de Estados, con las excepciones que aparecen en los artículos 4º., 5º. y con la supresión del 6º. del decreto Federal de 18 de julio último.

Art. 2º. El 4º, del Decreto fue sustituido con este "Formado este será ratificado por las Legislaturas de los E.E., las cuales, en el caso de la no ratificación nombrarán otra nueva Convención con el mismo objeto".

Art. 3º. El 5º. fue sustituido con el siguiente "El pacto ratificado por la sanción de todas las AA., será obligatorio a todos los EE".

Pase al S.P.E. para que lo haga imprimir, publicar y circular. Dado en Comayagua a 22 de octubre de 1838. José Santiago Bueso, D.P. José María Arriaga, D.S. José Antonio Milla, D.S.

Por tanto: Ejecútese. Lo tendrá entendido el Jefe de Sección encargado del Despacho General, y dispondrá lo necesario a su cumplimiento, Dado en Comayagua a 27 de octubre de 1838. José María Martínez. Al ciudadano León Alvarado.

Y lo comunico a usted para que lo haga publicar y circular en los pueblos de ese Departamento; dándome entre tanto, el recibo que corresponde. D-U-L. Comayagua, octubre 27 de 1838".

LEÓN ALVARADO

DECRETO DE LA ASAMBLEA CONSTITUYENTE DEL ESTADO DE HONDURAS, DECLARANDO LIBRE, SOBERANO E INDEPENDIENTE A DICHO ESTADO COMAYAGUA, 26 DE OCTUBRE DE 1838

"El Consejero jefe en quien reside el P.E. del Estado de Honduras. Por cuanto la A.C. del mismo ha decretado lo siguiente:

"La Asamblea constituyente del Estado de Honduras, llenando el voto general de los pueblos que representa, y en uso de las facultades que le son concedidas, ha tenido a bien decretar y

DECRETA:

"Art. único. El Estado de Honduras, es libre, soberano e independiente.

"Pase al S.P.E. para que lo haga imprimir, publicar y circular. Dado en Comayagua, a 26 de octubre de 1838. José Santiago Bueso, D.P. José María Arriaga, D.S. Liberato Moncada, D.P.S.

"Por tanto: ejecútese. Lo tendrá entendido el jefe de sección encargado del Despacho general; y dispondrá lo necesario a su cumplimiento. Dado en Comayagua, a 26 de octubre de 1838. José María Martínez. Al ciudadano León Alvarado.

"Y lo comunico a usted para que lo haga publicar y circular en los pueblos de ese departamento; dándome entre tanto, el recibo que corresponde. D.U.L. Comayagua, octubre 27 de 1838.

LEÓN ALVARADO

DECRETO DE 5 DE NOVIEMBRE DE 1838, POR EL QUE LA ASAMBLEA CONSTITUYENTE DEL ESTADO DE HONDURAS RATIFICA QUE DICHO ESTADO ES LIBRE, SOBERANO E INDEPENDIENTE; REASUME LA PROPIEDAD DE LOS PUERTOS DE SU TERRITORIO Y RECONOCE LA DEUDA FEDERAL

Ministerio General del Gobierno Supremo del Estado de Honduras. Ciudadano Jefe Intendente de...

El Consejero Jefe del Estado se ha servido dirigirme el decreto siguiente:
El Consejero Jefe en quien reside el P.E. del Estado de Honduras. Por cuanto: la A.C. del mismo ha decretado lo que sigue:

La Asamblea Constituyente del Estado de Honduras: considerando las dificultades que han mediado para recobrar sus derechos; y estando persuadida de que en las actuales circunstancias debe reasumirlos en toda su plenitud, ha tenido a bien decretar y

DECRETA

Art. 1. El Estado libre y soberano de Honduras es independiente del antiguo Gobierno Federal, del de los demás Estados, y de todo otro Gobierno o potencia extranjera.

Art. 2. El objeto de esta absoluta independencia y libertad, es para constituirse en su interior de una manera conveniente y peculiar a sus circunstancias y para formar una Confederación tal con los demás Estados, que le de bastantes garantías para con ellos mismos,y bastante seguridad para el exterior.

Art. 3. Reasume la propiedad de los puertos de su territorio, y de las rentas llamadas federales, así como su administración e inversión, rigiendo provisionalmente las leyes actuales en cuanto no se opongan a la presente.

Art. 4.-Reconoce el Estado proporcionalmente la deuda contraída durante el Gobierno que ha regido hasta el día de la emisión de esta ley.

Art. 5. El Gobierno hará preventivamente el nombramiento de empleados en personas adictas a la soberanía e independencia absoluta del Estado; pudiendo dejar de los existentes a los que posean esta cualidad.

Pase al S.P.E. para que lo haga imprimir, publicar y circular. Dado en Comayagua a 5 de noviembre de 1838. MARIANO CASTEJON, D.P. Liberato Moncada, D.S. Pedro P. Chévez, D.S.

Por tanto: Ejecútese. Lo tendrá entendido el Jefe de Sección encargado del Despacho General y dispondrá lo necesario a su cumplimiento. Dado en Comayagua a 15 de noviembre de 1838. Lino Matute. Al ciudadano León Alvarado.

Y lo comunico a usted para que lo haga publicar y circular en los pueblos del Departamento de su mando; esperando me acuse el recibo de estilo. D.U.L. Comayagua, noviembre 15 de 1838.

LEÓN ALVARADO

DECRETO DE LA ASAMBLEA CONSTITUYENTE DEL ESTADO DE COSTA RICA, DE 14 DE NOVIEMBRE DE 1838, POR EL QUE COSTA RICA SE DESLIGA DE LA FEDERACION CENTROAMERICANA Y SE DECLARA ESTADO LIBRE E INDEPENDIENTE, OBLIGANDOSE AL PAGO DE SU CUOTA EN LA DEUDA DE LA REPUBLICA FEDERAL Y DECLARANDO PERTENECER SIEMPRE A LA FAMILIA CENTROAMERICANA

"LA ASAMBLEA CONSTITUYENTE DECLARA QUE COSTA RICA ASUME LA PLENITUD DE SU SOBERANIA Y FORMA UN ESTADO LIBRE E INDEPENDIENTE, PERO PERTENECIENTE SIEMPRE A LA FAMILIA CENTROAMERICANA."

El Jefe Supremo del Estado libre de Costa Rica. Por cuanto el Congreso Constituyente ha decretado lo siguiente.

El Congreso Constituyente del Estado soberano de Costa Rica, considerando:

1º. Que rotos los lazos que sujetaban a Costa Rica al Gobierno Español en la época de su independencia, recobró sus naturales derechos de absoluta soberanía y libertad; y por consiguiente concurrió al Pacto de 1824 en calidad de cuerpo político, soberano e independiente: 2º. Que la Asamblea Nacional Constituyente, no tuvo facultad para anular estos sagrados derechos con un sistema contrario a los fines que se había propuesto, y contradictorio en sus mismos principios: 3º. Que habiéndose considerado nulo dicho Pacto, por ser terminantemente opuesto a la voluntad de los Estados y a su felicidad: 4º. Que habiendo hecho enérgicas reclamaciones, no sólo en virtud de la nulidad del Pacto, sino porque cesara la causa de los males que sufría: 5º. Que agotados los recursos posibles, porque la representación nacional resistiera la destrucción de aquel sistema de vinculación, no quedaba a Costa Rica otro medio para salvarse que usar del derecho que incontestablemente tiene para proveer a su bienestar y mejoras: 6°. Deseando poner término a la existencia de ese sistema que está causando la ruina, no sólo de Costa Rica, sino de toda la República: 7°. Que antes de emitirse el Decreto de 30 de mayo que restituye a los Estados la libertad de constituirse, ya Costa Rica se había pronunciado reclamando fuertemente sus derechos; y que con tan noble fin reunió su Asamblea Constituyente, para que convocase a un Congreso Constituyente. Este cumpliendo con el primero de sus deberes, y de conformidad con la voluntad del pueblo que representa, ha venido en decretar y decreta.

Art. 1. Los pueblos de Costa Rica reunidos por medio de sus Representantes, asumen la plenitud de su soberanía, forman un Estado libre e independiente, y en la Capacidad de cuerpo político, concurrirán por medio de sus delegados a contener el Pacto Federal, liga o unión con los otros Estados que en la misma capacidad quieran concurrir.

Art. 2. Protestan que pertenecerán a la gran familia Centroamericana y que sus votos son, porque subsistan perpetuamente los vínculos de asociación con ella.

Art. 3. Que concurrirán a cubrir proporcionalmente la deuda nacional, a cuyo efecto hipotecan sus rentas.

Art. 4. Que nombrarán por medio de su Asamblea Constituyente, y en decreto separado, los individuos que deben representar a Costa Rica en la convención de Estados.

Art. 5. Se faculta al Ejecutivo para que por todos los medios que estén a su alcance, excite a las Constituyentes de los demás Estados a que concurran al señalamiento del lugar y tiempo, en que deba verificarse la reunión de los delegados de los pueblos.

Art.6. Quedan vigentes las leyes federales en la parte que no se opongan al presente decreto. Comuníquese al Poder Ejecutivo, para su cumplimiento y que al efecto lo hagan imprimir, publicar y circular. Dado en la ciudad de San José a los catorce días del mes de noviembre de mil ochocientos treinta y ocho. Nazario Toledo, D. Presidente. Rafael Ramírez, D. Secretario. Gordiano Paniagua, D. Pro-Secretario. Por tanto: EJECUTESE. Casa de Gobierno. San José; noviembre quince de mil ochocientos treinta y ocho. Braulio Carrillo. Al Ministro General del Despacho.

CONSTITUCIÓN POLÍTICA DEL ESTADO DE HONDURAS DE 11 DE ENERO DE 1839

NOSOTROS, LOS REPRESENTANTES DEL PUEBLO DE HONDURAS, REUNIDOS EN ASAMBLEA CONSTITUYENTE, COMPETENTEMENTE AUTORIZADOS PARA FORMAR EL PACTO SOCIAL DE LOS HONDUREÑOS, INVOCANDO EL AUXILIO DE DIOS AUTOR Y SUPREMO LEGISLADOR DE LAS SOCIEDADES, DESEANDO FIJAR DE UNA MANERA ESTABLE LA FELICIDAD Y PROSPERIDAD DE NUESTROS COMITENTES, ASEGURAR LOS DERECHOS QUE SE HAN RESERVADO Y ESTABLECER LAS OBLIGACIONES QUE HAN CONTRAÍDO, DECRETAMOS Y SANCIONAMOS LA SIGUIENTE CONSTITUCIÓN POLÍTICA DEL ESTADO DE HONDURAS

SECCIÓN I
DEL ESTADO DE HONDURAS, DE SUS DERECHOS, Y OBLIGACIONES

Artículo 1.-El Estado de Honduras lo componen todos sus habitantes; es libre e independiente: su soberanía reside esencialmente en todo él; y por lo mismo le pertenece exclusivamente el derecho de establecer sin sujeción alguna, sus leyes fundamentales.

Artículo 2.-Será uno de los federales de Centro América, cuando acuerde con los otros Estados el pacto que los deban unir.

Artículo 3.-Está obligado a conservar y proteger la libertad civil, la propiedad y demás derechos legítimos de todos y de cada uno de los habitantes, con leyes sabias y necesarias.

SECCIÓN II
DEL TERRITORIO DEL ESTADO

Artículo 4.-El Estado de Honduras comprende todo el territorio que en tiempo del Gobierno Español se ha conocido con el nombre de provincia, circunscripto por los límites siguientes: por el Oeste con el Estado de Guatemala. por el Sur, Sudoeste y Oeste con el de El Salvador: por el Sur con la ensenada de Conchagua en el mar Pacífico: por el Este, Sudeste y Sur con el Estado de Nicaragua: por el Este, Nordeste y Norte con el Océano Atlántico: y las Islas adyacentes a sus costas en ambos mares. Cuando cómodamente se pueda, se demarcarán de un modo preciso los límites que los separan de los demás Estados.

Artículo 5.-Este territorio se dividirá en Departamentos; las leyes señalarán el número de éstos, y harán las subdivisiones convenientes para su buena administración, subsistiendo entretanto como están ahora.

SECCIÓN III
DE LOS HONDUREÑOS, DE SUS DEBERES Y DERECHOS

Artículo 6.-Son hondureños todos los nacidos y avecindados en el territorio del Estado y los extranjeros con carta de naturaleza.

Artículo 7.-El amor de la patria es el primer deber de los hondureños; lo es igualmente contribuir, con proporción de su haber, al pago de los gastos de su administración: defenderla con las armas cuando sean llamados por la Ley; ser fieles a la Constitución; obedecer las Leyes y respetar las autoridades, que son sus órganos.

Artículo 8.-Los derechos imprescriptibles de los hondureños son:

1. La libertad civil, por la que pueden ejecutar todo aquello que no esté prohibido por una Ley preexistente.
2. La igualdad ante la Ley.
3. La seguridad individual.
4. La propiedad de la que podrán hacer el uso que mejor les convenga, con tal que no sea contra lo dispuesto por la Ley.

5. Tributar a Dios, culto, según su conciencia.

6. Exigir de la sociedad que les garantice estos mismos derechos del modo más conveniente que les asegure el libre uso de ellos.

SECCION IV
DE LA CIUDADANIA

Artículo 9.-Son ciudadanos todos aquellos hondureños mayores de diez y ocho años que tengan renta, oficio, o modo de vivir conocido; pero no tendrán voto pasivo, sino con arreglo a las Leyes; y los extranjeros naturalizados, con las mismas cualidades.

Artículo 10.-Sólo los ciudadanos en ejercicio, pueden obtener empleos en el Estado.

Artículo 11.-La calidad de ciudadano se pierde:

1. Por admitir naturaleza en país extranjero.

2. Por admitir empleo, renta o distintivo de otro gobierno, excepto los de Centro América; y

3. Por sentencia de pena aflictiva, si no se obtuviese rehabilitación.

Artículo 12.-El ejercicio de la ciudadanía se suspende:

1. Por incapacidad física o moral.
2. Por el estado de deudor fraudulento judicialmente declarado.
3. Por el de sirviente doméstico cerca de la persona.
4. Por no tener empleo, oficio, o modo de vivir conocido.
5. Por hallarse procesado criminalmente y decretado auto de prisión.
6. Por conducta notoriamente viciada.

SECCIÓN V
DEL GOBIERNO DEL ESTADO Y DE LA RELIGIÓN

Artículo 13.-El Gobierno de Honduras es Republicano, Representativo popular.

Artículo 14.-Como no puede existir garantía social sin la división e independencia de los Poderes, se divide para su ejercicio en Legislativo, Ejecutivo y Judicial.

Artículo 15.-El Legislativo reside en una Cámara de Representantes: el Ejecutivo en un Presidente; y el Judicial en la Corte Superior de Justicia y en los Tribunales inferiores que se establezcan.

Artículo 16.-La religión del Estado es la Católica Apostólica y Romana. El ejercicio público de ésta y de las demás que vengan a establecerse en el país, será protegido por el Gobierno.

SECCIÓN VI
DEL PODER LEGISLATIVO

Artículo 17.-La Cámara de Representantes se compondrá de un individuo por cada veinte mil almas; y mientras se forma con datos positivos la Estadística, nombrará un representante cada Departamento de los que actualmente están reconocidos.

Artículo 18.-Para los casos de muerte, enfermedad, u otro impedimento legal del propietario, se elegirán dos suplentes con la denominación de primero y segundo que fungirán por su orden.

Artículo 19.-No podrán el propietario y suplente representar al mismo tiempo.

Artículo 20.-Para ser Representante se requiere: tener veinte y cinco años cumplidos, haber sido siete Ciudadano, y no estar en actual ejercicio de empleo de nombramiento del Gobierno.

Artículo 21.- Ningún Representante podrá recibir empleo del Gobierno, sino después de seis meses de haber pasado el período de su representante, a no ser de rigurosa escala.

Artículo 22.-La Cámara será renovada por mitad cada dos años; la suerte decidirá los que deban salir en la primera Legislatura, debiendo ser los más antiguos en las siguientes. Podrán ser reelegidos una sola vez los mismos Representantes, quedando a su arbitrio la admisión de la última.

Artículo 23.-La Cámara abrirá sus sesiones el 24 de diciembre en juntas preparatorias, excepto la primera que se reunirá después de promulgada esta Constitución.

Artículo 24.-La Cámara estará reunida cincuenta días hábiles; no podrá continuar por más tiempo sus sesiones, ni volverse a reunir cuando se hubiese disuelto; sino por acuerdo del Gobierno, en cuyo caso sólo se ocupará de la causa que motiva su convocatoria. La primera Cámara Legislativa es la que únicamente no podrá disolverse hasta no haber dado las leyes reglamentarias que deben emanar de esta Constitución.

Artículo 25.-La Cámara no podrá legislar con menos de siete representantes.

Artículo 26.-Son atribuciones de la Cámara.

1. Dictar e interpretar las leyes.
2.Decretar reglamentos para los demás Poderes y Corporaciones, o aprobar los que deban hacerse por ellas.
3. Acordar la fuerza armada que debe mantener el Estado.
4. Decretar contribuciones e impuestos para los gastos del Estado, con proporción a la riqueza pública.
5. Aprobar el presupuesto de gastos que presente anualmente el Gobierno.

6. Conmutar las penas e indultar los delincuentes, siempre que resulte utilidad pública; que la pena corporal no sea conmutada en pecuniaria; que la gracia sea general, y concedida con las formalidades prescriptas para toda disposición legislativa.

7. Detallar los sueldos de los funcionarios públicos.

8. Admitir las renuncias que, por causas graves, hagan de sus oficios los Representantes, el Presidente, y Magistrados de la Corte, y las que hagan con arreglo a la ley los Ministros del despacho.

9. Dar facultades al Ejecutivo detalladas en casos extraordinarios; pero jamás contra ninguno de los artículos de esta constitución; y

10. Declarar que ha lugar a formación de causa a los Representantes, Presidente, Magistrados de la Corte y Ministros del Despacho.

SECCIÓN VII
DE LA FORMACIÓN DE LA LEY, Y DE SU SANCIÓN

Artículo 27.-Solo por medio de los Representantes se puede proponer a la Cámara proyecto de ley, haciéndolo por escrito y exponiendo su necesidad y utilidad.

Artículo 28.-Leído el proyecto y admitido a discusión por la Cámara se remitirá testimonio íntegro certificado por los Secretarios a la Corte Superior de Justicia, quien tomará en consideración el proyecto con el único objeto de declarar si es necesaria la ley, lo que verificará dentro de tres días, y devolverá con esta fórmula: "Es necesaria: vuelva a la Cámara de Representantes". "Es innecesaria; vuelva a la Cámara de Representantes" Y en uno y otro caso se expresará el número de votos.

Artículo 29.-Con el propio objeto se pasará otro testimonio igual a los Ministros del Despacho, y lo devolverán en el término, y con la fórmula prescripta en el artículo anterior.

Artículo 30.- Devuelto el proyecto, se le dará segunda lectura en la Cámara, y se procederá en el acto a la votación de si es necesaria la ley; resultando empate (contando con los votos que ha tenido en la Corte y Ministerio) se pasará al Presidente del Estado para que se decidiese que es necesaria, se pasará a la comisión respectiva, para que exponga su utilidad y modo de reglamentarla.

Artículo 31.-Puesto a discusión el dictamen de la comisión, y de la votación; si lo aprobase, se emitirá por ley; y si le deshace, no podrá proponerse hasta el año siguiente. Estas mismas formalidades se requieren para la derogatoria de una ley vigente.

Artículo 32.-Es regla general, que para toda decisión de la Cámara, se requiere las dos terceras partes de sus votos.

Artículo 33.-Del proyecto de ley aprobado se sacarán dos tantos, autorizados por el Presidente y Secretarios y se remitirán al Ejecutivo.

Artículo 34.-Todas las resoluciones de la Cámara, dictadas en uso de las atribuciones que le da esta Constitución, necesitan para ser válidas, de ser sancionadas, exceptuándose únicamente las que fueren:

1. Sobre su régimen interior, y lugar de sus sesiones.
2. Sobre calificación de elecciones y renuncia de los elegidos.
3. Sobre declaratoria de haber lugar a formación de causa contra los funcionarios de que habla la fracción 10 del artículo 26.
4. Sobre interpretaciones de ley; y
5. Sobre los nombramientos que haga con arreglo a esta Constitución.

Artículo 35.-El Presidente dará sanción dentro de ocho días naturales, devolviendo uno de los originales, firmado de su mano con esta fórmula: Sancionada: Ejecútese. Y no verificándolo en el término designado se tendrá por sancionada.

Artículo 36.-Si no mereciese la sanción lo devolverá en el mismo término, y con la fórmula siguiente, firmada de su mano: Vuelva a la Cámara de Representantes con el informe conveniente.

Artículo 37.-La Cámara lo tomará en consideración al día siguiente de haberse leído el informe, y si las tres cuartas partes lo ratificasen, se expresará al pie del decreto en esta forma: "Vuelva al Ejecutivo" quien usará de esta: "Por sancionada. Ejecútese".

Artículo 38.-Si el proyecto no fuese ratificado, no podrá volverse a proponer sino hasta pasado un año.

SECCIÓN VIII
DEL PODER EJECUTIVO

Artículo 39.-El Poder Ejecutivo reside en un Presidente electo directamente por el pueblo.

Artículo 40.-La Cámara publicará su elección, y al mismo tiempo, entre los que tuvieren mayor número de votos elegirá tres suplentes, para que uno de ellos, en caso de impedimento del Presidente, pueda desempeñar sus funciones.

Artículo 41.-Cuando llegue el caso de impedimento del Presidente, la Cámara sorteará entre los tres suplentes, el que deba hacer sus veces: si el sorteado resultase impedido, se reiterará este acto entre los dos restantes, si este segundo lo estuviese también, ejercerá el último el Poder Ejecutivo.

Artículo 42.-Si la Cámara estuviese en receso, los tres Ministros con asistencia de las corporaciones y empleados que existiesen en el lugar, verificarán estos sorteos en actos públicos.

Artículo 43.-Mientras se presenta el designado por la suerte para suplir la falta del Presidente, desempeñarán aquellas funciones los tres Ministros del despacho reunidos, y sus providencias serán autorizadas por sus respectivos Jefes de Sección. El interinato de los Ministros no podrán ser por más de noventa días.

Artículo 44.-Igualmente desempeñarán los Ministros el Poder Ejecutivo por impedimento accidental del Presidente, que no pase de un mes.

Artículo 45.-Si la Cámara estuviese reunida en los casos de los dos artículos anteriores, pondrán la sanción a los decretos que ésta emita en los mismos términos y con la propia fórmula que designan los artículos 35, 36 y 37.

Artículo 46.-El Presidente durará dos años; podrá ser reelecto una sola vez; más su admisión será voluntaria en este último caso.

Artículo 47.-Para ser Presidente se requiere; ser Centro Americano de origen; tener treinta años cumplidos, haber tenido el ejercicio de ciudadano en los siete años inmediatos a su elección; ser del Estado seglar; y hallarse en actual ejercicio de sus derechos.

Artículo 48.-Son atribuciones del Presidente·

1. Sancionar la ley con dictamen de los Ministros.

2.Hacer que se publique la ley en el preciso término de tres días en el lugar de su residencia y en el de dos meses en todo el Estado, bajo su responsabilidad a quienes toque.

3. Cuidar de la ejecución de la ley, del orden público, y del exacto cumplimiento de los funcionarios en sus respectivos cargos, sin que por esta inspección pueda injerirse directa ni indirectamente en el examen de las causas civiles pendientes, ni disponer en manera alguna de la persona de los reos por causa criminal.

4. Nombrar los Jefes Intendentes, que fuesen necesarios, los Jefes militares y de Hacienda, los subalternos de todos estos a propuesta en terna de sus respectivos Jefes, y los Jueces de Primera Instancia a propuesta de la Corte.

5. Nombrar los interinos de estos empleos, en los casos de suspensión, enfermedad, o ausencia de los propietarios, los que deben tener las mismas cualidades de éstos y el interinato no podrá durar más que tres meses en los destinos que se exija fianza, y seis en los que no se requiera esta circunstancia.

6. Disponer de la fuerza armada del Estado.

7. Conceder, negar o pedir auxilio a los Estados Unidos a este, previo acuerdo de la Cámara, y usar de las mismas facultades en su receso, con la precisa condición de convocarla, bajo su más estrecha responsabilidad dentro de un mes, para su aprobación o desaprobación.

8. Formar reglamentos para el fácil cumplimiento y ejecución de las leyes, y

9. Convocar a la Cámara en casos extraordinarios.

Artículo 49.-El Presidente debe consultar con sus tres Ministros reunidos:

1. Para sancionar la ley.

2. Para usar de las armas contra algún pueblo del Estado.

3. Para conceder, negar o pedir auxilio.

4. Para cualquier gasto extraordinario.

5. Para decretar empréstitos, o contribuciones, si fuese autorizado a este efecto. Conformándose el Presidente con la opinión de los Ministros en los casos expresados, cesa su responsabilidad, en donde deba haberla, y toda recae en ellos.

Artículo 50.-El Presidente usará del derecho de exclusión en los títulos de prelacías y demás beneficios eclesiásticos.

Artículo 51.-El Presidente propondrá, y la Cámara nombrará tres Ministros.
1.De relación.
2. De guerra, que desempeñará la Comandancia General de armas.
3. De Hacienda que reunirá la Intendencia general.

Si la Cámara no se conformase con los propuestos, el Presidente hará que se exigen para Presidente.

Artículo 52.-Para ser Ministro se requieren las mismas cualidades que se exigen para Presidente.

Artículo 53.-En los casos de suspensión, enfermedad o ausencia de alguno de los Ministros, serán sustituidos por el Jefe de su respectiva sección, sólo para autorizar los negocios respectivos; mas esta sustitución sólo durará hasta la próxima reunión de la Cámara. En caso de faltar los tres Ministros se convocará extraordinariamente la Cámara para que provea su nombramiento.

Artículo 54.- Son atribuciones de los Ministros.

1. Formar la planta de su respectivo despacho.

2. Autorizar las órdenes y decretos del Presidente y comunicarlos a los subalternos bajo su responsabilidad.

3. Aconsejar al Presidente en los casos de que habla el Artículo 49; y,
4. Presentar a los ocho días de haber abierto la Cámara sus sesiones, una memoria que comprenda con claridad el estado actual de los ramos que les son encargados, acompañando un estado que lo manifieste a primera vista.

Artículo 55.-Toda ley o decreto se publicará en esta forma: "El Presidente en quien reside el Poder Ejecutivo del Estado de Honduras. Por cuanto: la Cámara de Representantes ha decretado, y constitucionalmente se ha sancionado lo que sigue (aquí el decreto). Por tanto: ejecútese lo tendrá entendido el Ministro del despacho de ... y dispondrá lo necesario a su cumplimiento.

Artículo 56.-Cuando los Ministros estuvieren encargados del Gobierno, la publicarán bajo la siguiente. El Consejo de Ministros en ejercicio del Supremo Poder Ejecutivo del Estado de Honduras. Por cuanto: la Cámara de Representantes ha decretado y Constitucionalmente se ha sancionado.

SECCIÓN IX
DEL PODER JUDICIAL

Artículo 57.-El Poder Judicial es independiente en sus atribuciones; ni la Cámara de Representantes, ni el Poder Ejecutivo podrá en ningún caso, ejercer las funciones judiciales; ni ninguna autoridad abrir juicios fenecidos: a él sólo pertenece la aplicación de la ley en las causas civiles y criminales.

Artículo 58.-La Corte Superior de Justicia se compondrá de siete Magistrados nombrándose un propietario y un Suplente en cada departamento directamente por los pueblos, y la misma Corte nombrará a su Presidente y Fiscal. El número de siete Magistrados no podrá disminuirse cualquiera que sea la división que se haga del territorio del Estado.

Artículo 59.-Para ser individuo de la Corte se requiere: ser mayor de treinta años, si no es que sean letrados en quienes bastaría la de veinte y cinco, y haber sido siete Ciudadano en el Estado; servirán su encargo todo el tiempo que dure su buen desempeño, o por renuncia voluntaria que hayan pasado dos años.

Artículo 60.-Una ley arreglará la cantidad en las demandas, y la pena en las criminales en que deban admitirse juicio escrito, y concederse los tres recursos.

Artículo 61.-La Corte se dividirá en tres salas, dos de apelaciones y una para lo civil, y otra para lo criminal, y la tercera de súplica.

Artículo 62.-Son atribuciones de la Corte:

1. Conocer de los recursos de nulidad, y de los de fuerza con arreglo a las leyes.
2. Declarado que sea por la Cámara que ha lugar a la formación de causa, juzgar a los Diputados, Presidente, Magistrados y Ministros del Despacho por las faltas que cometan en el desempeño de su empleo.
3. Examinar las listas de las causas civiles y criminales que deben remitirle los Juzgados inferiores; y
4. Decidir las competencias, que se susciten entre los subalternos.

Artículo 63.-Para juzgar los altos funcionarios que expresa el artículo anterior, se elegirá por suerte entre los seis Magistrados de la Corte, uno que forme la actuación y sentencia en primera instancia: dos en su caso, electos del mismo modo, para oír el recurso de apelación; y los tres restantes para el de súplica, si fuese necesario. Una ley particular arreglará el modo de juzgar a los subalternos.

Artículo 64.-Los Magistrados de la Corte declarados con lugar a formación de causa, serán juzgados por un tribunal compuesto de los seis Diputados suplentes más cercanos que no hubiesen fungido en la Cámara, electos del modo que se previene en el artículo anterior.

Artículo 65.-En los delitos comunes de los Representantes, Presidente, Magistrados o Ministros del Despacho, el individuo contra quien se declare haber lugar a formación de causa, por el mismo hecho quedará suspenso y sujeto a los Tribunales comunes.

Artículo 66.-Todos los ciudadanos y habitantes del Estado, sin distinción alguna, estarán sometidos al mismo orden de procedimientos y de juicios que determinen las leyes.

Artículo 67.-Unos mismos Jueces no pueden serlo en dos diversas instancias.

SECCIÓN X
DE LA ADMINISTRACIÓN DE JUSTICIA EN LO CIVIL

Artículo 68.-Habrá en cada Departamento dos Jueces de primera instancia; uno conocerá de las causas y materias civiles, y otro de las criminales. Una ley particular arreglará sus atribuciones.

Artículo 69.-En caso de que la Cámara lo estime necesario podrán nombrarse otros jueces tanto de lo civil como de lo criminal, o reunir los conocimientos de ambos en uno solo.

Artículo 70.-Los Jueces de primera instancia serán nombrados por el Presidente, a propuesta de la Corte, la que no podrá proponer menos de tres individuos.

Artículo 71.-Estos Jueces deben tener las mismas cualidades que se requieren para ser Magistrados; no podrán ser removidos sin causa justificada; su duración será mientras continúe su buen desempeño, o que pasados dos años hagan dimisión voluntaria de su destino.

Artículo 72.-En los pueblos en particular se administrará la justicia por sus respectivos Alcaldes, bajo los límites y términos que la ley señale.

Artículo 73.-Los Alcaldes ejercen en sus pueblos el oficio de conciliadores; ningún juicio civil, o sobre injurias, podrá entablarse por escrito sin hacer constar que se ha intentado antes el medio de conciliación.

Artículo 74.-La facultad de nombrar árbitros en cualquier estado del pleito es inherente a toda persona; la sentencia que los árbitros dieren, es inapelable, si las partes comprometidas no se reservan este derecho.

SECCIÓN XI
DE LA ADMINISTRACIÓN DE JUSTICIA EN LO CRIMINAL

Artículo 75.-Ninguno podrá ser preso, sino en virtud de orden escrita por autoridad competente para darla.

Artículo 76.-No podrá librarse esta orden sin que se preceda justificación de que se ha cometido un delito que merezca pena más que correccional, y sin que resulte al menos por el dicho de un testigo quien es el delincuente.

Artículo 77.-Pueden ser detenidos:

1. El delincuente cuya fuga se tema con fundamento.

2. El que sea encontrado en el acto de delinquir, y en este caso todos pueden aprehenderlo para llevarle al Juez.

Artículo 78.-La detención de que habla el artículo anterior no podrá durar más de cuarenta y ocho horas, y durante este término deberá la autoridad que la haya ordenado practicar lo prevenido en el artículo 76 y librar la orden de prisión, o poner en libertad al detenido.

Artículo 79. Todo reo debe ser interrogado dentro de cuarenta y ocho horas, y el juez está obligado a decretar la libertad o permanencia en la prisión, dentro de las veinte y cuatro horas siguientes, según el mérito de lo actuado.

Artículo 80.-Dentro de estas veinte y cuatro horas se manifestará al reo la causa de su prisión y el nombre de su acusador; quien quedará responsable a la prueba; no se exigirá juramento al reo en ninguna causa criminal.

Artículo 81.-Las personas aprehendidas por la autoridad, no podrán ser llevadas a otro lugar de prisión, detención o arresto, que a los que están legal y públicamente destinados al efecto.

Artículo 82.-Todo el que no estando autorizado por la ley expidiere, firmare, ejecutare o hiciere ejecutar la prisión, detención o arresto de alguna persona; todo el que en caso de prisión, detención o arresto autorizado por la ley, condujere por la ley, condujere, recibiere, o retuviere al reo en lugar que no sea de los señalados público y legalmente; y todo Alcaide que contraviniere a las disposiciones precedentes, es reo de detención arbitraria.

Artículo 83.-Cuando alguno no estuviere incomunicado por orden del Juez transcripta en el registro del Alcalde, no podrá éste impedir su comunicación con persona alguna.

Artículo 84.-No podrá ser llevado ni detenido en la cárcel el que diere fianza en los casos en que la ley expresamente no lo prohíba.

Artículo 85.-El arresto por pena correccional no podrá pasar de dos meses.

Artículo 86.-Por ningún delito, cualesquiera que sean sus circunstancias, se impondrá pena de confiscación de bienes.

Artículo 87.-No podrá imponerse pena de muerte, sino en los delitos que atenten directamente y con fuerza armada contra el orden público, y en el de asesinato y homicidio premeditado o seguro.

Artículo 88.-En ninguna causa criminal se exigirán derechos de Juzgado.

Artículo 89.-La Cámara dispondrá que haya visitas de cárceles para toda clase de presos, detenidos o arrestados.

Artículo 90.-Toda falta de observancia de las leyes que arreglen el proceso en lo civil y criminal, hace responsable personalmente a los Jueces que la cometieren.

SECCIÓN XII
DEL GOBIERNO POLÍTICO DE LOS DEPARTAMENTOS

Artículo 91.-En cada Departamento habrá un Jefe Político e intendente de hacienda, nombrado por el Presidente. La ley determinará sus atribuciones, las cualidades que deben poseer, su duración y calidad de las fianzas que debe dar.

SECCION XIII
DE LAS DIPUTACIONES DEPARTAMENTALES

Artículo 92.-En cada Departamento habrá una Diputación para promover su prosperidad, fomentando la agricultura, industria y comercio, y extender de todos los modos posibles la ilustración y enseñanza pública. Una ley reglamentará su formación, y desarrollará sus atribuciones.

SECCIÓN XIV
DEL GOBIERNO INTERIOR POLÍTICO DE CADA PUEBLO

Artículo 93.-Habrá Municipalidad en todas las cabeceras de Parroquia, y en todos los pueblos que tengan quinientas almas reunidas o cien casas.

Artículo 94.-El número de individuos de que debe componerse cada Municipalidad, sus cualidades, duración y atribuciones, se designarán por una ley. Su elección será directa, y el cargo municipal concejil.

Artículo 95.-El ramo gubernativo de los pueblos será a cargo de los Alcaldes constitucionales y auxiliares del modo que lo arregle la ley. La tranquilidad pública y la seguridad de las personas y bienes de los habitantes de su territorio quedan a su cuidado, y bajo su responsabilidad.

SECCIÓN XV
DE LAS ELECCIONES

Artículo 96.-Las elecciones de los Supremos Poderes del Estado, y de todos los empleados de elección popular, serán directas. Una ley constitucional arreglará el modo de practicarlas, su regulación y escrutinio.

Artículo 97.-El primer domingo de agosto se comenzarán en todo el Estado las elecciones de todas las autoridades de elección popular, que deban servir el año entrante.

SECCIÓN XVI
DE LA HACIENDA PÚBLICA

Artículo 98.-La Hacienda Pública del Estado se formará: del valor de las tierras baldías; del de las maderas, fincas y acciones que le corresponden; y del producido de las contribuciones que establezcan la Cámara de Representantes.

Artículo 99.-Habrá un Tribunal Superior de Cuentas, cuyos individuos serán nombrados por el Gobierno, y se reglamentarán sus atribuciones por una ley especial.

Artículo 100.-Habrá una Administración General de Hacienda compuesta, por lo menos, de un Contador y un Tesorero. Una ley arreglará sus atribuciones.

Artículo 101.-Habrá una Tesorería en cada Departamento, en donde se depositará el fondo que la ley señale para el pago de sus respectivos Diputados y Magistrados, y del Juez del crimen que debe haber en él; y el sobrante se invertirá en los usos a que lo destine la ley que ha de arreglarlas.

SECCIÓN XVII
DE LA RESPONSABILIDAD DE LOS FUNCIONARIOS PÚBLICOS

Artículo 102.-Todos los funcionarios públicos antes de tomar posesión de sus empleos, jurarán cumplir fielmente, sostener y defender esta Constitución, y las leyes que emanen de ella.

Artículo 103.-Todos los empleados públicos son estrictamente responsables de los abusos que cometan en sus destinos, y por dejar de cumplir lo que por la ley deban practicar.

Artículo 104.-La responsabilidad de que trata el artículo anterior podrá reclamarse contra los funcionarios que estuviesen en actual ejercicio de sus empleos, y cuatro meses hábiles después de haber cesado en ellos.

Artículo 105.-Todos los empleados del Estado están sujetos a que se les forme causa por traición a la patria, o por haberse arrogado facultades que la ley no les da.

Artículo 106.-Todo acto o acuerdo de las Municipalidades que no esté: comprendido en las facultades que la ley les concede, es nulo, y sus autores responsables, con arreglo a la misma ley.

Artículo 107.-Los Representantes son inviolables y libres en sus opiniones; y se hacen responsables solamente cuando dieren ley, orden o decreto que ataque directamente algún artículo expreso de esta Constitución.

Artículo 108.-La Cámara subsecuente de la que hubiese emitido la ley, orden o decreto anticonstitucional, llamando a los suplentes de la mitad que queda, para que al ver la causa no intervenga ninguno de los que concurrieron a la infracción, conocerá de ella.

SECCIÓN XVIII
DE LAS GARANTÍAS

Artículo 109.-Ninguna casa puede ser registrada, sino por mandato escrito de autoridad competente, dado en virtud de dos deposiciones formales, que presten motivo al allanamiento, el cual deberá efectuarse de día. También podrá registrarse a toda hora por un agente de la autoridad pública: 1. En persecución actual de un delincuente. 2. Por un desorden escandaloso que exija pronto remedio.   3. Por reclamación hecha del interior de la casa. Mas hecho el registro se comprobará con dos deposiciones, que se hizo por alguno de los motivos indicados.

Artículo 110.-Sólo en los delitos de traición se pueden ocupar los papeles de los habitantes del Estado, y únicamente podrá practicarse su examen, cuando sea indispensable para la averiguación de la verdad y a presencia del interesado; devolviéndole en el acto cuantos no tengan relación con lo que se indaga.

Artículo 111.-La correspondencia epistolar es inviolable: la interceptada no hará fe en juicio ni fuera de él. Los administradores de carreras o cualquier otro individuo o autoridad que la viole, y el Juez que la admita en juicio, quedan personalmente responsables a los daños y perjuicios que ocasionen por la infracción de esta garantía, que no admite otra excepción que la del artículo anterior.

Artículo 112.-La policía de seguridad no podrá ser confiada, sino a las autoridades civiles, en la forma que la ley determine.

Artículo 113.-Nadie, en ningún caso podrá ser declarado delincuente por el Poder Legislativo o Ejecutivo, ni condenado a sufrir pena alguna; sino en virtud de sentencia pronunciada por

Tribunal competente, en la forma y previos todos los requisitos establecidos por la ley.

Artículo 114.-La propiedad no podrá ser tomada si no es para objeto de utilidad pública pagándola por lo que el propietario la estime.

Artículo 115.- Todo ciudadano o habitante que ejerza en el país cualquier género de industria, está obligado a contribuir en justa proporción a sus facultades, para sostener la Administración Pública.

Artículo 116.-No podrá imponerse ninguna contribución que no sea por la Legislatura o facultad por ella delegada al efecto; pero nunca sin una justa proporción a las facultades de cada uno, y menos haciendo pesar el gravamen sobre determinadas personas.

Artículo 117.-No se podrá coartar en ningún caso ni por pretexto alguno, la libertad del pensamiento, la de la palabra, la de la escritura, ni la de la imprenta.

Artículo 118.-Tampoco se podrá suspender a los ciudadanos el derecho de petición de palabra o por escrito.

Artículo 119.-Toda ley ex post-facto o retroactiva es esencialmente injusta, y por tanto ningún juez en ningún caso podrá hacer aplicación de una ley a un hecho que ha tenido lugar antes de sus publicaciones.

Artículo 120.-La proscripción es una ley inhumana, y por tanto ni el Poder Legislativo, ni el Ejecutivo podrán excluir de la protección de la ley, ni expatriar perpetua ni temporalmente a ningún habitante del Estado.

Artículo 121.-La pena debe surtir todo su efecto en el delincuente que la ha merecido y jamás podrá extender sus efectos a ninguna otra persona.

Artículo 122.-Toda persona puede transitar libremente por el Estado, entrar y salir de él en tiempo de paz, sin necesidad de permiso ni pasaporte; y las que sean libres de responsabilidad podrán emigrar cuando quieran a país extranjero.

Artículo 123.-No podrá la Cámara ni las demás autoridades:

1. Dar título de nobleza ni consentir sean admitidos por ciudadanos de Honduras los que otras naciones pudieran concederles.

2. Permitir el uso del tormento, y los apremios; imponer confiscaciones de bienes, azotes y penas crueles.

3. Conceder por tiempo ilimitado privilegios exclusivos a compañías de comercio o corporaciones industriales.

Artículo 124.-No podrá la Cámara ni las demás autoridades, sino en el caso de tumulto, rebelión o ataque con fuerza armada:

1. Desarmar a ninguna población, ni despojar a persona alguna de cualesquier clase de armas que tenga en su casa, o de las que lleve lícitamente.

2. Impedir las reuniones populares que tengan por objeto un placer honesto, o discurrir sobre política y examinar la conducta pública de los funcionarios.

3. Dispensar las formalidades sagradas de la ley para allanar la casa de algún ciudadano o habitante, reducirlo a prisión o detenerlo.

SECCIÓN XIX
DEL MODO EN QUE SE HAN DE HACER LAS REFORMAS A ESTA CONSTITUCIÓN

Artículo 125.-No podrá reformarse, ni adicionarse ninguno de los artículos de la presente Constitución, si no es después de pasados cuatro años.

Artículo 126.-El proyecto de reformas se presentará por escrito, firmado por cuatro Representantes el cual se leerá por dos veces en la Cámara con el intervalo de ocho días.

Artículo 127.-Admitido a discusión pasará a una comisión, y sufrirá los trámites establecidos por el reglamento.

Artículo 128.-Adoptado el proyecto de reformas que se propone, por dos terceras partes, se convocará a una Asamblea Constituyente para que las verifique.

Artículo 129.-Queda reformada la Constitución del Estado de 11 de diciembre de1825 y vigentes las leyes que no tengan oposición con la presente.

Dada en Comayagua a once de enero de mil ochocientos treinta y nueve.

JUAN LINDO
D. por Gracias, Presidente
DIONISIO DE HERRERA
D. Por Nacaome, Vicepresidente

MARIANO CASTEJÓN
D. por Santa Bárbara

JOSÉ MARÍA ARRIAGA
D. por Santa Bárbara

J. SANTIAGO BUESO
D. por Olancho

ENCARNACIÓN NIETO
D. por Gracias

FRANCISCO X GUELL
D. por la Ciudad de Nacaome,

JACOBO ROSA
D. por Tegucigalpa

JOAQUÍN RODRÍGUEZ
D. por Trujillo

LUCAS RÍOS
D. Suplente por Yoro

MANUEL EMIGDIO VÁSQUEZ
D. por Tegucigalpa

MÓNICO BUESO
D. por Yoro

ZENÓN BUSTILLO
D. por Olancho

LIBERATO MONCADA
D. por Cantarranas

MARIANO GARRIGO
D. por Comayagua

FRANCISCO AGUILAR
D. por Comayagua, Secretario

JUAN IGNACIO VEGA
D. por Cantarranas, Secretario

Comayagua, enero 11 de 1839. Ejecútese. Firmado de mi mano y nombre: sellado con las armas del Estado; y refrendado por el infrascrito Jefe de Sección encargado del despacho general.

JUAN FRANCISCO DE MOLINA

LEÓN ALVARADO

A) TRATADO DE AMISTAD Y ALIANZA DE LOS ESTADOS SOBERANOS DE HONDURAS Y NICARAGUA, FIRMADO EN COMAYAGUA EL 18 DE ENERO DE 1839, POR DON JUAN LINDO Y DON SEBASTIÁN SALINAS, DE HONDURAS Y NICARAGUA, RESPECTIVAMENTE.

B) RATIFICACIÓN DEL SUPREMO GOBIERNO DE HONDURAS, DE 19 DE ENERO DE 1839.

TRATADO DE AMISTAD Y ALIANZA DE LOS ESTADOS SOBERANOS DE HONDURAS Y NICARAGUA

Deseando los Estados de Honduras y Nicaragua en el territorio de Centro América contraer un pacto de amistad y alianza. Establecer sus relaciones mutuas, y promover por los medios que estén a su alcance la más pronta reorganización del sistema Nacional, han resuelto celebrar un tratado que fije de una manera clara y distinta los puntos expresados. Con tal objeto han nombrado sus respectivos Comisionados, a saber: El Consejero Jefe del Estado de Honduras, autorizado por la Asamblea Constituyente, al Licenciado ciudadano Juan Nepomuceno Lindo, y el de Nicaragua, también autorizado por aquella Asamblea Constituyente, al ciudadano Diputado Sebastián Salinas, quienes después de haber canjeado sus Poderes extendidos legalmente, han convenido en los artículos siguientes:

Art. 1º. Los Estados contratantes reconocen y respetan su recíproca Soberanía, Independencia y Libertad.

Art. 2°. Los propios Estados, unidos por muchos títulos, se declaran en amistad perpetua, y se comprometen a unir sus fuerzas para sostener su Soberanía, Independencia y Libertad.

Art. 3°. Constante que los enemigos de la Soberanía de los Estados, forman y fomentan facciones en diversos puntos para dividirlos, se obligan los Estados Contratantes, de la misma manera, a unir sus fuerzas si fuese necesario, con el fin de evitar aquellos males. El gasto de la fuerza será de cuenta del respectivo Gobierno de donde dependa.

Art. 4°. Los Gobiernos de Honduras y Nicaragua, ofrecen y protestan solemnemente, que los Jefes de sus fuerzas serán ciudadanos amigos de la regularidad, y decididos por la causa común: Que jamás será su intención el que aquellos causen daños a particulares, pero que en caso de que los infieran, el Gobierno de que dependen se obliga a responder por ellos, si se comprueban legalmente.

Art. 5°. Que siendo manifiesto el peligro en que se halla la República por la lucha interminable de los partidos en el Estado de Guatemala los cuales producen la ruina de los capitales, y el derramamiento de la sangre de los hijos de El Salvador, y el mismo Guatemala: Considerando que por estos males que oprimen a aquellos Estados no podrán reunirse sus Asambleas Constituyentes para declarar su Soberanía, y nombrar los Representantes que les corresponden en la Convención: Que semejante situación tiene paralizada la marcha de los Estados pronunciados, y los pone en peligro inminente de ser sumidos en la miseria; y que más que todo esto, el sistema actual llamado Federal se opone diametralmente por las fórmulas impracticables que prescribe a la reunión de la Convención de Estados, única medida que debe salvar a la República en las circunstancias a que la ha reducido la Carta emitida por el primer Congreso de Centro América, en noviembre de 1824 contra los principios de un Gobierno verdaderamente Federal, los Estados Contratantes resuelven unir sus fuerzas, y que este ejército unido defensor de la Soberanía, e Independencia de los Estados, proteja la libertad de la Asamblea de El Salvador, Guatemala y los Altos, para que se pronuncien como les convenga.

Art. 6º. Las fuerzas de los Estados de Nicaragua y Costa Rica obrarán por el Departamento de San Miguel, y entretanto una fuerza respetable del de Honduras al mando del General ciudadano Francisco Ferrera, cubrirá sus fronteras con el de El Salvador y Guatemala por el Departamento de Gracias, auxiliando a aquéllos, si fuese necesario, o lo exigiesen las circunstancias. En tal concepto el expresado General Ferrera, marchará brevemente a llenar el objeto que le corresponde por el presente artículo.

Art. 7º. El ejército guardará rigurosa disciplina y prestará todo el respeto y consideraciones debidas a las autoridades de los pueblos a que se dirija.

Art. 8º. En el caso de que los tres Estados expresados en el Art.5 no se pronuncien por lo que son y por derecho deben ser, Cuerpos Políticos, Soberanos, Libres e Independientes, nombrarán sin embargo sus Representantes, para que en unión de los de Costa Rica, Nicaragua y Honduras, acuerden en la Villa de Chinandega, o la ciudad de San Vicente la medida que pueda adoptarse para reformar el pacto: El acuerdo de la Convención obligará sólo a los Estados que lo adopten.

Art. 9º.-El General Ferrera lo será en Jefe de las fuerzas aliadas de Nicaragua y Costa Rica, cada vez que lo crea conveniente, y no estando a la cabeza de ellas, lo será el Teniente Coronel Bernardo Méndez.

Art. 10. Se autoriza al general en Jefe del ejército aliado para que nombre dos personas, que cerca del Gobierno llamado Federal, le hagan presente los males, que sufren los pueblos con la guerra a que compromete su resistencia, en escuchar el clamor público por las reformas: Que el ejército que las procura lo respetará, siempre que reúna sus tropas dentro del Distrito Federal hasta que los Estados de El Salvador, Guatemala y los Altos, verifiquen su pronunciamiento; y reunida la convención acuerde lo conveniente; pero que obrando de otra manera será tratado como opresor de la República.

Art. 11. El Expresidente General Francisco Morazán, deberá separarse de las tropas, eligiendo otro punto para su residencia, donde su persona será garantizada con arreglo a las leyes.

Art. 12. El presente tratado será ratificado por los respectivos Gobiernos de los Estados Contratantes, y las ratificaciones serán canjeadas con la brevedad, que demandan las circunstancias apuradas de la República, y permite la distancia que separa a ambos Gobiernos.

En fe de lo cual, nosotros los Comisionados hemos firmado y sellado el presente Convenio, con el sello de nuestros respectivos Gobiernos en la Capital de Comayagua a los diez y ocho días del mes de enero de mil ochocientos treinta y nueve, y décimo octavo de la Independencia de Centro América.

JUAN LINDO-SEBASTIÁN SALINAS

DECRETO

El Consejero Jefe Supremo del Estado de Honduras por Ministerio de la Ley, con presencia de los tratados, que con fecha 18 del actual han celebrado los ciudadanos Juan Lindo, y Sebastián Salinas, y a virtud de la facultad que le confiere la resolución de la Asamblea Constituyente de 21 de diciembre último, ha tenido a bien decretar y

DECRETA:

Art. 1. El Gobierno Supremo de Honduras ratifica en todas sus partes el tratado que con sus correspondientes Poderes ha celebrado el ciudadano Juan Lindo con el Comisionado del de Nicaragua ciudadano Sebastián Salinas.

Art 2. En consecuencia, a nombre del Estado Soberano que representa declara: Que Nicaragua y Honduras, se unen y ligan perpetuamente para sostener con sus fuerzas disponibles su Soberanía, e Independencia y Libertad, y proteger la de los Estados hermanos que aún permanecen en la situación más abyecta.

Art. 3. Comuníquese al Gobierno del Estado de Nicaragua para los efectos de que habla el artículo último del tratado.

Art. 4. El Ministro General cuidará de que el presente decreto se imprima, publique y circule en todos los pueblos del Estado. Dado en Comayagua a 19 de enero de 1839.

JUAN FRANCISCO DE MOLINA

Al ciudadano Coronado Chávez.

EL ESTADO DE GUATEMALA SE DECLARA LIBRE, SOBERANO E INDEPENDIENTE

DECRETO DEL CONSEJERO ENCARGADO DEL PODER EJECUTIVO DEL ESTADO DE GUATEMALA, DE 17 DE ABRIL DE 1839, EN QUE DECLARA A DICHO ESTADO LIBRE, SOBERANO E INDEPENDIENTE

EL ESTADO DE GUATEMALA SE DECLARA LEBRE, SOBERANO E INDEPENDIENTE

Ministerio del Supremo Gobierno del Estado.
Departamento de Gobernación.
El Consejero Encargado del Poder Ejecutivo se ha servido dirigir el siguiente:

DECRETO

El Consejero Jefe del Estado,

CONSIDERANDO

1º. Que los Estados de Costa Rica, Honduras y Nicaragua, se han separado solemnemente del pacto Federal, desconociendo al Gobierno que existía en la Ciudad de El Salvador, con título de nacional,

2º. Que los mismos Estados, han reasumido la administración de todas sus rentas; se han dado nuevas constituciones; y celebrado tratados, con el objeto de sostener sus pronunciamientos, el libre ejercicio de sus derechos y soberanía y la libertad de los demás Estados.

3º. Que no habiendo hecho elecciones, para renovar los funcionarios llamados federales, no hay, ni puede existir Congreso ni Senado, sin cuyos cuerpos, el Ejecutivo que pretende ejercer por la fuerza el Vicepresidente, y a su nombre el General Morazán es una verdadera usurpación, contraria a los principios de libertad, y a los intereses de los pueblos.

4º. Siendo expresa y general la opinión de los habitantes del Estado, de secundar aquellos pronunciamientos y un deber del Gobierno, el proveer al bienestar y seguridad de los pueblos, así como también el cuidar, de que el producto de sus contribuciones no se malverse.

5º. Que las rentas federales se hallan hipotecadas a la deuda contraída por el Estado en el año anterior; y no es justo, ni legal, el que con estas mismas rentas se cubran de preferencia créditos posteriores a aquella deuda, con perjuicio de los prestamistas, que en circunstancias tan difíciles, acudieran con sus caudales al llamamiento del Gobierno.

6º. Estando dispuesto por el decreto constitucional del Estado de 27 de enero de 1833, que siempre que alguno de los otros Estados, desconociesen, o se separasen del pacto federal, el de Guatemala se considere constituido como preexistente el pacto.

7º. En cumplimiento del referido decreto, y atendiendo a las circunstancias presentes,

HA TENIDO A BIEN DECLARAR:

Art.1º. El Estado de Guatemala, compuesto de los departamentos de Guatemala, Sacatepéquez, Verapaz y Chiquimula, es libre, soberano e independiente.

2º. Celebrará un nuevo pacto con los demás Estados de Centro América, por medio de la convención decretada por el último Congreso Federal.

3º. Sus relaciones con los demás Estados, continuarán sin alteración; y lo mismo se entiende en cuanto al reconocimiento de la deuda extranjera, y demás disposiciones que tocan al exterior.

4º.Las rentas llamadas federales, entrarán a la administración del Estado, no reconociendo otros compromisos que los contraídos hasta la fecha.

5º. Con el presente decreto se dará cuenta a la Asamblea Constituyente tan luego como esté reunida; y desde ahora se pondrá en ejecución; publicándose con toda solemnidad.

Dado en Guatemala, a 17 de abril de 1839. Mariano Rivera Paz. Al Secretario de Gobernación y Justicia y Negocios Eclesiásticos.

Y por disposición del S.P.E. se imprime, publica y circula para los efectos consiguientes.

Guatemala, abril 17 de 1839.

PEDRO N. ARRIAGA

TRATADO DE AMISTAD Y ALIANZA ENTRE LOS ESTADOS SOBERANOS DE HONDURAS Y GUATEMALA, CELEBRADO EN GUATEMALA EL 11 DE MAYO DE 1839

RATIFICACIÓN DEL GOBIERNO DE GUATEMALA DE 11 DE MAYO DE 1839

RATIFICACIÓN DEL GOBIERNO DE HONDURAS DE 11 DE JUNIO DE 1839

TRATADO DE AMISTAD Y ALIANZA ENTRE LOS ESTADOS SOBERANOS DE HONDURAS Y GUATEMALA

Deseando los Gobiernos de Honduras, y Guatemala, establecer por un tratado sobre bases sólidas y permanentes, la buena inteligencia que ha existido entre ambos Estados, mantener sus mutuas relaciones, y promover y cooperar en cuanto les sea posible a la reorganización de la República, y el restablecimiento de la paz y buena armonía, que desgraciadamente han sido alteradas en algunos de los Estados de la Unión; habiendo con este objeto, comisionado el Jefe Supremo de Honduras al Sr. José Miguel Midence, y el Consejero Jefe de Guatemala, al Señor Francisco Xavier Aguirre, Secretario del Despacho de Hacienda: después de haber examinado estos sus poderes, y encontrándolos en debida forma, han convenido en los artículos siguientes:

1°. Los Gobiernos de los Estados de Honduras y Guatemala, mantendrán la paz y buena inteligencia, que felizmente existe entre los pueblos de ambos Estados, y consignan en este tratado los sentimientos de fraternidad que los animan.

2°. Ambos Estados se consideran de derecho en plena independencia y libertad de constituirse, según les convenga, y de arreglar su propia administración y negocios interiores, sin que ninguno de los otros pueda intervenir en ellos en manera alguna. Reconocen en los demás estados de la Unión igual, y se comprometen a no violar este principio y a sostenerlos con todos sus recursos en caso necesario.

3°. El Gobierno de Guatemala penetrado de la necesidad de que se reúna prontamente, la convención, a la cual corresponde deliberar sobre el estado presente de la República, se compromete a recomendar eficazmente a la Asamblea Constituyente de estos pueblos, que se instalará el día 19 del corriente, se sirva aceptar en sus primeras sesiones el decreto del Congreso Federal, que convoca dicha convención y a que nombre sus delegados para que concurran sin pérdida de tiempo, al punto a que convenga la mayoría de los Estados.

4º. Animado el Gobierno de Guatemala de los sentimientos más cordiales de fraternidad, así a los Gobiernos de los demás Estados, y prestándose de buena voluntad a las insinuaciones que se le han hecho por los Gobiernos de El Salvador y los Estados aliados de Honduras y Nicaragua se compromete a interesar el influjo que pueda tener en que dichos Estados terminen por medios de negociaciones pacíficas y amistosas las dificultades que existen actualmente entre ellos por consecuencia de la guerra, en que por desgracia se han visto comprometidos, y para que en caso de no poderse obtener un arreglo amistoso, se reserve todo a juicio de la convención, a lo que se ha manifestado dispuesto el Gobierno de El Salvador en documentos oficiales.

5º. Como los Gobiernos de El Salvador y Honduras tienen manifestada su firme intención de reconocer por principio inalterable la inviolabilidad del territorio respectivo de los Estados, el de Guatemala considera que para que puedan tener efecto los oficios amistosos que se propone interponer, es conveniente establecer por base preliminar la de que los Gobiernos de Honduras y El Salvador mantengan sus fuerzas dentro de sus propios límites, y continúe suspensa toda hostilidad. El Gobierno de Honduras acepta por este tratado la mediación del de Guatemala, sobre la base propuesta en este artículo, en el supuesto, de que también sea admitida por el de El Salvador y el de Guatemala, se dirigirá al expresado Gobierno de El Salvador, ofreciéndole la misma mediación en los términos expresados en este tratado.

6º. El Gobierno de Honduras, se compromete a interesarse con su aliado el Estado de Nicaragua, para que admita base, y el de Guatemala ofrece dirigirse también al mismo Estado con el propio fin.

7º. Este convenio será ratificado dentro de un mes por las autoridades Supremas, de ambos Estados, a quienes corresponde.

427

Firmado en la ciudad de Guatemala a 11 de mayo de 1839.

(f) FRANCISCO XAVIER AGUIRRE - JOSE MIGUEL MIDENCE.

RATIFICACIÓN DEL GOBIERNO DE GUATEMALA

El Consejero Jefe de Guatemala

DESEANDO

Consignar de la manera más solemne y positiva los principios de paz y amistad y buena inteligencia que dirigen a la presente administración, cooperar en cuanto le sea posible a que la reunión de la convención se verifique con la brevedad que exige el interés general de la República, y al restablecimiento del orden y buena armonía entre los Estados que la componen:

DECRETA:

1º. Se aprueba el tratado firmado en esta fecha por el Señor José Miguel Midence, apoderado del Gobierno de Honduras, y el Secretario de Hacienda del de este de Guatemala, Señor Franco Xavier Aguirre, y elévese oportunamente a la Asamblea para su ratificación.

2º. Que se excite a los Gobiernos de El Salvador y Nicaragua y Costa Rica para que si lo tuviese a bien, se celebren entre aquellos y el de este Estado, iguales convenios; nombrándose desde luego personas autorizadas en bastante forma, que promuevan cerca de dichos Gobiernos y concluyan los convenios que se desean.

Dado en Guatemala en la Casa del Gobierno, sellado con el sello del Estado y refrendado por el Srio. de Gobernación, el día 11 de mayo de 1839. M. Rivera Paz. Por el Consejero, Jefe de Estado. Pedro N. Arriaga. Srio. del Despacho de Gobernación (1).

RATIFICACIÓN DEL GOBIERNO DE HONDURAS

El Consejero, Jefe del Estado en Honduras, en atención a que los principios que contiene el tratado celebrado con el Supremo Gobierno de Guatemala están en consonancia con los que dirigen su administración, con calidad de dar cuenta a la Cámara de Representantes.

DECRETA:

1°. Se aprueba el tratado que con sus correspondientes poderes celebraron en 11 de mayo del presente año los Comisionados Miguel Midence y Francisco Xavier Aguirre.

2°. La aceptación del decreto del Congreso Federal, a que se contrae el artículo 2°., será reconocido en este Estado, en todo cuanto no se oponga, en los términos en que fue aceptado por la Asamblea Constituyente en decreto de 22 de octubre del año ppd.

3°. La suspensión de hostilidades que se expresa en el artículo 5°. deberá entenderse por el tiempo en que el enviado por este Gobierno cerca del de El Salvador, y del llamado federal, se ocupe en los negociados de paz con aquellas autoridades, o que se efectúen aquellos en términos que den seguridad al Estado, de que no se atentará en lo sucesivo contra su soberanía, independencia y libertad. Dado en Comayagua, a 11 de junio de 1839. José M. Guerrero. De orden del Consejero Jefe. El Srio. de Gobernación. Coronado Chávez.

DECRETO DE LA ASAMBLEA CONSTITUYENTE DE LOS ALTOS DE 31 DE MAYO DE 1839, POR EL QUE SE CREA DICHO ESTADO

LA ASAMBLEA CONSTITUYENTE DEL ESTADO DE LOS ALTOS

Fiel a los deberes que le impusieron los pueblos sus comitentes en los poderes que dieron a los diputados que la componen; y deseando establecer algunos principios que aseguren el orden del Estado para mientras se da su Constitución, ha tenido a bien decretar y decreta lo siguiente:

Artículo 1°.-Los pueblos que compusieron los departamentos de Sololá, Totonicapán y Quezaltenango, en el antiguo Estado de Guatemala, reunidos en solo cuerpo político, forman desde hoy para siempre el que se denomina ESTADO DE LOS ALTOS.

Artículo 2°.-El territorio del Estado es el mismo de los referidos departamentos, según las cartas geográficas del antiguo Estado de Guatemala, levantadas en mil ochocientos treinta y dos: En consecuencia comprende al norte, los distritos de Huehuetenango, Sacapulas, Malacatán, Tejutla, Cuilco, Jacaltenango y Sololá, con todo el territorio que en la misma dirección se extiende entre el río de la Pasión y las Chiapas, hasta tocar con los límites indefinidos de Tabasco y Yucatán; al poniente, Ostuncalco y San Marcos; al sur, Cuyotenango y Mazatenango; al oriente, Atitlán, Sololá, Joyabaj , el Quiché, y en el Centro Totonicapán y Quezaltenango.

Artículo 3°.-El territorio del Estado se divide, por ahora, en cuatro departamentos, estos en distritos, los distritos en municipalidades. La provincia de Soconusco, será un departamento del Estado cuando se decida legalmente el derecho que tiene de ser parte de Centro América.

Artículo 4º.-Componen el Estado todos los habitantes que se hallan en el territorio arriba descrito. La universalidad de dichos habitantes forman el pueblo del Estado.

Artículo 5º.-El pueblo del Estado es soberano, libre e independiente. Ningún individuo, ninguna reunión parcial de ciudadanos, ninguna fracción del pueblo puede atribuirse la soberanía.

Artículo 6º.-El Estado presta asilo a todo el que quiera residir en su territorio; y garantiza hasta a los transeúntes los derechos de propiedad y seguridad.

Artículo 7º.-El pueblo del Estado, en uso de su soberanía, se da leyes por medio de sus representantes, y no obedece más que aquellas en que estos hayan intervenido y guardado las formalidades prescritas por la Constitución.

Artículo 8º.-El Estado es uno de los que componen la Unión Centroamericana y concurrirá al nuevo pacto que se celebre por medio de sus representantes; los que en ningún concepto podrán transigir ni comprometer la independencia y soberanía del Estado, ni pactar otra forma de Gobierno que no sea la federal.

Artículo 9º.-El Gobierno del Estado es democrático representativo, y su religión la católica, apostólica, romana.

Artículo 10.-El ejercicio del poder público, no podrá, en ningún caso ni por pretexto alguno, reunirse en una sola persona o corporación. Continuará dividido en Legislativo, Ejecutivo y Judicial. El 1º. reside por ahora en la Asamblea Constituyente, el 2º. en el Jefe que eligieron los pueblos; y el Judicial en la Corte Superior y Juzgados del Estado.

Artículo 11.-El Gobierno de los Departamentos, estará a cargo de un Jefe Departamental nombrado por el Jefe del Estado, con aprobación de la Asamblea.

Artículo 12.-Todo funcionario público es responsable, con arreglo a las leyes, del ejercicio de sus funciones; más los diputados a la Asamblea, como representantes del pueblo, son inviolables en sus personas, y nunca serán responsables de sus opiniones emitidas de palabra o por escrito en el ejercicio de su encargo.

Artículo 13.-Mientras no se diere la Constitución del Estado, sus autoridades guardarán y harán respetar las garantías de la libertad individual contenidas en el título diez de la Constitución Federal.

Artículo 14.-Las autoridades del Estado son establecidas para proteger la libertad, la seguridad, la propiedad y la igualdad de los habitantes de Los Altos; en consecuencia no podrán: 1°. Coartar en ningún caso ni por pretexto alguno la libertad del pensamiento, la de la palabra, la de la escritura y la de la imprenta. 2°. Prohibir a los habitantes libres de responsabilidad la emigración fuera del Estado. 3°. Detener, arrestar, ni encarcelar a persona alguna sino en los casos, en los lugares y en la manera establecida previamente por la ley, 4°. Tomar la propiedad de ninguna persona sin su consentimiento, ni turbarle en el libre uso de sus bienes, sino en favor del público, pagando previamente su justo valor. 5°. Establecer vinculaciones, dar títulos de nobleza, pensiones, condecoraciones o distintivos hereditarios, ni consentir sean admitidos por ciudadanos del Estado los que otro Gobierno pudiera concederles. 6°. Obligar a persona alguna a dar pruebas contra sí misma. 7°. Imponer confiscación de bienes ni penas crueles o desproporcionadas. 8°. Conceder privilegios exclusivos por tiempo ilimitado. 9°. Dar leyes de prescripción, retroactivas ni que hagan trascendental la infamia. 10. Impedir ni suspender el derecho de petición de palabra o por escrito. 11. No podrán igualmente, sino en el caso de tumulto, rebelión o ataque con fuerza armada a las autoridades constitucionales: 10. Desarmar a ninguna población, ni despojar a persona de cualesquiera clase de armas que tenga en su casa o de las que lleve lícitamente. 20. Impedir las reuniones populares que tengan por objeto un placer honesto o discutir sobre política y examinar la conducta pública de los funcionarios: 3°. Dispensar las formalidades sagradas de la ley, para allanar la casa de algún ciudadano o habitante registrar su correspondencia privada, reducirle a prisión o detenerle. 4°. Formar comisiones o tribunales especiales para conocer en determinados delitos o para alguna clase de ciudadanos o habitantes.

Dado en Quezaltenango, a veintiséis de mayo de mil ochocientos treinta y nueve. José Matías Quiñónez; Diputado por Totonicapán, Presidente. Manuel Aparicio, Diputado por Quezaltenango, Vicepresidente. José Antonio Azmitia, Diputado por Totonicapán. Francisco Estrada, Diputado por Quezaltenango, Macario Rodas, Diputado por San Marcos. Juan Nepomuceno Fuentes, Diputado por Sololá. Félix Juárez, Diputado por Sololá. Basilio Córdova, Diputado Suplente por Totonicapán. Fermín Henríquez, Diputado Suplente por Totonicapán. Joaquín Mont, Diputado por Huehuetenango. José Ignacio Saldaña, Diputado por Huehuetenango, Secretario. Lorenzo Mérida, Diputado por San Marcos, Vicesecretario.

Por tanto: Ejecútese. Casa del Gobierno, Quezaltenango, mayo 31 de 1839. Marcelo Molina. El Secretario General del Despacho. José Antonio Aguilar.

TRATADO DE PAZ ENTRE LOS ESTADOS DE HONDURAS Y EL SALVADOR. SAN VICENTE, 5 DE JUNIO DE 1839

TRATADO DE SAN VICENTE

Deseando los Gobiernos de los Estados de El Salvador y Honduras, establecer por medio de un tratado y sobre bases sólidas y permanentes, la paz que se había alterado entre ellos, y asegurar para siempre la armonía y buena inteligencia, sus mutuas relaciones y promover y cooperar en cuanto les sea posible, a la reorganización de la República; habiendo comisionado con este objeto, el Consejero Jefe del Estado de El Salvador, al ciudadano J. Miguel Montoya, y el Consejero Jefe del Estado de Honduras, al ciudadano Justo José

Herrera; después de haber éstos examinado y canjeado sus poderes, hallándolos en buena forma, han convenido, mediante la intervención amistosa de los comisionados del Gobierno Supremo del Estado de Guatemala, ciudadanos doctor José Antonio Solís y Licenciado Manuel Barberena, cuyos poderes así mismo se examinaron y canjearon en la forma de estilo, en los artículos siguientes:

Artículo 1°.-Se restablece entre los Estados de El Salvador y Honduras la paz, armonía y relaciones que existían antes de la guerra. En consecuencia cesará todo acto de hostilidad, y ninguno de los Gobiernos permitirá que a los súbditos de uno u otro se infiera agravio u ofensa sin que luego sea remediada.

Artículo 2°.-Convienen igualmente en retirar sus fuerzas de uno y otro Estado y licenciarlas dejando las absolutamente indispensables para mantener el orden interior, lo que verificarán quince días después del canje de las ratificaciones.

Artículo 3°.-Los Gobiernos contratantes, no permitirán en sus respectivos territorios, el tránsito de fuerzas, ni la organización de tropas que tengan por objeto hostilizar al uno o al otro o turbar su paz.

Artículo 4°.-En caso que retiradas las fuerzas de las fronteras, sea necesario por algún desorden mover o situar algún cuerpo de tropa para evitar o contener excesos, los mismos Gobiernos darán con expresos y sin dilación las explicaciones debidas a los Gobiernos Limítrofes.

Artículo 5°.-Las poblaciones y súbditos del Gobierno de Honduras, que hayan tomado parte o servicio en favor de El Salvador y del Gobierno federal en la guerra y disensiones anteriores, y las poblaciones y súbditos del Estado de El Salvador que hayan tomado parte o servicio en favor de Honduras en la misma guerra y disensiones, quedan bajo la salvaguardia de una amnistía absoluta, y ambos Gobiernos reconocen desde ahora y ofrecen indemnizar a dichas poblaciones y súbditos de los bienes que se les hayan tomado

434

o destruido por órdenes de los mismos Gobiernos o por sus agentes o tropas respectivas.

Artículo 6°. El Gobierno Supremo del Estado de Honduras, por la respetable mediación del Supremo Gobierno del Estado de Guatemala, se compromete en la parte que le toque a reconocer y pagar los perjuicios y exacciones hechas a particulares por los Jefes o tropa del ejército aliado, durante la pasada guerra, ya sea en los campos o en las poblaciones de El Salvador, siendo legalmente comprobados y concurriendo un agente del Gobierno de Honduras a la liquidación del monto del perjuicio si lo creyese necesario.

Artículo 7°.-El Gobierno del Estado de El Salvador, con el objeto importante del restablecimiento de la paz, y para que llegue el gran día de la reunión de la Convención, desiste del derecho que cree tener a ser indemnizado de las erogaciones del tesoro público, por razón de la guerra.

Artículo 8°.-Los estados contratantes se garantizan recíprocamente la integridad de sus respectivos territorios, su independencia, soberanía y libertad, y profesan el principio de la no intervención de uno en los negocios interiores del otro, y reconocen el derecho que asiste al de El Salvador, para reincorporar a su territorio el del Distrito Federal como parte integrante suya.

Artículo 9°.-Los Estados contratantes se declaran en amistad perpetua, en alianza defensiva y en la obligación de unir sus fuerzas para repeler cualquier invasión al territorio de uno u otro, para hacer entrar al orden a cualquier facción interior que no obedeciendo al Gobierno Constitucional que exista, amenace su disolución, siendo requerido al efecto por el que la sufra.

Artículo 10.-Los Estados contratantes convienen en no declararse la guerra ni cometer el uno contra el otro, ningún acto positivo de hostilidad por ningún motivo ni pretexto, ni aun por decir de violación en el todo o en parte del presente tratado, sin que antes se hagan reclamaciones y se pidan las debidas explicaciones acerca del agravio, ofensa o perjuicio que produzca la queja; y en el caso no esperado de negarse a dar las explicaciones pedidas o de no satisfacer estas al Estado ofendido, nombrarán de común acuerdo y mediador a otro Estado. El que faltare o lo aquí estipulado, responderá a la otra parte de todos los gastos, daños y perjuicios que le ocasione la guerra.

Artículo 11.-Como pudiera suceder que uno de los Estados contratantes se pusiese en guerra con otro u otros del territorio de la República y sus intereses le demandasen obrar ofensivamente sobre dicho Estado o Estados, observarán los contratantes una absoluta neutralidad; y en ningún caso se ligarán o prestarán auxilios de ninguna clase al Estado o Estados enemigos de El Salvador u Honduras; pero si tendrán estrecha obligación de mediar y procurar conciliar a los beligerantes, interviniendo pacífica y amigablemente en sus diferencias. Con tal objeto se obligan a informarse recíprocamente y sin dilación, de todo movimiento hostil y de los motivos que los produzcan.

Artículo 12.-Los Estados contratantes, fieles a sus principios, protestan respetar y sostener a la futura Convención de Estados, para formar con entera libertad, el nuevo pacto de unión, para mediar en las diferencias que pudieran suscitarse entre los Estados, y para decidir en las cuestiones y negocios que los mismos Estados voluntariamente sometan a su deliberación. Igualmente se comprometen a unir su poder contra cualquier otro o contra cualquier facción que intente contrariar o embarazar la reunión de aquel Cuerpo.

Artículo 13.-Los Estados contratantes convienen en que la Convención se reúna en la ciudad de Santa Ana, del quince al treinta y uno de agosto próximo; y en que tenga una guardia de honor, compuesta de cincuenta cívicos hijos de la misma ciudad.

Artículo 14.-Como el nuevo pacto debe proveer a todos los objetos que se han tenido en mira en el presente convenio éste quedará sin efecto luego que aquel sea sancionado y publicado en todos los Estados.

Artículo 15.-El presente tratado será extensivo al Estado de Nicaragua si obtuviere su adhesión; y el Estado de Honduras lo interesará al efecto.

Artículo 16.-Será ratificado y canjeado el presente convenio en la ciudad de Comayagua, dentro de treinta y cinco días, contados desde esta fecha.

Firmado en la ciudad de San Vicente, el día cinco del mes de junio del año de mil ochocientos treinta y nueve. José María Montoya, Justo José Herrera.

TRATADO DE AMISTAD PERPETUA Y ALIANZA DEFENSIVA ENTRE LOS ESTADOS DE EL SALVADOR Y GUATEMALA. SAN VICENTE, 5 DE JUNIO DE 1839

TRATADO DE SAN VICENTE

Deseando los gobiernos de los Estados de El Salvador y Guatemala, asegurar sobre bases sólidas y permanentes la paz, armonía y relaciones que felizmente han existido entre ambos: garantizar su integridad, soberanía, independencia y libertad, y promover eficazmente la reunión de la Convención de Estados, removiendo los obstáculos que pudieran embarazar tan interesantes objetos, han comisionado el de El Salvador, al Licenciado José Antonio Soliz y Licenciado Manuel Barberena, quienes habiendo examinado sus poderes y hallándolos en bastante y buena forma, los canjearon y convinieron en los artículos siguientes:

Artículo 1°.- Los Estados de El Salvador y Guatemala, se declaran en amistad perpetua y alianza defensiva, y en la obligación de unir sus fuerzas para repeler cualquier invasión al territorio de uno u otro, o para hacer entrar al orden a cualquier facción interior que no obedeciendo al Gobierno Constitucional que exista, amenace su disolución, siendo requerido al efecto por el que la sufra.

Artículo 2º.-Los Estados contratantes se garantizan la integridad de sus respectivos territorios, su independencia, soberanía y libertad, y profesan el principio de la no intervención de uno en los negocios interiores de otro.

Artículo 3º.-Igualmente conviene en no declararse la guerra ni cometer el uno contra el otro, ningún acto positivo de hostilidad, por ningún motivo ni pretexto, ni aun por decir de violación en el todo, o en parte del presente convenio, sin que antes hagan reclamaciones, y se pidan las debidas explicaciones acerca de la ofensa, agravio o perjuicio que produzca la queja; y en el caso no esperado de negarse a dar las explicaciones pedidas o de no satisfacer estas al Estado ofendido, nombrarán de común acuerdo por mediador a otro Estado. El que faltare a lo aquí estipulado, responderá a la otra parte de todos los gastos, daños y perjuicios que le ocasione la guerra.

Artículo 4º.-Como pudiera suceder que uno de los Estados contratantes se pusiese en guerra con otro u otros del territorio de la República, y sus intereses le demandasen obrar ofensivamente sobre dicho estado o estados, observarán los contratantes una absoluta neutralidad, y en ningún caso se ligarán o prestarán auxilios de ninguna clase al Estado o Estados enemigos de El Salvador o Guatemala; pero si tendrán estrecha obligación de mediar y procurar conciliar a los beligerantes, interviniendo pacífica y amigablemente en sus diferencias. Con tal objeto se obligan a informarse recíprocamente y sin dilación de todo movimiento hostil, y de los motivos que lo produzcan.

Artículo 5º.-Convienen igualmente en retirar sus fuerzas de las fronteras de uno y otro Estado, y licenciar todas aquellas que no sean necesarias para mantener el orden interior, lo que verificarán tan luego como sus respectivos Gobiernos aprueben el presente convenio.

Artículo 6º.-Los Gobiernos contratantes no permitirán en sus respectivos territorios, el tránsito de fuerzas, ni la organización o levantamiento de tropas que tengan por objeto hostilizar al uno o al otro, o turbar su paz.

Artículo 7º.- Como para proteger el giro y contener los ataques y excesos que se cometan en las poblaciones pequeñas de las fronteras, sea necesario mantener pequeñas partidas armadas, los Gobiernos contratantes las situarán donde las crean más necesarias, o recorrerán los puntos donde más lo exija la seguridad de las personas y propiedades de los habitantes de dichas fronteras y traficantes, cuidando de que aquéllas estén mandadas por Jefes honrados y que merezcan la confianza de los respectivos Gobiernos.

Artículo 8º.-Los Estados contratantes, fieles a sus principios, protestan respetar y sostener a la futura Convención de Estados para formar con plena libertad el nuevo pacto de unión, para mediar en las diferencias que pudieran suscitarse entre los Estados, y para decidir en las cuestiones y negocios que los mismos Estados sometan voluntariamente a su deliberación. Igualmente se comprometen a unir su poder contra cualquier otro o contra cualquier facción que intente contrariar o embarazar la reunión de aquel Cuerpo.

Artículo 9º.-Convienen asimismo en que la Convención se reúna en la ciudad de Santa Ana, del quince al treinta y uno de agosto próximo, y en que tenga una guardia de honor, compuesta de cincuenta cívicos, hijos de la misma ciudad.

Artículo 10.-También se comprometen a excitar a los Estados de Nicaragua, Costa Rica y los Altos, a convenir en el punto y día señalados para la instalación de la Convención.

Artículo 11.-Los Gobiernos contratantes se comprometen a no perseguir a los súbditos de uno u otro Estado que hayan tomado parte en las disensiones pasadas; y declaran igual asilo y protección a todos, pudiendo, desde luego, los que hayan emigrado, volver a sus hogares.

Artículo 12.-Como el nuevo pacto debe proveer a todos los objetos que se han tenido en mira en el presente convenio, este quedará sin efecto luego que aquel sea sancionado y publicado en todos los Estados.

Artículo 13.-Será ratificado el presente convenio, tan luego como se reúnan las Asambleas de ambos Estados, surtiendo su efecto desde el día de la aprobación de los respectivos Gobiernos.

Firmado en la Casa de Gobierno de la ciudad de San Vicente, a cinco de junio de mil ochocientos treinta y nueve, José Miguel Montoya. José Antonio Solís. Manuel Barberena.

INSTRUCCIONES PARA EL CIUDADANO JUSTO JOSE HERRERA, COMISIONADO POR EL GOBIERNO DE HONDURAS CERCA DE EL SALVADOR. FIRMADAS POR GUERRERO EN COMAYAGUA, EL 1º. DE JULIO DE 1839

MODIFICACIONES QUE PROPONE EL SUPREMO GOBIERNO DE HONDURAS A LOS TRATADOS CELEBRADOS ENTRE SU COMISIONADO, JUSTO JOSE HERRERA Y EL COMISIONADO DEL SUPREMO GOBIERNO DE EL SALVADOR, CIUDADANO JOSE MIGUEL MONTOYA (1839)

INSTRUCCIONES A QUE DEBE ARREGLARSE EL CIUDADANO JUSTO JOSE HERRERA COMISIONADO POR ESTE GOBIERNO CERCA DE EL SALVADOR

Artículo 1º.-Debe convenirse con el Gobierno del Estado de El Salvador en que se reúna la Asamblea Convencional, poniéndose de acuerdo en el lugar de su reunión para comunicarlo a los otros Estados, a fin de que por su mayoría se decida cuál sea.

Artículo 2º.-El Estado de Honduras siempre ha respetado las opiniones de El Salvador como consecuencia de la libertad de un Ser

Independiente, está muy lejos de obrar contra su dignidad y derechos. Y por lo mismo debe recabarse igual convencimiento e iguales respetos de su parte sobre los pronunciamientos de Honduras, Nicaragua y Costa Rica, y la libertad de Guatemala.

Artículo 3°.-Los gastos de la campaña que ha reclamado o protestado el Gobierno, y Asamblea de El Salvador, tienen las excepciones de la circular que de allí emanó para los gobiernos de los demás Estados, sobre las miras hostiles del federal, y el haberse puesto por otra parte a la vanguardia de las operaciones del gobierno Federal que ha protegido, y contra quienes únicamente ha hecho la guerra, la alianza de los Estados Independientes.

Artículo 4°.-Se asegurará la amistad y se procurará la alianza ofensiva y defensiva con aquel Estado, sin perjuicio de la Soberanía e Independencia de éste -y en fin se solicitará cuanto parezca que hará más respetable y fuerte a Honduras, reservando la ratificación de estilo- Comayagua abril 30 de 1839. Guerrero.

Es copia, Comayagua, julio 1°. de 1839.

CHÁVEZ

MODIFICACIONES QUE PROPONE EL SUPREMO GOBIERNO DE HONDURAS A LOS TRATADOS CELEBRADOS EN 5 DEL CORRIENTE (JUNIO) ENTRE SU COMISIONADO CIUDADANO JUSTO JOSE HERRERA Y EL COMISIONADO DEL SUPREMO GOBIERNO DE EL SALVADOR CIUDADANO JOSÉ MIGUEL MONTOYA

Artículo 1°.-Se restablecen entre los Estados de El Salvador y Honduras las relaciones de amistad y armonía que existían antes de la guerra. En consecuencia cesará todo acto de hostilidad, y ninguno de los gobiernos permitirá que a los súbditos de uno u otro se infiera agravio u ofensa, sin que luego sea remediado.

441

Artículo 2º.-Los Gobiernos Contratantes, no permitirán, por sus respectivos territorios, el tránsito de fuerzas ni la organización de tropas que tengan por objeto hostilizar o perturbar la paz de cualquier Estado de la República.

Artículo 3º.-Las poblaciones y súbditos del Gobierno de Honduras que hayan tomado parte o servicio en favor de El Salvador y Gobierno Federal, en la guerra y disensiones anteriores; y las poblaciones y súbditos del Estado de El Salvador que hayan tomado parte o servicio en favor del de Honduras en la misma guerra y disensiones, quedan bajo la salvaguardia de una amnistía absoluta.

Artículo 4º.-El Gobierno de Honduras se compromete en la parte que le toque según los tratados que tiene celebrados con el de Nicaragua, a reconocer y pagar como lo tiene ofrecido, los perjuicios y exacciones hechos a particulares por los Jefes o tropa del Ejército aliado, durante la pasada guerra ya sea en los campos o en las poblaciones de El Salvador; siendo legalmente comprobados y concurriendo un Agente del Gobierno de Honduras a la liquidación del monto de perjuicios si lo creyese necesario. Del mismo modo se compromete el Gobierno de El Salvador a reconocer y pagar los perjuicios y exacciones hechas a particulares por los Jefes a tropas de El Salvador o Federal, durante la pasada guerra, ya sea en los campos o en las poblaciones de Honduras.

Artículo 5º.-El Gobierno del Estado de El Salvador, con el objeto importante del restablecimiento de la paz, y para que llegue el gran día de la reunión de la Convención, desiste del derecho que cree tener, a ser indemnizado de las erogaciones del tesoro público por razón de la guerra. Con el mismo objeto el Gobierno de Honduras desiste del derecho que cree tener a ser indemnizado de los gastos ocasionados en la pasada guerra.

Artículo 6º.-Los Estados contratantes se declaran en amistad perpetua, y se convienen en no declararse la guerra ni cometer el uno contra el otro ningún acto positivo de hostilidad y caso que el Poder

Federal que existe en El Salvador, intentase cualquier agresión contra alguno de los estados pronunciados, haciendo antes la reclamación conducente al Gobierno de El Salvador, queda en libertad el de Honduras para usar libremente de su derecho, y el que faltase a lo aquí estipulado responderá a la otra parte de todos los gastos y perjuicios que le ocasione.

Artículo 7º.-Los Estados contratantes, fieles a sus principios, protestan respetar y sostener a la futura Convención de Estados, para formar con entera libertad el nuevo pacto de unión, para mediar en las diferencias que pudieran suscitarse ante los Estados, y para decidir en las cuestiones y negocios que los mismos Estados voluntariamente someten a su deliberación. Igualmente se comprometen a unir su poder contra cualquier otro, o contra cualquier facción que intente contrariar, o embarazar la reunión de aquel Cuerpo.

Artículo 8º.-Los Estados contratantes convienen en que la Convención se reúna en la ciudad de Santa Ana del quince al treinta y uno de agosto próximo y en que tenga una guardia de honor compuesta de cincuenta cívicos, hijos de la misma ciudad.

Artículo 9º.-Como el nuevo pacto debe proveer a todos los objetos que se han tenido en mira, en el presente convenio, este quedará sin efecto luego que aquel sea sancionado y publicado en todos los Estados.

Artículo 10.-El presente tratado será extensivo al Estado de Nicaragua, si obtuviere su accesión; y el Estado de Honduras lo interesará al efecto.
Es copia.

CHÁVEZ

TRATADO DE PAZ Y AMISTAD, ENTRE GUATEMALA Y EL SALVADOR, SAN VICENTE 4 DE JULIO DE 1839

Artículo 8°.-Las partes contratantes fieles a sus principios, protestar, respetar y sostener a la futura convención de estados; y reconocen en ella poder para formar con plena libertad el nuevo pacto de unión, para mediar en las diferencias que pudieran suscitarse entre los estados, y para decidir amistosamente en las cuestiones y negocios que los mismos estados sometan por su voluntad a su deliberación. Igualmente se comprometen a unir sus fuerzas contra cualquier otro, o contra cualquier facción que intente contrariar o embarazar la reunión de aquel cuerpo.

Artículo 9°.-Convienen asimismo, en que la convención se reuna en la ciudad de Santa Ana del quince al treinta y uno de agosto próximo, y en que tenga una guardia de honor compuesta de cincuenta cívicos hijos de la misma ciudad.

Artículo 10.-También se comprometen a excitar a los Estados de Nicaragua, Costa Rica y los Altos a convenir en el punto y día señalados para la instalación de la convención.

Artículo 11.-Los gobiernos contratantes se comprometen a no perseguir a los súbditos de uno u otro estado que hayan tomado parte en las disensiones pasadas; y declaran igual asilo y protección a todos, pudiendo desde luego los que hayan emigrado, volver a sus hogares.

Artículo 12.-Como el nuevo pacto debe proveer a todos los objetos que se han tenido en mira en el presente convenio, este quedará sin efecto luego que aquel sea sancionado y publicado en los estados.

Artículo 13.-Será ratificado el presente convenio, tan luego como se reúnan las asambleas de ambos estados, surtiendo su efecto desde el día de la aprobación de los respectivos gobiernos.

Firmado en la Casa de Gobierno de la Ciudad de San Vicente, a cuatro de julio de mil ochocientos treinta y nueve. José María Silva. Manuel Barberena.

DECRETO
DE 9 DE JULIO DE 1839, DE LA ASAMBLEA LEGISLATIVA DEL ESTADO DE NICARAGUA, ACCEDIENDO AL TRATADO CELEBRADO EN LA CIUDAD DE SAN VICENTE, ENTRE HONDURAS Y EL SALVADOR, EL 5 DE JUNIO DE 1839, CON ALGUNAS MODIFICACIONES.

Ministerio General del Gobierno Supremo del Estado de Nicaragua El Director del Estado de Nicaragua a sus habitantes. Por cuanto la A.L. ha decretado lo siguiente.

El Senado y Cámara de Representantes del Estado de Nicaragua, constituidos en Asamblea.

DECRETAN:

Se accede al tratado celebrado en la ciudad de San Vicente, a 5 de junio del corriente año, entre los comisionados de los Gobiernos de El Salvador y Honduras CC. José Miguel Montoya y Justo José Herrera; con excepción del artículo 6° cuya resolución se someterá a juicio de la próxima Convención y del 13 que se sustituye el siguiente. Los mismos EE. Contratantes, se comprometen a que la Convención se reúna en la ciudad de Tegucigalpa, u otro punto del Estado de Honduras que designe su Gobierno y con los siguientes.

ARTÍCULOS ADICIONALES

1°.-Se comprometen los EE. Contratantes a no elegir para individuos de la Convención a los que en el último período constitucional han ejercido el P.E. de la Federación, o servido sus Ministerios; y a no sujetarse a las decisiones de la propia Convención, sino es cuando se hayan incorporado a ella la mayoría de sus Representantes respectivos.

2°.-El presente tratado será obligatorio a Nicaragua desde el día en que este Gobierno sepa oficialmente su aceptación por la Asamblea de El Salvador en los términos aquí expresados-Sala de la Cámara de Representantes, León, julio 9 de 1839- Sebastián Espinoza, R.P. Miguel Ramón Morales, R.S. Pedro E. Alemán, R.S.

Sala del Senado, León, julio de 1839.

Pase al P.E. Fruto Chamorro, S.P. Patricio Rivas, S.S. Francisco Guerra, S.S.

Por tanto- Ejecútese. León, julio 10 de 1839. Joaquín de Cossio, al Secretario del Despacho General.

Es conforme- León, julio 10 de 1839- Solís-Ministerio de Relaciones. Comayagua, julio 27 de 1839.

CHÁVEZ

DECRETO

DE 10 DE JULIO DE 1839, POR MEDIO DEL CUAL LA ASAMBLEA CONSTITUYENTE DEL ESTADO DE LOS ALTOS EMITE LAS BASES POR LAS CUALES SE HA DE REGIR EL EJECUTIVO EN SUS RELACIONES CON LOS DEMAS ESTADOS CENTROAMERICANOS

La Asamblea Constituyente del Estado de los Altos.

Habiendo acordado en esta fecha, que el Ejecutivo nombre agentes cerca de los Gobiernos de los Estados que han constituido la Fede ración de Centro América; y que por medio de estas legaciones se ajusten los convenios que exija la paz, la seguridad y el bienestar de los pueblos y considerando que para facilitar la consecución de tan interesante objeto, es de suma importancia trazar la norma de las instrucciones que el Jefe del Estado debe dar a los expresados agentes; ha tenido a bien decretar y

DECRETA:

Artículo 1º.-El Ejecutivo, para tratar con los Gobiernos de los otros Estados que han compuesto la Federación de Centro América, se arreglará a las siguientes

BASES:

Primera. El Estado de los Altos reconoce la independencia, libertad y soberanía de los Estados de Guatemala, El Salvador, Honduras, Nicaragua y Costa Rica; respeta la integridad de sus territorios, y profesa el principio de la no intervención de uno en los negocios interiores de otro.

Segunda. Está pronto a reorganizar un Gobierno General que dirija los negocios exteriores de todos ellos, reuniéndose en convención o en cualquier otra forma, en la ciudad de Santa Ana o en otro punto, según acuerde la mayoría de dichos Estados, y a fin de facilitar por su concurrencia de la mayoría de la representación de cada Estado.

Tercera. Reconoce la acción que tienen los vecinos de dichos Estados, para que en este se les proteja el ejercicio de sus derechos políticos y civiles.

Cuarta. Auxiliará a cualesquiera de los Estados que han compuesto la Federación Centroamericana, siempre que por una nación extranjera sea atacado, o se tema con fundamento que pueda serlo.

Quinta. Ofrece una mediación amistosa en el no esperado caso de que entre algunos de aquellos que han compuesto la expresada Unión, ocurran diferencias que ocasionen o puedan ocasionar la guerra.

Sexta. Interpondrá los mismos oficios con los partidos o facciones que en algunos de los Estados ocasionen guerras civiles.

Séptima. El Estado de los Altos ofrece, que en caso de resolverse a cobrar algún derecho en los productos de la industria fabril de los otros Estados, que se introduzcan a este, jamás excederá del dos por ciento; y que en las producciones de la agricultura de los mismos, no impondrá más de un cuatro por ciento.

Octava. Cobrará sólo el dos por ciento en los efectos extranjeros que se introduzcan por su territorio para los otros Estados de la Unión; y los derechos que establece el último arancel federal, en las mercaderías extranjeras que hayan de consumirse en los pueblos que lo componen. El aforo en uno y otro caso, se hará conforme a la tarifa que regía últimamente en las aduanas de la Federación.

Novena. No declarará la guerra, ni hará la paz, ni ajustará ningún tratado de amistad y comercio con nación alguna, sin contar previamente con la anuencia de los otros Estados que han constituido la Unión Centroamericana.

Décima. No consentirá que en su territorio se levanten, armen,ni pasen tropas que tengan por objeto ir a atacar a un Estado de los que han compuesto dicha Unión.

Undécima. No hará la guerra, ninguno de los Estados que han constituido la Federación de Centro-América, sin que precedan las reclamaciones que le parezcan convenientes para su desagravio; y en caso de que no quede satisfecho por el Estado de quien reclame, tampoco le declarará la guerra, si éste se conviniere en sujetar la contienda a la representación general de los Estados, reunida en Convención o en cual quiera otra forma o al arbitramento de la Corte de Justicia de un Estado, que designe la suerte, para que dicho tribunal juzgue ex bono et aequo, según lo que estime ser más conforme al derecho de gentes.

Duodécima. Se compromete a unir su poder con el de los otros Estados de la Unión, contra cualesquiera de ellos o contra cualquier fracción que intente oponerse a mano armada a que la representación de los Estados se reúna en Convención, o en cualquier otra forma;

más no coadyuvará de modo alguno a que se haga concurrir por la fuerza al Estado o Estados que no se presten voluntariamente a entrar en el nuevo pacto.

Décima tercia. Entregará, a virtud de reclamo de los otros Estados, los reos de incendio, homicidio alevoso, o premeditado o seguro, robo, hurto calificado, falsificación de moneda y traición hecha a cualesquiera de dichos Estados, uniéndose con potencia extranjera o favoreciéndola contra la independencia, soberanía, integridad del territorio y demás derechos de los mismos. Pero la entrega de dichos reos solamente tendrá lugar acreditándose el delito a juicio del tribunal superior de justicia de este Estado, con copia fehaciente de la causa, que debe acompañar al reclamo, el Gobierno que lo interponga.

Décima cuarta. Castigará a los raptores de hombres o mujeres, aunque hayan cometido el delito en otro Estado de la Federación, siempre que se les acredite en éste, y sean aprehendidos con las personas robadas. Igualmente castigará a los cuatreros que hayan cometido el abigeato en otro Estado de la Unión, con tal de que se les pruebe el delito y se les encuentre en el territorio de éste con el ganado del hurto; en cuyo caso se procederá de oficio o por querella de parte.

Décima quinta. No acuñará moneda que no tenga la ley, peso y tipo que prescribe la última disposición federal en la materia, ni usará más pabellón y armas que aquellos de que hasta ahora ha usado Centro América.

Décima sexta. El Estado de los Altos reconoce los actos legales y jurídicos de los otros de la Unión.

Décima séptima. Guardará inviolablemente los tratados que, conforme a estas bases ajuste el Gobierno, luego que sean ratificados en los términos que expresa el artículo 4º. del decreto número 41, expedido en esta fecha.

Décima octava. Castigará con pena de muerte el homicidio que se cometa en la persona de un enviado de otro Estado; con la doble pena de la que imponga la ley, con respecto a un particular, si se le hiere, ofende o agravia en su persona o bienes.

Décima nona. El Estado de los Altos ofrece al de Guatemala, único limítrofe suyo entre los de la Unión, que no pondrá en ningún punto de su frontera, una fuerza que exceda de cincuenta hombres: que cuando la sitúe, será únicamente con el objeto de proteger el comercio y tranquilidad de estos pueblos; y que al mismo tiempo que se establezca dicha fuerza, se dará cuenta al Gobierno de aquel Estado, manifestándole los motivos que hayan impelido a tal providencia.

Vigésima. El Estado de los Altos exige de los otros una exacta reciprocidad con respecto a todos los puntos comprendidos en las precedentes bases.

Vigésima prima. Los convenios que, a consecuencia de la autorización que tiene, celebre el Gobierno con los demás Estados, cesarán luego que se sancione y publique el nuevo pacto.

Artículo 20.-En las instrucciones que el Gobierno debe dar a sus agentes, comprenderá las precedentes bases, a las cuales se con formarán en él todo o en parte los convenios que se celebren; pues aunque éstos pueden comprender otros puntos, jamás contrarían dichas bases.

Comuníquese al Poder Ejecutivo para su cumplimiento, y que lo haga imprimir, publicar y circular.

Dado en Quezaltenango, a diez de julio de mil ochocientos treinta y nueve. José Sacasa, Diputado Presidente. José Antonio Azmitia, Diputado Secretario. Fermín Henríquez, Diputado Vicesecretario.

Por tanto: Ejecútese. Casa del Gobierno, Quezaltenango, julio doce de mil ochocientos treinta y nueve. Marcelo Molina. El Secretario General del Despacho, José Antonio Aguilar.

DECRETO
DE LA ASAMBLEA CONSTITUYENTE DE GUATEMALA, DE 9 DE AGOSTO DE 1839, RATIFICANDO, CON ALGUNAS MODIFICACIONES, EL TRATADO DE AMISTAD Y ALIANZA, CELEBRADO ENTRE EL GOBIERNO DE ESE ESTADO Y EL DE EL SALVADOR, EL 4 DE JULIO DEL MISMO AÑO
DECRETO DE LA ASAMBLEA DE GUATEMALA

La Asamblea Constituyente del Estado de Guatemala:

Habiendo tomado en consideración el tratado de amistad y alianza, ajustado en la ciudad de San Vicente a 5 del corriente junio, entre los comisionados del Gobierno de este Estado, Doctor José Antonio Solís y Licenciado Manuel Barberena, y el comisionado del Gobierno del Estado de El Salvador, Licenciado Miguel Montoya, e igualmente las reformas hechas en varios artículos del referido tratado, por convenio celebrado entre el mismo Licenciado Barberena y el Licenciado José María Silva, comisionado por el Gobierno de El Salvador.

Considerando: Que los derechos y respectivos intereses de ambos Estados, están asegurados en los principios generales de justicia y política consignados en dicho tratado.

Y deseando por otra parte alejar cualquier equivocación o mala inteligencia que pudiera ofrecer dudas o suscitar cuestiones sobre el cumplimiento de lo estipulado: Hallándose, además, comprometido solemnemente el Estado de Guatemala con su aliado el Estado de Honduras, a unir con él todos sus recursos, en los casos que expresa el artículo segundo del tratado de 12 de mayo de este año; y pudiendo suceder que la independencia de los Estados contratantes y el derecho inherente a ella de arreglar sus negocios interiores, y proveer a su propia seguridad sin intervención de otro poder extraño; fuese comprometido si se conviniese en lo que expresa el artículo once del presente tratado, por el cual se someten ambos Gobiernos a intervenir mutuamente en cosas que sólo son relativas a la tranquilidad y seguridad interior de El Salvador y Guatemala.

DECRETA:

Artículo 1°.-Se ratifica el tratado de amistad y alianza, celebra do entre el Gobierno de este Estado y el de El Salvador, que recibió la aprobación de este último, en 4 de julio del corriente, con exclusión de artículo once, y bajo las aclaratorias siguientes:

Primera. La neutralidad de que habla el artículo cuarto de dicho tratado, debe entenderse sin perjuicio de lo convenido en el artículo segundo del tratado de 12 de mayo del presente año, celebrado con el Estado de Honduras y ratificado por esa Asamblea.

Segunda. En el caso de no convenir los otros Estados en que la Convención se reúna en la ciudad de Santa Ana, los delegados de Guatemala concurrirán al punto que designen tres Estados, y se excita a la Asamblea Constituyente de El Salvador, para que mande los suyos a di cho punto.

Artículo 2°.-La Asamblea Constituyente de Guatemala, al excluir del tratado el artículo once, declara solemnemente que profesa como principio inalterable, el de no perseguir a ninguno de los súbditos del Estado, por opiniones ni por la conducta política que hayan observado en las disensiones que han agitado anteriormente a los pueblos del mismo Estado.

Pase al gobierno para su publicación y cumplimiento.

Dado en el Salón de Sesiones. Guatemala, agosto seis de mil ochocientos treinta y nueve. Fernando Antonio Dávila, Presidente. José Mariano Vidaurre, Secretario. Manuel F. Pavón, Secretario.

Casa del Supremo Gobierno. Guatemala, agosto 9 de 1839. Por tanto: Ejecútese. Mariano Rivera Paz. Al Señor Secretario de Gobernación Licenciado Pedro N. Arriaga. Y de orden del Jefe Interino del Estado, se imprime, publica y circula. Guatemala, agosto 9 de 1839. Arriaga.

CONVENIO ADICIONAL AL TRATADO DE AMISTAD Y ALIANZA CELEBRADO ENTRE GUATEMALA Y HONDURAS, HECHO EN COMAYAGUA, EL 14 DE AGOSTO DE 1839

TRATADO ADICIONAL AL ANTERIOR

Los ciudadanos, Bachiller Presbítero Mariano Castejón y Joaquín Valenzuela, comisionados por el Gobierno del Estado de Guatemala para estrechar más los vínculos de amistad y estrechar más las medidas que demandan la conservación e interés recíproco de ambos Estados; y los comisionados de éste, ciudadanos Ministro de Guerra, José Bustillos y Francisco Aguilar: respectivamente reconocidos los diplomas que al efecto presentaron; y obrando conforme a sus instrucciones, amplían los tratados de 11 de mayo último, entre los mismos Estados y celebran este

CONVENIO

1º.Teniendo en consideración la deferencia que han manifestado los Gobiernos de Costa Rica y Nicaragua en sus tratados de 1º. y 9º. de julio próximo anterior, para que se verifique la reunión de la Convención de Estados en Tegucigalpa, u otro punto de Honduras, convienen que se efectúe dicha reunión en los Llanos de Santa Rosa de Gracias.

2º. Los Delegados de Honduras y Guatemala, se reunirán en el punto designado, del 1º. al 15 de septiembre de este año; lo que se comunicará a los demás Estados, para que si lo tuviesen por conveniente, manden los suyos dentro del menor término posible.

3º. Reunidos los Delegados de ambos Estados, si aún no hubiese habido resultado de los demás para esta concurrencia, la excitarán al efecto.

4º. Honduras pondrá 200 hombres para garantizar la reunión de la Convención, pagados del erario de los Estados Contratantes, entre tanto se verifica la reunión de los demás Estados; pues en este caso a ella toca resolver sobre el particular.

5º. Si el Gobierno de Honduras juzgase necesaria más fuerza que la señalada, puede pedirla al de Guatemala, y éste con su aviso, la concederá.

6º. Los Estados de Guatemala y Honduras, se obligan por el derecho de conservación, a aliarse y hacer causa común para defenderse y repeler cualquier invasión hostil al territorio de uno u otro Estado, y para hacer entrar al orden cualquier: facción interior que se levante contra el Gobierno Constitucional que exista, siempre que sean requeridos por el que la sufra.

7º. Se ofrecen mutuamente también ambos Estados unir sus fuerzas, no sólo para el cumplimiento del anterior artículo, sino para sostener la futura convención de Estados, y para que en plena libertad puedan celebrar el nuevo pacto de unión.

8º. El presente convenio, se aprobará por los Gobiernos de Guatemala y Honduras a la mayor posible brevedad.

Hecho en Comayagua, a 14 de agosto de 1839.

JOAQUÍN VALENZUELA
JOSÉ BUSTILLOS
FRANCISCO ÁGUILA
MARIANO CASTEJÓN

LA COMISIÓN DE RELACIONES INFORMA AL CONSEJO REPRESENTATIVO DE EL SALVADOR SOBRE LOS PUNTOS DUDOSOS DEL TRATADO ENTRE EL SALVADOR Y GUATEMALA, RELACIONÁNDOLO CON OTRO ENTRE GUATEMALA Y HONDURAS. SAN VICENTE, 23 DE AGOSTO DE 1839

CONSEJO REPRESENTATIVO

El Ejecutivo del Estado desea oír el Consejo del Cuerpo Moderador sobre la exclusiva y aclaraciones, bajo las cuales la Asamblea Constituyente del Estado de Guatemala, ha ratificado el tratado celebrado entre aquella y este Gobierno. Los puntos que le ofrecen duda, según se ve de la nota ministerial de 19 del corriente, son: 1º. Si las variaciones hechas por la Asamblea Constituyente de Guatemala, pueden considerarse como simples aclaratorias del tratado, o si lo alteran de una manera esencial, que haga necesaria una nueva ratificación del Cuerpo Legislativo: 2º. A quién corresponde decidir sobre el primer punto y sobre si las alteraciones hechas son útiles o perjudiciales al Estado.

La comisión ha meditado el asunto con todo el detenimiento que pide su gravedad e importancia: se ha impuesto en todos los antecedentes con la mayor posible escrupulosidad: Ha consultado la opinión de las personas que fueron encargadas de la formación de los tratados; y va a exponer su juicio tal cual lo ha podido formar.

La ratificación dada al tratado con este Gobierno por la Constituyente de Guatemala, contiene tres puntos que merecen un examen particular: 1º. La exclusiva del Art.11 del tratado: 2º. La aclaración del Art. 4º. excluyendo de la neutralidad el caso de que habla el art. 2º. del tratado celebrado entre Guatemala y Honduras; y 3º. La ampliación que se hace al 9º, estableciendo que en el caso de no convenir los otros Estados en el punto de Santa Ana para la reunión de la Convención. Guatemala mandará sus delegados al punto que designen tres Estados.

El primer punto, que es la exclusiva del Art. 11, es claro que no altera lo sustancial del convenio en cuanto a las relaciones de paz, amistad y mutuas seguridades que establece entre ambos Gobiernos. Él se reduce a dar asilo y protección a sus respectivos súbditos, para que vuelvan a sus hogares, seguros de que no serán perseguidos por la parte que hayan tomado en las disensiones anteriores; y aunque la disposición que contiene, corresponde exclusivamente al régimen interior de cada uno de los Estados contratantes, pareció bien consignarla en el tratado, para dar a este más consistencia, conciliándose el concepto y afecto de todos los partidos, y dando a los Gobiernos mayores garantías para su respetabilidad y estabilidad.

El artículo no puede en manera alguna comprometer a los Gobiernos para permitir en sus respectivos Estados, la libre introducción de personas que se ocupen actualmente de perturbar la paz y buen orden en ellos; pues el deber que tienen de velar sobre estos objetos, es sagrado y no puede dispensarlo ningún convenio, que por lo mismo sería insubsistente. Pero la comisión, sin meterse a juzgar de la justicia de los motivos en que el Gobierno de Guatemala haya podido fundarse para excluir del tratado el citado artículo, sólo se contrae a manifestar: que su exclusión en nada altea lo esencial del convenio de paz y amistad; y que si bien, después de haber corrido en el público el citado artículo, puede su exclusiva engendrar prevenciones contra el Gobierno que lo ha rehusado, en nada puede perjudicar a la buena opinión e intereses de El Salvador, que lo promovió más con la mira de obsequiar a los guatemaltecos que a los salvadoreños.

La aclaración hecha al Art. 4°. del tratado, que es el segundo punto, es nacida, a juicio de la comisión, de una suma delicadeza por parte del Gobierno de Guatemala. La neutralidad que establece el Art. 4°. para toda guerra ofensiva o defensiva, que pudiera suscitarse entre alguno de los Estados contratantes con los otros de la Unión, no ha podido ni debido entenderse extensiva al caso de que la guerra se haga con el objeto de intervenir en el régimen interior, o de coartar la libertad, inde pendencia y soberanía de otro Estado; pues este caso está previsto y re suelto en el Art. 2°. del mismo tratado, de la propia manera que lo está en el art. 2°. del tratado entre el Estado de Guatemala y el de Honduras

Por el Art. 2o. del primero, se estipula: los Estados contratantes (Guatemala y El Salvador) se garantizan la integridad de sus respectivos territorios, su independencia, soberanía y libertad, y profesan el principio de la no intervención de uno en los negocios interiores de otro.

Por el Art. 2°. del otro tratado se dice: Ambos Estados (Guatemala y Honduras) se consideran de derecho en plena independencia y libertad de constituirse según les convenga, y de arreglar su propia administración y negocios interiores, sin que ninguno de los otros pueda intervenir en ellos en manera alguna. Reconocen en los demás Estados de la Unión igual derecho, y se comprometen a no violar este principio y a sostenerlo con todos sus recursos en caso necesario.

Por estos dos artículos, que con diferentes palabras dicen una misma cosa, Guatemala está obligada a El Salvador y a Honduras, en el caso de ser cualquiera de ellos atacado en alguno de los derechos expresados, de independencia, libertad, soberanía e integridad del territorio, no a guardar neutralidad, sino a unir sus recursos para garantizarles tales derechos. Es evidente, pues, que la neutralidad de que habla el Art.4°. excluye sin necesidad de aclaración el caso comprendido en el Art.2°. del tratado entre Guatemala y Honduras, así como también excluye el mismo caso en el Art. 2°. del celebrado con este Estado; que es en el que actualmente nos hallamos por la nueva invasión que las tropas de Honduras han hecho a El Salvador, con la mira de intervenir en sus negocios interiores, violando sus derechos de independencia y soberanía, según se manifiesta de los documentos que obran en el ministerio general.

Por lo mismo la comisión cree que la aclaración adicional al Art.4°. del tratado, lejos de alterar en lo esencial su espíritu y fuerza, antes lo corrobora, dándole una inteligencia más expresa y determinada al Art. 2°. de nuestro tratado.

El tercer punto es la aclaratoria adicional hecha al Art. 9°. sobre el punto en que haya de reunirse la Convención. El artículo dicho, señala la ciudad de Santa Ana para la reunión de la Comisión; y la aclaratoria añade: que si los demás Estados no convinieren en dicha ciudad, los de legados de Guatemala concurrirán al punto que señalen tres Estados, y excita a la Asamblea de El Salvador para que mande los suyos al mismo punto.

La designación de Santa Ana para la reunión de la Convención no es un punto substancial al tratado; pero si lo es que el lugar en que esta haya de reunirse, proporcione facilidades y ventajas, especialmente la de una completa libertad para las deliberaciones, y que estas circunstancias sean reconocidas, y convenido el lugar por todos los Estados concurrentes.

En hora buena que la Convención no se reúna en Santa Ana, si este lugar no merece la confianza de los Estados; pero el de El Salvador nunca podrá comprometerse a mandar sus delegados al punto que los otros Estados designen, si este no merece su confianza.

Sobre este particular no debe olvidarse que el Gobierno actual de Guatemala, fue el primero que propuso la ciudad de Santa Ana para la reunión de la Convención, y que expresamente exigió la anuencia de este que le fue dada en contestación; de manera que ambos Gobiernos se convinieron en este punto aun antes de celebrar los tratados. Debe tenerse presente que el Estado de los Altos ha convenido ya en el punto de Santa Ana; y que el de Honduras, teniendo en consideración sus proporciones y comodidades y el haber convenido ya en este punto tres Estados, prestó su anuencia, y dio a sus delegados las órdenes correspondientes para concurrir él, según lo manifestó a este Gobierno aquel Ministerio en nota oficial de 2 de julio. Si cuatro Estados, pues han convenido en designar la ciudad de Santa Ana, para la reunión de la Convención, y si este es un punto central a los Estados contra el cual no puede hacerse objeción razonable, qué motivo hay para abrir campo a una variación de lugar, que tal vez retarda la interesante reunión de la Convención.

Por todo lo expuesto, la comisión es de sentir se diga al Gobierno:

1º. Que la exclusión del Art. 11 del tratado celebrado con el Gobierno de Guatemala, y la aclaración que aquella Asamblea Constituyente hizo al ratificarlo, en nada altera la esencia del convenio, ni perjudica a los intereses del Estado; y que está en sus facultades prestar su avenimiento, sin necesidad de una nueva ratificación.

2º. Que en cuanto a la aclaración adicional al Art. 9º. del mismo tratado, es de interés del Estado, que se sostenga la designación de la ciudad de Santa Ana, convenida ya por cuatro de los seis Estados que componen la Unión; pero que si razones poderosas se opusieron a este acuerdo; está en sus facultades convenir en la variación del punto, siempre que el que se designe nuevamente asegure de una manera positiva la libertad de los delegados de este Estado en las discusiones y de liberaciones de la Convención.

Así opina la comisión; pero el Consejo resolverá, como siempre, lo que estime más conforme.

San Vicente, agosto 23 de 1839.

CAÑAS

NOTA DEL MINISTRO GENERAL DEL GOBIERNO SUPREMO DEL ESTADO DE EL SALVADOR AL SECRETARIO DE GOBERNACIÓN DE LA REPÚBLICA DE GUATEMALA, SAN VICENTE 25 DE AGOSTO DE 1839

TRATADO CELEBRADO EN EL PUEBLO DE OLOSINGO

Reunidos en la Aldea de Olosingo el Licenciado C. Juan Lindo, Jefe Político y Militar del Depto. de Gracias y los Alcaldes de las Municipalidades que lo acompañan y abajo se expresan, y el Licenciado José Miguel Saravia como Representante del Gobierno de El Salvador deseando poner un término a la guerra que desgraciadamente existe entre ambos Estados y acelerar la realización de las reformas que tanto apetecen los pueblos:

1º. El Estado de El Salvador y el Departamento de Gracias en el de Honduras se convienen en restablecer entre ambos las relaciones de amistad, y buena armonía que existían antes de la guerra, y ninguna de ambas partes permitirá que a los súbditos de la otra se infiera agravio ni ofensa sin que luego sea remediado. En consecuencia el Departamento de Gracias, continuará regido por sus propias autoridades interinas del Gobierno Supremo de Honduras y se adhiere al presente Convenio.

2º. El Departamento de Gracias reconoce el Dro. que tiene el de El Salvador a reclamar del Gobierno de Honduras como una satisfacción de la invasión hecha a su territorio por el ejército de Honduras, el que el Gral. en Jefe de él sea juzgado con arreglo a las leyes del mismo Estado por haber invadido el de El Salvador

459

contraviniendo a las órdenes de su Gobierno según consta de documentos oficiales.

3º. El Estado de El Salvador, y el Departamento de Gracias ofrecen auxiliarse mutuamente para sostener sus respectivos derechos, y autoridades constitucionales y al efecto cuando una parte sea requerida por la otra, mandará sus tropas a la parte que las reclame pagándolas durante el tiempo que se hallen a su servicio.

4º. Deseando el Departamento de Gracias acreditar que al celebrar el presente convenio no ha tenido por mira desconocer a las Autoridades Supremas del Estado a que pertenece, sino por el contrario darle nuevas pruebas de su adhesión, promoviendo los intereses generales del mismo Estado, y asegurada su Soberanía, independencia, y libertad ha creído conveniente fijar como bases del tratado que se celebre entre ambos Estados las siguientes.

1º. Las poblaciones y súbditos del Gobierno de El Salvador que hayan tomado parte o servicio en favor de Honduras en la guerra, y disensiones anteriores, y las poblaciones y súbditos del Estado de Honduras que hayan tomado parte o servicio de El Salvador y Gobierno Federal en la misma guerra y disensiones, quedan bajo la salvaguardia de una amnistía absoluta.

2º. Los Gobiernos de El Salvador y Honduras se ofrecen enteramente unir sus fuerzas para sostener si fuese necesario su Soberanía Independencia y libertad; y auxiliarse para mantener sus respectivas autoridades, y el orden e integridad de sus Estados, siendo el entretenimiento de la tropa auxiliar de cuenta del Estado que la pida mientras subsista en su servicio.

3º. Los Gobiernos contratantes no permitirán por sus respectivos territorios el tránsito de ninguna fuerza, ni la organización de tropas que tengan por objeto hostilizar o perturbar la paz de cualquier Estado de la República.

4°. Los perjuicios y exacciones hechas a particulares por los Jefes y tropas del Ejército aliado o por sólo el de Honduras en la Segunda invasión sobre el Estado de El Salvador, serán reconocidos e indemnizados por el Estado de Honduras los primeros y según los términos del tratado celebrado con el gobierno de Nicaragua en la ciudad de Comayagua a 18 de enero de este año y los Segundos en su totalidad; y el Gobierno de El Salvador reconocerá e indemnizará igualmente a las poblaciones y súbditos del Gobierno de Honduras los daños que les hayan causado sus Jefes o tropas. Al efecto los mismos Gobiernos acordarán los fondos que de ben destinarse a dichas indemnizaciones, y nombrarán comisionados que liquiden el monto de dichos perjuicios disponiendo la manera de hacer dicha liquidación amistosamente. El Departamento de Gracias viene en dar desde luego al Gobierno de El Salvador por cuenta de dichas indemnizaciones las terceras partes del tabaco que exista actualmente almacenado en la factoría.

5°. El Gobierno de Honduras se compromete a reconocer e indemnizar los daños y perjuicios inmediatos causados a sus propios súbditos en razón de la parte que hayan tomado en favor del Gobierno del Estado de El Salvador hará otro tanto con sus respectivos súbditos perjudicados.

6°. El Gobierno de El Salvador deseoso de que la Convención se reúna cuanto antes se compromete a excitar a la Constituyente del Estado para que sus representantes concurran a la Villa de Santa Rosa el 15 de diciembre inmediato siempre que el Gobierno del Estado de los Altos se accediera a este artículo y al efecto interpondrá sus relaciones y amistad prescindiendo de reclamar el cumplimiento del compromiso en que con él se hallan los Gobierno de los Altos, el de Guatemala y el de Honduras para que aquel alto cuerpo se instale en Santa Ana mandando desde luego el Gobierno de El Salvador a este Departamento una fuerza de doscientos hombres para que reunidas con igual número que con el mismo objeto ha acordado el Gobierno de Honduras fijar en la Villa de Santa Rosa; allanen cualquier obstáculo que de hecho embarace la reunión de aquel Cuerpo, poniéndose cuando esté instalado a las órdenes de él: tanto la fuerza de El Salvador como la del Departamento de Gracias existirá mientras se reúna la Convención a las órdenes del Jefe que nombre el Gobierno de El Salvador y en su defecto a las del Teniente Coro nel Ignacio María Molina. El Gobierno de El Salvador pagará los haberes de la respectiva tropa y el Departamento de Gracias en los términos que lo tiene acordado el Gobierno de Honduras.

Artículo 5°.-La primera de las bases establecidas en el artículo anterior tendrá efecto en el Departamento de Gracias; y se hará extensiva a todo el Estado de Honduras tan luego como su Gobierno se adhiera al presente convenio; y atendiendo a la distancia en que se halle a todos los Departamentos que se pronuncien en este mismo sentido, manifestándolo así al Jefe de las fuerzas salvadoreñas que existen en el Estado de Honduras, a quien se darán las órdenes necesarias al ratificarse el tratado por el Gobierno Supremo del de El Salvador, las cuales serán cumplidas, sea cual fuese la situación en que se halle el ejército.

Artículo 6°.-El Jefe P. y Militar del Departamento de Gracias comunicará este convenio a su Gobierno, y a los Jefes de los demás Departamentos del Estado de Honduras, sin perjuicio de cumplirlo desde luego.

Olosingo, noviembre 8 de 1839 . Miguel Saravia. Juan Lindo. Concurriendo el Presb. C. Pedro J. Aguilar Cura de esta Parroquia El Alc. de Gracias C. J. Rosa Izaguirre por el Alcalde de los Llanos el Reg. C. Apolonio López el Jefe de Distrito de Trinidad C. Gervasio Orellana, el Alcalde de Sensenti, José María Rodríguez.

DECRETO DEL PRESIDENTE DEL ESTADO DE HONDURAS, DE 17 DE DICIEMBRE DE 1839, DECLARANDO NULO Y DE NINGUN VALOR NI EFECTO, EL TRATADO CELEBRADO EN OLOSINGO POR DON JUAN LINDO Y DON JOSE MIGUEL SARAVIA

MINISTERIO DE RELACIONES INTERIORES Y EXTERIORES DEL SUPREMO GOBIERNO DEL ESTADO DE HONDURAS

Ciudadano Jefe Intendente del Departamento de
El Presidente del Estado me ha dirigido el decreto que sigue:

El Presidente, en quien reside el Supremo Poder Ejecutivo del Estado de Honduras, con vista de los tratados entre el Ex-Jefe Intendente de Gracias, C. Juan Lindo, y el Comandante Miguel Saravia; y considerando: lo que dicho Jefe Intendente no ha tenido facultades para celebrar aquel tratado, pues si como militar pudo capitular con el enemigo, aunque no llegó el caso de esto; como jefe no pudo separarse del Gobierno del Departamento para ir a poner su autoridad bajo el ludibrio, opresión, y violencia del enemigo: comprometer con su propia intervención la unidad del departamento, la del Estado, y la conducta del Supremo Gobierno, señalada particularmente en su circular a los Jefes Departamentales de 19 de noviembre próximo pasado:

2°. Que en el Art. 1°. de tal tratado declara neutral al Departamento manifestando con esto desconocer la autoridad Suprema del Estado, y obligándose a pedir a la vez auxilio al enemigo para obrar contra el Gobierno que solo debiera obedecer;

3°. Que el Art. 2°. tiende a destruir la disposición Constitucional y otras leyes del Estado, que hablan contra los traidores:

4°. Que en el Art. 8°. se reconoce el derecho bárbaro e ilusorio, bajo cuyo pretexto se hace al Estado una guerra vandálica e injusta por sus originarias causas:

5°. Que en el mismo Art. de que habla el anterior, se quiere obligar al Gobierno a castigar al General Ferrera antes de convencimiento, y con poco respeto a los servicios que éste ha hecho a la causa de Reforma:

6°. Que en el Art.4°. de dicho convenio aparece nombrado sin facultad legítima un Jefe Intendente, cuyo nombramiento solo el Gobierno puede hacer:

7º. Que en el Art. 6º. se despoja al Estado de armas, cuya propiedad le pertenece:

8º. Que el referido tratado ataca directamente la dignidad del Estado, y la autoridad del Gobierno, apoyadas en el orden que las leyes señalan, y la voluntad de los pueblos, pues el mismo Ex-Jefe manifiesta que los de Gracias lo resisten, y por él muchos ciudadanos del mismo Departamento han enviado sus quejas al Gobierno.

DECRETA:

1. Se da por nulo, y de ningún valor, ni efecto el tratado celebrado en Olosingo por los Señores Juan Lindo, y José Miguel Saravia.

2. En consecuencia, los particulares, y pueblos del Departamento no obedecerán al C. José María Cobos, en concepto de Jefe Intendente y Comandante, sino al C. Ignacio María Molina, a quien el Gobierno ha nombrado en esta fecha Jefe Político.

3.Tampoco entregarán las armas los individuos que las tengan, sino al nombrado por el Gobierno ocultándolas entretanto que éste tome posesión del destino.

4. Se le dará ésta, y hará reconocer por el Alcalde en quien el nombrado tenga más confianza, siendo del Departamento.

5. Se faculta a todos los ciudadanos, pueblos, y demás autoridades de Gracias, para resistir al enemigo del modo que puedan, mientras el Gobierno Supremo despliega su poder en todo el Estado, y su protección al Departamento de Gracias con las nuevas fuerzas y recursos que estén a su disposición.

6. El Gobierno tendrá presente los servicios, fidelidad, y buen comportamiento, por la causa y honor del Estado de todos los buenos ciudadanos y pueblo del mismo, para procurar premiarlos oportunamente, y vindicará la justicia conforme el Decreto de 12 del presente en los traidores de su patria, y en los infidentes del mismo Gobierno.

Dado en la ciudad de Juticalpa a 17 de diciembre de 1839. Francisco Zelaya. Al Ministro de Relaciones.

Y lo comunico a usted para su inteligencia y cumplimiento y que lo haga publicar y circular en los pueblos del Departamento de su mando, acusándome el recibo correspondiente y admitiendo las ofertas de mi aprecio. D.U.L. Juticalpa, diciembre 17 de 1839.

MÓNICO BUESO

TRATADO DE AMISTAD Y ALIANZA ENTRE LOS ESTADOS DE GUATEMALAS Y LOS ALTOS. DICIEMBRE DE 1839. RATIFICADO POR EL EJECUTIVO DE GUATEMALA EL 23 DE DICIEMBRE DE 1839

TRATADO DE AMISTAD Y ALIANZA ENTRE LOS ESTADOS DE GUATEMALA Y LOS ALTOS

Los Gobiernos de los Estados de Guatemala y Los Altos, deseando afianzar sobre bases sólidas y estables la paz y amistad que existen felizmente entre ambos y que pudieran padecer algún detrimento por las circunstancias difíciles en que se hallan otros Estados de Centro América, han deliberado celebrar entre sí un tratado, y pacto recíproco de no perjudicarse el uno al otro, y ayudarse en sus peligros interiores y exteriores, favoreciéndose mutuamente en todo lo que conduzca a su bienestar: al intento han nombrado el primero al Señor Licenciado José Venancio López, Diputado en la Asamblea Constituyente de Guatemala y Regente de la Corte Suprema de Justicia, y el segundo al Señor Licenciado Miguel Larreynaga, Diputado en la misma Asamblea e individuo del Consejo Provisional de Gobierno, autorizándoles con poderes bastantes y con las instrucciones necesarias; los cuales habiendo canjeado los poderes y hallándolos suficientes, procedieron a estipular, acordar y convenir los artículos siguientes:

Artículo 1º.-Ambos Estados se reconocen de hecho y de derecho en plena independencia, en libertad de constituirse según les convenga y en la de arreglar su propia administración, sin que en ellos pueda intervenir en manera alguna ninguno de los otros Estados, que compusieron la Federación Centro Americana: reconocen igual derecho en los referidos Estados, y prometen por su parte no violarlo bajo ningún pretexto.

Artículo 2°.-Se prometen recíprocamente paz y amistad entre sí, y entre los súbditos de ambos Estados; en cuya consecuencia los naturales del uno podrán entrar, salir, transitar y comerciar, libremente en el territorio del otro, guardando siempre las leyes vigentes, y debiendo ser amparados y protegidos en el uso de sus derechos civiles, del mismo modo que lo son en su respectivo Estado los naturales de él.

Artículo 3°. Igualmente convienen en no declararse la guerra, ni cometer el uno contra el otro ningún acto de hostilidad por ningún motivo ni pretexto, ni aun por decir de violación en el todo o en parte del presente convenio, sin que antes se hagan reclamaciones y se pidan las debidas explicaciones acerca de la ofensa, agravio o perjuicio que motivare la queja; y en el caso no esperado de negarse a dar las explicaciones pedidas, o de no satisfacer éstas al Estado ofendido, nombrarán de común acuerdo de mediador a otro Estado.

Artículo 4°.-Establecido que sea el Gobierno Nacional, este decidirá dichas diferencias según se hubiese acordado en la Convención.

Artículo 5°.-El Gobierno de los Altos, se conviene en enviar sus delegados a la ciudad de los Llanos de Santa Rosa, en el Estado de Honduras, según lo tratado por el de Guatemala con la mayoría de los otros de Centro América.

Artículo 6°.-Respecto a la demarcación de Límites, a la distribución de la deuda contraída mientras que ambos Estados contratantes formaron uno solo, y a cualquiera otro punto, que necesite de arreglo se celebrarán por separado los tratados convenientes.

Artículo 7°.-Habiendo manifestado el Gobierno de Guatemala ser llegado el caso de que se le devuelva el armamento que en calidad de depósito se puso en guarda del de los Altos, por el Señor General Carrera, y por el Señor General Guzmán en enero del presente año, según el tratado que celebraron en aquella fecha; el Gobierno de los Altos conviene en que se haga la devolución de dicho depósito; y la mandará hacer a disposición del Gobierno de Guatemala, luego que se ratifique y canjee este tratado.

Artículo 8°.- Siendo el deseo más vivo de ambos Estados, que la Convención se reúna, bien sea en los Llanos de Santa Rosa, como tiene acordado la mayoría, o en otro punto que ella misma acuerde; procurarán por todos los medios que estén en su posibilidad que se le ve a debida ejecución; pero si desgraciadamente se frustrase o no llegase a establecerse el Gobierno General, se ofrecen excitar a los demás Estados, para que teniendo a la vista cada uno de ellos los tratados que han ajustado, de dos en dos se forme uno general que pueda servir para el comercio, trato y comunicación de todos, mientras se verifica el establecimiento del Gobierno común.

Artículo 9°.-Pudiendo ser necesario que los dos Estados contratantes o alguno de ellos, necesite para la conservación de su orden y régimen interior situar alguna fuerza militar en punto cercano a la frontera de ambos, se estipula expresamente que para hacerlo deberá darse noticia al Gobierno del otro Estado, con las explicaciones amistosas de los motivos que hayan obligado a adoptar aquella medida.

Artículo 10.-El presente tratado será ratificado dentro de treinta y cinco días contados desde la fecha, y luego que lo esté, comenzará a regir como ley del Estado. Fecho en Guatemala a 18 de diciembre de 1839. (Firmado). José Venancio López. (Firmado). Miguel Larreynaga.

EL PRESIDENTE DEL ESTADO DE GUATEMALA

Habiendo tomado en consideración el tratado de amistad y alianza ajustado en la Capital a 18 del corriente mes, entre su comisionado el Sr. Lic. José Venancio López, y el comisionado del Supremo Gobierno del Estado de los Altos el Señor Lic. Miguel Larreynaga.

Estando consignados en dicho tratado los principios de soberanía e independencia de ambos Estados, conforme se han establecido generalmente, entre los demás de Centro América; y deseando afianzar la paz, buena armonía y relaciones amistosas entre los habitantes de los Altos y Guatemala.

Oído el dictamen del Consejo Provisional del Gobierno: de conformidad con él, y en uso de la facultad que concede al Poder Ejecutivo el Art.17 de la Ley de 29 de noviembre último;

DECRETA

Se aprueba y ratifica el tratado de amistad y alianza celebrado el día 18 del mes corriente entre los comisionados de este Gobierno Supremo el Señor Lic. José Venancio López y el del Supremo Gobierno de los Altos el Señor Lic. Miguel Larreynaga. Conforme a lo convenido en el Art.10 de dicho tratado, tan luego como obtenga la ratificación del Gobierno de los Altos, se tendrá como ley del Estado.

Dado en la Casa del Supremo Gobierno del Estado de Guatemala, a 23 de diciembre de 1839. Firmado de mi mano sellado con el Escudo Mayor de Armas, y refrendado por el Señor Secretario de Gobernación Lic. Joaquín Durán.

(f) MARIANO RIVERA PAZ

Por disposición del S.P.E. Joaquín Durán. Srio de Gobernación. Y por orden del Presidente del Estado se imprime publica y circula. Guatemala, diciembre 23 de 1839.   (f)Durán.

Imprenta del Gobierno del Estado, a cargo de A. España.

DECRETO DEL GOBIERNO, DE 26 DE FEBRERO DE 1840, REINCORPORANDO AL ESTADO DE GUATEMALA LOS DEPARTAMENTOS DE LOS ALTOS

Considerando: 1°. Que los pueblos de los Altos se han pronunciado por medio de sus municipalidades, según consta de las actas que existen en la secretaría, desconociendo las autoridades que estaban establecidas, solicitando quedar bajo la autoridad de este gobierno y ser regidos por las leyes de este estado:

2°. Que en consecuencia de estos pronunciamientos se disolvieron dichas autoridades, desaparecieron casi todos los funcionarios, y habiendo quedado de hecho casi todos los pueblos sin gobierno, se acogieron al amparo del general Carrera, y éste se vio obligado a nombrar provisionalmente Jefes Políticos y Jueces que se encargasen de la administración:

3°.Que posteriormente se ha solicitado con instancia por dichos pueblos que este gobierno los tome bajo su protección, y los preserve de los males que les amenazan si una autoridad respetable no hace guardar en aquellos el orden público:

4°. Que el Gobierno de Guatemala en tales circunstancias no pueda ver con indiferencia la suerte de unos pueblos hermanos de los que componen este estado, cuya seguridad es también interesada en la tranquilidad general:

5°. Y últimamente, que el Gobierno de Guatemala no puede resolver por sí mismo de una manera definitiva sobre la reincorporación que se solicita por los pueblos expresados: mientras se reúne la asamblea constituyente del estado de Guatemala y de conformidad con el parecer del consejo, decreta:

Artículo 1°.-El Gobierno de este Estado toma bajo su protección a todos los pueblos de los Altos, y se considerarán reincorporados de su propia voluntad al mismo Estado, mientras se resuelve lo que convenga sobre el particular por la autoridad a quien corresponda.

Artículo 2°.-En consecuencia, los pueblos de los Altos serán regidos según las leyes decretadas, por la asamblea constituyente de este Estado; y el gobierno designará a los funcionarios que deban encargarse provisionalmente de los diversos ramos de la administración.

Artículo 3°.-No se exigirán a los habitantes de los Altos otras contribuciones que las decretadas por la asamblea constituyente de este Estado, y se tendrá presente que está abolida la que se cobraba con el nombre de capacitación. Las que deban pagarse serán recaudadas con arreglo a las leyes decretadas por la misma Asamblea de Guatemala.

Artículo 4°.-Los productos de las rentas que quedan vigente serán invertidos en los gastos de la administración de aquellos departamentos, y se llevará cuenta separada de sus rendimientos e inversión; y los sobrantes, si los hubiere, serán reservados para satisfacer en su caso las deudas contraídas anteriormente según su naturaleza.

Artículo 5°.-El gobierno nombrará, si lo creyere conveniente, un comisionado que visite los pueblos expresados, les manifieste sus deseos de hacerles bien, oiga sus quejas, procure que se consolide entre ellos el orden y la paz que tanto conviene a aquellos habitantes, y proponga al gobierno, y ponga desde luego en ejecución, todas aquellas medidas que parezcan conducentes a su tranquilidad y bienestar.

Artículo 6°.-El Secretario de Gobernación cuidará de dar cuenta a la Asamblea Constituyente de Guatemala con este decreto y documentos relativos al asunto, para que se sirva tomarlo en consideración.

CONVENIO DE PAZ ENTRE GUATEMALA Y EL SALVADOR, SAN SALVADOR, 13 DE MAYO DE 1840

Convenio celebrado entre los señores Joaquín Durán, Secretario del Supremo Gobierno, y Teniente General Rafael Carrera, General en Jefe de las armas del Estado, comisionados por parte del Gobierno de Guatemala; y los Señores Manuel Barberena, Secretario General del Supremo Gobierno y Juan Lacayo, Jefe Político del Departamento, Comisionados por el de El Salvador.

Deseosos los Gobiernos de Guatemala y El Salvador de afianzar la paz alterada entre ambos Estados por la conducta administrativa que observó el Gobierno que acaba de desaparecer respecto a aquél, y a los demás de la Unión, en el tiempo anterior, y con el fin de que se organice pronto la República por medio de un convenio general: el primero comisionó a los señores Licenciado Joaquín Durán, su Ministro de relaciones, y Teniente General Rafael Carrera; y el segundo a los señores Licenciado Manuel Barberena, su Ministro General y Juan Bautista Lacayo, Jefe de este departamento con autorización en bastante forma y reunidos con tan interesante fin, después de haber conferenciado la materia, han convenido en los artículos siguientes:

1º.-Para la organización de El Salvador no se ocupará en los destinos públicos a ninguno de los funcionarios y militares que cooperaron con el General Morazán a la guerra que sostuvo contra los Estados para impedir que se organizaran como les conviniera y para impedir también la reorganización de la República; pero si alguno por especial concepto que merezca al Gobierno del mismo Estado fuese nombrado para algún empleo, será bajo la condición de que el de Guatemala puede reclamar su nombramiento y será atendido.

2º.-Con el fin de asegurarse el Gobierno de Guatemala de los males que aún pudieran maquinar contra este Estado trascendentales a aquél, este Gobierno se obliga a entregarle las personas que constarán de una lista que presentarán sus comisionados, las cuales permanecerán en aquel Estado hasta la organización de éste, en que de común consentimiento podrán volver; mas este convenio no las pone al abrigo de responder a los cargos que tengan por delitos comunes u otros en razón de los destinos que hayan servido, cuando sean reclamados por el Gobierno de El Salvador.

3°.-No se consentirá por el Gobierno de El Salvador, que las personas que se asegura haber emigrado de la facción de Morazán, vuelvan a él sino es de acuerdo y por consentimiento del de Guatemala; y si de las expresadas personas alguna apareciese en el territorio de este Estado, quedará comprendida en lo convenido en el artículo anterior.

4°.-De las tres piezas de artillería y seiscientos fusiles que el Gobierno de Guatemala reclama, como traídos de aquel Estado por el General Morazán en la última vez que fue como auxiliar; el de El Salvador se obliga a devolver en el acto las primeras, y cuatrocientos de los segundos, o su precio a justa tasación de peritos, dentro de seis meses por no existir ahora en sus almacenes, ni aún los precisos para su guarnición, a causa de las pérdidas de ellos, que el General Morazán hizo en diversas acciones y de que otros muchos están diseminados en los pueblos.

5°.-Estando convocada ya la Asamblea Constituyente de El Salvador, su Gobierno ofrece que se ocupará de preferencia en el nombramiento de sus diputados a la Convención que debe organizar la República, obligándose a mandarlos al punto en que la mayoría de los Estados convenga que se reúna, ofreciendo desde luego para ello esta ciudad.

6°.-Conviene el Gobierno de El Salvador en que para custodia y seguridad de los archivos y demás enseres de la Federación, el de Guatemala así como el de los otros Estados, nombren personas de su confianza, a cargo de quienes permanezcan hasta la reunión de la Convención.

7º.-Por consecuencia de este tratado, el Gobierno de Guatemala se obliga a entregar al de El Salvador, los prisioneros de guerra hechos en la acción de los días 18 y 19 de marzo último que sean vecinos de este Estado, haciendo la entrega en el río de Paz, inmediatamente después de llegados a la capital de aquel Estado sus comisionados, previo aviso que dará a este aquel Gobierno.

8º.-El presente convenio comienza a ser desde hoy una obligación de los Gobiernos de ambos Estados.

Fecho en San Salvador, en la Casa de Gobierno del Estado, a trece de mayo de mil ochocientos cuarenta.
Joaquín Durán - Rafael Carrera - Manuel Barberena-J. Lacayo.

EL GOBIERNO DE LOS ESTADOS UNIDOS DE NORTE AMERICA DESEA RENOVAR EL TRATADO CAÑAS-CLAY, CON EL ESTADO DE HONDURAS. GUATEMALA, 24 DE ENERO DE 1842 CONTESTACION DEL GOBIERNO DE HONDURAS, COMAYAGUA, MARZO 2 DE 1842

Guatemala 24 de enero de 1842, A.S.E. el Ministro de Negocios Extranjeros del Estado de Honduras - Señor - El Gobierno de los Estados Unidos, manteniendo siempre los sentimientos más generosos hacia los ciudadanos y Estados de Centro América, y queriendo saber si dichos Estados deseaban renovar las relaciones del tratado que un tiempo existió felizmente entre los dos países; y si así lo deseaban, ver de qué manera pudiera mejor llevarse a efecto, nombraron al infrascrito Agente Especial y Confidencial a la Confederación Centroamericana, suponiendo que la confederación existía, o era reconocida hasta cierto grado por los Estados de Centroamérica - El Infrascrito, no encontrando a su llegada a esta ciudad, oficial alguno que representase el Gobierno de la Confederación, y habiéndosele informado de que dicha federación ya no existía, se dirigió al Gobierno del Estado de Guatemala y le expuso la misión de que venía encargado por el Gobierno de los Estados-Unidos; y en dos separadas entrevistas personales que tuvo con S.E.

el Presidente, y S.E: el Secretario de Estado, recibió todas las seguridades del deseo que había de parte del Gobierno de Guatemala de renovar y restablecer las relaciones del tratado con los Estados Unidos-En estas y otras varias entrevistas se propuso y se convino por el Presidente y el Secretario de Estado y el Infrascrito-, Que en caso de que los otros Estados, o alguno de ellos manifestasen deseo de entrar en tratados con los Estados Unidos, será probablemente de la aprobación de todas las partes interesadas, que los Estados que manifestasen dicho deseo, nombrasen uno o más enviados o comisionados, con autoridad para tratar con el enviado que los Estados Unidos eligiesen, reuniéndose todos en la ciudad de Guatemala, como el punto más central con el objeto de negociar dicho tratado.

Que después de su ratificación por cada Estado, conforme a sus respectivas formas, se nombrasen por los mismos Estados un comisionado o agente a la ciudad de Washington para canjear la ratificación del tratado. Por lo tocante al objeto de esta nota, es participar a V.E. estos hechos, y solicitar que haga saber al infrascrito por medio de una nota oficial, o de otro modo si el Gobierno del Estado de Honduras desea entrar en dicho tratado con los Estados Unidos, y si así lo desea, si el plan arriba sugerido es de la aprobación de ese Gobierno. El infrascrito informa también a V.E. que ha dirigido una nota semejante a la precedente a los Gobiernos de S. Salvador y Nicaragua, haciéndoles la misma solicitud que se hace a V.E. El infrascrito aguarda en la ciudad de Guatemala la contestación de V.E. la que espera tenga la bondad de que no se le dilate innecesariamente.

El infrascrito aprovecha con placer esta oportunidad de ofrecer a V.E. las seguridades del gran respeto y consideración con que se suscribe su obediente servidor (firmado) W.S. Murphy agente especial y confidencial de los Estados Unidos a la confederación Centro Americana.

Es conforme. Ministerio de Relaciones. Comayagua marzo 3 de 1842.

MORALES

Impuesto el Gobierno de la anterior comunicación, acordó se contestase: que desde que por los periódicos se tuvo noticia del arribo al Establecimiento de Belice del Señor General W.S. Murphy, enviado del Gobierno General de los Estados Unidos, de Norte América, está dispuesto no solo a renovar el tratado de amistad y comercio celebrado por la antigua Federación de Centro América con aquellos Estados, sino también a tratar nuevos asuntos que considera de grande interés a los dos países, a cuyo efecto tiene preparado un comisionado que pase a la capital de Guatemala con el objeto referido.

Lo que se avisa al público para su inteligencia.

Ministerio de Relaciones del Supremo Gobierno. Comayagua marzo 2 de 1842.

MORALES

PACTO DE LA CONFEDERACIÓN CENTROAMERICANA CELEBRADO EN CHINANDEGA, EL 27 DE JULIO DE 1842, ENTRE EL SALVADOR, HONDURAS Y NICARAGUA

EN PRESENCIA DE DIOS AUTOR Y SUPREMO LEGISLADOR DEL UNIVERSO

NOSOTROS LOS DELEGADOS DE LOS ESTADOS DE EL SALVADOR, HONDURAS Y NICARAGUA, AUTORIZADOS COMPETENTEMENTE POR NUESTRAS RESPECTIVAS LEGISLATURAS EN CAPACIDAD DE SOBERANOS PARA ACORDAR EL PACTO PERMANENTE DE CONFEDERACIÓN, HECHO EL CANJE DE PODERES, Y ORGANIZADA LA DIETA, HEMOS CONVENIDO EN LO SIGUIENTE.

CAPÍTULO 1º.

DE LA CONFEDERACIÓN

Artículo 1º.-Los Estados de El Salvador, Honduras y Nicaragua se reúnen para formar una liga que se denominará: CONFEDERACION CENTROAMERICANA.

Artículo 2º.-Esta Confederación se compondrá de funcionarios electos por las Legislaturas de los Estados de la manera que adelante se establece.

Artículo 3º.-Los Estados reconocidos en Centro América, y los que además lo fueren en lo sucesivo, serán admitidos como partes en la Confederación, cuando hayan aceptado el presente convenio, y todos ellos se garantizan la forma de Gobierno popular, representativo.

Artículo 4º.-Los Estados confederados reconocen el principio de la no intervención en los negocios interiores de otros. Se comprometen a no decidir jamás sus cuestiones por las armas, y a no admitir agregación de pueblos de ajena jurisdicción, sin el expreso consentimiento de su Soberanía; y consideran iguales en representación y derechos a los demás de la antigua Unión, cuando se adhieran el presente Pacto.

Artículo 5º.-Asimismo reconocen recíprocamente sus actos jurídicos y civiles.

Artículo 6º.-Los habitantes de alguno de los Estados aliados tienen acción en cualesquiera de los otros para que se les proteja en el ejercicio de los derechos políticos y civiles, que les otorguen las respectivas Constituciones.

Artículo 7°.-Ninguno de los Estados declarará la guerra, hará la paz, ajustará tratado alguno de amistad y comercio, ni consentirá por síque pasen tropas por su territorio al de otro Estado.

Artículo 8°.-Los Estados de la Confederación se entregarán a virtud de reclamos de sus respectivas Cortes, que dirigirán por conducto del Gobierno, los reos de incendio, homicidio alevoso, premeditado o seguro, robo, hurto calificado, y demás delitos que tengan pena grave por sus respectivos códigos; pero la entrega: de dichos reos solo tendrá lugar acreditándose el delito a juicio de la Corte a quien se reclame con copia de las deposiciones de dos testigos del proceso, y del auto de prisión que se haya dictado, publicándose por la imprenta el exhorto.

Artículo 9°.-Los mismos Estados se obligan y comprometen recíprocamente a castigar el rapto y hurto cometido en otro Estado, siempre que el reo de ellos se encuentre con la persona o cosa hurtada en su territorio; pero sin perjuicio de lo dispuesto, debe entregarse al reo o reos, si fuesen reclamado con arreglo al artículo anterior.

Artículo 10.-Ninguno de los Estados aliados acuñará moneda de otro peso, ley y tipo, que la que se establezca por la Confederación, ni usará de otra bandera que la que la misma acordase y todos ellos observarán las disposiciones relativas al precio de la moneda extranjera.

Artículo 11.-La Confederación es la Patria de todo extranjero que quiera radicarse en su territorio, sujetándose a lo que por el presente Pacto se dispone.

Artículo 12.-La Confederación ofrece a los extranjeros que vengan a su territorio, sostener las garantías que las Constituciones de los Estados les concedan, y responde por todos los actos de los Gobiernos de los Estados y sus agentes que en cualquier manera les infieran agravio.

Artículo 13.-Los mismos Estados se convienen que en las contribuciones extraordinarias y empréstitos forzosos no se comprenda a los extranjeros; sino solamente cuando hayan adquirido fincas rústicas; que estén casados con hijas del país; que tengan tienda en que vendan por menor; que hayan residido cuatro años en el territorio de la Confederación; o que hayan obtenido carta de naturaleza en alguno de los Estados; debiendo guardarse con los extranjeros la justa proporción que las leyes establecen respecto de los hijos del país.

CAPÍTULO 2º.
DEL GOBIERNO

Artículo 14.-El Gobierno de la Confederación se ejercerá por medio de Delegados para los objetos generales y de utilidad común, expresamente detalladas en este convenio.

Artículo 15.-El Poder Ejecutivo se ejercerá por un Supremo Delegado con un Consejo Consultivo, compuesto por un individuo de cada Estado.

Artículo 16.-El Poder Judicial residirá en un Tribunal de individuos electos también por las Legislaturas en la forma que adelante se expresa.

CAPÍTULO 3º.

DE LOS DELEGADOS PARA LOS PODERES DE LA CONFEDERACIÓN

Artículo 17.-Para ser Delegado se requiere naturaleza en Centro América, tener treinta años cumplidos haber sido siete Ciudadano, hallarse en ejercicio de sus derechos, y ser del estado seglar.

Artículo 18.-Los naturalizados sólo podrán tener opción a este destino, si a más de las calidades expresadas en el artículo anterior, hubieren residido en Centro América por espacio de veinte años, y prestado servicios constitucionales a todos o bien a alguno de los Estados.

CAPÍTULO 4º.

DEL PODER EJECUTIVO Y DEL CONSEJO

Artículo 19.-Para la organización del Poder Ejecutivo y del Consejo de que habla el artículo 15; se reunirán los Delegados en la ciudad de San Vicente del Estado de El Salvador, y organizarán una junta, que procederá desde luego a nombrar uno entre sus miembros que la presida.

Artículo 20.-Acto continuo la misma junta elegirá por suerte al Supremo Delegado, que también deberá ser uno de sus individuos, y prestará juramento ante el Presidente; y se extenderá una acta para constancia, con que se dará cuenta a las Legislaturas de los Estados.

Artículo 21.-Los demás individuos de la junta compondrán al Consejo Consultivo; prestarán juramento ante el Supremo Delegado, y elegirán entre ellos un Presidente.

Artículo 22.-El juramento se exigirá en esta forma: ¿Juráis por Dios y por los Santos Evangelios cumplir fiel y religiosamente con la Delegación que os confían los Estados Soberanos de Centro América?

Artículo 23.-El ejercicio de este poder turnará entre los Consejeros cada año, designando por la suerte el orden de sucederse; y en lugar del que a la vez ejerza el Ejecutivo será llamado al Consejo el respectivo suplente.

Artículo 24.-El sorteo se hará cada año dentro de ocho días antes de cumplido el período del Supremo Delegado y se insacularán solamente los Consejeros que no hayan ejercido el Poder Ejecutivo.

Artículo 25.-En cuanto a los Consejeros Suplentes se excluirá del sorteo aquel que funja en lugar del Supremo Delegado.

Artículo 26.-Cada tres años se renovarán los electos por otros nombrados un año antes por las Legislaturas de los Estados; pero si concurriesen otros Estados de los hasta ahora no representados, la duración será de tantos años cuantos sean los aliados.

Artículo 27.-Cuando hayan fungido todos los primeros consejeros, no habrá sorteo para la sucesión de los nuevos nombrados, sino que deberá seguirse el mismo orden en que anteriormente se hayan sucedido los consejeros con relación al Estado que representan.

CAPÍTULO 5º.
DE LAS ATRIBUCIONES DEL SUPREMO DELEGADO

Artículo 28.-El Supremo Delegado circulará en los Estados por medio de sus Jefes respectivos, las leyes, órdenes, reglamento y demás disposiciones generales que acuerde la mayoría de las Legislaturas para su publicación y cuidará de su observancia.

Artículo 29.-Para la ejecución de los negocios relativos a su encargo, y sobre lo cual encontrarse algunas dificultades y dudas, consultará al Consejo Consultivo.

Artículo 30.-Entablará y mantendrá las relaciones exteriores: cuidará de la integridad, dignidad y seguridad del territorio, exigiendo por cupos de los Estados las fuerzas y recursos necesarios en caso de invasión.

Artículo 31.-Cuando ocurra. de hecho algún choque armado entre los Estados, procurará evitarlo; y excitará al Consejo para que al mismo tiempo haga los oficios de mediador; y cuando esto no baste, usará de la fuerza de los demás Estados, en el número que sea necesario, siendo a cargo del que resultase culpado los gastos y perjuicios que por su causa hayan sufrido los demás Estados de la Confederación.

Artículo 32.-El Supremo Delegado queda investido de la facultad de reclamar a los Estados la inobservancia o infracción del Pacto. A la segunda de sus reclamaciones fijará un término al Estado que diere motivo al requerimiento para que satisfaga enmendando sus procedimientos. Cumplido el término, caso de no obtener satisfacción, las piezas oficiales que comprueban sus procedimientos, y el Estado más inmediato, con vista de los informes reclamará la inobservancia o infracción y por último el Supremo Delegado intimará que va a usar de la fuerza armada. Evacuados estos trámites, se procederá según sus resultados a reducir por los medios de la fuerza al Estado que hubiese violado, o faltase de otra manera a su observancia, siendo de su cargo los daños eventuales y costos de la expedición.

Artículo 33.-En todo caso tendrá el mando Supremo de la marina y el ejército, cuando, según este convenio haya de usar de él.

Artículo 34.-Nombrará cuando sea necesario, Comandante General del Ejército a cualquier persona de los Estados que merezcan su confianza, y Almirante de la Marina, y demás subalternos que juzgue necesarios.

Artículo 35.-Celebrará tratados de comercio, amistad y alianza con otras naciones, previo informe del Consejo Consultivo, sujetándolos a las Legislaturas para su ratificación.

Artículo 36.-Intervendrá en los contratos que celebre cualesquiera de los Estados sobre canales y grandes caminos de comunicación, Y podrá garantizarlos bajo la hipoteca de las utilidades de la misma obra para responder al capital e intereses, comprometiendo las rentas de los otros Estados.

Artículo 37.-Nombrará Plenipotenciarios, Agentes y Cónsules para conservar las relaciones exteriores, confiriéndoles las instrucciones del caso después de haber oído al Consejo, quién al efecto emitirá su voto consultivo.

Artículo 38.-Nombrará igualmente al enviado que debe pasar a la Corte de Roma a celebrar el concordato, y para darle instrucciones pedirá los informes convenientes y el dictamen del Consejo Consultivo.

Artículo 39.-Para la ratificación del concordato se procederá como para los tratados de que habla el artículo 35.

Artículo 40.-Concederá o negará con dictamen del Consejo el pase y admisión a los breves y bulas Pontificiales Generales; pero pasará a las Legislaturas respectivas el que fuese relativo a algún Estado en particular, para que lo verifiquen según lo haya dispuesto su Constitución.

Artículo 41.-En aquellas cuestiones que sean sometidas a la decisión del Supremo Delegado, procederá haciendo que los Estados discordes nombren cada uno dos sujetos de su confianza, los que se incorporarán en el Consejo y por mayoría absoluta se resolverá lo que fuere de justicia, decidiéndose en caso de empate por el Supremo Delegado.

Artículo 42.-Entre tanto las Legislaturas acuerdan el arancel de aduanas y tarifas generales, y las leyes que deben arreglar el comercio de cabotaje, o interior dentro de los Estados, el Supremo Delegado consultando personas inteligentes con aprobación del Consejo, establecerá lo que debe observarse uniformemente.

Artículo 43.-El Supremo Delegado tendrá inspección en los puertos sobre los objetos que le están encargados, y cada vez que lo exija, le darán informe sus empleados, y si fuese por queja de algún comerciante, pasará los antecedentes al Gobierno del respectivo Estado para lo que haya lugar en derecho.

Artículo 44.-Concederá con conocimiento del Consejo, premios honoríficos que sean compatibles con el sistema político de los Estados, y podrá conceder y garantizar patentes de privilegios por determinado tiempo a los que inventasen o introdujesen alguna mejora en cualesquiera de los ramos de economía, artes y ciencias, sin perjuicio de los que antes hayan concedido cualesquiera de los Estados en su territorio.

Artículo 45.-En toda disposición de que necesariamente resulte contraerse una deuda nueva sobre el crédito de la Confederación, será precisa la aprobación de las Legislaturas de todos los Estados Confederados para su ejecución.

Artículo 46.-Procurará la amortización de la deuda pública extranjera y doméstica; y separando los créditos que corresponden peculiarmente a algún Estado o Estados, obrará con amplia facultad en cuanto a lo demás; de modo que la Confederación quede solvente, o por mía relativamente al crédito público, en cuanto puedan conformarse con la justicia y naturaleza de los acreedores, y con arreglo a las leyes generales vigentes.

Artículo 47.-Nombrará por sí mismo al Ministro General del Despacho y los dependientes de éste, y creará con acuerdo del Consejo las plazas que sean necesarias para el mejor desempeño de los negocios de esta oficina, y de las demás que se establezcan para la Administración General de Confederación, nombrando con aprobación del Consejo los empleados de estas últimas.

Artículo 48.-Podrá separar libremente y sin necesidad de expresión de causa al secretario o secretarios del despacho, suspender y remover a todos los funcionarios del Poder Ejecutivo, exceptuando aquellos cuyo nombramiento exija la aprobación del Consejo, a quienes solo podrá suspender dando cuenta a este Cuerpo con los documentos correspondientes, para que le consulte lo que convenga al caso.

Artículo 49.-Formará los reglamentos necesarios para la Secretaría del Despacho y demás oficinas, sujetando estos últimos a la aprobación del Consejo.

CAPÍTULO 6°.

DE LA SECRETARÍA DEL DESPACHO

Artículo 50.-Para ser Secretario del Despacho se requiere la edad de veinticinco años, y las demás calidades que se exigen para Supremo Delegado.

Artículo 51.-El Secretario del Despacho no está obligado a autorizar providencia alguna contra el tenor de este Pacto y Leyes generales de la Confederación.

Artículo 52.-No se tendrá por auténtica, ni es obligatoria ninguna providencia, orden o decreto emanado del Poder Ejecutivo que no vaya autorizado por el Secretario.

CAPÍTULO 7°.

DEL CONSEJO CONSULTIVO

Artículo 53.-El Consejo Consultivo será permanente: arreglará el orden de sus sesiones; y nombrará un Secretario, fuera de su seno, amovible por el mismo Consejo, y sus funciones serán determinadas por su reglamento. Son atribuciones del Consejo:
1°. Mudar el punto de su residencia en unión del Supremo Delegado, cuando éste le proponga traslación, y a su juicio le parezca conveniente, dando cuenta a las Legislaturas de las causas que le obliguen a acordarla: 2
°, Designar en su caso a las Legislaturas la parte del ejército y marina que cada Estado debe poner a las órdenes inmediatas del Poder Ejecutivo:
3°. Resolver sobre los gastos que ocurran hacerse, y no estén incluidos en el presupuesto, y acordar el contingente que a cada Estado corresponda:
4°. Preparar los preliminares para declarar la guerra o hacer la paz, dando cuenta a las Legislaturas para su resolución:

5°. Velar sobre la inversión de los caudales públicos destinados a los gastos generales:

6°. Aprobar o reprobar la cuenta que sobre ellos le deben presentar:

7°. Informar al Poder Ejecutivo sobre todos aquellos negocios para cuya resolución sea consultado por el Supremo Delegado:

8°. Iniciar y proponer a las Legislaturas por sí, y cuando sea excitado por el Poder Ejecutivo, las disposiciones generales, relativas al comercio extranjero, y al de los Estados entre sí: al valor, ley, peso y tipo de la moneda de la Confederación, y precio de la extranjera: al modo de juzgar las piraterías sus penas y las de otros atentados cometidos en alta mar contra el derecho de gentes: a la ordenanza del corso: a la general del Ejército y armada nacional: a las bancarrotas y reglamento de justicia: a la formación del censo y estadística general: al arreglo de pesos y medidas comerciales: a la designación de la bandera nacional y de buques mercantes: matrículas y nacionalización de buques: a las armas, escudos y sellos de la Confederación; y a las reglas de concesiones de premios, privilegios exclusivos y patentes:

9°. Llevar un registro de todo cuanto embarace la marcha de la Confederación, no sólo en lo administrativo y económico, sino también en cuanto a darle la respetabilidad, esplendor y grandeza a que aspiran las naciones, cuyo registro servirá para proponer la reforma de que se hablará después.

CAPÍTULO 8°.

DE LA CORTE SUPREMA DE JUSTICIA

Artículo 54.-Habrá un Tribunal Supremo de Justicia compuesto de tres Magistrados.

Artículo 55.-Cada una de las Legislaturas nombrará un Magistrado propietario y un suplente para el Tribunal de que habla el artículo anterior.

Artículo 56.-Para Magistrados de la Suprema Corte se necesitan las mismas calidades que las Legislaciones respectivas de los Estados exijan para los suyos.

Artículo 57.-Cuando los otros Estados se adhieran al presente Pacto, el Consejo decidirá por la suerte los tres individuos que deben formar aquel Tribunal.

Artículo 58.-La duración de los Magistrados de la Suprema Corte será la de su buena conducta.

Artículo 59.-En los casos que el Consejo por sí, o a virtud de excitación del Supremo Delegado, use de la iniciativa que le concede el artículo 53 fracción 8º. los Magistrados concurrirán a la discusión del negocio que sea objeto de la iniciativa, pero su concurrencia no es absolutamente necesaria.

Artículo 60.-La Corte residirá en donde resida el Supremo Delegado y el Consejo Consultivo.

Artículo 61.-Instalada la Suprema Corte procederá a formar el reglamento de su régimen interior, y nombrará un Secretario y un escribiente.

Artículo 62.-Conocerá en última instancia conforme lo disponga la ley en los casos de competencia de jurisdicción o controversias de ciudadanos o habitantes de diferentes Estados, en los que emanen de tratados hechos por la Confederación, en las cuestiones de uno o más Estados entre sí, o con naturales o extranjeros. Para estos casos hará que nombren árbitros para la primera instancia, y resolverá definitivamente en la segunda.

Artículo 63.-Igualmente conocerá en las que ocurran sobre el corso y piratería, en las causas criminales contra Delegados y demás empleados de la Unión, y en las causas civiles contra los Ministros Diplomáticos y Cónsules Extranjeros.

Artículo 64.-La misma Corte propondrá al Consejo el Proyecto de Ley sobre el modo y forma de proceder, para que con su aprobación se someta a las Legislaturas; pero regirá como provisorio mientras obtiene la sanción de la mayoría de ellas.

CAPÍTULO 9º.
DE LA RESPONSABILIDAD Y MODO DE PROCEDER EN LAS CAUSAS DE LOS DELEGADOS Y DEMÁS FUNCIONARIOS DE LA CONFEDERACIÓN

Artículo 65.-El Supremo Delegado, el Consejo y la Suprema Corte velarán y mutuamente reclamarán sobre el cumplimiento de sus deberes, y sobre la conducta de los demás funcionarios y empleados de la Confederación.

Artículo 66.-Habrá lugar a la formación de causa contra los Delegados Supremo y del Consejo, contra el Ministro o Ministros del Despacho, y contra los Magistrados de la Suprema Corte de Justicia, por traición, venalidad, falta grave en el desempeño de sus funciones, infracción de ley, usurpación y delitos comunes que merezcan pena más que correccional.

Artículo 67.-Puede acusarlos cualquier ciudadano, dirigiendo la acusación a cualesquiera de las Legislaturas de los Estados aliados.

Artículo 68.-La Legislatura que reciba la acusación, procederá a sacar por la suerte con la inclusión de ella misma, cual de las Legislaturas ha de declarar si ha lugar a la formación de causa.

Artículo 69.-La declaratoria de haber lugar a la formación de causa, produce suspensión. Cuando recayese contra los Delegados Supremo o del Consejo, conocerá en la primera Instancia la Corte Suprema.

Artículo 70.-Si recayese la declaratoria contra Magistrados de la Suprema Corte, conocerá en primera Instancia la Corte del Estado:

delegante del acusado, y en segunda la de otro Estado que esté más vecina.

CAPÍTULO 10

DISPOSICIONES GENERALES

Artículo 71.-Los Estados pondrán oportunamente a disposición del Supremo Delegado el cupo que les corresponde, según el presupuesto formado por la Convención y adiciones que tengan lugar propuestas por el Consejo, y aprobadas por las legislaturas.

Artículo 72.-En todos los negocios que se sometan a la aprobación de las Legislaturas de los Estados, votarán por la primera vez sobre cada uno de sus artículos, presentando al Consejo las observaciones, objeciones y adiciones que les parezcan convenientes. El Consejo con vista de ellas propondrá de nuevo el negocio, y pasado segunda vez a las Legislaturas, votarán sobre la totalidad del proyecto; lo que así apruebe la mayoría de dichas Legislaturas se tendrá por Ley de Ía Confederación.

Artículo 73.-El Supremo Delegado dará cuenta al fin de cada año a las Legislaturas con una memoria que comprenda todos los negocios de la Administración General, indicando las mejoras de que sea susceptible para el Progreso de la Confederación.

Artículo 74.-Para los efectos del artículo anterior, y para dar cumplimiento a lo que por el siguiente se impone, pedirá al Consejo el registro de que habla el artículo 53 en la fracción 9.

Artículo 75.-En todo caso en que el Supremo Delegado y su Consejo consideren insuficiente este régimen, propondrán el que crean más a propósito, la reforma o adición del presente en términos claros y precisos, y se estará por la aprobación o negativa de las mismas Legislaturas.

Artículo 76.-Ratificado por las Legislaturas el Pacto de unión, quedan derogados y refundidos en él todos los tratados que entre sí o con otros Estados han celebrado antes los Confederados.

Artículo 77.-Quedan vigentes los reglamentos y leyes federales y coloniales que lo eran al disolverse la federación en los casos que comprende este Pacto y en cuanto a él no se oponga.

Firmado en la ciudad de Chinandega a 27 de julio de 1842, Manuel Barberena, Delegado por El Salvador. Matías Cornejo, Delegado por El Salvador. J. Núñez, Delegado por Nicaragua. G. Juárez, Delegado por Nicaragua. S. Salinas, Delegado por Nicaragua. Pedro Zeledón, Delegado por Nicaragua. Francisco Castellón, Delegado por Nicaragua. Manuel Emigdio Vásquez, Delegado por Honduras. Mónico Bueso, Delegado por Honduras. J. Rosa, Delegado por Honduras.

Es conforme. Ministerio de Relaciones: Comayagua octubre 10 de 1842.

ALVARADO

PRESUPUESTO

Los Delegados de los Estados de El Salvador, Honduras y Nicaragua, debiendo formar el presupuesto de sueldos y gastos de las autoridades generales establecidas en el Pacto de Gobierno firmado el día de hoy, convenimos en lo siguiente:

Artículo 1.-Cada uno de los Estados de la Confederación, contribuirá anualmente con la cantidad de mil pesos para el sueldo del Supremo Delegado.

Artículo 2.-Los Consejeros gozarán el sueldo de dos mil pesos anuales cada uno, igual cantidad cada Magistrado de la Suprema Corte, y el Secretario del Despacho: el del Consejo el de mil quinientos, y el de la Suprema Corte mil pesos anuales.

Artículo 3.-Los sueldos de los demás empleados, gastos de escritorios, edificios y legaciones, serán tasados por el Supremo Delegado y el Consejo al hacer las respectivas creaciones.

Artículo 4.-Entre tanto se crían, y dotan las plazas correspondientes; el Gobierno del Estado donde se reúnan, o residan los Supremos Poderes de la Confederación, suplirá con calidad o reintegro a prorrata los gastos necesarios.

Artículo 5.-La parte que a prorrata corresponde a cada Estado en esta suma, y mil quinientos pesos que por ahora se gradúa a cada uno por cuenta de los demás gastos, serán anticipados, y situadas por cuartas partes cada tres meses a costa de ellos mismos en el lugar donde residan las autoridades establecidas por el Pacto.

Artículo 6.-En caso de tener efecto el Gobierno Provisorio, el presente presupuesto se aplicará a él en lo conducente.

Artículo 7.-El presente convenio se comunicará a los Supremos Gobiernos de los Estados representados para los fines consiguientes.

Firmado en la ciudad de Santa Ana de Chinandega a los veinte y siete días del mes de julio de mil ochocientos cuarenta y dos Manuel Barberena, Delegado por El Salvador. G. Juárez, P. Zeledón, Delegado por Nicaragua. Francisco Castellón, Delegado por Nicaragua. S. Salinas, Delegado por Nicaragua, J. Núñez, Delegado por Nicaragua, J. Rosa, Delegado por Honduras, Matías Cornejo, Delegado por El Salvador. Manuel Emigdio Vásquez.

Es conforme, Ministerio de Relaciones, Comayagua octubre 10 de 1842.

ALVARADO

RATIFICACIÓN

Ministerio de Relaciones del Supremo Gobierno del Estado de Honduras. D.U.L. Casa del Gobierno. Comayagua octubre 5 de 1842. Señor Jefe Político del Departamento de... El Presidente del Estado se ha servido dirigirme el decreto siguiente. El Presidente en quien reside el P.E. del Estado de Honduras. Por cuanto: la Cámara de Representantes ha decretado, y constitucionalmente se ha sancionado lo que sigue.

La Cámara Legislativa del Estado de Honduras, habiendo tomado en su consideración el tenor del Pacto acordado por la Convención de los Estados de Nicaragua, El Salvador y este mismo en 27 del último julio: Teniendo presente que el plan de Administración general que establece este documento, es sencillo en su plantación, económico en sus gastos, fácil en su práctica y equitativo en sus efectos: conociendo además que sus consecuencias deben ser la permanente seguridad de los derechos de todos ellos, y de los demás Cuerpos Soberanos que quieran unirse a él; y enterado de que todos sus conceptos obran en acorde armonía con las tendencias de la opinión pública manifestadas del modo más explícito y terminante, ha tenido a bien decretar y

DECRETA

Artículo 1º.-Se aprueba en todas sus partes el Pacto formado en la ciudad de Chinandega el 27 del último julio por las Legislaciones de los tres Estados expresados, estableciendo una dieta general con la denominación de Confederación Centroamericana.

Artículo 2º.-Igual aprobación merece el presupuesto dictado en la misma fecha, de sueldos y gastos de las autoridades generales que han de representar la Confederación, con exclusión de su artículo 6º.

Pase al S.P.E. Dado en Comayagua a 4 de octubre de 1842. Joaquín Aguiluz R.P.J. Agustín Madrid R.S. Lino Matute R.S.

Por tanto: Ejecútese. Lo tendrá entendido el Jefe de Sección encargado del Despacho del Ministro de Relaciones, y dispondrá lo necesario a su cumplimiento. Dado en la ciudad de Comayagua, en la

Casa del Gobierno a 5 de octubre de 1842. Francisco Ferrera. Al Señor Francisco Alvarado.

Y lo inserto a usted para que lo haga publicar y circular en los pueblos de su mando con la solemnidad posible; manifestándole que oportunamente le remitiré impreso y con el mismo fin, el Pacto referido. Mientras tanto espero me de aviso de su recibo, y que acepte de nuevo mis ofrecimientos.

FRANCISCO ALVARADO

CONVENIO CELEBRADO ENTRE EL SUPREMO GOBIERNO DE HONDURAS Y EL GENERAL TOMAS LOWRY ROBINSON DE LOS MOSQUITOS

El Supremo Gobierno del Estado de Honduras, invitado por el general Lowry Robinson, residente en esta capital, con el expreso fin de celebrar un convenio de amistad, alianza y mutua protección, entre el Estado de Honduras y los pueblos que han reconocido, como sucesor del último Rey Mosquito al mismo general Tomás Lowry Robinson: teniendo el supremo Gobierno del Estado por ingenuas las protestas presentadas por el referido general Lowry a nombre de su hermano el general Mestizo, cuyo principal objeto es sincerar la conducta hostil que repetidas ocasiones han observado los Mosquitos contra los centroamericanos por sugestiones extrañas; y cediendo a los generosos sentimientos que inspira en el corazón del hombre civilizado una franca y espontánea satisfacción de los agravios pasados, atribuyendo su origen, no a una antipatía de corazón, sino a las perversas fascinaciones de un enemigo común, queriendo además el supremo Gobierno de Honduras dar por su parte a las tribus Mosquitos y a sus caudillos, las pruebas más ostensibles, de que el Estado no tiene ni ha tenido jamás la más pequeña aversión contra los mencionados Mosquitos, y que al contrario ha abrigado en todos tiempos los más vivos deseos de comunicarlos y protegerlos como verdaderos amigos y hermanos; y deseando el supremo Gobierno procurar y promover por cuantos medios estén a su alcance, la felicidad y prosperidad de los Mosquitos, después de haber consultado con el Consejo de Ministros, ha convenido con el señor general Tomas Lowry Robinson, en fijar como base de la amistad y alianza entre aquél y éste, los artículos siguientes:

Artículo 1°.-Todos los habitantes de las costas de Honduras, que están bajo el gobierno del general Tomas Lowry Robinson con el nombre de Mosquitos, traficarán libremente en el territorio de Honduras, gozando de los mismos derechos que las leyes conceden a los ciudadanos del Estado para la seguridad de sus personas y propiedades, y sometiéndose a las mismas penas y autoridades en caso de infracción.

Artículo 2°.-Recíprocamente gozarán del mismo derecho de traficar, navegar y pescar libremente, y bajo la protección de las autoridades del territorio o Mosquito, todos los habitantes de Honduras.

Artículo 3°.-Cuando son autoridades las que transitan en una u otra jurisdicción, serán además respetadas, y se les harán los honores que correspondan a su dignidad, conforme lo dispuesto por las leyes.

Artículo 4o.-Para mantener las relaciones por medio de comunicaciones oficiales, se establecerán correos mensuales que dejarán y tomarán la correspondencia en la estafeta de Juticalpa, o en la del puerto de Trujillo.

Artículo 5°.-Los Mosquitos podrán introducir libremente a Honduras toda clase de frutos naturales o industriales, ya sea por el río o ríos, ya por los caminos de tierra para cambiarlos por otros o venderlos a los centroamericanos.

Artículo 6°.-El general Lowry y todas las autoridades subalternas a él de la costa de los Mosquitos, no permitirán que se introduzcan por ninguna vía ni pretexto, efectos extranjeros de ninguna clase en los pueblos del Estado.

Artículo 7o.-Mas si sucediese, ya por haber burlado la vigilancia de aquellas autoridades, o ya por quererle dar demasiada extensión a este convenio, que algunos mosquitos u hondureños introdujesen efectos extranjeros, unos y otros serán juzgados y castigados con arreglo a las leyes vigentes perdiendo además los efectos, a favor del Gobierno en cuya jurisdicción hayan sido aprehendidos.

Artículo 8o.-En caso de habilitar el río Tinto o el Guayape, o ambos, para el comercio de efectos extranjeros, podrá el Gobierno de Honduras poner en el lugar que le convenga cerca de la boca de dichos ríos colonias de hondureños, belgas, franceses u otros, con el objeto de poner aduanas para exigir los derechos de importación y hacer fortificaciones para asegurar e impedir los ataques extranjeros y el contrabando, sin cuyo requisito podrían seguirse perjuicios al Estado.

Artículo 9o.-Sin hacer variaciones en el Gobierno del país, los Mosquitos deben prestar al Estado de Honduras todos los auxilios que exija la utilidad del mismo Estado.

Artículo 10°.-El gobierno de Honduras autorizado por el general Lowry, podrá contratar con los belgas u otra nación, colonias, cuyas ventajas partirán entre los hondureños y Mosquitos, esto es entre sus respectivos Gobiernos si se plantasen en el territorio de éstos.

Artículo 11°.-El Gobierno de Honduras se encargará de colocar en casa de algunos artesanos, los niños que el general Lowry Robinson, tenga a bien mandar para que aprendan algunas artes mecánicas.

Artículo 12°.-El Gobierno de acuerdo con el general Lowry, irá procurando los medios que juzgue más oportunos para introducir y difundir la civilización entre los Mosquitos, siendo únicamente deber del Gobierno de Honduras proponerlos, aprobarlos o facilitarlos, y del general Lowry el de ponerlos en práctica y ensayarlos.

Artículo 13°.-Como el principal objeto del general Tomas Lowry Robinson, ha sido venir a ponerse bajo la protección del mismo Gobierno del Estado de Honduras, este, en uso de sus facultades, y en obsequio de la futura felicidad de los Mosquitos, lo toma bajo su protección; así como a las tribus que gobierna.

Artículo 14º.-El cumplimiento de los precedentes artículos será exacto por parte del Gobierno y del general Lowry; sin perjuicio de adicionarlos posteriormente según lo exijan las circunstancias; y de unánime consentimiento.

Artículo 15º.-El presente Convenio será pasado a la Cámara Legislativa para su ratificación.

Firmado por duplicado en la ciudad de Comayagua en la Casa del Gobierno, a los dieciséis días del mes de diciembre del año del Señor de mil ochocientos cuarenta y tres. Francisco Ferrera. Tomas Lowry, general of the Mosquito Nation, El Ministro de Relaciones Exteriores, Coronado Chávez.

www.ingramcontent.com/pod-product-compliance
Lightning Source LLC
Chambersburg PA
CBHW071131130626
46553CB00004B/1328